Wem gehört das ‚Heilige Land'?

# EDIS

## Edition Israelogie

Herausgegeben von Helge Stadelmann
und Berthold Schwarz

## BAND 6

*Zu Qualitätssicherung und Peer Review der vorliegenden Publikation*

Die Qualität der in dieser Reihe erscheinenden Arbeiten wird vor der Publikation durch einen Herausgeber der Reihe geprüft.

*Notes on the quality assurance and peer review of this publication*

Prior to publication, the quality of the work published in this series is reviewed by one of the editors of the series.

Berthold Schwarz (Hrsg.)

# Wem gehört das ‚Heilige Land'?

Christlich-theologische Überlegungen zur biblischen
Landverheißung an Israel

PETER LANG
EDITION

**Bibliografische Information der Deutschen Nationalbibliothek**
Die Deutsche Nationalbibliothek verzeichnet diese Publikation
in der Deutschen Nationalbibliografie; detaillierte bibliografische
Daten sind im Internet über http://dnb.d-nb.de abrufbar.

Gedruckt auf alterungsbeständigem,
säurefreiem Papier.

ISSN 1866-427X
ISBN 978-3-631-64164-4 (Print)
E-ISBN 978-3-653-03233-8 (E-Book)
DOI 10.3726/978-3-653-03233-8

© Peter Lang GmbH
Internationaler Verlag der Wissenschaften
Frankfurt am Main 2014
Alle Rechte vorbehalten.
Peter Lang Edition ist ein Imprint der Peter Lang GmbH.

Peter Lang – Frankfurt am Main · Bern · Bruxelles ·
New York · Oxford · Warszawa · Wien

Dieses Buch erscheint in der Peter Lang Edition
und wurde vor Erscheinen peer reviewed.

www.peterlang.com

V

# Inhaltsverzeichnis

**Hinweis:**
Bibelzitate richten sich i.d.R. nach der *Revidierten Elberfelder Übersetzung*, Wuppertal/ Zürich 2006 oder nach einer anderen jeweils angegeben Quelle.

Die Abkürzungen folgen im Allgemeinen den Angaben von Siegfried M. Schwertner: Internationales Abkürzungsverzeichnis für Theologie und Grenzgebiete, 2. Aufl., Berlin/New York 1994 [individuelle Ausnahmen von der Regel sind in den Einzelbeiträgen möglich].

## Vorwort zur Reihe „Edition Israelogie" (EDIS)

Die Reihe „Edition Israelogie" (EDIS) will Beiträge zu einer erneuerten Israellehre liefern. Sie adressiert dabei allerdings nicht Forschungsbereiche wie die klassische Judaistik, die Judentumskunde oder die Orientalistik. Solche Forschungszweige beschäftigen sich primär mit der wissenschaftlichen Erforschung des Judentums in der Vielfalt seiner Erscheinungsformen, wie sie in der Geschichte, in der Kultur, in der Religiosität, in der Philosophie und in jeweils unterschiedlichen Literaturgattungen erfasst werden können. Dabei wird von einem eher neutralen Standpunkt aus versucht, das Judentum zu verstehen. ‚Israelogie' demgegenüber verfolgt eine andere Zielsetzung. Als Forschungsbereich wird die ‚Israelogie' dankbar auf die Forschungsergebnisse der Judaistik, der Wissenschaft vom Judentum, der Orientalistik und ähnlicher, sich mit Israel oder dem Judentum bzw. mit der Semitistik im Allgemeinen beschäftigender Forschungsbereiche zurückgreifen, auch die Ergebnisse der alt- und neutestamentlichen Forschung wird sie berücksichtigen und auswerten. Doch im Rahmen dieser Verlagsreihe soll ‚Israelogie' grundsätzlich und dezidiert als ein Teilbereich der christlichen Dogmatik verortet werden. Dabei ist u.a. die Frage relevant, wie die christliche Lehrbildung durch dogmatische Aussagen zum theologischen Verhältnis von Israel bzw. Judentum und christlicher Gemeinde bereichert und qualitativ modifiziert werden kann (bzw. teilweise modifiziert werden muss). Wir befinden uns also bewusst auf christlich-dogmatischem Terrain. Eine Abgrenzung zu und ggfs. eine Überschneidung mit anderen Forschungsbereichen überdenkt der Dogmatiker stets im Bereich der Prolegomena, um die Aufgaben der Dogmatik zu konkretisieren. Dort wäre eine Diskussion der Judaistik oder ggf. der Orientalistik bzw. der Semitistik zu führen, ähnlich wie beispielsweise hinsichtlich der Philosophie, der Religionswissenschaften, der Geschichtswissenschaften, der Ethik oder der Sprachwissenschaften.

‚Israelogie' will also einen Aspekt des christlichen Glaubens beschreiben, der die Bedeutung Israels und des Judentums nicht auf marginale Randaspekte für ekklesiologische Aussagen reduziert (z.B. auf die Typologie), um schließlich doch bei der einen oder anderen Art der Substitutions- oder Enterbungslehre anzukommen. ‚Israelogie' will vielmehr die biblischen Lehraussagen über Israel und das Judentum identifizieren und systematisieren und damit einen Beitrag dazu leisten, eine in sich konsistente, erneuerte christliche Dogmatik zu entwerfen, die eine christlich relevante Israellehre auch *vor* bzw. *außerhalb* der Ekklesiologie definiert. Israels Vergangenheit, Gegenwart und Zukunft sowie die Verknüpfungen mit anderen Lehrenaussagen sollen dabei eigenständig, wenn auch nicht unabhängig von den zentralen Aussagen des christlichen Glaubens ausformuliert und theologisch reflektiert werden.

Die Herausgeber

## Vorwort und Einleitung zum Tagungsband

*„Was lange währt, wird endlich ...“* – fertig! So muss man wohl konstatieren, denn es hat eine Weile gedauert, bis im Anschluss an ein Symposion in Gießen, Ende August 2010, unter dem gleichnamigen Thema „Wem gehört das Land (Israel)?" die damals gehaltenen Vorträge nun veröffentlicht werden konnten. Ob nach dieser langen Entstehungszeit das Ergebnis das sprichwörtliche Qualitätsurteil *„wird endlich gut"* verdient, das müssen die Leserinnen und Leser entscheiden. Die Autoren und Herausgeber haben sich jedenfalls sehr engagiert, fundierte Beiträge zur „Landbesitzfrage Israels" vorzulegen und damit zur theologischen Fachdiskussion einzuladen.

Die Vorträge dieses Sammelbandes wollen insgesamt einen Anstoß dazu liefern, aus christlich-theologischer Perspektive die Antwort auf die Frage zu präzisieren, wem denn nun das in den biblischen Überlieferungen dem Bundesvolk Israel von Gott-Jahwe zugesprochene und zukünftig verheißene Land gehört und ob solch eine Zusprechung an einen bestimmten Adressaten überhaupt gerechtfertigt sein kann. Die Referate wollen zudem aus unterschiedlichen Blickwinkeln dazu inspirieren, den theologischen und gemeindlich-kirchlichen Austausch hinsichtlich der „Landbesitzfrage" anzuregen, dadurch das Hören aufeinander zu sensibilisieren und die Sinne für die theologische Urteilsbildung zu schärfen.

Insgesamt haben 14 Autoren unterschiedlicher konfessioneller und theologischer Prägung sowie aus unterschiedlichen gemeindlichen Hintergründen und theologischen Fachbereichen die Begrenzungspfähle des Themenfeldes eingeschlagen, das erkundet wird. Diese verschiedenen Autoren stimmen theologisch nicht in allem miteinander überein. Auch mag es Thesen und Aussagen geben, die die Herausgeber sowie die Autoren untereinander nicht vollumfänglich teilen mögen, die aber dennoch weiterführende Einsichten zur Sprache bringen, die sachgerecht erörtert werden wollen, u.a. um der höheren Zielsetzung einer ausgewogenen Israellehre willen. Trotz unterschiedlicher theologischer Überzeugungen liegt allen Beiträgen die Absicht zugrunde, fachrelevante Untersuchungsergebnisse vorzulegen, die eine ausgewogene und begründete ‚Israelogie' fördern, auch durch ggf. konstruktiv-kritische, mitunter provokante Einzelmeinungen, die zumindest einen *theologischen Astigmatismus* in der „Landbesitzfrage" zu vermeiden helfen.

Die hier abgedruckten Beiträge tragen teilweise noch die Konturen des ursprünglich mündlich gehaltenen Vortrags. Teilweise liegen modifizierte, ergänzte oder durch Quellenangaben bereicherte Aufsätze vor. Bei allen Beiträgen wurde für die Veröffentlichung die vom jeweiligen Autor eingereichte schriftliche Form des Referats beibehalten, selbst wenn dadurch in Kauf genommen wird, dass die Artikel formal deutlich wahrnehmbare Unterschiede aufweisen. Doch tut das der inhaltlichen Qualität der Beiträge keinen Abbruch.

Fünf Arbeitsbereiche (I. bis V.) helfen bei der Orientierung, sich auf dem gesteckten Arbeitsfeld zurechtzufinden: Helge STADELMANNs Beitrag führt in die Thematik des „Landbesitzes" bzw. der „Landbesitzverheißungen" an das Volk Israel ein, indem er exemplarisch den historisch bedeutsamen und den v.a. gegenwärtigen Konfliktherd ‚Heiliges Land' im Brennpunkt der Nahostkrise skizziert und damit I. die RELEVANZ und AKTUALITÄT des gestellten Themas aufzeigt und grundlegt.

Daran anschließend folgen II. BIBLISCH-EXEGETISCHE UNTERSUCHUNGEN. Siegbert RIECKER analysiert ausgewählte alttestamentliche Texte bezüglich der Landverheißung als „ewigen Besitz" im Abrahambund und in Dtn. 28-29, während Richard SCHULTZ die Völkerwallfahrt zum Zion (Jes. 2) und das zukünftige Heil Israels (Jes. 60-66) unter die Lupe nimmt. Beide Autoren sind dezidiert daran interessiert, ihre exegetischen Beobachtungen theologisch auf die Landbesitzfrage in der Gegenwart als Antwortmöglichkeiten heranzuziehen. Gerhard MAIER widmet sich der neutestamentlichen Evidenz im Blick auf den Landbesitz für Juden „vor dem Hintergrund zwischentestamentlicher Entwicklungen und frühjüdisch-apokalyptischer Geschichtstheologie".

In einem III. Teil werden ausgewählte repräsentative JÜDISCHE, ISLAMISCHE sowie PALÄSTINENSISCH-CHRISTLICHE Deutungen zur biblischen Landbesitzverheißung erörtert. Der messianische Jude Richard HARVEY beschäftigt sich in seiner Untersuchung mit der endzeitlichen Wiederherstellung des Volkes Israel unter besonderer Berücksichtigung der damit verbundenen Landverheißung an Israel. Friedmann EIßLER analysiert islamische Ansprüche auf das Land im Koran und im Islam, während der arabisch-palästinensische Christ Salim MUNAYER einen besonders augenfälligen Entwurf wagt, die Landverheißung unter dem christlich-soteriologischen Konzept der Versöhnung *(reconciliation)* zu deuten.

In Teil IV. HISTORISCH/ ZEITGESCHICHTLICH beschäftigen sich ein Theologe (GRONAUER), ein Jurist, ehemaliger Berufspolitiker und Israel-Experte (GERSTNER) und ein Theologe, als aktiver Israel-Korrespondent in Jerusalem tätig (GERLOFF), mit Aspekten der Landverheißung an Israel. Diese Abhandlungen helfen, über den speziell theologischen Tellerrand hinausschauen zu lernen. GRONAUER führt in die Auswertung von deutsch-protestantischen Dokumenten in der Wahrnehmung des Staates Israel zwischen 1948 und 1967 ein, während GERSTNER politisch-pragmatische Hinweise zu einer dem Staat Israel gegenüber wohlgesonnenen Haltung empfiehlt. Johannes GERLOFF, der Teilnehmer des Symposions war, allerdings keinen Vortrag hielt, erklärte sich dankenswerter Weise bereit, einige wichtige Beobachtungen zu dem höchst brisanten und umstrittenen „Kairos-Palästina-Dokument" zum Sammelband beizusteuern, die gerade in der aktuellen Bewertung der Landbesitzfrage Orientierung geben.

Im letzten Teil V. HISTORISCH-THEOLOGIEGESCHICHTLICH/ SYSTEMATISCH-THEOLOGISCH werden unterschiedliche Deutungsvarianten bezüglich der christlichen Lehrbildung vorgestellt, die zwar untereinander in Teilergebnissen divergieren, die aber Schneisen für weitere, notwendige theologische Überlegungen eröffnen, die in jedem Fall im Blick auf eine plausible christliche Israellehre thematisch berücksichtigt werden müssen, gleichgültig, ob man jeweils die vorgetragene Analyse und Interpretation inhaltlich teilen mag oder nicht.

Ursprünglich stand zunächst noch ein theologiegeschichtlich wegweisender Vortrag des Marburger Kirchenhistorikers Prof. Dr. Wolf-Friedrich SCHÄUFELE zum Thema „„Die Hoffnung Israels'. Jüdischer Proto-Zionismus in Manasse ben Israels ,Miqveh Yisra'el' (1650) und die christliche Israelideologie im puritanischen England" auf dem Programm. Doch aus verschiedenen Gründen konnte bedauerlicherweise weder der Vortrag gehalten, noch die Verschriftlichung desselben hier abgedruckt werden. Dieser kurze Hinweis darauf soll hier jedoch wenigstens impulshaft andeuten, dass im Blick auf die christliche Landverheißungsthematik für Juden bzw. für Israel der historisch-theologiegeschichtlich bedeutsame *Puritanismus*, wie auch der deutsche *Pietismus* in verschiedenen Phasen (die hier ebenfalls nicht behandelt werden konnten) „Hoffnung für Israel" samt zukünftigem Landbesitz im verheißenen Land gedacht hat. Jan Carsten SCHNURR widmet sich in seiner historischen Studie – thematisch zum Teil an diese vorhergehenden Frömmigkeitsformen anknüpfend – der zeitlich späteren Entwicklung in Amerika, insbesondere dem bekannten „*Blackstone Memorial*" (1891), das durchaus als ein theologischer Meilenstein auf dem Weg zum „politischen Zionismus in Amerika" gedeutet werden kann.

Notger SLENCZKAs konstruktiv-kritische Analyse der „Wege, Holzwege und Abwege im Umgang mit den Landverheißungen" schärft den Blick dafür, die christlich-theologischen Gründe für oder gegen eine faktisch bleibende Landbesitzverheißung an Juden bzw. an Israel verantwortungsbewusst abzuwägen und weist daher im Ergebnis eine historisch-faktische, eschatologische Landbesitznahme für das Volk Israel aus seiner Sicht begründet zurück. Berthold SCHWARZ analysiert die zum Theologumenon gewordene biblische Aussage, die maßgeblich auf einer Deutung des Pauluswortes aus 2Kor. 1,20 basiert, dass *in Christus* die alttestamentlichen Verheißungen (also inklusive der Landverheißung etc.) „erfüllt" sind bzw. in Erfüllung gehen werden. *Last, but not least* erörtert Andreas HAHN die Treue Gottes zu Israel unter Berücksichtigung der Landverheißung an Israel „anhand der Ansätze von Arnold A. van Ruler und Jürgen Moltmann".

Das Spektrum der behandelten Themen ist breit aufgestellt, wie man anhand dieser Beiträge unschwer erkennen kann. Doch ist diese Breite – wenn auch nur exemplarisch und teilweise sehr selektiv, nicht repräsentativ – gerechtfertigt, um dadurch wirklich zu sinnvollen Ergebnissen in der christlich-theologischen Einschätzung der Landbesitzverheißungen an Israel zu gelangen. Mit diesen Aufsätzen werden zwar keine fertigen Antworten geliefert. μὴ γένοιτο! Aber es werden Horizonte eröffnet, Schneisen geschlagen, mögliche Durchgänge geschaffen, die weiterführen in der christlich-theologisch verantworteten Urteilsbildung, die zu klären versucht, welche Hoffnung gegenwärtige und zukünftige Juden als Nachfahren des biblischen Gottesvolkes Israel im Blick auf den verheißenen Landbesitz haben dürfen und welche ggf. nicht. Dass ein theologisch orientierter Aufsatzsammelband gelingen kann, dazu sind viele Leute nötig. Als Herausgeber der EDIS-Reihe sind wir folgenden Personen in besonderer Weise zu Dank verpflichtet:

Vielen Dank an alle Autoren, die sich hier trotz vieler sonstiger Verpflichtungen dankenswerterweise bereit erklärten, einen sachgerechten Beitrag auszuarbeiten und diesen dann (meistens fristgerecht) zur Drucklegung einzureichen, die dann teilweise mit großer Geduld den Entstehungsprozess bis hin zur Herausgabe dieses Sammelbandes begleitet und mitgetragen haben.

Zu danken ist auch dem Peter-Lang-Verlag (Frankfurt) und da insbesondere Herrn Dr. Hermann Ühlein, der zusammen mit den Mitarbeiterinnen und Mitarbeitern des Verlags mitgeholfen hat, die Herausgabe dieses Bandes zu realisieren.

Dank gebührt auch der Hochschulleitung der FTH und dem Geschäftsführer, Andreas Trakle, die die organisatorische Durchführung des Symposions möglich machten, ohne das die Vorträge für diesen Sammelband erst gar nicht hätten gehalten und dann schließlich druckfertig gemacht werden können.

Für ihren Einsatz bei der organisatorischen und redaktionellen Arbeit im Hintergrund sei auch ausdrücklich den Mitarbeiterinnen und Mitarbeitern des Gießener Israel-Instituts des FTA e.V. gedankt. Der Dank geht stellvertretend für andere an Herrn Nicolai Franz, *M.A.* und an Frau Julia Perrot, *M.A.*

Zu danken ist auch der *Dr. Fritz-May-Stiftung* für die finanzielle Unterstützung, ohne die die Herausgabe der Reihe „Edition Israelogie" sowie die Drucklegung dieses Sammelbandes nicht möglich gewesen wären.

Auch mit diesem weiteren Band der Reihe „Edition Israelogie" erhoffen sich die Herausgeber der EDIS-Reihe, einen weiterführenden theologischen Diskussionsbeitrag zur Israellehre leisten zu können, der nicht zuletzt „kirchliche Entscheidungen in theologischer Verantwortung" (R. Slenczka) zu motivieren und zu fördern vermag – hier konkret im Blick auf die Landverheißungsproblematik sowie im Blick auf die Frage nach der Bedeutung ‚Israels' in der Zuordnung zur Gemeinde Jesu Christi und ihrer Glaubenslehre.

Gießen, im Mai 2013                                        Berthold Schwarz

# I. RELEVANZ UND AKTUALITÄT

# Konfliktherd ‚Heiliges Land'. Bemerkungen zu einem zentralen Brennpunkt der Nahostkrise

HELGE STADELMANN

Seit mehr als 3.000 Jahren ist das „Heilige Land" umkämpftes Gebiet. Insbesondere seit der Staatsgründung Israels 1948 wird zwischen Israelis und Arabern erbittert und immer vor den Augen der Weltöffentlichkeit um jeden Zipfel dieses lediglich 28.220 km² großen Fleckens Erde gestritten. Die Intensität des Nahostkonflikts und die globale Aufmerksamkeit, die er generiert, stehen im umgekehrt proportionalen Verhältnis zur Größe, Bevölkerungszahl, Fruchtbarkeit oder den Bodenschätzen des Landes. Obwohl das Land nur knapp die Größe Brandenburgs aufweist, obwohl die Einwohnerzahl Israels (7,6 Mill.) nur etwa der Niedersachsens entspricht und damit kleiner ist als die Einwohnerzahl Teherans (7,8 Mill.) oder Kairos (7,9 Mill.), obwohl es zahlreiche andere Konfliktherde samt Volksaufständen und Unterdrückungssituationen im Nahen Osten und Hunderte von Konfliktorte weltweit gibt, produziert keiner von ihnen mit solch vorhersehbarer Regelmäßigkeit UN-Resolutionen (mit ebenso vorhersehbarer Tendenz) wie der Streit um das Heilige Land. Selbst Wohnungen, die im Osten Jerusalems durch Israelis gebaut werden, mutieren hier in der Diktion der internationalen Politik zu „Siedlungen" – die noch dazu „völkerrechtswidrig" auf „besetztem Staatsgebiet" errichtet werden. (Dass Ostjerusalem mit dem Fall des Osmanischen Reiches 1917 keinem Staat zugeschlagen wurde, dass lediglich Jordanien dieses 1948 von ihm besetzte Gebiet 19 Jahre lang okkupierte und, völkerrechtlich lediglich durch Pakistan anerkannt, annektierte, wird dann nicht gesagt). Die UN betreibt zwei Flüchtlingswerke: eines (die UNRWA = UN Relief and Works Agency) für palästinensische Flüchtlinge, die es seit dem von Arabern 1948 begonnenen und dann verlorenen Vernichtungskrieg in Reaktion auf die Staatsgründung Israels gibt; und eines (den UNHCR = UN High Commissioner for Refugees) für alle übrigen Flüchtlinge der Welt. Der Flüchtlingsstatus letzterer ist nicht vererbbar, er endet mit der ersten Generation; der Flüchtlingsstatus von Palästinensern endet nie – es sei denn, ein Palästinenser integrierte sich in sein Gastland. Global bemüht sich der UNHCR überall um die Integration von Flüchtlingen und um die Auflösung von Flüchtlingslagern. Die UNRWA dagegen erhält palästinensische Flüchtlingslager über Generationen hin aufrecht; eine Integration in arabische Länder wird nicht angestrebt.[1] Offensichtlich ist das Heilige Land ein besonderes Land.

---

[1]   Ingo   Wald,   "Palästina:   Flüchtlinge   aus   freien   Stücken",   Cicero   01/2011 (http://www.cicero.de/839.php?ausgabe=01/2011, 2).

Sicherlich hat die Schwellenlage des Landes zwischen den Kontinenten Asien, Afrika und Europa zu den Konflikten durch die Jahrhunderte hindurch beigetragen. Im Kern der Konflikte aber steht die Tatsache, dass dieses Land – jeweils unterschiedlich motiviert – das religiöse Interesse der drei monotheistischen Religionen Judentum, Christentum und Islam auf sich zieht, was weit über Motive wie Heimatverbundenheit und historische Ansprüche hinausweist und pragmatisch-politische Lösungen nahezu unmöglich macht.

Das Symposium „Wem gehört das Land?" bringt unterschiedliche (historische, zeitgenössische und theologische) Aspekte des Landkonflikts um Israel zur Sprache. Die Konfliktlage ist vielfältig komplex, nicht nur zwischen den aktuellen Konfliktparteien. Drei übergreifende Konfliktdimensionen sollen hier zur Eröffnung des Symposiums angesprochen werden.

## I. Der Konflikt um Israel oder Palästina

Ein erstes Spannungsfeld ist der seit Jahrzehnten zutage liegende Konflikt zwischen Israel und Palästina. Über den politischen und immer wieder bewaffneten Konflikt um das Heilige Land seit den 1920er Jahren sind unzählige Bücher geschrieben worden. Das Thema beherrscht in regelmäßigen Abständen die Medien. Hier sollen einige wesentliche Aspekte hervorgehoben werden - was unvermeidlicher Weise nur in subjektiver Gewichtung geschehen kann.

### 1. Im Heiligen Land sind zwei Völker zuhause

Von einem geschichtlich fest umrissenen „palästinensischen Volk" zu sprechen, dürfte eine historische Fiktion sein. Im Osmanischen Reich gab es arabische Bevölkerungsanteile unterschiedlicher Herkunft, die auf dem Gebiet des heutigen Israel ab 1908 erste Anfänge eines „Nationalismus" gegenüber der Türkenherrschaft erkennen ließen. Auf der am 24. April 1920 in San Remo einberufenen Friedenskonferenz wurden zwischen Frankreich und Großbritannien die jeweiligen Mandatsgebiete im Nahen Osten verteilt. Das britische Mandatsgebiet „Palästina", das zunächst alle Gebiete des heutigen Israel einschließlich der Autonomiegebiete sowie Jordanien umfasste, war u.a. von (ansässigen und zugewanderten) Juden, (ansässigen und zugewanderten) muslimischen und christlichen Arabern, arabischen Beduinen sowie Drusen bewohnt, die summarisch als Einwohner Palästinas bezeichnet werden konnten. Historisch muss jedoch festgehalten werden: „Der Begriff ,Palästinenser' in seiner jetzigen Form existiert in dieser Bedeutung erst seit der ersten Charta der PLO 1964".[2]

---

[2]　„Palästinenser: 1. Geschichte", Wikipedia (http://de.wikipedia.org/wiki/Pal%C3%A4sti nenser [letzter Zugriff 27.04.2011]).

Unabhängig von der Begrifflichkeit und nationalen Identität ist aber festzuhalten: Seit Jahrhunderten schon gab es im Heiligen Land eine teils sesshafte, teils nomadische arabische Mehrheit unterschiedlicher Provenienz; und es gab ebenfalls durch die Jahrhunderte eine jüdische Bevölkerungsminderheit. Beide Bevölkerungsgruppen wuchsen in der Zeit zwischen 1880 und 1940 deutlich an: die arabische Bevölkerung verdoppelte sich von 500.000 auf 1.000.000 Menschen; der Anteil der Juden verachtzehnfachte sich von 25.000 auf 400.000 – nicht zuletzt bedingt durch Pogrome in Russland (und später in Nazi-Deutschland) sowie die dadurch seit Ende des 19. Jahrhunderts ausgelöste Bewegung des jüdischen Zionismus[3]. Dass das asymmetrische Anwachsen zweier Völker im selben Land Konflikte mit sich bringen würde, war auch den Zionisten klar. Wladimir Jabotinski etwa zeigte Verständnis dafür, dass die autochthonen Araber einer jüdischen Kolonisierung ihrer angestammten Wohngebiete Widerstand entgegen setzen würden, zumal ihnen keine angemessene Kompensation für das Land geboten werden könne (da von Landkäufen durch Juden eher weit entfernt wohnende arabische Effendis profitierten, nicht die ortsansässige Landbevölkerung). Nur unter der „eisernen Mauer" einer Schutzmacht könne das zionistische Projekt daher gelingen. Trotzdem sei die Besiedlung des (bis 1917 unter osmanischer Okkupation, anschließend unter britischem Mandat stehenden) Landes gerechtfertigt, weil die Juden als Nation heimatlos seien, die Araber aber bereits zu den großen Landbesitzern in der Welt gehörten.[4]

## 2. Chancen zur Entschärfung des Landkonflikts wurden wiederholt vertan

(a) Nachdem die Briten im 1. Weltkrieg zunächst 1915 dem haschemitischen Scherif Hussain von Mekka für den Fall eines Siegs über die Osmanen ein arabisches Großreich unter Führung seiner Dynastie zugesagt hatten und dann 1917 in der Balfour-Erklärung den Zionisten die Schaffung einer nationalen Heimstätte für das jüdische Volk in Palästina versprochen hatten, schien eine friedliche Lösung für einen Augenblick in greifbarer Nähe. In Vorbereitung der Friedenskonferenz von Versailles vereinbarten Prinz Faisal ibn-Hussain und der Zionistenführer Chaim Weizmann Anfang Januar 1919 in einem Abkommen, dass „eingedenk der rassischen Verwandtschaft und der uralten Bande, die zwischen Arabern und dem jüdischen Volk bestehen," sofort nach Beendigung der Frie-

---

[3] Amnon Rubinstein, Geschichte des Zionismus: Von Theodor Herzl bis heute. Mit einem Vorwort von Otto Graf Lambsdorff, München 2001 [hebr. Originalausgabe Tel Aviv 1998]; Michael Krupp, Zionismus und Staat Israel: Ein geschichtlicher Abriß. Mit einem Geleitwort von Helmut Gollwitzer, 2. Aufl., Gütersloh/ Metzingen, 1985 [1. Aufl. 1983].

[4] W.Z. Jabotinsky, „The Iron Wall", The Jewish Herald (26. Nov. 1937); ders., "The Ethics of the Iron Wall", The Jewish Standard, 5 (London, Sept. 1941). Als Schutzmacht kamen langfristig vor allem die Vereinigten Staaten von Amerika infrage, zumal sich das Britische Empire als solche zunehmend verweigerte.

denskonferenz „die genauen Grenzen zwischen dem Arabischen Staat und Palästina von einer von den Vertragspartnern vereinbarten Kommission festgelegt" werden würden sowie „alle Maßnahmen getroffen werden", die Verwirklichung der Balfour-Erklärung weitestgehend zu gewährleisten und alle notwendigen Maßnahmen zu treffen, „die eine Einwanderung von Juden in Palästina in großem Maßstab ermutigen und fördern". Allerdings: „Die Heiligen Stätten der Mohammedaner sollen unter mohammedanischer Kontrolle sein".[5] Angesichts dieser einvernehmlichen Verhandlungen fiel der zionistische Vorschlag auf der Friedenskonferenz von Versailles für die jüdische Heimstätte in Palästina als bescheidene Enklave im geplanten arabischen Großreich auch eher großzügig aus (siehe Abbildung)[6].

Doch der Lösungsvorschlag wurde schnell verspielt: Der haschemitische Adel versäumte es, die in ihren Vorstellungen zerstrittenen Araber Palästinas mit ins Boot zu holen. Als die Engländer und Franzosen die Pläne eines syrisch-arabischen Großreiches platzen ließen – bereits 1916 hatten beide Großmächte den Nahen und Mittleren Osten insgeheim schon unter sich aufgeteilt (Sykes-Picot-Geheimabkommen) – und die Araber sich betrogen sahen, formierte sich ab 1920 ein arabischer Nationalismus im Mandatsgebiet Palästina, für den der Boden schon seit dem letzten Jahrzehnt der osmanischen Fremdherrschaft vorbereitet worden war. Obwohl sich die jüdische Bevölkerung im Land während des 1. Weltkriegs zwischenzeitlich von 85.000 auf 55.000 Menschen verringert hatte, nahm dieser arabische Nationalismus eine zunehmend antijüdische Form an, vor allem als 1922 der erst 25-jährige Hadsch Amin e-Hussaini zum Großmufti von Jerusalem eingesetzt wurde, der sich als glühender Anhänger eines von der Ideologie der deutschen Nationalsozialisten beeinflussten Antisemitismus erweisen sollte. Hinzu kam, dass die britische Mandatsmacht den Druck im Land erhöhte, indem sie das 1920 eingerichtete, bis an das Zweistromland rei-

---

[5]    Vollständiger Text abgedruckt in Friedrich Schreiber, Kampf um Palästina, München 1992, 78-79, einem Buch, das die Geschichte des Nahostkonflikts sehr präzise und anschaulich dokumentiert..

[6]    Karte mit Genehmigung der Autoren aus Haim Heinz Reusch/ Johannes Gerloff, Grenzenloses Israel: Ein Land wird geteilt, Holzgerlingen 2006, 22.

chende Mandatsgebiet Palästina bereits 1922 entlang dem Jordan teilte. 75% Palästinas wurden damit abgetrennt und unter dem Namen Transjordanien Emir Abdallah (aus dem auf den Propheten Mohammed zurückgehenden haschemitischen Adelsgeschlecht) unterstellt. Am 24. Juli 1922 wurde diese erste Teilung Palästinas durch den Völkerbund gebilligt. 1923 wurden zudem im Zuge eines Interessenausgleichs zwischen Frankreich und England die Grenzen im Norden Israels angepasst, der Golan dem französischen Mandatsgebiet zugeschlagen und die haschemitischen Prinzen Abdallah und Faisal in Transjordanien bzw. im Irak als Könige eingesetzt (siehe Abbildung zur Situation 1925)[7].

1925   Grenzen der Mandatsmächte

(seit 1923 ist der Golan Teil des franz. Mandats)

Allerdings war die Absicht keineswegs, die verbleibenden 25% des Mandatsgebietes Palästina westlich des Jordan den Juden als Heimstätte zu geben und den Arabern ihr Königreich östlich des Jordan zuzuweisen. Vielmehr komprimierte man die Konkurrenz beider Völker in dem schmalen Land zwischen Jordan und Mittelmeer. Je mehr daraufhin der Druck im Heiligen Land zunahm, befördert durch die jüdische Einwanderungswelle infolge der sich in Europa anbahnenden Schoa, desto stärker eskalierte die Gewalt. Der in diesem Kontext um sich greifende arabische Terror gegen Juden wurde von der Mandatsmacht insofern belohnt und damit indirekt gefördert, dass seit den 1920er Jahren Einwanderung und Landkauf durch Juden immer stärkeren Restriktionen unterworfen wurden. Als schließlich selbst Holocaustflüchtlinge nicht mehr ins Land gelassen, sondern nach Europa zurückgeschickt wurden, entwickelte sich zusätzlich zum arabischen Terror ein zionistischer Guerrillakampf gegen die Briten, der ab 1947 auch zu Terrorakten gegen Araber führte (Massaker von Deir Yassin am 9. April 1948). Das Chaos war perfekt.

(b) Eine zweite Chance für die Lösung des Konflikts war der Teilungsbeschluss der UNO vom 29. Nov. 1947 (siehe Abbildung)[8].

---

[7] Karte, ebd., 31, mit Genehmigung der Autoren.
[8] Karte mit Genehmigung aus H.H. Reusch/ J. Gerloff, Grenzenloses Israel, 72.

Vorausgegangen waren diesem Teilungsplan viele andere Teilungsvarian-
ten. Als der Plan in der UNO schließlich mit 33 Stimmen, 13 Gegenstimmen
und 10 Enthaltungen verabschiedet war,
stimmte die jüdische Führung – *nolens
volens* - dieser Zwei-Staaten-Lösung zu.
Ein Kompromiss war zum Greifen nahe, zumal der Teilungsplan die schwer-
punktmäßigen Siedlungsgebiete der
arabischen und jüdischen Volksgruppen
weitgehend berücksichtigte. Die arabische Seite lehnte die Zwei-Staaten-
Lösung aber radikal ab. Israel wurde
jede Existenz als Staat in dem seit dem
7. Jahrhundert vom Islam eroberten
Land abgesprochen.

Kaum hatte am 14. Mai 1948 der britische Hochkommissar Sir Alan Gordon
Cunningham mit den letzten Mandats-
truppen Palästina verlassen und am Abend des selben Tages David Ben Gurion
den Staat Israel in den von der UNO zugewiesenen Gebieten ausgerufen, fielen
am 15. Mai 1948 die fünf Armeen Ägyptens, Jordaniens, Syriens, Libanons und
des Irak in Israel ein und begannen einen Vernichtungskrieg, den im ersten
Halbjahr 1949 Israel schließlich mit Landgewinn für sich entschied. Vom ehe-
maligen Rest-Mandatsgebiet Palästina konnten zum Zeitpunkt der jeweiligen
Waffenstillstandsabkommen (24. Februar bzw. 3. April 1949) Ägypten lediglich
den Gazastreifen sowie Transjordanien die sog. Westbank und Ostjerusalem be-
setzen. Diese wurden von da an in UN-Resolutionen immer den palästinischen
Arabern zu- und Israel (auch bei Wiedereroberung im späteren 6-Tage-Krieg
1967) abgesprochen, als seien Landgewinne in einem Vernichtungskrieg legitimer als in einem Verteidigungskrieg. Strategisch brachte die Reservierung der
1949 von arabischen Armeen besetzten Gebiete eine Minimaloption auf eine
künftige Zwei-Staaten-Lösung mit sich.

Gelöst war mit der als Kränkung empfundenen Niederlage der arabischen
Koalition der Nahostkonflikt allerdings nicht. Weitere Kriege folgten bis in die
jüngste Gegenwart. Durch das gezielt perpetuierte Elend der (später so genannten) „palästinensischen" Flüchtlingslager nach der Niederlage 1949 wurde der
Leidensdruck intensiviert und der Boden für weiteren Terror bereitet. Während
Israel von den nach der Staatsgründung 1948 aus arabischen Staaten geflüchteten 820.000 Juden immerhin 586.000 im neuen jüdischen Staat integrierte (während die übrigen in andere Länder emigrierten), hielten die arabischen Nachbar-

staaten, unterstützt von der UNRWA, die rund 650.000 geflüchteten palästinischen Araber weithin in ghettoartigen Flüchtlingslagern, ohne sie sozial in die umgebenden Gesellschaften zu integrieren, oft sogar ohne ihnen Möglichkeiten zu freier Berufsausübung zu gewähren.[9] Die resultierenden weiteren Nahostkriege und –friedensinitiativen sollen hier nicht dargestellt werden. Der Kampf um „Israel" oder „Palästina" im Heiligen Land ist nach wie vor ein ungelöster Konflikt, der die Welt in Atem hält. Neuerdings erhält er durch die oft wiederholte Vernichtungsdrohung seitens des zur Atommacht strebenden Iran (mit den von ihm aufgerüsteten Terrororganisationen Hisbollah und Hamas) eine zusätzliche bedrohliche Brisanz. Eine Zwei-Staaten-Lösung wird als Kompromiss international und von vielen Beteiligten nach wie vor gefordert. Bisher ist sie jedoch immer schon im Vorfeld an Gewaltausbrüchen, Maximalforderungen oder einseitigen Initiativen gescheitert.

Bei näherem Hinsehen erweist sich der Nahost-Konflikt nicht nur als ein temporärer Grenz- oder Gebietskonflikt. Seine Wurzeln sind vielmehr geschichtlich und religiös tief verankert. Und auch diese geschichtlich-religiöse Dimension birgt in sich einen Konflikt:

## II. Der Konflikt zwischen Verheißung und geschichtlicher Realisierung

### 1. Religiöse Ansprüche

Die drei monotheistischen Religionen Judentum, Christentum und Islam haben ein jeweils unterschiedlich begründetes Interesse am Heiligen Land. Das *muslimische* Interesse war primär nicht religiös begründet (insofern der Koran keine historisch verifizierbaren religiösen Bezüge zum Heiligen Land aufweist, vielmehr das Land Israel als Stammland des jüdischen Volkes kennt, Sure 5,24; 7,133f; 17,103-106). Muslimisches Interesse war dafür umso stärker geschichtlich bedingt (insofern das Heilige Land seit der islamischen Eroberung im Jahr

---

[9]   Gelegentlich wird von 1 Million Palästinensern gesprochen, die zwischen 1947 und 1949 von Israel heimatlos gemacht worden seien. Diese Zahl hält den Tatsachen nicht stand: In den Gebieten, die nach den Waffenstillstandsabkommen 1949 zum Staat Israel gehörten, lebten am 30. Nov. 1947 (dem Tag des Teilungsbeschlusses der UNO) 809.100 Araber, bei einer Volkszählung 1949 nach Abschluss des Krieges noch 160.000. So kann die Zahl der Flüchtlinge aus von Israel eroberten Gebieten nur rund 650.000 betragen haben. (Newsletter der Botschaft Israels, Berlin, 1. Nov. 2007). – Ein Teil der Flüchtlinge wurde vom israelischen Militär vertrieben; so die Betonung des 1987 verstorbenen israelischen Friedensaktivisten Simha Flapan, The Birth of Israel: Myths and Realities, New York: Pantheon, 1987. Eine Mehrheit der arabischen Flüchtlinge folgte vor Ausbruch des Krieges den Aufrufen der arabischen Führung und der umliegenden Staaten, das Land temporär zu verlassen, um nach dem baldigen Sieg sicher zurück zu kehren.

638 – mit Unterbrechung durch die Kreuzfahrerzeit - bis zum Ende des Osmanischen Reiches 1917 unter wechselnden muslimischen Herrschaften stand). Daraus ergab sich a. geschichtsbedingt, dass das Land einen „arabischen" Bevölkerungsanteil aufweist, der mehrheitlich muslimisch ist, sowie b. sekundär nun allerdings auch religiös, dass das Land als (ehemaliger) Teil der islamischen Umma als zum „Haus des Islam" gehörig betrachtet und sein Grund und Boden für den Islam beansprucht wird. - Das *Christentum* erhebt keinerlei Landansprüche auf das Heilige Land, schreibt ihm jedoch als Ort einzigartiger Gottesoffenbarung im Alten wie im Neuen Testament sowie als Zentrum der biblischen Heilsgeschichte singuläre Bedeutung zu. Für Christen verlangen Orte des Gedenkens an geschehene Gottesoffenbarung sowie in diesem Zusammenhang errichtete Sakralgebäude in Israel pietätvolle Behandlung und erfordern freien Zugang für alle, begründen aber keinen Landanspruch. - Das *Judentum* ist die einzige dieser Religionen, die in ihren Grunddokumenten eine Koinzidenz von Religion, Ethnie und Land begründet und eine konkrete Landverheißung für das jüdische (hebräische, israelitische) Volk aufweist. Dieser Landanspruch findet sich zwar weniger in den mischnaisch-talmudischen Religionsdokumenten, dafür aber umso betonter in den alttestamentlichen Quellen (s.u.). Das Heilige Land ist insofern seit alter Zeit religiös mit dem Anspruch verknüpft, das von Gott dem Volk Israel verheißene Land zu sein. Historisch war es dann auch seit dem 2. Jahrtausend v.Chr. das Land Israels bzw. der Juden, seit 1000 v.Chr. mit Jerusalem als Hauptstadt des jüdischen Volkes – bis zur Vertreibung der Juden und der Schleifung der Stadt unter Hadrian im Jahr 135 n.Chr.

## 2. Biblische Evidenz

Zwar gilt schöpfungstheologisch begründet im Kanon Israels ganz allgemein, dass die gesamte Erde Gott gehört (Ps. 24,1). Aber nur im Blick auf einen bestimmten Flecken Erde, nämlich das Land Israel, wird dieses Gottesland einem Volk als Gotteserbe anvertraut. Die Torah zieht daraus die Folgerung, dass die Mitglieder des Volkes Israel dieses Land nicht dauerhaft veräußern sollen: „Ihr sollt das Land nicht verkaufen für immer; denn das Land ist mein, und ihr seid Fremdlinge und Beisassen bei mir" (Lev 25,23; vgl. Jer 16,18; Ps 83,13; 1Chron 7,19-20; 2Chron 20,7+11). Als Gottes Land soll das Land Israel von Gottes Volk nicht zur Disposition gestellt werden. Im Gegenteil, über Heidenvölker, die sein Land zerteilt haben, wird Gott am eschatologischen „Tag des Herrn" Gericht halten (Joel 4,2; vgl. 3,4ff).

Hinter solcher Gesetzgebung bzw. Prophetie stehen - kanonisch gelesen - die Landverheißungen Gottes an Abraham, die den Einzelgesetzen der mosaischen Torah vorangestellt sind und von den Propheten vorausgesetzt werden: „Deinen Nachkommen will ich dies Land geben" (Gen. 12,7b). „All das Land, das du siehst, will ich dir und deinen Nachkommen geben für alle Zeit" (Gen. 13,15).

„Deinen Nachkommen will ich dies Land geben, von dem Bach Ägyptens bis an den großen Strom Euphrat: die Keniter, die Kenasiter, die Kadmoniter, die Hetiter, die Perisiter, die Refaiter, die Amoriter, die Kanaaniter, die Girgaschiter, die Jebusiter" (Gen 15,18-21). Auf der Basis eines einseitig von Gott verfügten Geschenk-Bundes (vgl. 15,7-21) wird Abraham und seinen Nachkommen zugesprochen: „Ich will meinen Bund aufrichten zwischen mir und dir und deinen Nachkommen, von Generation zu Generation, dass es ein ewiger Bund sei ... Und ich will dir und deinem Geschlecht nach dir das Land geben, darin du ein Fremdling bist, das ganze Land Kanaan, zu ewigem Besitz, und will ihr Gott sein" (Gen 17,7-8; vgl. Num. 34,1-12 [sowie 32,1-42]; Dt 1,6-8; 6,23; 9,4-6; 11,24; Jos 1,2-4; Ps 105,8-12; Apg 13,19).

Die Torah setzt einerseits voraus, dass die Landnahme im vollen Umfang der Verheißungen nicht auf einmal erfolgen wird, sondern nach und nach (Ex 23,29-31). Sie warnt andererseits, dass – auch wenn die Landgabe „für immer" gilt (Dt 4,40) - Ungehorsam des Volkes gegenüber Gottes Gesetz doch zu Krieg, Vertreibung und Exil führen wird (Dt 4,25-28; 5,16; 11,8-12; 11,21.18ff; Jos 23,12f). Die Gebietserweiterung des Landes auf die volle verheißene Größe kann durchaus an den Vorbehalt des Gehorsams gegenüber der Torah geknüpft werden (Dt 19,8f, vgl. V.1f). Dies entspricht in der Tat der Konditionalstruktur des durch Mose gegebenen Gesetzesbundes, kann jedoch (entsprechend der Argumentation von Gal 3,16-17) die bedingungslos zugesprochenen Zusagen des Abrahambundes letztlich nicht aufheben. - Die tatsächliche Landnahme durch Israel zur Zeit Josuas umfasst nachweislich des abschließenden Landnahmeberichts (Jos 13,1-14,5) sowie der Loszuteilungen für die Stämme des Volkes Israel (Jos 15,1-19,51) einerseits ein kleineres Gebiet, als das der ursprünglichen Verheißung, andererseits liegen die dem Stamm Ruben, Gad und dem halben Stamm Manasse östlich des Jordans zugeteilten Gebiete außerhalb des verheißenen Gebiets, was erklären mag, dass ihnen angeboten werden kann, herüberzukommen „ins Land, das dem Herrn gehört" (Jos 22,19). Die nicht zum verheißenen Land gehörenden transjordanischen Gebiete galten als Kriegszugewinn aus bewaffneten Konflikten, die Israel nicht gesucht hatte (vgl. Ri 11,12-33). Insofern sind auch sie Israel als Erbe gegeben (Ps 135,10-12; 136,18-22), jedoch mit wechselhaftem Geschick (2Kö 10,32f; 14,25-28). Trotz der verbleibenden Differenz zu den wiederholt verheißenen Grenzen, betont das Josuabuch zum Zeitpunkt der geglückten Landnahme den Aspekt der Erfüllung der gegebenen Landverheißung aufgrund von Gottes Treue: „So hat der Herr Israel das ganze Land gegeben, das er geschworen hatte ihren Vätern zu geben. Und sie nahmen es ein und wohnten darin ...Es war nichts dahingefallen von all dem guten Wort, das der Herr dem Hause Israel verkündigt hatte. Es war alles gekommen" (Jos 21,43+45). Komplementär dazu betont das Richterbuch die Unvollständigkeit der Landnahme aufgrund menschlichen Fehlverhaltens (etwa Ri 1,18-2,5).[10] Umgekehrt kann bei permanentem Ungehorsam des Volkes der Fluch Gottes den Verheißungsbestand zwischenzeitlich soweit zurückdrehen, dass Israel (vorübergehend) ins Exil muss und in seine Ausgangssituation als Flüchtlingsvolk in Ägpyten zurückgedrängt wird (Dt. 28,63-68; vgl. 2Kön. 25,22-26). Im Exil bleibt dann die Sehnsucht nach dem verheißenen Land (Ps. 137,4-6).

In der exilischen Zukunftsvision des Propheten Hesekiel hat das Land dann einen eigenen Zuschnitt: Der Jordan gilt weiterhin als Ostgrenze (Hes 47,18), verlängert nach Norden bis ins Gebiet von Damaskus Richtung Hamat (47,15ff); von einer Expansion Israels bis zum Euphrat ist zu diesem Zeitpunkt jedoch nicht die Rede (vgl. 47,13-20). Die Stammesgebiete werden symmetrisch neu aufgeteilt (47,21-48,29).

Nur in einem einzigen Augenblick der Geschichte wird der Abraham, Mose und Josua verheißene Umfang des Landes (Gen 15,18ff; Ex 23,31; Dt 1,6ff; 11,24; Jos 1,2ff) als erreicht konstatiert (1Kön. 5,1; 8,65b; 1Chron 9,26), nämlich nach den Eroberungen durch David und Salomo - als das Hethiterreich zusammengebrochen war, das geschwächte Ägypten keinen Einfluss mehr nahm, Assyrien nach dem Tod von Tiglath-Pileser I. (ca. 1076 v.Chr.) eine Schwächephase durchlebte, im Nordwesten gute Beziehungen zu den phönizischen Küstenstädten bestanden und nach der Eingrenzung der Philister nur noch in den Wüstengebieten des Nordostens eine Konkurrenzsituation zu den Aramäern gegeben war. In diesem Kairos der Geschichte kann berichtet werden: „So war Salomo Herr über alle Königreiche, vom Euphratstrom bis zum Philisterland und bis an die Grenze Ägyptens" (1Kön 5,1a; vgl. 8,65b sowie 1Chron. 5,8f; 18,3ff).[11]

### 3. Geschichtliche Kontingenz

Insgesamt jedoch fällt auf: Betrachtet man den jeweils unterschiedlichen Umfang der Gestalt des Heiligen Landes in der Richterzeit, zur Zeit Sauls, in den unterschiedlichen Phasen des geteilten Reiches in Israel und Juda, erst recht die Gegebenheiten unter assyrischer, babylonischer, persischer, griechischer, ptolemäischer und seleukidischer Fremdherrschaft nach dem Exil sowie unter den verschiedenen makkabäischen Anführern bzw. Königen und dann (bereits unter

---

[10]  Zur komplementär-aspektiven Geschichtsbetrachtung als Muster in Genesis bis Könige, einschließlich der Landnahmebetrachtung in Josua bzw. Richter, siehe Julius Steinberg, „Architektonische Bauformen als Mittel der literarischen Kommunikation am Beispiel von Gen 1-4", in: W. Hilbrands, Hrg., Sprache lieben – Gottes Wort verstehen: Beiträge zur biblischen Exegese, Gießen 2011, 72.

[11]  Siehe die Karte dazu in Atlas of Israel: Cartography, Physical Geography, Human and Economic Geography, History, Jerusalem: Survey of Israel, Ministry of Labour / Amsterdam 1970, IX/4; dazu die historischen Belege durch Y. Aharoni, IX/3 – IX/4.

römischer Oberhoheit) die wechselnden Konstellationen unter Herodes dem Großen, seiner Dynastie und den zwischenzeitlichen römischen Prokuraturen,[12] dann zeigt sich eine nahezu permanente Differenz zwischen dem Land göttlicher Verheißung und den vielfältigen Erscheinungsformen des Heiligen Landes in der geschichtlichen Wirklichkeit. Vertreibungsberichten stehen Rückkehrverheißungen gegenüber. Widerrufen wird die Landverheißung nirgendwo – weder im biblischen Kanon, noch in der frühjüdischen Literatur. Entscheidend aber ist: ihre Erfüllung wird nirgends zur politischen Agenda, deren Erzwingen – gar mit Waffengewalt – in der jeweiligen geschichtlichen Stunde aufgetragen wäre. Selbst Widerstandsbewegungen wie die Makkabäer und Zeloten rufen nicht zur Rückeroberung des Landes in den Grenzen der Verheißung auf.[13] Eretz Israel kann sich erweitern oder schrumpfen. Als Besitz der Juden kann es sich schließlich im Jahr 135 n.Chr. quasi auf eine Nadelspitze, die Festung Beth Ther südwestlich von Jerusalem, reduzieren, in die sich Bar Kochba im zweiten jüdischen Aufstand als letzte Zuflucht vor der Weltmacht Rom zurückzog.[14] Doch selbst als dieser letzte Rest des verheißenen Landes fiel, als die Juden aus ihrem Land vertrieben wurden, als Rom, Byzanz, die Omayyaden, die Abbasiden, die Fatimiden, die Ayyubiden, die Mamelukken, die Osmanen und schließlich das Britische Empire die Herren des Landes waren, blieb die göttliche Landverheißung an Abraham, Mose und Josua unwiderrufen - als Konstante gegeben in den Heiligen Schriften Israels inmitten der Kontingenz wechselnder Geschichtskonstellationen. Inmitten einer völlig anders sich darstellenden gegenwärtigen Realität eröffnete sie Menschen, die an den Verheißungen orientiert waren, immer wieder die Hoffnung, dass Israel eines Tages in das „Verheißene Land" zurückkehren und es im verheißenen Umfang bewohnen werde.[15]

---

[12] Ebd., IX/3 – IX/8.

[13] Auch Stellen wie 1Makk 15,33f und 2Makk 5,19f stehen, nachweislich des Zusammenhangs, nicht im Widerspruch dazu. - Man kann nur vermuten, dass im Widerstand der Zeloten des 1. Jhd. christlicher Zeitrechnung der Kontrast zwischen den Landverheißungen der Torah und der römischen Fremdherrschaft ein untergeordnetes Motiv gespielt haben könnte; vgl. Martin Hengel, Die Zeloten: Untersuchungen zur jüdischen Freiheitsbewegung in der Zeit von Herodes I. bis 70 n.Chr., 2. verb. u. erw. Aufl., Leiden 1976, 138f. Explizit spielen andere Motive für ihr Handeln die entscheidende Rolle. Und wenn es um die Theokratie Israels geht, scheinen die Zeloten eher eschatologisch vorwärts gerichtet gewesen zu sein, als verheißungsorientiert rückwärts gerichtet.

[14] Ebd., IX/8.

[15] So etwa im 17./18. Jahrhundert zu beobachten bei den Puritanern und im Barockpietismus, wo man mit einer eschatologischen Rückkehr der Juden in das ihnen verheißene Land rechnete, siehe H. Stadelmann, „Die Juden ‚hertzlich lieben': Johann Jacob Rambach und die Zukunft des jüdischen Volkes", in: Christen, Juden und die Zukunft Israels: Beiträge zur Israellehre aus Geschichte und Theologie, hrg. B. Schwarz / H. Stadelmann, EDIS 1, Frankfurt u.a. 2009, 226-227; vgl. P. Toon, Puritans, the Millennium and the Future of Israel: Puritan Eschatology 1600 to 1660, 2. Aufl., Cambridge 2002, 29-33 u.ö.

Theologisch gesehen will die Landverheißung, wie alle Verheißungen Gottes, von Menschen weder verleugnet noch erzwungen werden. Aus dem Blickwinkel des Glaubens erwartet sie im kontingenten Verlauf der Geschichte ihre Erfüllung zu Gottes Zeit, auf Gottes Weise. Heilsgeschichtlich gesehen kann die Spannung zwischen Gottes Verheißung und geschichtlicher Erfüllung nicht dadurch aufgehoben werden, dass der Mensch dem Rad der Geschichte in die Speichen greift und die Erfüllung einer Bundesgabe Gottes mit Gewalt erzwingt. *Confusione hominum providentia Dei* (d.h. unter menschlichen Wirrnissen aufgrund der Vorhersehung Gottes) kommen Verheißungen Gottes zum Ziel – wann und wie es Gott gefällt. Diese Gott nicht vorgreifen wollende Gelassenheit hat jüdische und christliche Gläubige in ihrer Mehrheit immer wieder bestimmt. Diese Haltung bewahrt zugleich vor einem „Fundamentalismus", der Religion und Gewalt zur Synthese bringt und um „göttlicher" Ziele willen menschliche Gewalt religiös zu legitimieren sucht. Dem mischnaisch-talmudischen Judentum wie dem neutestamentlich bestimmten Christentum sind solche Denkmuster wesensmäßig fremd.

Ein dritter Konflikt im Spannungsfeld von Verheißung und Situation ist ein rein innerjüdischer Dissens:

## III. Der Konflikt um „Israel" oder „Zion" als ideelle Auseinandersetzung im neuzeitlichen Judentum

Wie im diskutierfreudigen Judentum nicht anders zu erwarten, gibt es im neuzeitlichen Judentum selbst vielfältige Konflikte um das Heilige Land – sowohl innerhalb Israels, als auch zwischen Diasporajuden und Israelis.

### 1. Innerjüdische Konflikte in Israel

Jedem Israelreisenden wird innerhalb des Landes der Kontrast schon aufgefallen sein:
- Da sind einerseits die vielen säkularen und religiösen Juden aschkenasischen und sephardischen Ursprungs, die ihr Land lieben, diesen kargen Flecken Erde innerhalb eines Jahrhunderts aufgeforstet haben, ihn landwirtschaftlich und industriell zu einem hoch effektiven Wirtschaftsstandort gemacht haben, die - diskutierfreudig und pluralistisch wie sie sind - die einzig funktionierende Demokratie des Nahen und Mittleren Ostens geschaffen haben, die diesen Namen verdient, und die jederzeit unter Einsatz ihres Lebens für die Existenz dieses Staates eintreten würden. Für sie konkretisierte sich nach 1.900 Jahren Diaspora mit immer neuen Verfolgungen und Diskriminierungen[16] in den Gastländern mit

---

[16]  Vgl. Abba Eban, Dies ist mein Volk: Die Geschichte der Juden, Zürich 1970, 96-374; Haim Hillel Ben-Sasson (Hrg.), Geschichte des jüdischen Volkes: Von den Anfängen bis

dem zionistischen Projekt eines eigenen Judenstaates die hoffnungsvolle Perspektive eines endlich gesicherten Lebens im eigenen Land. Für sie bildete die Staatsgründung Israels die Erfüllung dieser Hoffnung und die alternativlose Konsequenz aus den Pogromen und der Schoa des geschichtlichen Leidensweges des jüdischen Volkes.

- Andererseits sind da, besonders in der Nähe der Heiligen Stätten in Jerusalem, die schwarz gekleideten ultraorthodoxen Juden, die ihr Leben ganz der Religion gewidmet haben. In ihrer Religion hat der Staat Israel keinen Platz. Sie verweigern Steuern und Militärdienst. Der zionistische Staat ist für sie das Gebilde des Unglaubens. Ihre in Konsequenz der Katastrophen der Jahre 70 n.Chr und 135 n.Chr. gebildete mischnaisch-talmudische Religion braucht keinen Staat. Für manche „Getreuen des Tempelberges" würde ein wieder errichteter Tempel genügen – doch das Glaubenssystem der meisten von ihnen ist um die Synagoge, nicht um einen erhofften Tempel gebaut. Land und Tempel als jüdisches Hoffnungsgut bleiben ihrer Überzeugung nach hinsichtlich ihrer Realisierung der Zeit des Messias vorbehalten.

Hinter diesen Akzentuierungen stehen religiöse Überzeugungen, die stark von nachbiblischen Entwicklungen her geprägt sind. Biblische und nachbiblische Traditionen, die in Spannung zueinander stehen, tragen dabei zu unterschiedlichen Sichten bei. Da ist einerseits die so genannte „mündliche Torah", die mit dem mischnaisch-talmudischen Schrifttum bis heute in den verschiedenen Formen des religiösen Judentums nachwirkt. Sie steht zur (biblischen) „schriftlichen Torah" in wenigstens ebenso starker Diskontinuität wie Kontinuität. Je nach Traditionszugehörigkeit kann sich vor diesem Hintergrund in Israel ein religiöses Judentum bilden, das in Diskontinuität zu den Aussagen der schriftlichen Torah keinerlei Theologie der Landverheißung mit dem neuzeitlichen Staat Israel verbindet. Ebenso finden sich unter Betonung der Kontinuität aber auch religiöse Siedlerkreise, die unter Berufung auf das „biblisch verheißene Kernland Judäa und Samaria" Siedlungen in den heutigen palästinensischen Autonomiegebieten errichten und halten und sich nur unter Anwendung von Gewalt seitens ihres eigenen Staates Israel zur Räumung zwingen lassen.

## 2. Innerjüdische Konflikte mit dem Diasporajudentum

Hinzu kommt, dass seit Jahrzehnten große Teile des Diasporajudentums dem historischen Zionismus und dem Staat Israel distanziert gegenüber stehen. Ihr Judentum ist nicht nur umständehalber, sondern mit weltanschaulicher Begrün-

---

zur Gegenwart, Frankfurt/ Wien 1992 [in 3 Bänden, München 1978, 1979, 1980], 364-1305; vgl. auch die populäre Darstellung von Werner Keller, Und wurden zerstreut unter alle Völker: Die nachbiblische Geschichte des jüdischen Volkes, Lizenzausgabe Wuppertal/ Zürich 1993 [Originalausgabe München, Zürich 1966].

dung mit der Diaspora verbunden. Namen wie Martin Buber, Margarete Susman, Franz Rosenzweig, Leo Strauss, Micha Brumlik und Andere stehen für
diese Haltung.

In seiner Schrift „Der Jude und sein Judentum" setzte Martin Buber dem
staatsbildenden Zionismus ein religiös-kulturelles Verständnis von „Zionismus"
entgegen[17]: Zionismus sei etwas ganz anderes als jüdischer Nationalismus. „Zion" sei kein Gattungsbegriff wie „Nation" oder „Staat", auch keine geographische Bezeichnung wie „Kanaan" oder „Palästina". Vielmehr sei „Zion" der
Name der Hoffnung für etwas, das sich von einem geographisch bestimmten Ort
der Gottesoffenbarung her ausbreiten sollte: nämlich das Königtum Gottes für
alle Völker. Von „Zion" aus habe es seinen Ursprung genommen. Als Zeuge
davon verstünde sich das Judentum. Ein säkularer Staat (wie der Staat Israel) sei
dafür nicht nötig. Als irdische Manifestation der Idee „Zions" genüge eine Art
jüdischer Vatikan als spirituelles Zentrum, von dem Inspiration für das Diasporajudentum und durch dieses Diasporajudentum dann Inspiration für die Völker
ausgeht.

Ähnlich sieht Margarete Susman trotz des Holocaust als den bleibenden Auftrag Israels die Sendung an, Volk unter den Völkern – und eben nicht Staat unter
Staaten zu sein: „Indem an dies Volk, anders als an jedes andere, der Ruf ergan-
gen ist, Volk zu sein und nicht Staat: Volk, das Gott gründet, nicht Staat, den der
Mensch baut, reiner Auftrag ohne Gestalt und Grenze, ist es ausgesondert, in
seinem Volksein selbst die Menschheit zu vertreten."[18] Im Unterschied zur bib-
lisch-alttestamentlichen Evidenz wird hier als ausschließender Gegensatz dem
besonderen Charisma des jüdischen Volkes dessen irdische Manifestation in einem Land mit eigenem Staat gegenüber gestellt. Sicher, in der Verheißung an
Abraham und in der mosaischen Torah sei es noch um Land für ein Volk gegangen. Aber gerade die Annahme der Torah durch Israel sieht Susman als den
grundlegenden Fehltritt Israels, der erst durch die spätere die Annahme des Exils
als „Rückkehr zur reinen, Gott allein unterstellten, Staat, Krieg und Gewalttat
ausschließenden Gemeinschaft" gesühnt worden sei.[19]

Das allenfalls religions-zionistische bzw. kultur-zionistische Diasporajudentum, das von der nachbiblischen Religion eines Judentums ohne Tempel und
ohne Land geprägt ist, hat sich immer wieder schwer getan mit dem politischen
Zionismus, der einen eigenen Staat Israel im „Verheißenen Land" erstrebte und
schließlich verwirklichte. Für einen jüdischen Intellektuellen wie Leo Strauss
steht fest: „Der politische Zionismus ist die Organisation des Unglaubens im
Judentum; er ist der Versuch, das jüdische Volk auf dem Boden des Unglaubens

---

[17]    Martin Buber, Der Jude und sein Judentum: Gesammelte Aufsätze, Köln 1963, 521.
[18]    Margarete Susman, Das Buch Hiob und das Schicksal des jüdischen Volkes, Nachdr.
      Frankfurt 1996 [1. Aufl., Zürich 1946], 79.
[19]    Susman, a.a.O.., 86.

zu organisieren."[20] Für Strauss ist der politische Zionismus eine rein säkulare Angelegenheit. Biblische Landverheißungen sind für sein Verständnis von Judentum ohne Bedeutung. Micha Brumlik kommentiert dazu: „Das zentrale Problem, vor das sich Strauss ebenso wie [Franz] Rosenzweig gestellt sieht, besteht darin, dass eine Rückkehr zum biblischen Glauben jedenfalls nicht in der und zu der Form bestehen könne, die dieser Glaube in der Zeit seiner Entstehung hatte."[21] Dieses nach-biblische Judentum versteht sich damit als Religion, die sich bewusst in zumindest teilweiser Diskontinuität zu den biblischen Wurzeln definiert.[22]

Brumlik, der sich selbst als Postzionisten betrachtet[23], hat Verständnis dafür, dass auch das Judentum politische Organisationsformen sucht. Doch er hält den historischen Zionismus, der zum Staat Israel führte, für eine fehlgeleitete Form jüdischer Assimilation an die National-Ideologien des europäischen 19. und frühen 20. Jahrhunderts, die ethnische – vielleicht auch im weiteren Sinn republikanische – Nationalstaaten anstrebten und hervorbrachten. Diese Nationalstaaten, so kritisiert er, seien dabei, sich zu überleben. Angesichts der Katastrophen der diversen Nationalismen seien ethnisch plurale, übergreifende Organisationsformen wie die EU oder die UN auf dem Weg, die Nationalstaaten zu transformieren.[24] Für Israel könne sich durch einen Anschluss an diese transnationalen Institutionen ein verheißungsvoller Weg in die Zukunft öffnen, gibt Brumlik zu bedenken. So wie der Zionismus in den Nationalideen europäischer Staaten im 19. Jahrhundert seine Wurzel gehabt habe und diese Nationalidee im Staat Israel verwirklicht habe, müsse der Postzionismus nun den Kreis schließen und eine Entwicklung „von Europa nach Europa"[25] anstreben. Die Vision, die Brumlik als

---

[20] Leo Strauss, „Zur Ideologie des politischen Zionismus", in: ders., Gesammelte Schriften, Bd. 1, Stuttgart 1996/2001, 445, Fn. 46.

[21] Micha Brumlik, Kritik des Zionismus, Hamburg 2007, 89.

[22] Man könnte in diesem Zusammenhang die These vertreten, dass nach Abschluss des Torahkanons zwei Religionen entstanden sind, die – nur jeweils unterschiedlich gewichtet – in simultaner Kontinuität und Diskontinuität zum Tenach bzw. der Torah Israels stehen: a. das aus der pharisäischen Bewegung entstehende, sich parallel zur schriftlichen Torah auf seine mündliche Überlieferung berufende (m.Aboth 1.1) rabbinische Judentum; und b. das aus der jesuanischen Bewegung hervorgehende, neue Offenbarung beanspruchende und zugleich die Torah festhaltende und von ihrer messianischen Erfüllung her neu interpretierende Christentum.

[23] So in seinem Artikel: M. Brumlik, „Vom jugendlichen Zionisten zum selbstbewussten Diasporajuden", Jüdische Allgemeine, Jan. 2010.
(in: www.hagalil.com/archiv/2010/01/22/zionisten.com [Eingesehen 29.04.2011]).

[24] M. Brumlik, Kritik des Zionismus., 43: „Spätestens seit der Gründung der UN und der EU sind andere politische Organisationsmodelle auf den Plan getreten, die den Nationalstaat unterspülen, überwölben, ihn merklich oder auch unmerklich verändern; eine Entwicklung, die ihrer gravierenden Demokratiedefizite wegen durchaus gefährlich, aber nicht notwendig unkorrigierbar sein muss."

[25] M. Brumlik, a.a.O., 151ff.

Diasporajude ins Gespräch bringt, lautet: „Eröffnete die EU dem Staat Israel die Möglichkeit einer Aufnahme in die Gemeinschaft, so könnte sie dem jüdischen Staat jene Bedingungen stellen, auf die sich der größte Teil seiner politischen Eliten im freien Spiel der Kräfte nicht einlassen mögen: einen hundertprozentigen Rückzug auf die Grenzen von 1967, Jerusalem als Hauptstadt zweier Regierungen, der israelischen und der palästinensischen, sowie gedeihliche ökonomische Beziehungen zu den Nachbarstaaten [...] Ein israelischer Beitritt zur EU, der gewiss nicht vor 2020 vollzogen und von der Assoziation eines unabhängigen Palästina gefolgt würde, könnte der Region einen Frieden bescheren, der diesen Namen auch wirklich verdient. Man mag dies angesichts der Wachstumsschmerzen der EU und des Streits um den Beitritt (bzw. eine privilegierte Partnerschaft) der Türkei für einen Traum halten, indes: Schon Theodor Herzl sagte: ,Wenn ihr wollt, ist es kein Märchen'."[26] Warum sollte für Israel nicht gelten, was für die Türkei möglich werden könnte?

Der Traum könnte allerdings auch zum Albtraum werden. Brumliks Zukunftsträume könnten an die Integrationsideale des europäischen Bildungsjudentums des 19. Jahrhunderts erinnern, die letztlich doch wieder am Antijudaismus scheiterten. Frieden, allgemeine Akzeptanz und Gewährleistung der territorialen Integrität könnten die Traumziele sein, die eine Integration auf die Tagesordnung zu vermöchten bringen, zumal sich ehemalige Sicherheitspartner Israels in der muslimischen Welt (wie der Iran, die Türkei und zwischenzeitlich Ägypten) zunehmend feindselig dem Staat Israel gegenüber positionieren und die Unterstützung durch die U.S.A. unkalkulierbarer geworden ist. - Dem stehen Risiken entgegen, denn Politik ist kein Rasensport - und die EU nicht die UEFA (in die Israel bei europäischen Fußballwettbewerben in der Tat bereits integriert ist). Ein Risiko, das Brumlik von vornherein in seinen utopischen Gedankenentwurf einbezieht, besteht in den zu erwartenden europäischen Druckmaßnahmen auf Israel. War das Risiko für das Volk der Juden schon hoch, wenn es sich einzelnen Nationalstaaten und deren geschichtlichen Irrwegen auslieferte, würde sich dies steigern, wenn Israel sich in ein multinationales Großeuropa integrierte, in dessen Rahmen bereits heute Mitgliedsstaaten immer mehr Kompetenzen an die Zentrale abtreten müssen. Ein eigener Palästinenserstaat würde den Druck auf Israel nicht nehmen, denn analog zur 1922 erfolgten Teilung Palästinas wäre damit zu rechnen, dass am Tag nach der Zwei-Staaten-Lösung die Diskussion um das Verhältnis von Israelis und Palästinensern nun innerhalb der Staatsgrenzen Israels von vorne beginnen würde!

Aus der Geschichte ließe sich lernen, dass die Integration in größere „Reiche" für das jüdische Volk nicht der Königsweg zu Frieden und Freiheit war. Dass der Staat Israel eines Tages trotzdem solch eine Bindung anstreben könnte, ist nicht auszuschließen. Doch sind solche Perspektiven, wie alle anderen ge-

---

[26] Ebd., 174.

schichtlich-politischen Alternativen, kritisch zu betrachten - wozu es begründbarer Kriterien bedarf.

## Aufgaben

Rückblickend sprachen wir bereits über immer wieder mögliche Differenzen zwischen biblischer Verheißung bzw. Bestimmung und geschichtlicher Kontingenz. Solche Differenzen wird es auch in Zukunft geben. Bevor man sich also auf unterschiedliche Optionen gedanklich einlässt, sollte es legitim sein, die Alternativen historisch, politisch, aber auch theologisch zu prüfen und zu wägen. Denn zweifellos spricht die Urkunde aller christlichen (und jüdischen) Theologie, die Heilige Schrift, erstaunlich viel von Israel: von seinem Land, seiner Berufung, seinen Beziehungen zu den Völkern, seiner Vergangenheit und Zukunft. Angesichts der vielfältigen Konflikte um das Heilige Land könnte es daher lohnen, wenn dieses Symposium dazu beitragen würde, auch in kontroverser Diskussion Aspekte zur Orientierung zu erarbeiten. Theologisches Nachdenken gehört dazu - gerade wenn es um das Heilige Land geht.

# II. BIBLISCH-EXEGETISCH

# Die Landverheißung als „ewiger Besitz". Exegetisch theologische Überlegungen zum Abrahambund und zu Deuteronomium 28-29

SIEGBERT RIECKER

## 0. Einführung

### 0.1. Die Bedeutung des Themas „Land" für die Theologie

In einer der ersten alttestamentlich-theologischen Untersuchungen zum verheißenen Land aus dem Jahr 1943 stellt Gerhard von Rad fest, es gebe in der Tora „wohl keinen Gegenstand, der [...] so wichtig ist wie das von Jahwe verheißene und dann verliehene Land".[1] Das Wort אֶרֶץ „Land" ist das vierthäufigste Substantiv im Alten Testament, statistisch gesehen also bedeutsamer, als etwa der „Bund", welcher oft als Schlüssel alttestamentlicher Theologie genannt wird.[2] So kommt Walter Brueggemann in seiner bahnbrechenden Untersuchung zum Thema Land zu der Einsicht: „Land ist ein

---

[1] Gerhard von Rad, „Verheißenes Land und Jahwes Land im Hexateuch", in: ders., Gesammelte Studien zum Alten Testament, München 1965, 87-100, hier S. 87. Er formuliert in der Terminologie seines Paradigmas mit „Hexateuch" (Tora und Josua) und redet von „allen Quellen, und zwar in allen ihren Teilen". Obwohl von Rad davon ausgeht, dass bislang keine Untersuchung zum dem Thema vorliegt, sei hier verwiesen auf Leonhard Rost, „Bezeichnungen für Land und Volk im Alten Testament", in: Friedrich Baumgärtel, Hg., Die zehn Gebote in der christlichen Verkündigung. Festschrift Otto Procksch zum 60. Geburtstag am 9. August 1934 überreicht, Leipzig 1934, 125-148. Zur Forschungsgeschichte vgl. Christopher J.H. Wright, God's People in God's Land. Familiy, Land and Property in the Old Testament, Neuauflage (1. Aufl. 1990), Carlisle 1997, 5-9. Zur Patristik verweist Irmtraut Fischer, „Israels Landbesitz als Verwirklichung der primordialen Weltordnung. Die Bedeutung des Landes in den Erzeltern-Erzählungen", in: Martin Ebner u.a., Hg., Jahrbuch für Biblische Theologie (JBTh). Band 23 (2008). Heiliges Land. Neukirchen-Vluyn 2009, 3-24, hier S. 3, Fn. 1 auf Hans-Christoph Goßmann, Das Land der Verheißung. Studien zur Theologie des Landes im Alten Testament und ihrer Wirkungsgeschichte in frühjüdischen und frühchristlichen Texten, Schenefeld 2003.

[2] Elmer A. Martens, God's Design. A Focus on Old Testament Theology, Grand Rapids: Baker, 1981, S. 97f. So warnt Walter Brueggemann, The Land. Place as Gift, Promise, and Challenge in Biblical Faith. Overtures to Biblical Theology. 2. Aufl. (1. Aufl. 1989), Minneapolis 2002, 200: „An inordinate stress on *covenant* to the neglect of *land* is a peculiarly Christian temptation" (Hervorhebungen im Original, auch im Folgenden).

zentrales, wenn nicht *das zentrale Thema* biblischen Glaubens".[3] In überspitzter Abkehr von bisherigen Sichtweisen formuliert er,

> „dass es dem Alten Testament in seiner theologischen Aussprache überhaupt nicht um „Taten" geht, sondern dass es sich um *Gebiet* bemüht, konkreten Grundbesitz, angelegt durch machtvolle *Verheißungen*, aber auch durch strategische Einrichtungen für den Aufenthalt in diesem Gebiet".[4]

Die Frage, was dies angesichts des anscheinend[5] geringen Vorkommens des Begriffs im Neuen Testament für den christlichen Glauben bedeutet, soll am Ende noch einmal aufgegriffen werden.

## 0.2. Zur Methode der Untersuchung

Ein ganzes Jahrhundert lang[6] hat das nun zerrüttete Pentateuchmodell der sogenannten „neueren Urkundenhypothese" mit allen wenig erfolgreichen Versuchen seiner Rettung den Blick verstellt für das Nachzeichnen theologischer Entwicklungen von der Tora hin zu den Hinteren Propheten. Denn innerhalb dieses Paradigmas werden weite Teile der Tora *nach* einer großen Anzahl von Prophetentexten datiert (welche natürlich ebenso quellenkritisch

---

[3]    „Land is a central, if not *the central theme* of biblical faith", Brueggemann, Land, 3.

[4]    „[T]hat the Old Testament, in its theological articulation, was not at all about ,deeds‘, but was concerned with *place,* specific real estate that was invested with powerful *promises* and with strategic arrangements for presence in the place as well", ebd., xi.

[5]    Verwiesen sei hier auf den Beitrag von Gerhard Maier in vorliegender Veröffentlichung, welcher eine überraschende Präsens des Themas auch im Neuen Testament nachzuweisen vermag. Zu weiteren jüngeren Veröffentlichungen vgl. Martin Vahrenhorst, „Land und Landverheißung im Neuen Testament", in: Martin Ebner u.a., Jahrbuch für Biblische Theologie (JBTh). Band 23 (2008). Heiliges Land. Neukirchen-Vluyn 2009, S. 123-147, 124, Fn. 3.

[6]    Als Eckdaten lassen sich hier die Jahre 1878 und 1976 nennen. Die Veröffentlichung von Julius Wellhausen, Geschichte Israels, Berlin 1878 (ab 1883 veröffentlicht als Prolegomena zur Geschichte Israels) greift selbst unter anderem auf Vorarbeiten von Karl Heinrich Graf und Wilhelm Martin Leberecht de Wette zurück (S. 4, Fn. 1). Den Zerbruch des Forschungskonsens („Die Quellen sind […] im Großen und Ganzen gültig geschieden", Otto Kaiser, Einleitung in das Alte Testament. Eine Einführung in ihre Ergebnisse und Probleme. Berlin 1973, 78) führt neben John van Seters vor allem Rolf Rendtorff, Das überlieferungsgeschichtliche Problem des Pentateuch. BZAW 147, Berlin 1976 herbei. Angesichts der grundlegenden Abkehr von dem alten Paradigma der Quellenscheidung können integrative Rettungsversuche wie etwa durch Erich Zenger, Einleitung in das Alte Testament, 3. Aufl., Stuttgart 1998, 35 schon alleine aufgrund ihrer Komplexität (wer kann ernsthaft glauben, dass sich eine Entstehung auf so vielen Umwegen detailliert rekonstruieren lässt?) kaum noch überzeugen, vgl. John van Seters, The Pentateuch. A Social-Science Commentary. Trajectories 1. Sheffield 1999, 76.

fragmentiert werden).[7] Dies führt oftmals zur Annahme literarischer Abhängigkeiten der *Tora von den Propheten* und nachträglichen Projektionen geschichtlicher Voraussagen an den angeblich vorgetäuschten Anfang israelitischer Geschichtsschreibung. Nach dem Zerbruch des vorherrschenden Paradigmas[8] hat sich die Situation für die Theologie nicht unbedingt verbessert. Der Trend geht hin zu einer extremen Spätdatierung von Texten der Tora. Auch macht die uneinheitliche Datierung der Textfragmente eine historisch verantwortete Darstellung der Entwicklung eines theologischen Themas so gut wie unmöglich.

Einen Ausweg aus diesem Dilemma der Theologie bietet seit 1979 der kanonische Ansatz von Brevard Childs, welcher die Texte nicht „diachron" nach verschiedenen Schichten ordnet, sondern „synchron" in ihrer „Endgestalt" untersucht,[9] „da der gegebene Text noch der sicherste ist, den wir in den Händen haben".[10] Selbst wer sich den ideologischen Vorgaben der historisch-kritischen Methode nicht entziehen kann,[11] wird den Sinn des Unternehmens nachvollziehen können, „der Abfolge der Ereignisse, wie sie der Glaube Israels gesehen hat" zu folgen.[12] Erste gute Ergebnisse bei der Untersuchung

---

[7] Werner H. Schmidt, Einführung in das Alte Testament. 5. Aufl., Berlin 1995, 47f. datiert als einer der Hauptvertreter der neueren Urkundenhypothese die Quelle J („Jahwist") um 950 v.Chr., die Quelle E („Elohist") um 800 v.Chr., die Quelle D („(Ur-)Deuteronomium") um 622 v.Chr., die Quelle P („Priesterschrift") um 550 v.Chr.

[8] Zur Deutung der Pentateuch-Forschungslage im Licht von Thomas Kuhn, Die Struktur wissenschaftlicher Revolutionen. 3. Aufl., Frankfurt 1978 siehe Rolf Rendtorff, „Welche Folgen hat der Wandel in der Pentateuchforschung für unsere Sicht der Geschichte Israels?", in: Gerhard Maier, Hg., Israel in Geschichte und Gegenwart. Beiträge zur Geschichte Israels und zum jüdisch-christlichen Dialog. Bericht von der 9. Theologischen Studienkonferenz des Arbeitskreises für Evangelikale Theologie (AfeT) vom 20. - 23. August 1995 in Bad Blankenburg, Wuppertal 1996, 43-59, hier S. 45.

[9] Brevard S. Childs, Introduction to the Old Testament as Scripture. London 1979, 73. Vgl. Rolf Rendtorff, „Die Hermeneutik einer Theologie des Alten Testaments. Prolegomena", in: Bernd Janowski u.a., Hg., Jahrbuch für biblische Theologie (JBTh). Band 10 (1995). Religionsgeschichte Israels oder Theologie des Alten Testaments?, Neukirchen-Vluyn 1995, 35-44, hier S. 37.

[10] Eckart Otto, „Neuere Einleitungen in den Pentateuch", Theologische Rundschau 61 (1996), 332-341, hier S. 337.

[11] Wer dagegen das historische Selbstzeugnis der biblischen Texte ernst nimmt, für den ist neben dem kanonischen auch ein heilsgeschichtlicher Ansatz zur Darstellung alttestamentlicher Theologie möglich, welcher jedoch „is unable to deal adequately with books in which Heilsgeschichte is less prominent (e.g., Wisdom literature)", Richard Schultz, „Integrating Old Testament Theology And Exegesis: Literary, Thematic, And Canonical Issues", in: Willem A. VanGemeren, Hg., New International Dictionary of Old Testament Theology & Exegesis, Carlisle 1996, Bd. 1, 185-205, hier S. 187.

[12] Gerhard von Rad, Theologie des Alten Testaments. Band I. Die Theologie der geschichtlichen Überlieferungen Israels. 10. Aufl. (1. Aufl. 1960), München 1992, 134.

literarischer Abhängigkeiten der *Propheten von der Tora* bestätigen zudem die Annahme, dass die kanonische Ordnung der Texte auf einem stabileren historischen Fundament steht, als zunächst vielleicht vermutet.[13]

## 1. Die Verheißung des Landbesitzes

### 1.1. Der Verlust des Landes in der Urgeschichte

Das Wort אֶרֶץ „Land" kann *kosmologisch* die gesamte Erde bezeichnen, *physikalisch* den Erdboden oder *geographisch/politisch* ein bestimmtes Gebiet.[14]

---

Tatsächlich kann nicht jeder dieser Argumentation folgen. Wenn Christoph Levin, Der Jahwist, Göttingen 1993, 441 die „Endgestalt" als „zufällige Geschichtswahrheit" ablehnt, dann steht der „garstige breite Graben" Lessings noch unüberwunden vor ihm. John Barton, „The Messiah in Old Testament Theology", in: ders., The Old Testament: Canon, Literature and Theology. Collected Essays of John Barton, SOTSM, Burlington 2007, 259-261 wendet sich gleichermaßen gegen von Rad und Childs. Für ihn ist biblische Theologie nur noch eine kritische Analyse der Rezeptionsgeschichte biblischer Texte.

[13] Vgl. Michael A. Lyons, From Law to Prophecy. Ezekiel's Use of the Holiness Code, New York 2009. Walter Gisin, Hosea. Ein literarisches Netzwerk beweist seine Authentizität. BBB 139, Berlin 2002, des weiteren zu Hosea Dwight R. Daniels, Hosea and Salvation History. The Early Traditions of Israel in the Prophecy of Hosea, Berlin 1990, 119-124. Auch ist eine literarische Abhängigkeit der Tora von späten außerbiblischen Texten keineswegs gesichert, wie Markus Zehnder, „Building on Stone? Deuteronomy and Esarhaddon's Loyalty Oaths (Part 2): Some Additional Observations", Bulletin for Biblical Research 19 (2009), 511-535, hier S. 532 am Beispiel der von Eckart Otto postulierten Abhängigkeit des „Ur-Deuteronomiums" von Vasallenverträgen Asarhaddons (VTE, 7. Jh.) zeigt: „The reconstruction of a clear historical route of transmission turns out to be easier when we assume that the Israelite side is the source of the convergences with the Assyrian side, rather than the other way around", vgl. zum Rahmen der Diskussion Kenneth A. Kitchen, Das Alte Testament und der Vordere Orient. Zur historischen Zuverlässigkeit biblischer Geschichte, Gießen 2008, 370-383.

[14] Hans Heinrich Schmid, „אֶרֶץ ʾӕræṣ Erde, Land", in: Ernst Jenni und Claus Westermann, Hg., Theologisches Wörterbuch zum Alten Testament. Band I, 5. Aufl., Gütersloh 1994, Sp. 228-236, hier Sp. 229. James McKeown, „Land, Fertility, Famine", in: T. Desmond Alexander und David W. Baker, Hg., Dictionary of the Old Testament: Pentateuch, Downers Grove 2003, 487-491, hier S. 487 erläutert אֶרֶץ, אֲדָמָה und שָׂדֶה als die drei Hauptbezeichnungen für „Land" in Genesis. Vgl. G. Johannes Botterweck und Magnus Ottosson, „אֶרֶץ", in: G. Johannes Botterweck und Helmer Ringgren (Hg.), Theologisches Wörterbuch zum Alten Testament, Stuttgart 1971, Bd. 1, Sp. 418-36, vor allem Sp. 423f zur Schwierigkeit der Unterscheidung zwischen der Bedeutung „Erde" und „Land". Victor P. Hamilton, „אֶרֶץ (ʾereṣ) earth, land, city (-state), (under) world", in: R. Laid Harris, Gleason L. Archer und Bruce K. Waltke, Hg., Theological Wordbook of the Old Testament, Chicago 1980, Bd. 1, 74f. Christopher J.H. Wright, „אֶרֶץ", in: Willem A.

Es taucht im ersten und letzen Vers des Alten Testaments auf (Gen 1,1; 2.Chr 36,23), bezeichnet dort die „Erde". In Genesis 1,10 wird ein bestimmtes Gebiet der Erde, des יַבָּשָׁה „Trockenen" (heute nur 29,3% der Erdoberfläche), gegenüber Wasser und Himmel abgegrenzt. Dieser Erdboden wird als fruchtbarer Lebensbereich für den Menschen bereitet, von dem aus dieser auch die Tiere der anderen Bereiche Wasser und Himmel regieren soll (V.26).

Das erste erwähnte „Land" im Sinne eines Gebiets ist „Eden" im Osten, wo Gott einen Garten pflanzt (2,8). Eden ist der Ort der Gegenwart Gottes, der Begegnung zwischen Mensch und Gott, der „Prototyp späterer Heiligtümer".[15] Adam wird mit einer „quasi-priesterlichen Rolle" ausgestattet dargestellt,[16] gleichzeitig jedoch auch als Herrscher, dem bei Abschluss des Kanons Kyrus, Herr über „alle Königreiche der Erde" (2.Chr 36,23), gegenübersteht.

Eine besondere Beziehung des Menschen zur Erde zeigt sich in dem Wortspiel, wonach Gott הָאָדָם „den Menschen" aus הָאֲדָמָה „dem Erdboden" schafft (Gen 2,7): „Ursprung, Leben und Bestimmung"[17] verbinden den Menschen mit dem Erdboden. אֲדָמָה bezeichnet den fruchtbaren Ackerboden, allgemeiner den Erdboden oder die Erde, teilweise auch ohne Bedeutungsunterschied zu אֶרֶץ das Land (vgl. Gen 12,3; 28,14 mit 18,18; 22,18; 26,4).[18] An dieser Stelle taucht auch der dritte Hauptbegriff für Land in dem Buch Genesis auf, שָׂדֶה „Feld" (2,5), welcher das offene Land, aber auch eine bestimmte Region bezeichnen kann.[19]

---

VanGemeren, Hg., New International Dictionary of Old Testament Theology & Exegesis, Carlisle 1996, Bd. 1, 518-524.

[15] T. Desmond Alexander, From Paradise to the Promised Land. An Introduction to the Pentateuch. 2. Aufl., Carlisle 2002, 131.

[16] Gordon J. Wenham, „Sanctuary Symbolism in the Garden of Eden Story", in: Richard S. Hess und David T. Tsumura, Hg., I Studied Inscriptions from Before the Flood. Ancient Near Eastern, Literary, and Linguistic Approaches to Genesis 1-11. Sources for Biblical and Theological Study 4. Winona Lake 1994, 399-404, hier S. 401 mit Verweis auf „bebaute" und „bewahrte" in Gen 2,15 und Parallelen in Num 3,7f; 8,26; 18,5f.

[17] Joseph G. Plöger, „אֲדָמָה", in: G. Johannes Botterweck und Helmer Ringgren, Hg., Theologisches Wörterbuch zum Alten Testament. Stuttgart 1971, Bd. 1, Sp. 95-105, hier Sp. 102.

[18] Hans Heinrich Schmid, „אֲדָמָה ʾadāmā Erdboden", in: Ernst Jenni und Claus Westermann, Hg., Theologisches Wörterbuch zum Alten Testament. Band I. 5. Aufl., Gütersloh 1994, Sp. 57-60. Michael A. Grisanti, „אֲדָמָה", in: Willem A. VanGemeren, Hg., New International Dictionary of Old Testament Theology & Exegesis, Carlisle 1996, Bd. 1, 269-274. Leonard J. Coppes, „ʾādāmâ Ground, land, earth", in: R. Laid Harris, Gleason L. Archer und Bruce K. Waltke, Hg., Theological Wordbook of the Old Testament, Chicago 1980, Bd. 1, 10f.

[19] Michael A. Grisanti, „שָׂדֶה", in: Willem A. VanGemeren, Hg., New International Dictionary of Old Testament Theology & Exegesis, Carlisle 1996, Bd. 3, 1217-1219, hier S. 1219 nennt Gemeinsamkeiten und Unterschiede zwischen den drei aufgeführten hebräischen Begriffen. Gerhard Wallis, „שָׂדֶה śādæh שָׂדַי śāḏaj", in: G. Johannes

Das Buch Genesis stellt die Verheißung des Landes an Abraham parallel zum Verlust des Landes in der Urgeschichte dar. Abraham ist ohne Land und tut alles in seiner Macht stehende, um in das Land zu kommen. Die Menschen der Urgeschichte sind fest verwurzelt in ihrem „Land" und „tun alles, was sie können, um das Land zu verlieren, was ihnen dann auch schließlich gelingt".[20]

Schlüssel für die Entscheidung darüber, wer an seinem Ort leben darf, ist der „Wandel" (Wurzel הלך), der Lebensstil, wobei das Kriterium nur indirekt „gut" und „böse" ist. Primär entscheidet die Gründung des Lebensstils in einer Beziehung mit oder ohne Gott. Der Stammbaum der überlebenden Linie Sets wird für Henoch und Noah unterbrochen, beide „wandeln" *mit Gott* (5,24; 6,9). Die Erde ist voller Gewalttat, Noah dagegen צַדִּיק „gerecht" und תָּמִים „vollkommen" (V.9f-13; vgl. 17,1; 18,19). Auch hier spielt die Beziehung eine wesentliche Rolle: צַדִּיק bedeutet nicht nur „normgemäß", sondern auch „gemeinschaftstreu", תָּמִים bezeichnet keinen Perfektionismus, sondern die Vollkommenheit der Ausrichtung des Herzens auf Gott.[21]

Bereits hier stellt sich die Frage, wie das Land als Gabe Gottes verstanden werden kann, wenn im gleichen Atemzug ethische Bedingungen anklingen. Elmer Martens zieht in seiner bemerkenswerten Theologie den Vergleich zu

---

Botterweck und Helmer Ringgren, Hg., Theologisches Wörterbuch zum Alten Testament. Stuttgart 1992, Bd. 7, Sp. 709-718. John E. Hartley, „śādeh Field, country, ground, land", in: R. Laid Harris, Gleason L. Archer und Bruce K. Waltke, Hg., Theological Wordbook of the Old Testament, Chicago 1980, Bd. 2, 871.

[20]  „[D]o everything they can to lose the land, and they eventually do", Brueggemann, Land, 15.

[21]  Vgl. Klaus Koch, „צדק ṣdq gemeinschaftstreu/ heilvoll sein", in: Ernst Jenni und Claus Westermann, Hg., Theologisches Wörterbuch zum Alten Testament. Band II. 4. Aufl. Gütersloh 1993, Sp. 507-30. „The adj./nom. tāmîm [..] is further used to indicate the serenity of the unclouded relationship between God and the righteous (Gen 6:9 [..]), as well as the trust of a sincere and loyal relationship among human beings", J.P.J. Olivier, „תמם", in: Willem A. VanGemeren, Hg., New International Dictionary of Old Testament Theology & Exegesis, Carlisle 1996, Bd. 4, 306-308, hier S. 307. Dass sich die Linie Sets im Gegensatz zur Linie Kains durch einen geistlichen Charakter auszeichnet, wird auch etymologisch bestätigt, Richard S. Hess, „Genesis 1-2 in ist Literary Context", Tyndale Bulletin 41 (1990), 143-153, hier S. 147-149. Zur weitergehenden Bedeutung des Lebensstils als Voraussetzung für den Besitz des Landes auch in der Weisheitsliteratur (einer der wenigen direkten Bezüge des Neuen Testaments auf das „Land" in Mt 5,5 greift Ps 37,11 auf) vgl. Kathrin Liess, „,Die auf JHWH hoffen, werden das Land besitzen' (Psalm 37,9). Zur Landthematik in den Psalmen", in: Martin Ebner u.a., Hg., Jahrbuch für Biblische Theologie (JBTh). Band 23 (2008). Heiliges Land. Neukirchen-Vluyn 2009, 47-73, Patrick D. Miller, „The Land in the Psalms" und Emke Jelmer Keulen, „Reversal of a Motif: ,The Land is Given in into the Hand of the Wicked.' The Gift of Land in some Wisdom Texts", in: Jacques van Ruiten und J. Cornelis de Vos, Hg., The Land of Israel in Bibel, History, and Theology. Studies in Honour of Ed Noort. Supplements to Vetus Testamentum 124, Leiden 2009, 183-196 und 197-208.

einem modernen Fall: Ein britischer Firmendirektor hinterlässt bei seinem Tod 33.000 Pfund, von denen er jedem seiner beiden Enkel 5000 Pfund vermacht, vorausgesetzt, dass sie das Geld nicht für Motorräder ausgeben. Auch eine Gabe kann an Bedingungen geknüpft sein. Das Halten der Bedingungen ändert nichts an dem Geschenkcharakter der Gabe.[22]

## 1.2. Schenkungsbund und Vasallenvertrag

Die Landverheißungen an Abraham und an Israel stehen im Kontext zweier Bünde, welche sich ihrem Wesen nach grundsätzlich unterscheiden. Der Bund mit Abraham repräsentiert den *verheißenden Typ*, entsprechend dem altvorderorientalischen *Schenkungsbund* („grant"), der Bund mit Israel repräsentiert den *verpflichtenden Typ*, entsprechen dem *Vasallenvertrag* („treaty"). Der Schenkungsbund verpflichtet den Lehnsherr (Suzerän) gegenüber dem Vasallen (Lehnsmann), der Vasallenvertrag verpflichtet den Vasallen gegenüber dem Lehnsherrn.[23]

Dennoch enthalten beide Bünde bei genauerem Hinsehen bedingte und unbedingte Aspekte. Der Bund mit Abraham ist tatsächlich eine unilaterale Selbstverpflichtung Jhwhs: Nur Gott gibt Verheißungen, und nur er zieht zwischen den geschlachteten Teilen hindurch, die Erfüllung hängt alleine von Gottes Treue ab.

Andererseits setzt der Bund den Glauben Abrahams *voraus*. Auch die erste Landverheißung ist in Genesis 12,7 möglicherweise mit theologischer Absicht dem Glaubensgehorsam (V.4) nachgestellt. „Hätte er nicht im Glauben gehandelt, wären die Verheißungen wohl nicht wirksam geworden."[24]

Auch gibt es eine Bedingung für die *Nachkommen* Abrahams, nicht für jeden gilt der Bund. Genesis 17,1-14 besteht aus zwei Teilen, der erste behandelt Gottes Seite (eingeleitet durch „ich"), der zweite die menschliche Seite

---

[22] Martens, God's Design, S. 110 antwortet damit auf die suggestiv gestellte Frage Gerhard von Rads, „Verheißenes Land", S. 98: „Bahnt sich in dieser konditionalen Fassung der Landverheißung nicht eine Verbiegung der Gnadenverkündigung ins Gesetzliche an?"

[23] Moshe Weinfeld, The Promise of the Land. The Inheritance of the Land of Canaan by the Israelites, Berkeley 1993, http://publishing.cdlib.org/ucpressebooks/view?docId=ft59 6nb3tj;brand=ucpress (zugegriffen 2. August 2010), 222-251, vgl. 184f.

[24] Vor der Bestätigung des Bundes in Genesis 17 fordert Gott von Abraham: „Wandle vor mir und sei vollkommen" (V.1), der Eid Gottes in Kapitel 22 beginnt mit den Worten: „Weil du solches getan hast". Vgl. auch zu folgendem Bruce Waltke, „The Phenomenon of Conditionality within Unconditional Covenants", in: Avraham Gileadi, Hg., Israel's Apostasy and Restoration. Essays in Honor of Roland K. Harrison, Grand Rapids 1988, 123-39, hier S. 128. Bereits von Rad, „Verheißenes Land", 91 bemerkt: „Erst der im blinden Gehorsam Bewährte empfängt die Verheißung des Landbesitzes (12,7)."

(eingeleitet durch „und du").[25] Abrahams Nachkommen sollen den Bund bewahren, wer sich nicht beschneiden lässt, für den wird er ungültig (V. 9.14). Genesis 18,19 knüpft das Eintreffen der Verheißungen an das Wandeln der Nachkommen mit Gott:

> Denn ich habe ihn erkannt, damit er seinen Söhnen und seinem Haus nach ihm befehle, dass sie den Weg Jhwhs bewahren, Gerechtigkeit und Recht zu üben, damit Jhwh auf Abraham kommen lasse, was er über ihn geredet hat (Gen 18,19 ELB).

Im Kontext geht es jedoch nicht um die Verheißung des Landes, sondern der Segensmittlerschaft (V.18).

Auch der Bund mit Israel ist unilateral angelegt, legt die Verpflichtungen jedoch nicht auf Jhwh, sondern auf Israel. Dennoch setzt auch dieser Bund auf der Seite des nicht verpflichteten Bundespartners Treue und Liebe *voraus*. Der Sinaibund ist ohne den Abrahambund nicht denkbar. Denn es sind nicht nur die großen Machterweise Gottes („wie ich euch getragen habe auf Adlerflügeln", Ex 19,4), sondern vor allem die Verheißungen des Abrahambundes, welche das Volk dazu bewegen, das neue Bundesverhältnis einzugehen. Ohne den Schutz und Segen eines lebendigen Gottes wird das Volk kaum zu motivieren sein, seine Seite der Verpflichtungen einzuhalten.

Die Landverheißung ist nicht innerhalb eines Vertrages gegeben, bei dem einer den anderen dazu zwingen kann, seinen Teil der Abmachungen zu erfüllen. Sie ist eingebettet in ein Bundesverhältnis gegenseitiger Hingabe und Liebe. Die Vorordnung des Abrahambundes vor dem Sinaibund enthüllt die Reihenfolge von Glaube, Verheißung und Verpflichtung. Das Land wird nicht aufgrund der Erfüllung einer Verpflichtung, sondern aufgrund der Glaubensbeziehung zum Besitz, da zum Zeitpunkt seiner Verheißung noch keine solche Verpflichtung bekannt ist.

## 1.3. Die Verheißung ewigen Landbesitzes

Die neun Abschnitte mit einer Verheißungen der Gabe (immer mit נתן „geben" und אֶרֶץ „Land") des Landes im Buch Genesis formulieren alle mit זַרְעֲךָ ‏[אַחֲרֶיךָ]‏ „deinen Nachkommen [nach dir]", blicken also von Beginn an in die Zukunft (zu 15,7 vgl. V.18). Sie münden in Josephs vertrauensvollen

---

[25] Waltke, „Conditionality", 129. Zu alternativen Strukturvorschlägen für Genesis 17 mit literarkritisch bedingten Lücken vgl. Sean E. McEvenue, The Narrative Style of the Priestly Writer. Analecta Biblica 50, Rom 1971, 158f. (jeweils Versangaben): A 1a, B 1b$_a$, C 1b$_b$, D 1b$_c$-2 (erste Rede), E 3a, F 4-8 (zweite Rede), G 9-14 (dritte Rede), F' 15f (vierte Rede), E' 17f, D' 19f (fünfte Rede), C' 22a, B' 22b, A' 24f, beziehungsweise: A 1-2, B 3a, C 4b-6, D 7, E 9-14, A' 16, B' 17f, C' 19, D' 18b.21a, E' 23-27.

*Ausblick* in die Zukunft (50,24, nun nicht mehr זַרְעֶךָ „deine Nachkommen",
sondern אֶתְכֶם „euch"; vgl. Heb 11,22), welche sich im *Rückblick* auf die Eide
an „Abraham, Isaak und Jakob" stützen (Klimax, vgl. 28,4 „Abraham"; 35,12
„Abraham und Isaak"). Mit dieser Hoffnung endet das Buch Genesis.

Interessant ist ferner zu beobachten, dass nicht erst das Volk Israel in
Ägypten (15,14.16; 50,24), sondern bereits Jakob auf seiner Flucht in Bethel
(28,15 mit אֲדָמָה „Erdboden") eine Verheißung der Rückführung in das Land
erfährt (in der folgenden Tabelle kursiv):

| Nr | | Beleg | Empfänger | Formulierung |
|---|---|---|---|---|
| 1 | A | 12,7 | Abraham | לְזַרְעֲךָ אֶתֵּן אֶת־הָאָרֶץ הַזֹּאת „Deinen Nachkommen will ich dies Land geben." |
| 2 | B | 13,15 | Abraham | כִּי אֶת־כָּל־הָאָרֶץ אֲשֶׁר־אַתָּה רֹאֶה לְךָ אֶתְּנֶנָּה וּלְזַרְעֲךָ עַד־עוֹלָם: „Denn all das Land, das du siehst, will ich dir und deinen Nachkommen geben für alle Zeit." |
| | | 13,17 | | קוּם הִתְהַלֵּךְ בָּאָרֶץ לְאָרְכָּהּ וּלְרָחְבָּהּ כִּי לְךָ אֶתְּנֶנָּה: „Darum mach dich auf und durchzieh das Land in die Länge und Breite, denn dir will ich's geben." |
| 3 | C | 15,7 | Abraham | לָתֶת לְךָ אֶת־הָאָרֶץ הַזֹּאת לְרִשְׁתָּהּ: „auf dass ich dir dies Land zu besitzen gebe." |
| | | 15,16 | | וְדוֹר רְבִיעִי יָשׁוּבוּ הֵנָּה „Sie aber sollen erst nach vier Menschenaltern wieder hierher kommen" (vgl. V.14) |
| | | 15,18 | | לְזַרְעֲךָ נָתַתִּי אֶת־הָאָרֶץ הַזֹּאת „Deinen Nachkommen will ich dies Land geben" |
| 4 | B' | 17,8 | Abraham | וְנָתַתִּי לְךָ וּלְזַרְעֲךָ אַחֲרֶיךָ אֵת אֶרֶץ מְגֻרֶיךָ אֵת כָּל־אֶרֶץ כְּנַעַן לַאֲחֻזַּת עוֹלָם „Und ich will dir und deinem Geschlecht nach dir das Land geben, darin du ein Fremdling bist, das ganze Land Kanaan, zu ewigem Besitz" |
| 5 | A' | 24,7 | Abraham (Bericht) | לְזַרְעֲךָ אֶתֵּן אֶת־הָאָרֶץ הַזֹּאת „Dies Land will ich deinen Nachkommen geben" |
| 6 | | 26,3 | Isaak | כִּי־לְךָ וּלְזַרְעֲךָ אֶתֵּן אֶת־כָּל־הָאֲרָצֹת הָאֵל „denn dir und deinen Nachkommen will ich alle diese Länder geben" |
| | | 26,4 | | וְנָתַתִּי לְזַרְעֲךָ אֵת כָּל־הָאֲרָצֹת הָאֵל „und will deinen Nachkommen alle diese Länder geben" |
| 7 | | 28,4 | Jakob (Isaak) | לְךָ וּלְזַרְעֲךָ אִתָּךְ לְרִשְׁתְּךָ אֶת־אֶרֶץ מְגֻרֶיךָ אֲשֶׁר־נָתַן אֱלֹהִים לְאַבְרָהָם: „dir und deinen Nachkommen mit dir, dass du besitzest das Land, darin du jetzt ein Fremdling bist, das Gott dem Abraham gegeben hat. |
| | | 28,15 | Jakob | וַהֲשִׁבֹתִיךָ אֶל־הָאֲדָמָה הַזֹּאת „und will dich wieder herbringen in dies Land" |
| 8 | | 35,12 | Jakob | וְאֶת־הָאָרֶץ אֲשֶׁר נָתַתִּי לְאַבְרָהָם וּלְיִצְחָק לְךָ אֶתְּנֶנָּה וּלְזַרְעֲךָ אַחֲרֶיךָ אֶתֵּן אֶת־הָאָרֶץ: „und das Land, das ich Abraham und Isaak gegeben habe, will ich dir geben und will's deinem Geschlecht nach dir geben." |

| 9 | 48,4 | Jakob (Bericht) | וְנָתַתִּי אֶת־הָאָרֶץ הַזֹּאת לְזַרְעֲךָ אַחֲרֶיךָ אֲחֻזַּת עוֹלָם: „und will dies Land zu eigen geben deinen Nachkommen für alle Zeit." |
| *10* | *50,24* | Josephs Brüder (Joseph) | וְהֶעֱלָה אֶתְכֶם מִן־הָאָרֶץ הַזֹּאת אֶל־הָאָרֶץ אֲשֶׁר נִשְׁבַּע לְאַבְרָהָם לְיִצְחָק וּלְיַעֲקֹב: „und aus diesem Lande führen in das Land, das er Abraham, Isaak und Jakob zu geben geschworen hat." |

Die fünf Texte mit Landverheißungen an Abraham lassen eine chiastische Anordnung erkennen, wobei die äußeren und die zentrale Verheißung die Grundform אֶת־הָאָרֶץ הַזֹּאת (נָתַתִּי) אֶתֵּן לְזַרְעֲךָ „deinen Nachkommen will ich dies Land geben" zeigt. Die dazwischen liegenden Glieder gehen genauer auf das Ausmaß von Gebiet und Dauer ein (13,14-17 עַד־עוֹלָם „für alle Zeiten"; 17,8). Die Bezeichnung des Landes als אֲחֻזַּת עוֹלָם „ewiger Besitz" wiederholt sich in der letzten Verheißung der Genesis (17,8; 48,4).[26]

Das Nomen אֲחֻזָּה ist verwandt mit der Wurzel אחז „ergreifen" und bezeichnet das Eigentum, welches gehalten oder besessen wird.[27] Fünf der neun Vorkommen des Begriffs im Buch Genesis beziehen sich auf das Feld Efrons bei Machpela, welches Abraham vor Zeugen für 400 Schekel Silber kauft (Gen 23,4.9.20; 49,30; 50,13). Hier wird deutlich, wie אֲחֻזָּה die Rechtsgültigkeit

---

[26] Vgl. Lev 14,34 ohne עוֹלָם „ewig"; Lev 25,24 in Bezug auf das Weideland der Leviten. Vgl. die geprägten Formeln אֶרֶץ אֲחֻזָּה „Land des Besitzes" in Lev 14,34; 25,24; Num 35,28; Jos 22,4.9.19 und אֲחֻזַּת הָעִיר „Besitz der Stadt" in Hes 45,6f; 48,20-22; vgl. Num 35,3, dazu William T. Koopmans, „אֲחֻזָּה", in: Willem A. VanGemeren, Hg., New International Dictionary of Old Testament Theology & Exegesis, Carlisle: Paternoster, 1996, Bd. 1, S. 358-60, hier S. 359, der in אֲחֻזָּה vor allem aufgrund von Josua 22,19 gegen Hans Heinrich Schmid, „אחז ergreifen", in: Ernst Jenni und Claus Westermann, Hg., Theologisches Wörterbuch zum Alten Testament, Band I, 5. Aufl., Gütersloh 1994, Sp. 107-10, hier Sp. 110 eine Gabe Gottes erkennen möchte.

[27] Auch Menschen können als Sklaven ewige אֲחֻזָּה „Besitz" sein (Lev 25,46). Selbst Jhwh kann an die Stelle des Landes treten, als „Besitz" der Leviten (Num 18,20; Hes 44,28), vgl. Herbert Wolf, „ʾăḥūzzâ. Possession, property", in: R. Laid Harris, Gleason L. Archer und Bruce K. Waltke, Hg., Theological Wordbook of the Old Testament, Chicago 1980, Bd. 1, 32f. Christopher J. H. Wright, „נחל", in: Willem A. VanGemeren, Hg., New International Dictionary of Old Testament Theology & Exegesis, Carlisle 1996, Bd. 3, 77-81, weist auf eine ähnliche Wechselseitigkeit des Begriffs נַחֲלָה „Anteil" hin, welche er in sein Konzept des Verhältnisses von Gott-Mensch-Land einzuordnen versucht: „There is a flexible ‚triangular' usage of both nḥl and naḥ°lâ to signify the land as Israel's inheritance, the land as Yahweh's inheritance, Israel as Yahweh's inheritance, and even Yahweh as Israel's (or at least the Levites') inheritance", S. 77. Auch wenn der letzte Bezug hinkt, trifft Wright grundsätzlich den Punkt, wie Joosten, People and Land in the Holiness Code. An Exegetical Study of the Ideational Framework of the Law in Leviticus 17-26. Supplements to Vetus Testamentum 67, Leiden 1996, 192 zusammenfasst: „The arrangement involving YHWH, Israel, and the land was considered a package deal", vgl. Gordon J. Wenham, Genesis 16-50. Word Biblical Commentary, Waco 1994, 22 zur Verbindung der drei Elemente in Gen 17,8.

des Besitzes betont. Abraham behandelt die Kanaaniter als rechtmäßige Besitzer. Durch den Kauf wird der Besitzwechsel rechtskräftig. Theologisch lässt sich dieser Besitz Abrahams – zweimal wird die Selbstverständlichkeit betont, dass er in Kanaan liegt (23,2.19) – als erste Teilerfüllung der Landverheißung deuten.[28] Auch der Grundbesitz Israels im Land Goschen wird als אֲחֻזָּה bezeichnet (47,11), bleibt jedoch nicht ewig in Besitz. Dem Messias werden in Psalm 2 die Enden der Erde als אֲחֻזָּה angeboten (V.8).

Der hebräische Ausdruck עוֹלָם „ewig" darf nicht im modernen philosophischen Sinn verstanden werden, sondern beschreibt die „fernste Zeit", eine „(unbegrenzte, unabsehbare) Dauer", kommt damit aber doch dem modernen Verständnis von „ewig, ununterbrochen" recht nahe.[29] Die parallele Formulierung von Genesis 17,7 und V.8 stellt die עוֹלָם אֲחֻזַּת „ewige Besitz" der עוֹלָם בְּרִית „ewiger Bund" gegenüber. So ewig wie der Bund, so ewig ist auch der Besitz:[30]

17,7 וַהֲקִמֹתִי אֶת־בְּרִיתִי בֵּינִי וּבֵינֶךָ וּבֵין זַרְעֲךָ אַחֲרֶיךָ לְדֹרֹתָם לִבְרִית עוֹלָם „Und ich will aufrichten meinen Bund zwischen mir und dir und deinen Nachkommen von Geschlecht zu Geschlecht, dass es ein *ewiger Bund* sei," – :אַחֲרֶיךָ לֵאלֹהִים וּלְזַרְעֲךָ לִהְיוֹת לְךָ „so dass ich dein und deiner Nachkommen Gott bin."

17,8 וְנָתַתִּי לְךָ וּלְזַרְעֲךָ אַחֲרֶיךָ אֵת אֶרֶץ מְגֻרֶיךָ אֵת כָּל־אֶרֶץ כְּנַעַן לַאֲחֻזַּת עוֹלָם „Und ich will dir und deinem Geschlecht nach dir das Land geben, darin du ein Fremdling bist, das ganze Land Kanaan, zu *ewigem Besitz*," – :לֵאלֹהִים וְהָיִיתִי לָהֶם „und will ihr Gott sein."

In der Parallele zwischen den beiden Gottesreden V.4-8 und 9-14 folgt auf den „ewigen Bund" die Drohung der Ausrottung des Unbeschnittenen. Wer von den Nachkommen den Bund nicht hält (שמר „halten", V.9f), hat auch kein Teil am Besitz:

---

[28] Wenham, Genesis 16-50, S. 130f. Norman C. Habel, The Land is Mine. Six Biblical Land Ideologies. Overtures to Biblical Theoogy. Minneapolis 1995, 123. „This legal transaction also implies that Abraham treats the Hittites as the legitimate owners of the land with the right to negotiate its sale", 129.

[29] Ernst Jenni, „עוֹלָם ʿōlām Ewigkeit", in: Ernst Jenni und Claus Westermann, Hg., Theologisches Wörterbuch zum Alten Testament. Band II. 4. Aufl., Gütersloh: Kaiser, 1993, Sp. 228-243 bezieht sich auf James Barr, Biblical Words for Time. Studies in Biblical Theology 1, 33. 2. Aufl., London 1969. Vgl. Anthony Tomasino, „עוֹלָם", in: Willem A. VanGemeren, Hg., New International Dictionary of Old Testament Theology & Exegesis, Carlisle 1996, Bd. 3, 345-351, hier S. 346.

[30] Vgl. Brueggemann, Land, 21.

A V.4-6    „ich": Mehrungsverheißung (3x גּוֹיִם „Nationen")
B V.7      Ewiger Bund
C V.8      Ewiger Besitz
A' V.9-12  „und du": Beschneidung (3x בְּרִית „Bund", 3x מוּל „beschneiden")
B' V.13    Ewiger Bund
C' V.14    Ausrottung bei Bundesbruch


## 1.4. Die Landverheißung an Israel als unveräußerlicher Anteil

Der ersten Landverheißung an das Volk Israel in Exodus 3,8 geht das Gedenken
an den Väterbund voraus (Ex 2,24; vgl. 2.Kö 13,23), welcher auch im weiteren
Verlauf eine wichtige Rolle spielt. Der Text in Exodus bis Numeri[31] bezieht sich
zwölfmal direkt zurück auf die Landverheißung an die Väter, das
Deuteronomium achtzehnmal. Die Formulierungen knüpfen dabei deutlich an
Josephs letzte Worte an.[32] Doch auch der Aspekt der Ewigkeit des Besitzes wird
in Moses (erfolgreicher) Fürbitte nach der Sünde des Goldenen Kalbs wieder
aufgegriffen:

Gedenke an deine Knechte Abraham, Isaak und Israel, denen du bei dir selbst
geschworen und verheißen hast: Ich will eure Nachkommen mehren wie die Sterne am

---

[31]   Zur Einheit von Exodus bis Numeri, sowie dem Verständnis der Tora nicht als fünf-,
       sechs- oder neu- (Pentatech, Hexateuch, Enneateuch), sondern als dreiteiliges Werk
       („Triptychon": A. Gen, B. Lev bis Num, A'. Dtn) vgl. Hendrik J. Koorevaar, „The Torah
       as One, Three or Five Books: An Introduction to the Macro-Structural Problem of the
       Pentateuch", Hiphil 3 (2006), http://www.see-j.net/index.php/hiphil/article/ view/28/25
       (zugegriffen 9. August 2010) und ders., „Eine strukturelle Theologie von Exodus –
       Leviticus – Numeri: Durchdringen in das heilige Herz der Tora", in: Herbert H. Klement
       und Julius Steinberg, Hg., Themenbuch zur Theologie des Alten Testaments, Wuppertal
       2007, 83-128.
[32]   Die zwölf Rückgriffe auf die Väterverheißung in Exodus bis Numeri lassen eine
       chiastische Anordnung erkennen: A Ex 6,8; B 13,5.11; C 32,13; D 33,1; E Lev 26,42;
       D' Num 10,29; C' 11,12; B' 14,16.23.30; A' 32,11. Die achtzehn Rückgriffe in
       Deuteronomium (1,8.35; 6,10.23; 7,13; 8,1; 9,5; 10,11; 11,9.21; 19,8; 26,3.15; 28,11;
       30,20; 31,7; 34,4) sind hier gezählt nach Patrick D. Miller, „The Gift of God. The
       Deuteronomic Theology of the Land", Interpretation 23 (1969), 451-465, hier S. 454. Im
       Zentrum von Exodus bis Numeri wird die Gefährdung des Lebens im Land durch
       Ungehorsam diskutiert (Lev 26,42). Das Gedenken an den Bund mit den Vätern dort greift
       auf den Beginn der Erzählung zurück – an anderer Stelle der Tora geht nur der ersten
       Landverheißung an das Volk Israel das Gedenken an den Väterbund voraus. Gerahmt wird
       das Zentrum von zwei direkten Wiedergaben des Eides (Ex 33,1; Num 10,29), dann von
       zwei Gebeten des Mose, einer Fürbitte nach der Sünde des Golden Kalbs (Ex 32,13) und
       einer Klage nach erneutem Murren (Num 11,12). Die letzten Rückbezüge auf die
       Landverheißung an die Väter ab Numeri 11 stellen den Landbesitz der gegenwärtig
       lebenden Generation in Frage.

Himmel, und dies ganze Land, das ich verheißen habe, will ich euren Nachkommen geben, und sie sollen es besitzen (נחל) für ewig (Ex 32,13).

Diese Unveränderbarkeit der Besitzverhältnisse wird nun jedoch theologisch tiefer verankert. Das Volk Israel kann das Land nicht verlieren, weil es ihm gar nicht gehört, sondern seinem Gott:

> Darum sollt ihr das Land nicht verkaufen für immer; denn das Land ist mein (הָאָרֶץ), und ihr seid Fremdlinge und Beisassen bei mir (Lev 25,23).

Dieser im Gesetz einmalige Gedanke, dass das Land Kanaan Jhwhs Land ist, wird im weiteren mit der Bezeichnung des Landes als אֶרֶץ „Land", אֲדָמָה „Erdboden", oder נַחֲלָה „Anteil" Jhwhs aufgegriffen.[33] In ähnlicher Form deuten die Israeliten westlich des Jordans ihr Gebiet im Unterschied zum Ostjordanland als אֲחֻזַּת יְהוָה „Besitz Jhwhs", da hier Gottes Tempel steht (Jos 22,19; vgl. Ex 15,17; Ps 79,1). Doch ist Gott auch ohne Tempel Besitzer des Landes Kanaan – bereits vor der Landnahme da er auch die Kanaaniter für die Verunreinigung des Landes straft, und auch nach Verlust des Landes, da er die dort angesiedelten Samaritaner (Leute aus Babel, „von Kuta, von Awa, von Hamat und Sefarwajim", 2.Kö 17,24) durch Löwen töten lässt (V.25f).[34] Ferner ist die Unveränderbarkeit des Besitzverhältnisses mitgedacht, wenn vor allem das Deuteronomium das Land Kanaan als נַחֲלָה „Anteil" Israels bezeichnet. „*naḥªlā* ist grundsätzlich unveräußerlicher, daher dauernder

---

[33] Land als אֶרֶץ „Land" (Dtn 32,43; Jes 14,25; 36,18; Jer 2,7; Hes 36,5.20; 38,16; Hos 9,3; Joel 1,6; 4,2), אֲדָמָה „Erdboden" (Jes 14,2; 2.Chr 7,20), נַחֲלָה „Anteil" Jhwhs (1.Sam 16,19; 2.Sam 14,16; Jer 2,7; 16,18; 50,11; Ps 68,10; 79,1). Vgl. Jan Joosten, People and Land, 165-192. Von Rad, „Verheißenes Land", 89. Wright, God's People, 10-23 und 58-65. ders., „אֶרֶץ", 552. Habel, Land, 36-39. Edward Lipiński, „נָחַל nāḥal נַחֲלָה naḥªlāh", in: G. Johannes Botterweck und Helmer Ringgren, Hg., Theologisches Wörterbuch zum Alten Testament. Stuttgart 1985, Bd. 5, Sp. 342-360, hier Sp. 356. Ottosson, „אֶרֶץ", Sp. 432f. Der Berg Zion und der Tempel werden ebenfalls als נַחֲלָה Jhwhs bezeichnet (Ex 15,17; Ps 79,1), vgl. Gunther Wanke, „נַחֲלָה naḥªlā Besitzanteil", in: Ernst Jenni und Claus Westermann, Hg., Theologisches Wörterbuch zum Alten Testament. Band II. 4. Aufl. Gütersloh 1993, Sp. 55-59, hier Sp. 58.

[34] Jacob Milgrom, Leviticus 17-22. A New Translation with Introduction and Commentary. The Anchor Bible, New York 2000 argumentiert gegen Joosten, People and Land, 92, welcher mit Lev 26,31.33f dafür argumentiert, dass das Land aufgrund des Tempels der Besitz Jhwhs ist. Vgl. Lipiński, „נָחַל", Sp. 358 mit Bezug auf Sach 2,16, wonach Jhwh nach dem Exil "wieder Besitz von seiner naḥªlāh im heiligen Land ergreift, aber seinen Teil von jetzt an auf das Gebiet Judas begrenzt". Milgrom, S. 1404: „If so, by what right did YHWH have the land expel the Canaanites for polluting the land (18:24-30) – unless the land was already his! Besides the epic (JE) Song of the Sea expressly states that ‚you brought them and planted them in the mountain of your inheritance' (Exod 15:17a, cf. Ps 78:54)". Vgl. die Einräumung von Joosten, People and Land, S. 189, Fn. 73 im Hinblick auf das Exil mit Verweis auf Lev 26,42.

Besitzanteil vor allem an Boden".[35] Besonders aufgrund der häufigen Verbindung mit den Wurzeln חלק „teilen, zuteilen" und נתן „geben, gewähren" scheint נַחֲלָה das Ergebnis einer *Aufteilung* von Besitz und einer rechtskräftigen *Schenkung* von Besitz zu sein. Der Gedanke an eine *Erbschaft* nach dem Tod der Eltern liegt zwar nahe, ist jedoch nicht wie früher angenommen integraler Teil des begrifflichen Konzepts.[36]

Mit dem Land Kanaan als von Gott zugeteiltem Besitz kann nicht einfach „kaufmännisch" umgegangen werden.[37] Der Gottesbesitz des Landes dient in Leviticus 25 zur Begründung des Erlassjahres (auch „Jubeljahr") nach 49 Jahren mit der Rückgabe aller Landstücke an ihre ursprünglichen Besitzer. Entsprechend protestieren die Propheten gegen Landwucher (Jes 5,8; Mi 2,1-5; vgl. Neh 5,3). Das Verrücken der Gebietsgrenzen wird streng verboten (Dtn 19,14; 27,17; Hos 5,10; Hi 24,2; Spr 15,25; 22,28; 23,10). Das letzte Kapitel des Textkomplexes Exodus bis Numeri befasst sich mit dem Schutz des Landbesitzes der einzelnen Stämme am Fall der Töchter Zelofhads mit dem Ziel: „ein jeder soll festhalten an seinem Erbe (נַחֲלָה) unter den Stämmen Israels" (Num 36,9; vgl. 27,1-11). Nabot weigert sich mit Recht, die נַחֲלָה

---

[35] „[..] der durch Vergabung [..], im Erbgang [..] oder durch Enteignung der Vorbesitzer an einzelne oder eine Gruppe fällt", Wanke, „נַחֲלָה", Sp. 56. Vgl. Martens, God's Design, S. 105: „that which is inalienable, a land from which she [Israel] cannot be forcibly removed". Zur Bezeichnung des Landes als נַחֲלָה des Volkes Israel als Gesamtheit (im Gegensatz zur Bezeichnung der einzelnen Anteile der Stämme) vgl. Wanke, „נַחֲלָה", Sp. 57 und von Rad, „Verheißenes Land", S. 88 mit Verweisen auf Dtn 4,21.38; 12,9; 15,4; 19,10; 20,16; 21,23; 24,4; 25,19; 26,1; vgl. Ex 23,30; Num 34,2; 32,18; Ri 20,6; Jos 11,23; 13,6; 23,4; 1.Kö 8,36; Jer 3,19; 12,14f; 17,4; Hes 35,15; 36,12; Ps 47,5; 69,37; 105,11; 111,6; 135,12; 136,21f; 1.Chr 16,18; 2.Chr 6,27.

[36] Habel, Land, S. 33-35 tendiert in seiner Untersuchung des Konzepts eher zu der Deutung von נַחֲלָה als „grant" durch den Lehensherrn an einen Untergebenen, besonders für militärische Dienste von Harold O. Forsey, „The Hebrew Root NHL and Its Semitic Cognates", unveröffentlichte Dissertation, Harvard University, 1972 gegen die Deutung auf nomadischem Hintergrund in Verbindung mit regionalem Landbesitz durch Friedrich Horst, „Zwei Begriffe für Eigentum (Besitz): נַחֲלָה und אֲחֻזָּה", in Arnulf Kuschke, Hg., Verbannung und Heimkehr. Festschrift für Wilhelm Rudolph, Tübingen 1961, 135-156. Er verweist ferner auf Jon Dybdahl, „Israelite Village Land Tenure: Settlement to Exile", unveröffentlichte Dissertation, Fuller Theological Seminary, 1981, Arthur Mason Brown, „The Concept of Inheritance in the Old Testament", unveröffentlichte Dissertation, Columbia University, 1965, Gillis Gerlman, „Nutzrecht und Wohnrecht: zur Bedeutung von ʾAchuzah und Nachalah", Zeitschrift für die Alttestamentliche Wissenschaft 89 (1977), 313-325. Vgl. die Diskussion in Wright, God's People, 17 und 19f, Fn. 29.

[37] Walther Zimmerli, Grundriß der alttestamentlichen Theologie. 6. Aufl., Stuttgart 1989, 56. Vgl. zu folgendem auch Martens, God's Design, 105. Zur Deutung des Erlassjahrs mit Gott als גֹּאֵל „Löser" des Landes aufgrund von Lev 25,24 vgl. Jacob Milgrom, Leviticus 23-27. A New Translation with Introduction and Commentary. The Anchor Bible, New York 2000, 2190.

„Erbe" seiner Väter an Ahab zu verkaufen (1.Kö 21,3). Beeindruckend, wenn auch nur ein *argumentum ex silencio,* ist, dass es im ganzen Alten Testament keine gesetzliche Regelung für den Verkauf von Land gibt.

Das Deuteronomium überträgt die Regelungen der Unveräußerlichkeit für die einzelnen נַחֲלוֹת „Anteile" der Stämme und Sippen nun auf die נַחֲלָה „Anteil" Israels als ganzes Volk unter den Völkern. Im Hintergrund steht Jhwhs Behauptung, nicht nur כִּי־לִי הָאָרֶץ „dass mir das Land" gehört (Lev 25,23), sondern כִּי־לִי כָּל־הָאָרֶץ „dass mir die ganze Erde" gehört (Ex 19,5; vgl. 9,29; Dtn 10,15):[38]

„Ich habe die Erde (אֶרֶץ) gemacht [..] und gebe sie, wem ich will" (Jer 27,5; vgl. V.6 כָּל־הָאֲרָצוֹת „alle Länder"; Esr 1,2; Neh 9,22; Dan 4,14.22). Deuteronomium 4,19-20 deutet in einem Wortspiel an, dass Gott jedem Volk himmlische Herrscher zuteilt (חלק), das Volk Israel jedoch zu seiner privaten נַחֲלָה „Anteil" gemacht hat (vgl. 32,9; Ex 19,5), um ihm Kanaan als נַחֲלָה „Anteil" zu geben. In seinem Abschiedslied beruft sich Mose auf eine alte Tradition (32,7), nach welcher es auch Gott עֶלְיוֹן „der Höchste" ist, welcher wie ein Feudalherr (oder Vater, V.6) die Grenzen der Völker festlegt:[39]

---

Das Besitzrecht Jhwhs über die ganze Erde ist in seiner Schöpfung begründet und wird vielfach erwähnt, Ottosson, „אֶרֶץ", Sp. 425 verweist neben Ex 9,29 und 19,5 auf Jes 54,5; Mi 4,13; Sach 6,5; Ps 24,1; 47,3.8; 83,19; 89,12; 97,5.9; 98,4; 100,1; Hi 37,13; Spr 8,13. Vgl. zu folgendem Leonhard J. Coppes, „נָחַל (nāḥal) I, inherit, possess. Denominative verb", in: R. Laid Harris, Gleason L. Archer und Bruce K. Waltke, Hg., Theological Wordbook of the Old Testament, Chicago 1980, Bd. 2, 569f., hier S. 569.

[39] Vgl. Habel, Land, S. 77. Zur Vorstellung Gottes als Lehnsherr vgl. Coppes, „נָחַל", 570. Der masoretische Text in Kapitel 32,8 ist wohl mit Septuaginta und dem Qumranfragment (4Q Dtn 32) zu korrigieren von „Söhne Israels" zu בני אל „Söhne Gottes", vgl. J. Gordon McConville, „Yahweh and the Gods in the Old Testament", European Journal of Theology 2 (1993), 107-117, hier S. 114, Herbert H. Klement, „Gott und die Götter im Alten Testament", in Reinhard Frische und Rolf Hille, Hg., Jahrbuch für evangelikale Theologie. 11. Jahrgang, Wuppertal 1997, 7-41, hier S. 34f. Wie auch die textkritische Entscheidung ausfallen mag, die Zahl der Völker der Völkertafel ist übereinstimmend mit den Söhnen Jakobs („Israel") siebzig, vgl. Gen 46,27; Ex 1,5; Dtn 10,22, Targumim zu Dtn 32,8. Zum Verweis auf die Völkertafel in Genesis 10 als Ort „primordialer Landverteilung", vgl. Fischer, „Israels Landbesitz", 20-22. Bei den himmlischen Herrschern ist wohl an eine Art himmlischer Schutzmächte oder Engelfürsten der einzelnen Völker gedacht (vgl. Jos 5,15; Dan 9,29; 10.13.20f; 12,1), welche diese im Auftrag Jhwhs leiten sollen, sie jedoch in die Irre führen (Jes 24,21; Ps 82,2-5). Die Anbetung dieser Mächte oder der sie repräsentierenden Gestirne (vgl. Dtn 4,19; 10,17; 17,3; 2.Kö 17,16; Jer 19,13; Zeph 1,5; vgl. 2,11) gehört zu den Irrwegen, denn im Kontext von Deuteronomium 4 und 32 bleibt deutlich, dass Jhwh alleine Gott ist (Dtn 4,39; 32,39). Der Prophet Micha ben Jimla beschreibt in 1.Könige 22 einen Himmlischen Thronsaal, in welchem sich neben Jhwh das „Heer des Himmels" befindet. Die Psalmen kennen „Göttersöhne" (29,1; 89,7) und „Götter" (58,2; 82,1.6; 86,8; 95,3; 96,4f; 97,7.9; 135,5; 136,2; 138,1). Vor allem Psalm 82 (vgl. Jes 27,1) lässt sich als Strafgericht über diese

בְּהַנְחֵל עֶלְיוֹן גּוֹיִם בְּהַפְרִידוֹ בְּנֵי אָדָם יַצֵּב גְּבֻלֹת עַמִּים לְמִסְפַּר בְּנֵי [יִשְׂרָ]אֵל: Als der Höchste den Völkern Land [wörtlich: ihren Anteil] zuteilte und der Menschen Kinder voneinander schied, da setzte er die Grenzen der Völker nach der Zahl der Söhne [Isra]els (Dtn 32,8; vgl. Jer 3,19; 12,14-17).

Möglicherweise ist hier auf die 70 Völker aus Genesis 10 angespielt, welche zunächst einen Turm bauen, statt die ihnen zugewiesenen Länder in Besitz zu nehmen. Wenn Gott der Besitzer der ganzen Erde ist, dann ist er die rechtliche Instanz, welche dem Volk Israel das Land Kanaan als נַחֲלָה „Anteil" zuweisen kann. Eine Änderung dieses Verhältnisses liegt weder in der Macht Israels (Land zu verkaufen), noch der Völker (Land zu erobern).

## 2. Die Androhung der Exulierung

### 2.1. Modelle des Landverlusts

Die Bibel kennt verschiedene Modelle des Landverlusts aufgrund von Ungehorsam, die voneinander unterschieden werden sollten.

*Das Exil-Modell: Verlust durch Verlassen.* Dieses Modell wird bereits ausführlich in der Urgeschichte erarbeitet. Adam und Eva verliert den Garten und müssen hinaus auf die אֲדָמָה „Ackerboden" (2,23). Kain verliert die אֲדָמָה „Ackerboden" (4,14),[40] die Menschen in Babel verlieren ihre Stadt. Hauptvertreter dieses Modells ist die Wegführung Israels nach Assyrien (722 v.Chr.) und Judas nach Babylon (586-38 v.Chr.).

*Das Schwefel-Modell: Verlust durch Verschwinden.* Nicht nur der Mensch auf dem Land, sondern auch das Land unter dem Menschen kann verschwinden. Die Generation Noahs verliert die Erde (6,13 אֶת „mit"; vgl. 2.Petr 3,5f), die Städte Sodom und Gomorra werden mit Feuer und Schwefel für immer vernichtet (Gen 19,24f; vgl. Dtn 29,22), nach diesem Modell wird auch Ai (Jos 8,28) und Babel vernichtet (Jes 13,19-22; Jer 50,35-40).[41] Der Boden ist

---

Wesen verstehen, welche ihren Herrschaftsauftrag über die Völker nicht gerecht geworden sind. Die „himmlischen Schutzmächte der Völker" werden gerichtet, „deshalb weil sie die Völker, die sie leiten sollten, irre geleitet haben", Franz Delitzsch, Commentar über das Buch Jesaja, 4. Aufl., Leipzig 1889, 292. Sie werden sterben und Gott selbst wird alle Nationen wieder auf direktem Weg beherrschen (V.7f). Auch Hiob weiß von den „Söhnen Gottes", in deren Mitte sich auch „der Satan" vor Gott einfinden kann (Hi 1,6-12; 2,1-6; vgl. Dan 3,25).

40  Vgl. Plöger, „אֲדָמָה", Sp. 100. Fischer, „Israels Landbesitz", S. 13 deutet Abrahams Reise nach Ägypten in Genesis 12,10-20 als „Preisgabe" von Frau und Land.

41  Vgl. in Deuteronomium 13,17 die Drohungen gegen jede Stadt in Israel, die anderen Göttern dient, in Jeremia 29,18 gegen Edom und in Zephanja 2,9 („Salzgrube und Ödland für ewig") gegen Moab. Jericho sollte ebenso nicht wieder aufgebaut werden (Jos 6,26;

voll Schwefel und Salz: In diesem Land kann niemand mehr wohnen. In der Regel geht mit dem Land die dort lebende Generation unter. Möglicherweise ist hier auch das Verschwinden der Erde unter der Rotte Korach (Num 16,31-34) einzuordnen.

*Das Todesstrafe-Modell: Verlust durch Tod.* Auch wenn eine Gruppe als Gesamtheit ein Land besitzt, können einzelne dieses Recht durch ihren Tod verlieren. Die Forderung des Todes für Mord aus Genesis 9,5-7 wird am Sinai als Sanktion für 18 Sünden erweitert.[42] Der Sohn Judas Er „war böse vor Jhwh, darum ließ ihn Jhwh sterben" (Gen 38,10; vgl. 1.Chr 2,3). Gesteinigt wird ein Gotteslästerer (Lev 24,10-23), ein Sabbatentheiliger (Num 15,32-36) und Achans Familie (Jos 7,24f). Gott selbst straft unter anderem Nadab und Abihu (Lev 10) und Usa (2.Sam 6,7).

*Das Verpassen-Modell: Verlust durch nicht Erreichen.* Wie beim Todesstrafe-Modell verhindert hier der Tod das Leben im Land, allerdings tritt dieser bereits *vor* Erreichen des Landes ein. Paradox formuliert die Tora: „ihr sollt nicht in das Land kommen, über das ich meine Hand zum Schwur erhoben habe, euch darin wohnen zu lassen" (Num 14,30). „Ihr", das Volk Israel werdet darin wohnen, aber nicht „ihr", die murrende Generation. Auch Mose und Aaron verpassen den Einzug (Num 20,12).

*Das Enteignung-Modell: Verlust durch Besitzerwechsel.* Dieses Modell beschreibt nicht einfach eine Übertragung von Landbesitz, sondern schließt die völlige Ausrottung der Bewohner mit ein. Dieses Modell, maßgeblich für die Eroberung Kanaans,[43] wird in Deuteronomium 2 auch für andere Völker

---

vgl. 1Kö 16,34). Babylon wurde im Jahr 689 v.Chr. von den Assyrern zerstört und wieder aufgebaut. Im Jahr 539 wurde die Stadt von Kyrus erobert, aber nicht zerstört. Ständige Unruhen führten zur endgültigen Zerstörung durch Darius Hystaspes im Jahr 518 v.Chr., nach welcher die Stadt nie mehr aufgebaut wurde.

[42] 1. Vorsätzlicher Mord (Gen 9,5f; Ex 21,12ff; Lev 24,17; Num 35,16-21.30-33; Dtn 17,6.19), 2. Ehebruch (Lev 20,10; Dtn 22,21-24), 3. Inzest (Lev 20,11f.14), 4. Sex mit Tieren (Ex 22,18; Lev 20,15f), 5. Sodomie (Lev 18,22; 20,13), 6. Homosexualität (Lev 20,13), 7. Vergewaltigung einer verlobten Jungfrau (Dtn 22,25), 8. Entführung (Ex 21,16; Dtn 24,7), 9. falsche Zeugenschaft bei einem Kapitalverbrechen (Dtn 19,16-20), 10. Unzucht der Tochter eines Priesters (Lev 21,9), 11. Zauberei (Hellsehen, Magie, Ex 22,17), 12. Menschenopfer (Lev 20,2-5), 13. Eltern schlagen oder verfluchen (Ex 21,15.17; Lev 20,19), 14. anhaltender Ungehorsam gegenüber Eltern und Autoritäten (Dtn 17,12; 21,18-21), 15. Blasphemie (Lev 24,11-14.16.23), 16. Götzendienst (Ex 22,19; Lev 20,2), 17. falsche Prophetie (Dtn 13,1-10), 18. Verachtung von Gesetz, Gericht und dem Recht im allgemeinen (Dtn 17,12), Walter Kaiser, Toward Old Testament Ethics, Grand Rapids 1983, 298.

[43] Zur Terminologie der Enteignung der Kanaaniter durch Jhwh und Israel vgl. Weinfeld, Promise, S. 77: Exodus bis Numeri: Gott als Agens: גרשׁ „ausstoßen" (Ex 23,29; 34,11), ירשׁ „ausstoßen" (34,24), שׁלח „vertreiben" (Lev 18,24). Israel als Agens: גרשׁ „ausstoßen" (Ex 23,31), ירשׁ „ausstoßen" (Num 33,52.55). Deuteronomium: Gott als Agens: ירשׁ

nachgezeichnet (formuliert jeweils mit יְרֵשָׁה „Besitz").[44] Die Edomiter vertrieben die Horiter aus Seïr, „und vertilgten sie vor sich her und wohnten an ihrer Statt, gleichwie Israel mit dem Lande tat, das ihnen Jhwh zum Besitz gab" (Dtn 2,12; vgl. V.22; Gen 36,6). Die Moabiter vertrieben aus Ar die Emiter, welche den kanaanitischen Anakitern gleichen (V.9-11). Parallel dazu vernichtete Jhwh die Samsummiter, damit die Ammoniter ihr Land in Besitz nehmen konnten (V.19-21; verfälscht in Ri 11,24).[45] Auch die Philister aus Kaftor wohnen in den Dörfern „bis nach Gaza" und haben dort die Awiter vernichtet (V.23). Amos sieht auch darin Gottes Handeln gleich dem Exodus Israels, und nennt ferner die Führung der Aramäer aus Kir nach Aram (9,7; vgl. 2.Kö 5,1; Umkehrung angedroht in 1,5; vgl. Dtn 28,68; Hos 8,13). Ebenso nimmt Israel das Ostjordanland von Sihon und Og in Besitz (Kap. 2,26-3,22).

| Beleg | Gebiet | Vorbesitzer | Besitzer |
|---|---|---|---|
| Dtn 2,9-11 | Ar | Emiter | Moabiter („Söhne Lots") |
| Dtn 2,12.22; Gen 36,6 | Seir | Horiter | Edomiter („Söhne Esaus") aus Kanaan |
| Dtn 2,19-21 | k.A. | Samsummiter | Ammoniter („Söhne Lots") |
| Dtn 2,23; Am 9,7 | „bis nach Gaza" | Awiter | Philister aus Kaftor |
| Am 9,7 | k.A. | k.A. | Aramäer aus Kir |
| Dtn 2,26-3,22 | Heschbon, Basan | Sihon, Og | Israel aus Ägypten |

Das Enteignung-Modell wird klar von dem Exil-Modell unterschieden. Jeremia 12 schildert im Blick auf die Nationen zunächst das Exil-Modell: הִנְנִי נֹתְשָׁם מֵעַל אַדְמָתָם „Siehe, ich will sie aus ihrem Land reißen" (V.14). Hier

---

„ausstoßen" (Dtn 4,38; 9,5; 11,23), הדף „verjagen" (6,19), נשל „ausrotten" (7,22), נתן „dahingeben" (V.23), שמד „vertilgen" (V.23; 9,3; 31,3f), אבד „umbringen" (8,20), גרש „ausstoßen" (33,27). Israel als Agens: אכל „vertilgen" (Dtn 7,16), כלה „vertilgen" (V.22), ירש „ausstoßen" (9,3), אבד „umbringen" (9,3), חרם „bannen" (20,17), שמד „vertilgen" (33,27). Außerhalb der Tora: Gott als Agens: גרש „ausstoßen" (Ri 2,3; 6,9; Ps 80,9; 1.Chr 17,21), ירש „ausstoßen" (Ri 11,23f; Ps 78,55; 2.Chr 20,7), שמד „vertilgen" (Am 2,9). Israel als Agens: ירש „ausstoßen" (Ri 1,21.27-31.33), שמד „vertilgen" (Ps 106,34).

[44] Lipiński, „נָחַל", Sp. 344f verweist darauf, dass יְרֵשָׁה zwar das Erbteil bezeichnet (neben Dtn 2 in 3,20; Jos 1,15; 12,6f; Ri 21,17; Jer 32,8; Ps 61,6; 2.Chr 20,11), in der Verwendung jedoch das Gegenteil einer natürlichen Erbfolge zum Ausdruck bringt und schlägt Übersetzungen wie „jemanden beerben" und „sich an seiner Stelle niederlassen" vor.

[45] „It can be assumed, therefore, that Judg. 11:24, in the context of Jephthah's speech to the Ammonites, is an ad hominem argument or an indication of the level of Jephthah's popular understanding, rather than an expression of the theology of the historian", so Christopher J.H. Wright, „ירש", in: Willem A. VanGemeren, Hg., New International Dictionary of Old Testament Theology & Exegesis, Carlisle 1996, Bd. 2, 547-549, hier S. 548 mit Verweis auf Jer 27,1-7.

ist Rückkehr in die נַחֲלָה „Anteil" und Umkehr zu Gott möglich (V.15f). Bleibt die Umkehr aus, wird das Volk ausgerissen *und* vernichtet (wie die Kanaaniter, Formulierung mit אבד „umbringen", V.17). Im Gegensatz zum Enteignung-Modell ist das Exil-Modell immer mit der Hoffnung auf Rückkehr verbunden, vom Paradies an bis hin zum Exil einzelner Völker.

## 2.2. Die Begründung von Landbesitz und -verlust

Die Tora unterscheidet deutlich zwischen *Begründung* der Land*besitznahme* und *Bedingung* des Land*aufenthalts*. Deuteronomium 9 verneint doppelt und damit ganz gewiss die Vermutung, dass der Landbesitz in der ethischen Qualität des Volkes begründet liegt: „Jhwh hat mich hereingeführt, dies Land einzunehmen, um meiner Gerechtigkeit willen" (V.4 mit צְדָקָה). Das Volk ist halsstarrig (V.6), die Beschneidung des Herzens steht also noch aus (Dtn 10,16; vgl. 30,6; Lev 26,41; Jer 24,7; 31,31-34; 32,37-42; Hes 11,19f; 36,22-28). Vielmehr liegt der Beschluss über den Besitzwechsel so weit zurück, dass bereits Abraham ihn kennt, also noch gar kein Volk da war, welches Jhwh hätte ethisch beeindrucken können. In Genesis 15 ist von der עֲוֹן הָאֱמֹרִי „Schuld des Amoriters" (V.16) die Rede, in Deuteronomium 9 von der רִשְׁעַת הַגּוֹיִם „Gottlosigkeit der Nationen" (V.4f) und natürlich von dem Eid an die Väter (V.5).

Israels Lebensstil wird bei der *Besitznahme* des Landes nicht berücksichtigt,[46] genügt jedoch noch nicht zum *Aufenthalt* im Land. Darum möchte Jhwh das Volk erziehen und belehren, damit es die notwendige ethische Qualifikation erreicht. Das Deuteronomium führt den Katalog der Gebote (Kap. 12-26) mit den Worten ein:

> Dies sind die Gebote und Rechte, die ihr halten sollt, dass ihr danach tut im Lande, das Jhwh, der Gott deiner Väter, dir gegeben hat, es einzunehmen, solange du im Lande lebst" (Dtn 12,1).

Im Hintergrund steht die Vorstellung, dass Jhwh der eigentliche Besitzer ist und von daher auch das Recht hat, die Regeln für das Verhalten auf seinem „Grundstück" festzulegen (vgl. Lev 25,23), das Gesetz ist *lex terrae*.[47]

---

[46] Eine ähnlich vor-moralische Begründung der Landgabe findet sich zur Rückkehr aus dem Exil in Hes 36,22f: „ich tue es nicht um euretwillen, ihr vom Hause Israel, sondern um meines heiligen Namens willen", hierzu Martens, God's Design, S. 241f. Vgl. von Rad, „Verheißenes Land", 98 der mit Hinweis auf Dtn 4,25f; 6,18; 8,1; 11,8f.18-21; 16,20; 19,8f; 28,11; 30,17-20 von einer „konditionalen Fassung der Landverheißung" spricht. Hier geht es jedoch um die Bedingungen für den Aufenthalt im Land.

[47] Habel, Land, 44, vgl. Miller, „Gift of God", 459, Ottosson, „אֶרֶץ", Sp. 435, von Rad, „Verheißenes Land", 94, Walther Eichrodt, Theologie des Alten Testaments. Teil I. Gott und Volk. 8. Aufl., Göttingen 1962, 92, Ed Noort, „'Denn das Land gehört mir, Ihr seid Fremde und Beisassen bei mir' (Lev 25,23). Landgabe als kritische Theologie des

Begründet in Jhwhs Landaufenthalt, doch deutlich stärker als seine Eigentümerschaft bestimmt das Konzept der Reinheit[48] die Bedingungen des Landaufenthalts Israels:

> Macht das Land nicht unrein, darin ihr wohnt, darin auch ich wohne; denn ich bin JHWH, der mitten unter den Israeliten wohnt (Num 35,34; vgl. Jos 22,19; Jer 2,7; Hes 36,18).

Fremdes Land ist unreines Land (Hos 9,3f; Am 7,17), Kanaan dagegen muss reines Land sein.[49] Ein sündiges Volk ist für das Land Kanaan wie ein ekelhaftes Essen, es wird ausgespien (Lev 18,24-28; 20,22f). Die Kanaaniter werden vernichtet, Israel wird ins Exil geführt. Ein Symptom, an welchem die Vergiftung bereits frühzeitig erkennbar ist, kann das Vertrocknen des Landes sein (אבל „trauern, vertrocknen", Jes 24,4; 33,9; Jer 4,28; 12,4.11; 14,2; 23,10; Hos 4,3; Jo 1,10; Am 1,2; vgl. 2.Sam 21,1-14). Neben dem Bundesbruch allgemein betont die Bibel einige Verhaltensweisen, die besonders „schwer verdaulich" für das Land sind:[50]

---

Landes", in: Martin Ebner, u.a., Hg., Jahrbuch für Biblische Theologie (JBTh). Band 23 (2008). Heiliges Land, Neukirchen-Vluyn 2009, 25-45, hier S. 34-36.

[48] Das Konzept der Reinheit sollte unterschieden werden von dem Konzept der Heiligkeit, vgl. Gordon J. Wenham, The Book of Leviticus. The New International Commentary on the Old Testament. Grand Rapids 1979, 26. Unsauber argumentiert Habel, Land, 77, 101, wenn er Land und Tempel gleichsetzt und so das Land zum Heiligtum wird. Hier muss differenziert werden: Der Tempel ist heilig, das Land ist rein, beziehungsweise soll es sein, vgl. Plätze, die als heilig bezeichnet werden mit jeweiligen Hauptbelegen nach Jackie A. Naudé, „קשׁ", in: Willem A. VanGemeren, Hg., New International Dictionary of Old Testament Theology & Exegesis, Carlisle 1996, Bd. 3, 877-887, hier S. 879: Heiligtümer (Lev 10,4.17f), Orte der Gotteserscheinung (Ex 3,5; Jos 5,15), Zion und Jerusalem (Jes 11,9; 48,2 [vgl. hier auch die „heilige Wohnung" in Ex 15,13]), Hesekiels abgegrenzter Bezirk (Hes 45,1), der himmlische Bereich (Dtn 26,15; Ps 20,7; Jes 63,15). Alleine Sach 2,16 weitet die Heiligkeit auf den אַדְמַת הַקֹּדֶשׁ „heiligen Erdboden" Israels aus, vgl. Jer 31,23, dazu Hans-Peter Müller, „קדש qdš heilig", in: Ernst Jenni und Claus Westermann, Hg., Theologisches Wörterbuch zum Alten Testament. Band II. 4. Aufl., Gütersloh 1993, Sp. 589-609, hier Sp. 603f.

[49] Martens, God's Design, 109. Von Rad, „Verheißenes Land", 94. Zimmerli, Grundriß, S. 55. Milgrom, Leviticus 17-22, 1579 verweist auf einen halachischen Midrasch zu Leviticus Sifra, Eqeb 38: „Regarding the land of Egypt, regardless of whether (you, its inhabitants) obey God's will or don't obey God's will, the land of Egypt is yours. The land of Israel is different: If you obey God's will, the land of Canaan is yours; if not, you are exiled from it".

[50] Nach Weinfeld, Promise, S. 189-201, vgl. Milgrom, Leviticus 17-22, 1417, Tikva Frymer-Kensky, „Pollution, Purification and Purgation in Biblical Israel", in Carol L. Meyers and M. O'Connor, Hg., The Word of the Lord Shall Go Forth. Essays in Honor of David Noel Freedman in Celebration of His Sixtieth Birthday, Winona Lake 399-414, hier S. 407-409.

*Mord.* Seit dem Mord an Abel verunreinigt Blut die Erde, „die ihr Maul hat aufgetan und deines Bruders Blut von deinen Händen empfangen" (Gen 4,11 mit אֲדָמָה). Auch Vergehen im Zusammenhang mit Leichen haben verunreinigende Wirkung.[51] „Das Land kann nicht entsühnt werden vom Blut, das darin vergossen wird, außer durch das Blut dessen, der es vergossen hat" (Num 35,34; vgl. 2.Sam 21,1-14).

*Missachtung des Sabbatjahrs.* Das Exil wird als eine Zeit beschrieben, in denen das Land seine Sabbatjahre nachholen kann (Lev 26,34; 2.Chr 36,21).[52]

*Sexuelle Vergehen.* Leviticus 18 nennt eine ganze Liste sexueller Vergehen, welche zum Ausspeien der Kanaaniter geführt haben, Inzucht, Ehebruch, Geschlechtsverkehr während der Menstruation, Homosexualität und Sodomie (vgl. 19,29 zu Prostitution, Dtn 24,1-4 zu Wiederheirat).

*Götzendienst* und *Zauberei.* Götzendienst verunreinigt das Land, verschließt den Himmel (Regen) und führt zur Ausrottung aus dem Land (Dtn 11,16f; Hes 36,18). Moloch-Verehrung verunreinigt sogar das Heiligtum (Lev 20,3; vgl. 18,21.24; Dtn 12,31; 18,10). Deuteronomium 18 nennt ferner Wahrsagerei, Zauberei, Beschwörung, Magie, Bannspruch und Geisterbeschwörung und Totenbefragung als Grund für die Ausrottung der Kanaaniter (V.9-14).

*Mischehen.* Wenn sich das Volk sich durch Heirat mit den Kanaanitern verunreinigt, wird es auch aus dem Land ausgerottet werden (Esr 9,11f; vgl. V.14; Jos 23,12).

*Soziale Ungerechtigkeit* und *Sabbatbruch.* Die Hinteren Propheten nennen vor allem den Lebensstil der sozialen Gerechtigkeit (Am 5,24-27; 6,6f; Jes 5,12f; Jer 7,5-15; vgl. Jer 21,12-14; 22,3-5; Hes 16,49; Mi 3,9-12) und das Halten des Sabbats (Jer 17,21-27; Jes 58,13f; vgl. Am 8,5; Hes 20,12f.20f; Neh 13,17f) als Bedingungen für den weiteren Verbleib im Land.

---

[51] Der Verzicht auf Tötung des Mörders schändet und verunreinigt das Land (Num 35,32f). Das Aufhängen von Leichen über Nacht verunreinigt das Land (Dtn 21,23f). Das Berühren einer Leiche ohne die Bereitschaft zur Reinigung verunreinigt das Heiligtum (Num 19,13). Vgl. Hos 6,8; Ps 106,38.

[52] Milgrom, Leviticus 23-27, 2175 und 2324 argumentiert, dass Lev 26,34 nicht das Jubeljahr (Erlassjahr) mit einbezieht, da dieses in 25,11 nur dem Israeliten, nicht dem Fremdling zu halten geboten ist. Grundsätzlich unterscheidet Milgrom, Leviticus 17-22, 1417 (vgl. S. 1496-1499) zwischen "negative commandments, the prohibitions" und "positive commandments, the performative ones". Nur die Übertretung der Verbote, und zwar durch Israeliten, wie durch Fremdlinge, „generates a toxic impurity that radiates into the environment, polluting the sanctuary and the land. [..] It therefore makes no difference whether the polluter is an Israelite or a ger: anyone in residence in YHWH's land is capable of polluting it or the sanctuary", 1417. Vgl. dazu die Zweifel von Markus Zehnder, Umgang mit Fremden in Israel und Assyrien. Ein Beitrag zur Anthropologie des „Fremden" im Licht antiker Quellen. BWANT 168. Stuttgart 2005, 349, Fn. 1 an einer klaren Trennbarkeit von Geboten und Verboten.

## 2.3. Strafmaß über das Exil hinaus

Abschließend stellt sich die Frage, ob die Tora für Israel ein Strafmaß über das Exil-Modell hinaus für denkbar hält: Wie weit kann das Land verloren gehen? Am ausführlichsten informieren unter anderem Leviticus 26 und Deuteronomium 28-30[53] über die Folgen von Gehorsam und Ungehorsam im Land, programmatisch in drei Teile gegliedert:

| | *Segen* | *Fluch* | *Wiederherstellung* |
|---|---|---|---|
| *Exodus* | 23,25-31 | 23,32f | -- |
| *Leviticus* | 26,3-13 | 26,14-39 | 26,40-45 |
| *Deuteronomium* | 4,1-8 | 4,9-28 | 4,29-31 |
| | 7,12-15 | 7,16 | |
| | 28,1-13 | 28,15-68; 29,17-28 | 30,1-10 |
| *Josua* | (23,5.8-10.14f) | 23,6f.11-13.15f | -- |
| | 24,20c | 24,19f | |
| *Richter* | -- | 2,11-15; 19-23 | 2,16-18 |
| *1.Könige* | 9,4-5 | 9,6-9 | --- |
| *2.Chronik* | 7,17f | 7,19-22 | 7,13f |

Die Fluchtexte dienen der Warnung, sind also zum Segen gegeben; die Steigerung der Flüche in Stufen deutet auf eine mehrfache Chance zur Umkehr hin. Leviticus 26 lässt anhand der wiederkehrenden Formel „Wenn ihr mir aber auch dann noch nicht gehorcht, so will ich euch noch weiter strafen, siebenfältig, um eurer Sünden willen" (V.18; vgl. V.21.23f.27f) eine fünffache Stufung des Fluchs erkennen:

1. V.14-17    Allgemeiner Fluch (Krankheit, Hunger, Niederlage),
2. V.18-20    Dürre,
3. V.21f       Wilde Tiere,
4. V.23-26    Krieg mit Pest und Hungersnot,

---

[53]   Vgl. zur Struktur von Leviticus 26 Wenham, Leviticus, 328. Zur Struktur von Deuteronomium 28 Duane L. Christensen, Deuteronomy 21:10-34:12. Word Biblical Commentary 6B. Nashville 2002, 665f, 670f., 680-683, 691f., 698f. Zur Einheit von Dtn 28-30 vgl. Siegbert Riecker, Ein Priestervolk für alle Völker. Der Segensauftrag Israels für alle Nationen in der Tora und den Vorderen Propheten, Stuttgart 2007, 155-158. Demnach lässt sich das Buch Deuteronomium untergliedern in die Teile: A 1,1-4,43 Präambel und historischer Prolog, B 4,44-11,32 Allgemeine Anweisungen, C 12-26 Spezifische Gebote als Anwendung der Zehn Worte, B′ 27-30 Segen und Fluch des Bundes: a 27,1-26 Proklamation von Segen und Fluch, b 28,1-13 Segen für Gehorsam, c 28,14-68 Fluch für Ungehorsam, d 29,1-16 Bundesschluss zwischen Segen und Fluch, c′ 29,17-28 Fluch für Ungehorsam, b′ 30,1-10 Segen für Umkehr, a′ 30,11-20 Wahl zwischen Segen und Fluch, A′ 31-34 Anweisungen zur Fortführung des Bundes nach dem Tod des Mose.

5. V.27-40 Kannibalismus, Zerstörung und Deportation.

Deuteronomium 28 entfaltet den Fluch als Umkehrung des Segens (vgl. V.3-6 mit V.16-19)[54] in vier konzentrisch angeordneten Abschnitten mit jeweils eigenen Schwerpunkten:

1. 28,20-31 Zweimal sieben *Krankheiten* im weiteren Sinn,
   im Zentrum: Ruf unter den Nationen als Schrecken (V.23-26).
2. 28,32-44 Verlust von *Frucht* des Ackers und Leibes: Deportation von Kindern,
   im Zentrum: Ruf unter den Nationen als Schrecken, Sprichwort und Spottrede (V.36f).
3. 28,45-57 Endgültige *Vernichtung* Israels und Kanibalismus,
   im Zentrum: Vernichtung durch eine gnadenlose Nation (V.49-52).
4. 28,58-68 Vollständige *Umkehr der Geschichte* Israels: Versklavung in Ägypten,
   im Zentrum: Freude Jhwhs an der Vernichtung Israels (V.63).

Die Fortsetzung des durch den Bundesschluss (Dtn 29,1-16) unterbrochenen Textes ist in zwei Teile gegliedert:[55]

1. 29,17-20 Fluch über den einzelnen: Mensch, Sippe, Stamm
2. 29,21-27 Fluch über die Gemeinschaft

Der Fluch über den einzelnen verläuft nach dem *Todesstrafe-Modell*. Der einzelne dient fremden Göttern unter der Devise: „Mir wird es wohlgehen, auch wenn ich wandle nach meinem verstockten Herzen" (V.18), und wird aus Israel ausgesondert und getötet.

Der Fluch über die Gemeinschaft auf seinem Höhepunkt wird im Rückblick durch die zukünftige Generation nach dem *Schwefel-Modell* gedeutet. Nicht nur das Volk ist weg, sondern auch das Land ist verschwunden:

all ihr Land (אֶרֶץ) hat er mit Schwefel und Salz verbrannt, dass es weder besät werden kann noch etwas wächst noch Kraut darin aufgeht, gleichwie Sodom und Gomorra, Adma und Zebojim zerstört sind, die Jhwh in seinem Zorn und Grimm zerstört hat (V.22).

Die direkte Anspielung auf Sodom und Gomorra, sowie die Verbrennung mit „Schwefel und Salz" hinterlässt den subjektiven Eindruck: Hier lebt nichts mehr und hier wird auch nichts mehr leben.

---

54 „[3/16] Gesegnet/verflucht wirst du sein in der Stadt/auf dem Feld. [4.5/18.17] Gesegnet/verflucht wird sein die Frucht [..] / dein Korb und dein Backtrog. [6/19] Gesegnet/verflucht wirst du sein bei deinem Eingang/deinem Ausgang." Segen und Fluch sich auf alle Orte des Lebens (Stadt und Feld als Merismus). Verheißen werden Fruchtbarkeit von Mensch und Natur, sowie militärischer Erfolg (Eingang und Ausgang, vgl. V.7).

55 J. Gordon McConville, Deuteronomy. Apollos Old Testament Commentary, Nottingham 2002, 414. 416-418.

Den stärksten „Geruch" des *Enteignung-Modells* trägt der Abschnitt Kapitel 28,45-57, wo die Wurzeln שמד „vertilgen" und אבד „umbringen" auf die Ausrottung der Kanaaniter anspielen.[56] Die Nachkommen, die verheißenen Erben des Landes, werden schließlich von den eigenen Eltern gefressen. Eine neue Nation kommt ins Land – wird sie als neuer Besitzer dort wohnen bleiben? Diese Befürchtung lässt sich nicht bestätigen, denn die gesamte Fluchreihe ist durchzogen von Hinweisen, dass das *Enteignung-Modell* nicht eintreffen wird:

Bei der Fluchreihe handelt es sich um eine klimatische Reihe. Bei jedem Fluch muss es also Überlebende geben, an welche sich der nächste Fluch richtet.

Das zweite Element der Reihe nennt überlebende Söhne und Töchter, das dritte Element kennt Söhne, die – wenn auch gefährdet – übrigbleiben (יתר als typische Formulierung einer Theologie des Überrests, V.54), das letzte Element schließlich redet am deutlichsten von מְתֵי מְעָט „sehr wenigen", die übrigbleiben (שׁער, V.62).

Die Nation, welche in das Land einfällt, qualifiziert sich moralisch kaum für den Landbesitz Kanaans (vgl. V.50). Der Text lässt kein Interesse an ihrem Schicksal erkennen.

Selbst im Rückblick stehen ausdrücklich gemeinsam Ausländer und „eure Kindern, die nach euch kommen werden" (29,21) vor dem Scherbenhaufen des Landes voll Salz und Schwefel.

Die Fluchreihe endet mit dem Hinweis auf das *Exil-Modell:* „und hat sie in ein anderes Land geworfen, so wie es heute ist" (29,27). Parallel zu Jojachins Begnadigung am Ende der Vorderen Propheten (2.Kö 25,27-30) lässt sich in dieser Aussage eine Hoffnung erkennen, welche dem *Enteignung-Modell* fehlt: die Hoffnung auf Rückkehr.

---

[56] Zur Terminologie vgl. Fn. 43. In Dtn 28 werden aufgegriffen שמד „vertilgen" (V. 20.24.45.48.51.61.63), אבד „umbringen" (V. 20.51; vgl. Lev 26,38) und כלה „vertilgen" (Dtn 28,21.63; vgl. umgekehrt Lev 26,44). Sonst einzigartig in der Tora ist נסח „herausreißen" (Dtn 28,63). Interessanterweise ist bei der Verwendung von ירש „ausstoßen, einnehmen" auch hier Israel nicht das enterbte, sondern das erbende Volk (V. 21.63; vgl. V. 42 in Bezug auf Bäume, vgl. Fn. 44).

# 3. Ausblick

## 3.1. Geschickwende und Sammlung: Linear oder zirkular?

Die Hoffnung auf Rückkehr in den Hinteren Propheten knüpft vor allem an die Formulierungen שׁוּב אֶת־שְׁבוּת „das Geschick wenden" und קבץ „sammeln" zu Beginn der Wiederherstellungsverheißung in Deuteronomium 30 an: [57]

> [..] dann wird Jhwh, dein Gott, dein Geschick wenden und sich über dich erbarmen. Und er wird dich wieder sammeln aus all den Völkern, wohin Jhwh, dein Gott, dich zerstreut hat (Dtn 30,3 ELB).

Der Ausblick auf die Vertreibung der Juden durch die Römer nach dem Bar Kochba Aufstand (135 n.Chr.) führt zu der Frage, ob das Alte Testament die Geschickwende als ein einmaliges Ereignis in der Geschichte beschreibt (linear), oder als Prinzip, welches sich immer neu wiederholen kann (zirkular).[58]

Hier fällt zunächst auf, dass das Deuteronomium bewusst ohne konkrete historische Bezüge formuliert und sich an den Hörer und seine Generation direkt richtet. Das Buch lehrt, was „du" „heute" tun sollst und begleitet als durch seine siebenjährige Lesung alle Generationen des Bundesvolkes als „Katechismus" durch die Zeiten (Dtn 31,9-13).[59] Das Schweigen des Deuteronomiums über den

---

[57] Rolf Rendtorff, Theologie des Alten Testaments. Ein kanonischer Entwurf. Band 2: Thematische Entfaltung, Neukirchen-Vluyn 2001, 60 verweist unter anderem für אֶת־שְׁבוּת שׁוּב „das Geschick wenden" auf Jer 30,3.18; 31,23; 33,7.11; Hes 16,53; 39,25; Hos 6,11; Am 9,14; Ps 14,7; 53,7; 85,2; 126,4, für קבץ „sammeln" auf Jes 11,12; 40,11; 43,5f; 54,7; 56,8; Jer 23,3; 31,10; 32,37; Hes 11,17; 20,34.41; 34,13; Mi 2,12; 4,6; Ps 106,47; 107,3. Vgl. Martens, God's Design, 238f., der ferner auf נטע „pflanzen" verweist (vgl. Jer 24,6; 32,41; 42,10; 45,4; Hes 36,26).

[58] Das Buch Richter zeigt, dass biblische Theologie die Geschichte nicht nur „heilsgeschichtlich"-linear, sondern auch als Kreislauf deuten kann (auch wenn es interessanterweise nicht an die Flüche aus Deuteronomium 27 anknüpft, bemerkt bei Childs, Introduction, 260). Ein Beispiel für eine prinzipielle, zeitlose Darstellung von Exil und Rückkehr nicht nur für Israel, sondern auch für andere Nationen findet sich in Jeremia 12,14-17. Für eine lineare Deutung sprechen Anzeichen, dass sich die Beschneidung des Herzens in Dtn 30,11-14 als Verheißung des (einmaligen) „Neuen Bundes" verstehen lassen könnte, so Steven R. Coxhead, „Deuteronomy 30:11-14. As a Prophecy of the New Covenant in Christ", Westminster Theological Journal 68 (2006), 305-320 unter Rückgriff auf John H. Sailhamer, The Pentateuch as Narrative. A Biblical-Theological Commentary. Library of Biblical Interpretation. Grand Rapids 1992, 473f.

[59] Vgl. Dtn 4,8.39f; 5,1.3[!]; 6,6; 7,11; 8,1.11.19; 10,13; 11,8.13.26-28.32; 12,8; 13,19; 15,5.15; 19,9; 26,16-18; 27,1.4.9f; 28,1.13-15; 29,3.9.11f.14.17; 30,2.8.11.15f.18f; 32,46. Zur Bezeichnung des Deuteronomiums als „Katechismus" vgl. Hendrik Koorevaar, A Structural Canonical Approach for a Theology of the Old Testament. Bible Science Old Testament Course Book (unveröffentlicht). Leuven: Evangelische Theologische Faculteit, 2006, 24. Zur Bezeichnung als „catechesis" siehe Dennis Olson, Deuteronomy and the

Ort der Gottesverehrung und die Unklarheit über die genauen Grenzen des Landes können als bewusst eingesetzte Stilmittel gegen die Erwartung einer einmaligen Erfüllung innerhalb der Geschichte verstanden werden.[60]

Zudem kommen Segen und Fluch der Tora bereits vor Ende der alttestamentlichen Geschichtsschreibung an zwei unterschiedlichen Volksgruppen, dem Nordreich Israel und dem Südreich Juda voneinander getrennt zur Anwendung.

> Die Geschichte des Hauses Davids ist von daher nicht notwendigerweise die beste, und gewiss nicht die einzig mögliche Verwirklichung der deuteronomischen Vision. [..] Das geniale an dem Deuteronomium ist zuletzt seine übergreifende Vision, die fortwährend neue Anfänge ermöglicht.[61]

Nicht nur bei einer historisch-kritischen Datierung der Prophetentexte ist erkennbar, dass die Erwartung einer Rückkehr aus dem Exil auch nach der Rückkehr aus dem Exil bestehen bleibt. „Gerade die Landverheißung wurde auch nach ihrer Erfüllung immer wieder als zukünftiges Heilsgut verkündet".[62] Nach der Rückkehr Judas aus dem babylonischen Exil (536 v.Chr., Sacharja ca. ab 520 v.Chr.) verkündet der Prophet Sacharja unter ausdrücklicher Erwähnung der Stämme Israels (Joseph, Ephraim, 10,6f) die Rückkehr und Sammlung in einem nach Osten (Gilead) und Norden (Libanon) erweitertem Gebiet:

---

Death of Moses. A Theological Reading. Overtures to Biblical Theology. Minneapolis 1994, 17 und Patrick D. Miller, „Constitution or Instruction? The Purpose of Deuteronomy", in John T. Strong and Steven S. Tuell, Hg., Constituting the Community. Studies on the Polity of Ancient Israel in Honor of S. Dean McBride, Jr., Winona Lake 2005, 125-141, hier S. 141. Vgl. bereits Childs, Introduction, 224: „Deuteronomy, therefore, serves as a commentary on how future generations are to approach the law [..] God's covenant is not tied to past history, but is still offered to all the people."

[60]  J. Gordon McConville, „Restoration in Deuteronomy and the Deuteronomic Literature", in James M. Scott, Restoration. Old Testament, Jewish, and Christian Perspectives. Supplements to the Journal for the Study of Judaism 72, Leiden 2001, 11-40, hier S. 33-39. Martens, God's Design, 100-102.

[61]  McConville, „Restoration", 36 u. 39. Zu einem ähnlichen Ergebnis kommt Walter C. Kaiser, „The Promised Land: A Biblical-Historical View", Bibliotheca Sacra 138 (1981), 302-312, hier S. 307: „The ‚if' notices in this covenant [..] referred only to any future generation's participation in the benefits of the covenant, but they did not affect the transmission or the certainty of God's eternal oath. The ownership of the land (as a gift from God) is certain and eternal, but the occupation of it by any given generation is conditioned on obedience."

[62]  Von Rad, „Verheißenes Land", 100. Vgl. Rendtorff, Theologie, 60. Zu folgendem Mart Jan Paul, „De grenzen van het land Israël volgens het Oude Testament", in: ders., L.W.G. Blokhous und Pieter A. Siebesma, Hg., Land voor Vrede? Een studie over Israëls landsgrenzen, Kampen 1993, 9-25, hier S. 18f.

⁸ Ich will sie locken und sie sammeln, denn ich will sie erlösen, und sie sollen sich mehren, wie sie sich vormals gemehrt haben. ⁹ Ich säte sie unter die Völker, dass sie meiner gedächten in fernen Landen und leben sollten mit ihren Kindern und wieder heimkehren. ¹⁰ Denn ich will sie zurückbringen aus Ägyptenland und sie sammeln aus Assyrien und will sie ins Land Gilead und zum Libanon bringen, dass man nicht Raum genug für sie finden wird (Sach 10,8-10; vgl. 8,7f).

## 3.2. Ausblick auf das Neue Testament

Umso überraschender erscheint das scheinbare Ausbleiben konkreter Landverheißungen im Neuen Testament, sieht man einmal ab von der Seligpreisung der Sanftmütigen in Matthäus 5,5 und der Deutung der Landverheißung auf die himmlische Heimat in Hebräer 4 und 11.[63] Möglicherweise hilft es für die Suche nach dem Aufgreifen des Konzepts im Neuen Testament, zunächst einmal nicht nach Terminologie, sondern nach Attributen zu fragen:[64]

Wer im Land leben möchte, muss geistliche und ethische Bedingungen erfüllen.

Das Land ein verheißenes, unveränderbares Geschenk Gottes.

Es ist ein Segen, da dort Leben im Fülle und Ruhe zu finden sind.

Schließlich ist das Land der Ort, der Gott gehört, an dem Gott sich offenbart und über den Gott herrscht.

Das Buch Daniel greift in Kapitel 7 die Verheißung des ewigen Landbesitzes aus Genesis 17 auf, entschränkt jedoch den Begriff „Land" territorial, und redet von einem „Reich":

| Beleg | Landverheißung mit עוֹלָם „ewig" |
|---|---|
| Gen 13,15 | כִּי אֶת־כָּל־הָאָרֶץ אֲשֶׁר־אַתָּה רֹאֶה לְךָ אֶתְּנֶנָּה וּלְזַרְעֲךָ עַד־עוֹלָם: „Denn all das Land, das du siehst, will ich dir und deinen Nachkommen geben für alle Zeit" |
| Gen 17,8 | וְנָתַתִּי לְךָ וּלְזַרְעֲךָ אַחֲרֶיךָ אֵת אֶרֶץ מְגֻרֶיךָ אֵת כָּל־אֶרֶץ כְּנַעַן לַאֲחֻזַּת עוֹלָם „Und ich will dir und deinem Geschlecht nach dir das Land geben, darin du ein Fremdling bist, das ganze Land Kanaan, zu ewigem Besitz" |

---

[63] Vgl. Brueggeman, Land, 160 kritisch zu W.D. Davies, The Gospel and the Land. Early Christianity and Jewish Territorial Doctrine, Berkeley 1974, wonach das Thema Land im frühen Christentum hauptsächlich auf die Person Jesus Christus spiritualisiert werde. J. Cornelis de Vos, „Die Bedeutung des Landes Israel in den jüdischen Schriften der hellenistisch-römischen Zeit", in: Martin Ebner u.a., Jahrbuch für Biblische Theologie (JBTh). Band 23 (2008). Heiliges Land. Neukirchen-Vluyn 2009, 75-99, hier S. 96f. bevorzugt mit Frank-Lothar Hossfeld, „Die Metaphorisierung der Begegnung Israels zum Land im Frühjudentum und im Christentum", in: Ferdinand Hahn, Hg., Zion. Ort der Begegnung. Festschrift für Laurentius Klein zur Vollendung des 65. Lebensjahres, Bodenheim 1993, 19-23, hier S. 23 den Begriff „Metaphorisierung".

[64] Vgl. Martens, God's Design, 242-248 mit Verweis auf Brueggeman, Land, 172, 179.

| | |
|---|---|
| Gen 48,4 | וְנָתַתִּי אֶת־הָאָרֶץ הַזֹּאת לְזַרְעֲךָ אַחֲרֶיךָ אֲחֻזַּת עוֹלָם: „und will dies Land zu eigen geben deinen Nachkommen für alle Zeit" |
| Jos 14,9 | הָאָרֶץ אֲשֶׁר דָּרְכָה רַגְלְךָ בָּהּ לְךָ תִהְיֶה לְנַחֲלָה וּלְבָנֶיךָ עַד־עוֹלָם „Das Land, das dein [Josua] Fuß betreten hat, soll dein und deiner Nachkommen Erbteil sein für immer" |
| Jes 34,17 | עַד־עוֹלָם יִירָשׁוּהָ לְדוֹר וָדוֹר יִשְׁכְּנוּ־בָהּ: „dass sie das Land besitzen auf ewige Zeiten und darin wohnen von Geschlecht zu Geschlecht" |
| Jes 60,21 | לְעוֹלָם יִירְשׁוּ אָרֶץ „Sie werden das Land ewiglich besitzen" |
| Jes 61,7 | בְּאַרְצָם מִשְׁנֶה יִירָשׁוּ שִׂמְחַת עוֹלָם תִּהְיֶה לָהֶם: „sollen sie doppelten Anteil besitzen in ihrem Lande und ewige Freude haben." |
| Jer 7,7 | וְשִׁכַּנְתִּי אֶתְכֶם בַּמָּקוֹם הַזֶּה בָּאָרֶץ אֲשֶׁר נָתַתִּי לַאֲבוֹתֵיכֶם לְמִן־עוֹלָם וְעַד־עוֹלָם: „so will ich immer und ewig bei euch wohnen an diesem Ort, in dem Lande, das ich euren Vätern gegeben habe." |
| Hes 37,25 | וְיָשְׁבוּ עַל־הָאָרֶץ אֲשֶׁר נָתַתִּי לְעַבְדִּי לְיַעֲקֹב אֲשֶׁר יָשְׁבוּ־בָהּ אֲבוֹתֵיכֶם וְיָשְׁבוּ עָלֶיהָ הֵמָּה וּבְנֵיהֶם וּבְנֵי בְנֵיהֶם עַד־עוֹלָם „Und sie sollen wieder in dem Lande wohnen, das ich meinem Knecht Jakob gegeben habe, in dem eure Väter gewohnt haben. Sie und ihre Kinder und Kindeskinder sollen darin wohnen für immer" |
| Dan 7,18 | וִיקַבְּלוּן מַלְכוּתָא קַדִּישֵׁי עֶלְיוֹנִין וְיַחְסְנוּן מַלְכוּתָא עַד־עָלְמָא וְעַד עָלַם עָלְמַיָּא: „Aber die Heiligen des Höchsten werden das Reich empfangen und werden's immer und ewig besitzen" |
| Esr 9,12 | וַאֲכַלְתֶּם אֶת־טוּב הָאָרֶץ וְהוֹרַשְׁתֶּם לִבְנֵיכֶם עַד־עוֹלָם: „und das Gut des Landes esst und es euren Kindern vererbt auf ewige Zeiten" |
| 1.Chr 28,8 | לְמַעַן תִּירְשׁוּ אֶת־הָאָרֶץ הַטּוֹבָה וְהִנְחַלְתֶּם לִבְנֵיכֶם אַחֲרֵיכֶם עַד־עוֹלָם: „damit ihr das gute Land besitzt und auf eure Kinder nach euch für alle Zeiten vererbt!" |
| 2.Chr 20,7 | הֲלֹא אַתָּה אֱלֹהֵינוּ הוֹרַשְׁתָּ אֶת־יֹשְׁבֵי הָאָרֶץ הַזֹּאת מִלִּפְנֵי עַמְּךָ יִשְׂרָאֵל וַתִּתְּנָהּ לְזֶרַע אַבְרָהָם אֹהַבְךָ לְעוֹלָם: „Hast du, unser Gott, nicht die Bewohner dieses Landes vertrieben vor deinem Volk Israel und hast es den Nachkommen Abrahams, deines Freundes, gegeben für immer?" |

Bei dem מַלְכוּ „Reich" handelt es sich um ein Gebiet mit einem Herrscher. Jesus versteht sich als Menschensohn aus Daniel 7 und greift im Zentrum seiner Botschaft den Begriff dieses Reich auf (Mt 4,17; 6,10.33; vgl. den Rahmen um 5,5: 5,3.10), wobei die Attribute denjenigen der alttestamentlichen Landverheißung verblüffend ähnlich sind:

Dieses Reich kann nur besitzen, wer einen Lebensstil der Umkehr führt.

Dieses Reich ist ein Geschenk, das der Mensch nur wie ein Kind empfangen kann (Mt 19,14).

Es ist ein Reich, in dem Fülle des Lebens und Ruhe zu finden ist (vgl. Joh 10,10; Mt 11,25-30).

Es ist das Reich Gottes, der Ort, an dem Gott zu finden ist, und das sich ständig erweiternde Gebiet unter der Herrschaft Gottes und seines Gesalbten auf Erden (vgl. Ps 2,8).

An anderer Stelle wäre zu klären, ob der Begriff des „Reiches" das Konzept „Land" ergänzt, überbietet oder gar ersetzt. Es deutet sich jedoch an, dass die himmlische Heimat im Hebräerbrief nur das hintere Ende der neutestamentlichen Land-Theologie darstellt. Das Reich Gottes breitet sich bereits innerhalb der Geschichte in diese Welt hinein aus. Es ist „noch angefeindet und umstritten"[65] (Lk 11,20; 16,16; Mt 11,12f), aber schon „mitten unter euch" (Lk 17,21) und vergrößert sich auf dem Erdboden angefangen in Jerusalem bis an die Enden der Erde hin.

## Anhang:

## Rückbezüge auf die Landverheißung an die Väter in Exodus bis Numeri

| Nr | | Beleg | Formulierung |
|----|---|-------|-------------|
| 1 | A | Ex 6,8 | הָאָרֶץ אֲשֶׁר נָשָׂאתִי אֶת־יָדִי לָתֵת אֹתָהּ לְאַבְרָהָם לְיִצְחָק וּלְיַעֲקֹב וְנָתַתִּי אֹתָהּ לָכֶם מוֹרָשָׁה אֲנִי יְהוָה: „das Land, um dessentwillen ich meine Hand zum Schwur erhoben habe, dass ich's geben will Abraham, Isaak und Jakob; das will ich euch zu eigen geben, ich, Jhwh." |
| 2 | B | Ex 13,5 | אֶרֶץ [..] אֲשֶׁר נִשְׁבַּע לַאֲבֹתֶיךָ לָתֶת לָךְ „Land [..], das er dir geben wird, wie er deinen Vätern geschworen hat" |
| 3 | | Ex 13,11 | אֶרֶץ הַכְּנַעֲנִי כַּאֲשֶׁר נִשְׁבַּע לְךָ וְלַאֲבֹתֶיךָ „Land der Kanaaniter, wie er dir und deinen Vätern geschworen hat" |
| 4 | C | Ex 32,13 | וְכָל־הָאָרֶץ הַזֹּאת אֲשֶׁר אָמַרְתִּי אֶתֵּן לְזַרְעֲכֶם וְנָחֲלוּ לְעֹלָם: „und dies ganze Land, das ich verheißen habe, will ich euren Nachkommen geben, und sie sollen es besitzen für ewig." |
| 5 | D | Ex 33,1 | הָאָרֶץ אֲשֶׁר נִשְׁבַּעְתִּי לְאַבְרָהָם לְיִצְחָק וּלְיַעֲקֹב לֵאמֹר לְזַרְעֲךָ אֶתְּנֶנָּה: „das Land, von dem ich Abraham, Isaak und Jakob geschworen habe. ‚Deinen Nachkommen will ich's geben.'" |
| 6 | E | Lev 26,42 | וְזָכַרְתִּי אֶת־בְּרִיתִי יַעֲקוֹב וְאַף אֶת־בְּרִיתִי יִצְחָק וְאַף אֶת־בְּרִיתִי אַבְרָהָם אֶזְכֹּר וְהָאָרֶץ אֶזְכֹּר: „Und ich werde an meinen Bund mit Jakob gedenken und an meinen Bund mit Isaak und an meinen Bund mit Abraham und werde an das Land gedenken." |
| 7 | D' | Num 10,29 | הַמָּקוֹם אֲשֶׁר אָמַר יְהוָה אֹתוֹ אֶתֵּן לָכֶם „das Land, von dem Jhwh gesagt hat: ‚Ich will es euch geben.'" |
| 8 | C' | Num 11,12 | הָאֲדָמָה אֲשֶׁר נִשְׁבַּעְתָּ לַאֲבֹתָיו: „das Land, das du ihren Vätern zugeschworen hast" |

---

[65]   Peter Stuhlmacher, Biblische Theologie des Neuen Testaments. Band 1. Grundlegung. Von Jesus zu Paulus, Göttingen 1992, S. 72.

| | | | |
|---|---|---|---|
| 9 | B' | Num 14,16 | הָאָרֶץ אֲשֶׁר־נִשְׁבַּע לָהֶם „das Land, das er ihnen zu geben geschworen hatte" |
| 10 | | Num 14,23 | הָאָרֶץ אֲשֶׁר נִשְׁבַּעְתִּי לַאֲבֹתָם „das Land, das ich ihren Vätern zu geben geschworen habe" |
| 11 | | Num 14,30 | הָאָרֶץ אֲשֶׁר נָשָׂאתִי אֶת־יָדִי לְשַׁכֵּן אֶתְכֶם בָּהּ כִּי אִם־כָּלֵב „das Land, über das ich meine Hand zum Schwur erhoben habe, euch darin wohnen zu lassen" |
| 12 | A' | Num 32,11 | הָאֲדָמָה אֲשֶׁר נִשְׁבַּעְתִּי לְאַבְרָהָם לְיִצְחָק וּלְיַעֲקֹב „das Land, das ich Abraham, Isaak und Jakob zu geben geschworen habe" |

# Die endzeitliche Erwartung der „Völkerwallfahrt zum Zion" (Jes 2) und das zukünftige Heil Israels (Jes 60-66): Exegetische Beobachtungen[1]

RICHARD L. SCHULTZ

## 1. Die Zielfrage

Obwohl das mir zugeteilte Thema lautet „Die endzeitliche Erwartung der ‚Völkerfahrt zum Zion' in Jes 2 und das zukünftige Heil Israels in Jes 60-66," nehme ich an, die Zielfrage laute: „Welchen Beitrag leisten die prophetischen Aussagen des Jesajabuches zum gegenwärtigen Streit über das „heilige Land"? Ich werde mich im Folgenden nicht viel direkt dazu äußern. Jedoch möchte ich zu Beginn einen kurzen Abstecher in diese Richtung machen: Der bekannte Spruch „Schwerter zu Pflugscharen" aus Jes 2 hat in Deutschland als eine zentrale Losung verschiedener Friedensbewegungen schon eine längere und kontroverse Geschichte gehabt. Zum Beispiel, in Blick auf die Verwendung dieses Jesaja-Spruches während des zweiten Golfkriegs bei der Ablehnung des Krieges der Alliierten gegen den Irak schrieb der deutsche evangelische Theologe Tobias Kriener mit Ironie: „Insofern erwies die christliche Friedensbewegung sich als in der Tat ‚gut christlich,' soll heißen israel-vergessen, ja israelfeindlich."[2] Inwieweit eine solche Anwendung auf gegenwärtige Umstände angemessen ist, werden wir später zu sprechen kommen.[3]

### 1.1. Hauptschwierigkeiten bei der Behandlung dieses Themas

Wer jesajanische Texte mit Zeitfragen in Beziehung bringen möchte, muss zunächst einiger Deutungsschwierigkeiten bewußt werden. In der historisch-kritischen Tradition gibt es eine allgemeine Leugnung einer unmittelbaren göttlichen Inspiration, ja eines Offenbarungsmoments, hinter prophetischen Aussagen. Sogar der evangelikale Alttestamentler und Jesaja-Experte John Goldingay vergleicht den alttestamentlichen Propheten mit einem

---

[1] Da es hier nur um ‚exegetische Beobachtungen' geht, die das Symposionsthema betrefffen, verzichte ich im Hauptteil des Aufsatzes auf vollständige Exegesen. Dafür verweise ich gerne auf mehrere gute Jesaja-Kommentare, wie z.B. von Beuken, Berges, Hermisson, Wildberger (dt.) sowie Goldingay und Payne, Oswalt, Gary Smith (engl.).

[2] Tobias Kriener, Völkerwallfahrt zum Zion — heute — praktisch, in: Bibel und Kirche 51 (1996), 166.

[3] Siehe auch die Anmerkungen 25-27.

anglikanischen Stadtbischof, der den Prime-Minister vor dem nahekommenden Unheil warnt, das durch die Fehler der Stadtregierung entstehen könnte.[4] Und Brevard Childs wirft den Konservativen vor, sie verwandelten den Propheten Jesaja in einen Hellseher.[5] Was wir in den Prophetenbüchern eher finden, so meinen sie, sei das „Wunschdenken" der Altisraeliten, ‚utopische' Visionen von dem, was weder damals existierte noch jemals existieren könnte, und die deshalb nur von soziologischem oder religionsgeschichtlichem Interesse seien. Dazu kommt noch die historisch-kritische Ansicht, das Jesaja-Buch sei im Laufe eines halben Jahrtausends entstanden und weder Jes 2 noch 60-66 von Jesaja ben Amoz verfasst, so dass es wenig sinnvoll sei, diese beiden Texte zusammen zu besprechen und sie in eine theologische Beziehung zueinander zu setzen.[6]

Hermeneutisch betrachtet gibt es mindestens vier Schwierigkeiten: Wie geht man mit der bilderreichen Sprache der Propheten um? Nach Brent Sandy, ist deren Deutung sehr herausfordernd. Er stellt folgende Fragen: Ist eine bestimmte prophetische Darstellung (1) voraussagend oder nur poetisch, (2) wörtlich oder bildlich, (3) genau oder gefühlsmäßig, (4) bedingt oder unbedingt, (5) realistisch oder surrealistisch, (6) ursprünglich mündlich oder schriftlich und (7) als schon erfüllt oder unerfüllt zu verstehen?[7] Soll man zum Beispiel die Erhöhung des Zionsberges in Jes 2,2-4 wörtlich nehmen, d.h. wird er zu neuer ‚Zugspitze'? Und wird man etwa ein technologisches ‚Meltdown' erfahren und deshalb  Schwerter und Pflugscharen statt Kriegsflugzeugen und Treckern verwenden?

Wie unterscheiden wir prophetische Texte mit eschatologischer, d.h. endzeitlicher, von Texten mit einer nachexilischen Erfüllung? Nach Hans Wildberger leitet der Ausdruck „am Ende der Tage" (*bəʾaḥărît hayyāmîm*, 13x im AT) in Jes 2,2 „eine eschatalogische Weissagung" von einer „durch Gottes Eingreifen in die Geschichte veränderte Zukunft" ein.[8]  Wiederum andere Alttestamentler sehen in dieser Formel, ähnlich wie beim akkadischen *ina achrat umi* nicht viel mehr als die Bedeutung „nach jenen Tagen." (Zum Beispiel, Hugh Williamson übersetzt hier „zu einer zukünftigen Zeit", was eher nicht eschatalogisch ist.)[9]

Wie entscheidet man, ob der Prophet nur vom *Land Israel* oder von der ganzen Erde spricht, da das hebräische Wort *'eretz* das eine oder das andere bezeichnen kann (und innerhalb des Jesaja-Buches beides bezeichnet)?[10]

---

[4]   John Goldingay, Models for Scripture, Grand Rapids 1994, 369.
[5]   Brevard Childs, Isaiah, OTL, Louisville 2001, 3-4.
[6]   Richard L. Schultz, Isaiah, Book of, in: K. J. Vanhoozer (Hrsg.), Dictionary for Theological Interpretation of the Bible, Grand Rapids 2005, 337-338.
[7]   D. Brent Sandy, Plowshares & Pruning Hooks, Downers Grove (Illinois), 2002, 33-57.
[8]   Hans Wildberger, Jesaja 1-39, BKAT 10, Neukirchen-Vluyn 1965-1982, I:82.
[9]   H. G. M. Williamson, Isaiah 1-5, ICC, London 2006, 179-180.
[10]  Das hebräische Wort *'eretz* kommt im Jesaja-Buch 190x vor — in Bezug auf das Land Israel z. B. in 1,7; 36,10; 49,19; in Bezug auf die ganze Erde z.B. in 1,2; 42,10; 51,6.

Und wie widersteht man der Versuchung, prophetische Texte durch eine neutestamentliche ‚Brille‘ zu lesen, wo wenig über den Landbesitz und viel mehr über die weltweite Verkündigung des Evangelium und Ausbreitung der Gemeinde gesagt wird?[11]

Exegetisch-theologisch betrachtet, ist auch die Makrostruktur des Jesaja-Buches umstritten, falls man davon ausgeht, dass es überhaupt eine gibt. Doch bekommen prophetische Einzeltexte ihre Bedeutung nur innerhalb ihrer ‚Kontextkreise.‘[12] Es gibt auch eine unleugbare Vielfältigkeit in den Darstellungen der Zukunft Israels im Jesaja-Buch, die einer theologischen Synthese widersteht. Das erkennt man am ehesten in den sogenannten ‚partikularistischen‘ und den ‚universalistischen‘ Prophetien, die häufig als unvereinbar oder sogar widersprüchlich angesehen werden.[13]

## 1.2. Einige methodische Grundvoraussetzungen

Um nicht bei der Problematisierung unseres Vorhabens stecken zu bleiben, zähle ich nun meine methodischen Grundvoraussetzungen auf (die sicher viele Ausleger nicht teilen) und steige dann bei den Texten ein:

Über die AT-Prophetie als Gottes Wort und Menschen Wort: Ich verstehe die prophetischen Bücher des Alten Testaments als Wort Gottes — nicht lediglich solche prophetischen Aussagen, die ausdrücklich mit „So spricht der HERR. . .“ beginnen, sondern auch die Texte, die in der dritten Person von Gott sprechen. Ich verstehe die Propheten als von Gott berufene Sprecher, die seinen Willen und seine Wege treu seinem Volk Israel verkündigen und dabei ihre eigenen Spracharten verwenden und ihre persönlichen Erfahrungswelten einbeziehen.[14]

Über der Umgang mit prophetischen Metaphern: Als Exeget schätze ich die rhetorische und emotionale Kraft der prophetischen Metaphern, bestehe jedoch darauf, dass eine zukünftige, von Gott verursachte Realität durch sie geschildert werden kann.[15]

Über die Grundstruktur bzw. das Grundthema Jesajas: Ich erkenne in dem Jesaja-Buch ein durchkomponiertes Werk und eine Makrostruktur, die Israels Zukunft im Allgemeinen progressiv heilsgeschichtlich — bis auf der neuen Erde — entfaltet. Aber das geschieht nicht immer geradlinig. Zum Beispiel zielen Jes

---

[11]  Gary M. Burge, Jesus and the Land. The New Testament Challenge to "Holy Land" Theology, Grand Rapids 2010, bes. 92-94.

[12]  Richard L. Schultz, Isaiah, Book of, in: K. J. Vanhoozer (Hrsg.), Dictionary for Theological Interpretation of the Bible, Grand Rapids 2005, 338.

[13]  Richard L. Schultz: Nationalism and Universalism in Isaiah. In: D. G. Firth und H. G. M. Williamson (Hrsg.), Interpreting Isaiah: Issues and Approaches, Nottingham 2009, 124-126 und 142-143.

[14]  Ich teile hier die Meinung von Douglas Stuart über Gordon D. Fee und Douglas Stuart; Detlev Stieghorst (Übers.), Effektives Bibelstudium, Asslar 1990, 206-210.

[15]  Vgl. Sandy: Plowshares & Pruning Hooks, 70-73 und besonders 155-194.

2 und 26 viel weiter in die Zukunft hinein, als die meisten anderen Kapitel—auch später im Buch—es tun. Dabei tritt der gegenwärtige und zukünftige Zustand Zions als Hauptthema vor, wobei *ethische* und *eschatologische* Aspekte zusammenfließen.[16] Nach Walter Zimmerli unterscheidet sich Jesaja von den anderen Propheten in seiner Betonung Zions als die Stätte der Gegenwart Gottes. So ist bei Jesaja eher die Zerstörung Jerusalems und die Vernichtung seiner Leitungsschicht als der Landesverlust, mit dem Israel bedroht wird, im Vordergrund.[17]

Über Gottes ‚Bundesziel': Ich verstehe die partikularistische Erwählung und folgende Segnung Israels als durch das universalistische Heilsangebot Gottes bedingt. Er verfolgt einen Plan mit Israel, damit sie als seine Heilsmittler dienen können.[18] Und da das semantische Feld von „Heil" (Hebr. *yasha'*, usw.) nicht nur Geistliches, sondern auch die Rettung vom leiblichem Tod bezeichnen kann, werden wir hier nur von „Heil" sprechen, wenn es um eine erkennbare Verwandlung der Beziehung, der Haltung, oder des Verhalten Israels oder der Nationen (oder der beiden zusammen betrachtet) Gott gegenüber geht.[19]

## 2. „Die Völkerwallfahrt zum Zion" (Jes 2,1-5)

### 2.1. Die Nicht-Betonung Israels

Im Blick auf unsere Frage „Wem gehört das ‚Land'?" hat Jes 2,2-4 überraschender Weise wenig über Israel zu sagen. Hier werden die *Nationen* zum ersten Mal im Jesaja-Buch erwähnt. Aber erst in der nachfolgenden Herausforderung („Haus Jakob, kommt. . .", Vs 5) wird Israel angesprochen. In den Versen 2 bis 4 wird von keinerlei Teilnahme oder Vermittlungsdienst Israels gesprochen. Zwar spricht 2,2 vom „Berg des Hauses des HERRN" (d.h. der Tempel), was eine Anwesenheit der Israeliten dort voraussetzen könnte, aber sagt nicht mehr darüber. Folglich ist es nicht berechtigt, diesen Text *primär* als

---

[16]  Richard L. Schultz, „Und sie verkünden meine Herrlichkeit unter den Nationen." Mission im Alten Testament unter besonderer Berücksichtigung von Jesaja, in: H. Kasdorf (Hrsg.), Werdet meine Zeugen! Weltmission im Horizont von Theologie und Geschichte, Neuhausen-Stuttgart 1996, 48-49.

[17]  Walther Zimmerli, The "Land" in the Pre-Exilic and Early Post-Exilic Prophets, in: J. T. Butler/ E. W. Conrad/ B. C. Ollenburger (Hrsg.), Understanding the Word. Essays in Honor of Bernhard W. Anderson, JSOTSup 37, Sheffield 1985, 249.

[18]  Schultz: „Und sie verkünden meine Herrlichkeit unter den Nationen," 42-47.

[19]  Fritz Stolz: Art. ישע, in: Ernst Jenni und Claus Westermann (Hrsg.), Theologisches Handwörterbuch zum Alten Testament, 2 Bde., München 1971-1976, I:787-790.

eine Schilderung der zukünftigen Wiederherstellung Zions zu verstehen,[20] da Zion hier vorerst als Ort der göttlichen Unterweisung von Bedeutung ist.

### 2.2. Die Einzigartigkeit dieser ‚Tradition'

Dieser bekannte Text ist einzigartig im alttestamentlichen Kanon. In allen anderen prophetischen oder Psalmentexten, geht es um Belagerung und Krieg, Tribut oder Anbetung, wenn die Nationen nach Zion ziehen.[21] Allein in diesem Text ist Zion nicht als Ort der Anbetung sondern als Sitz einer ‚freien theologischen Hochschule'—oder besser, als neuer ‚Sinai'—geschildert.[22]

So ist Wildbergers Rede von einer „Völkerwallfahrt" schon ein wenig irreführend, denn es geht hier nicht um Gottesdienste oder darum Feste zu feiern.[23] Was auf dem Zion geschieht ist eher ein theologisches Symposion als eine Feier.

### 2.3. Die Voranstellung dieses Texts im Buch — eine Vorwegnahme der jesajanischen Vision

Was Seitz richtig erkannt hat, ist die prominente Stellung von Jes 2,2-4 innerhalb des Jesaja-Buches, hervorgehoben durch die neue Überschrift in Vers 1, die (anders als die in 1,1) keine chronologische Information enthält und nur von einem „geschauten Wort" spricht (auch ein einzigartiger Ausdruck im Alten Testament). Mit dieser Vision schaut der Prophet in die weit entfernte Zukunft und leitet damit auch das wichtige Thema der zukünftigen Verherrlichung Zions ein, das erst ab Kapitel 60 in den Mittelpunkt rückt.[24] Die wiederholte Erwähnung vom „Licht des HERRN" verbindet diese beiden Texte (2,5; 60,1.3).

### 2.4. Die kompositionellen Beziehungen des Textes

Man kann die kompositionellen Beziehungen dieses Textes unterschiedlich sehen. Einerseits führt er eine Entwicklung innerhalb des 1. Kapitels fort, nämlich Zion/Jerusalem als eine hurende, gewalttätige, verseuchte Stadt (1,21-23), als eine durchs Gericht geläuterte und wieder treue Stadt (1,24-31) und als eine erhöhte, die Nationen anziehende Stadt (2,2-4). Andererseits bildet Jes 2,1-5

---

[20] So z.B. Christopher R. Seitz, Isaiah 1-66. Making Sense of the Whole, in: C. R. Seitz (Hrsg.), Reading and Preaching the Book of Isaiah, Philadelphia 1988, 116.

[21] Bzgl. Belagerung und Krieg: Ps 79,1-3; Jer 4,16-17; Sach 12,2-3; 14,1-3; bzgl. Tribut und Anbetung: Jes 18,7; 60,3-7; 66,18-23; Jer 3,17; Sach 8,20-23; 14,16-19.

[22] Jon D. Levenson, Sinai & Zion. An Entry into the Jewish Bible, New Voices in Biblical Studies, Minneapolis 1985, 91.

[23] Hans Wildberger, Die Völkerwallfahrt zum Zion. Jes. II 1-5, in: VT 7 (1957), 62 und 78.

[24] Seitz: Isaiah 1-66, 116.

innerhalb der Kapitel 2-4 mit 4,1-6 und innerhalb der Kapitel 2-12 mit 12,1-6 eine thematische Klammer. Eine ähnliche Entwicklung stellt sich im Paralleltext Micha 4,1-5 dar, der unmittelbar der Ankündigung der Verwüstung und des „Pflügens" Zions in 3,12 folgt.

## 2.5. Die Teilnahme der Nationen am Heil Gottes

Von den kompositionellen Beziehungen her gesehen könnte man also Seitz fast darin zustimmen, es gehe hier eher um Zion als um die Nationen. Aber Jes 2,2-4 betont den Eifer der Völker, von Gott unterwiesen zu werden und in seinen Wegen zu wandeln. Das sollte auf Israel beschämend wirken — so die Aufforderung: „Haus Jakob, kommt, laßt uns jetzt schon im Licht des HERRN leben, gerade wie es die Völker eines Tages tun werden!" Wie 2,6-22 dann beschreiben, stände dies deutlich im Gegensatz zu ihrem jetzigen Verhalten.

## 2.6. Der Missbrauch dieses Textes in der Friedensbewegung und bei Friedensgesprächen

Jes 2,1-5 ist also ein Text, der wenig zum Thema ‚Landbesitz' aussagt, wohl aber sehr häufig bei außenpolitischen Anlässen zitiert wird. Eine ganze Tagung im Sommer 2005 in Florenz, Italien, deren Referate unter dem Titel *Isaiah's Vision of Peace in Biblical and Modern International Relations* veröffentlicht wurden, wurde diesem Thema gewidmet.[25] Ganz im Gegenteil sieht Daniel L. Smith-Christopher in diesem Text in seiner Micha-Fassung ein „Stück selbstdienende Propaganda im Zusammenhang eines Traum der Weltbeherrschung und Macht"![26] Dabei muss man aber die genaue Reihenfolge der ‚entmilitarisierenden' Entwicklungen beachten: die Erhöhung des Tempelberges (vermutlich von Gott — und nicht durch geologische Bewegungen — verursacht)→der Zug der Völker, der gegen die Schwerkraft *hinaufströmt* (Hebr.: *nahar*) zum Hause des HERRN→die gesuchte Unterweisung im Wort des HERRN→die Rechtsschlichtung zwischen den Nationen durch den HERRN→die Beendung der Kriegsvorbereitungen. Alles dabei hängt von der Initiative Gottes ab. Es ist auch exegetisch ungerechtfertigt, die „Wege",

---

[25]  Raymond Cohen und Raymond Westbrook (Hrsg.), Isaiah's Vision of Peace in Biblical and Modern International Relations. Swords into Plowshares, Culture and Religion in International Relations, New York 2008.

[26]  Daniel L. Smith-Christopher, Are the Refashioned Weapons in Micah 4:1-4 a Sign of Peace or Conquest? Shifting the Contextual Borders of a "Utopian" Prophetic Motif, in: E. Ben Zvi (Hrsg.), Utopia and Dystopia in Prophetic Literature, Göttingen 2006, 208.

„Pfade" und „Weisung" Gottes in 2,3 nur auf Entwaffnung zu beschränken, da diese umfassende weisheitliche Begriffe sind.[27]

## 2.7. Die historistischen und amillennialistischen Deutungen des Textes

Der Formel „am Ende der Tage" und die prominente Stellung von Jes 2,1-5 innerhalb des Jesaja-Buches machen es unwahrscheinlich, dass dieser Text auf eine Entwicklung kurz nach dem Exil oder noch früher hinweist. Nach Hugo Grotius im 17. Jahrhundert beschreibt die Erhöhung des Tempelbergs in 2,2 die Befreiung Jerusalems von den Kämpfen Rezins und Pekachs (Jes 7,1).[28] Und nach Theodor von Mopsuestia war nur die Rückkehr aus der babylonischen Gefangenschaft nötig, damit „das Wort des HERRN" wieder aus Jerusalem hervorgehen könnte.[29] Amillennialistische Ausleger wiederum sehen darin die Ausbreitung des Evangeliums nach Pfingsten zu allen Nationen, die ja auch von Jerusalem ausging. Eusebius von Caesaria zum Beispiel sieht auch hier eine Schilderung des Friedens im römischen Reich.[30] Doch bedeutet eine solche Deutung eine gewaltige Entleerung der Sprache von der Völkerbewegung und deren Friedensfolgen, die ich nicht mitvollziehen kann. Und der Versuch von Edward J. Young die Partizipien in 2,2 durativisch zu deuten, d.h. als einen andauernden Zustand (zum Beispiel von der Gemeinde Jesu oder der himmlischen Ewigkeit) ist grammatikalisch nicht haltbar (vgl. die Widerlegung von John Sailhamer).[31] Was wir hier eben sehen ist eine gewaltige neue Entwicklung—der Zion wird zum überragenden Gottesberg.    In der Gedankenwelt des alten Orients erhält Gott dann endlich einen Berg als seinen Wohnsitz, dessen Höhe seiner Würde und seinen Machtansprüchen entspricht. Zion wird dann zur Welthauptstadt und die Völker erkennen Gott als den großen König an. Eine solche Entwicklung — gemäß anderer prophetischer Texte — passt sicher besser in eine zukünftig-eschatalogische Zeit der irdischen

---

[27]  Für eine Kurzexegese und eine Diskussion der gegenwärtigen Verwendung dieses Textes, vgl. Hans Walter Wolff, Schwerter zu Pflugscharen – Mißbrauch eines Prophetenwortes? Praktische Fragen und exegetische Klärungen zu Joël 4,9-12, Jes 2,2-5 und Mi 4,1-5, in: EvTh 44 (1984), 280-297 (mit einem Diskussionsbeitrag von Wolfhart Pannenberg); und James Limburg, Swords to Plowshares: Text and Contexts, in: Craig C. Broyles und Craig. A. Evans (Hrsg.), Writing and Reading the Scroll of Isaiah. Studies of an Interpretive Tradition, SVT 70, 2 Bde., Leiden 1997, I:279-93.

[28]  Hugo Grotius, zitiert von John H. Sailhamer: Evidence from Isaiah 2. In: D. K. Campbell und J. L. Townsend (Hrsg.): A Case for Premillenialism. A New Consensus, Chicago 1992, 80.

[29]  Robert Louis Wilken, Isaiah. Interpreted by Early Christian and Medieval Commentators, The Church's Bible, Grand Rapids 2007, 36-37.

[30]  Wilken, Isaiah, 34.

[31]  Edward J. Young, The Book of Isaiah. The English Text with Introduction, Exposition and Notes, Grand Rapids 1965, S. I:100-101; Sailhamer, Evidence from Isaiah 2, 86-88.

Verwirklichung des Gottesreiches als in die Vergangenheit, die Gegenwart oder die Ewigkeit.

## 3. Das zukünftige Heil Israels (Jes 60-66)

Es ist schon ein gewaltiger Sprung im Buch von Kap 2 bis Kapitel 60-66. Doch ist die in den Texten behandelte Zeit wahrscheinlich eine Ähnliche, denn die zukünftige Erhöhung des Berges Zion entspricht allgemein der zukünftigen Verherrlichung Zions, die nicht nur zum Heil Israels sondern auch zum Heil der Nationen führt.

### 3.1. Der Aufbau und der Kontext des Abschnitts

Um den Beitrag von Jes 60-66 zu unserem Thema richtig zu verstehen, müssen wir zunächst seinen literarischen Kontext genauer analysieren. Einige Ausleger erkennen hier einen Chiasmus, z. B. John Oswalt: A: Gerechte Nicht-Israeliten (56,1-8 // 66,18-24); B: das Volk Gottes, das nicht vermag, das Richtige zu tun (56,9-59,15a // 63,7-66,17); C: der göttliche Krieger (59,15b-21 // 63,1-6), D: die Gerechtigkeit Gottes bricht in seinem Volk an (60,1-22 // 61,4-62,12); E im Mittelpunkt: gesalbt, um das Evangelium zu verkündigen (61,1-3).[32] Doch überzeugender finde ich die Dreiteilung durch den Refrain „Kein Friede den Gottlosen" (48,22 // 57,21; vgl. 66,24).[33] Demnach beginnt und endet der letzte Abschnitt mit einer Erwähnung der Rebellen in Gottes Volk (Hebr. *pasha'*; 58,1 und 66,24). Obwohl dieser Teil des Buches die zukünftige Verherrlichung Zions durch das Handeln Gottes und der Nationen hervorhebt und in der Schöpfung des neuen Himmels und der neuen Erde gipfelt, beginnt er mit der Anklage „mein Volk", das auch als *goi* bezeichnet wird (58,1-2). Das führt zum generellen Sündenbekenntnis (59,9-15a) und zur Herstellung der Gerechtigkeit durch das gerichtliche Eingreifen des göttlichen Kriegers (59,15b-19).

### 3.2. Die zukünftige Verherrlichung Zions

Obwohl die Erhöhung Zions in Jes 2 ohne weitere Einzelheiten geschildert wird, wird dessen Verherrlichung hier detailliert beschrieben. Dabei spielt die

---

[32] John Oswalt, The Book of Isaiah. A Short Course on Biblical Theology, in: CTJ 39 (2004), 57; vgl. Oswalt: The Book of Isaiah. Chapters 40-66, Grand Rapids 1998, 461-465, wo Oswalt die ähnlichen Analysen von Greg Polan und Etienne Charpentier ebenfalls erwähnt.

[33] Franz Delitzsch (James Martin, Übers.), Biblical Commentary on the Prophecies of Isaiah. Edinburgh 1889, II:128-129; und neulich John W. Olley: "No Peace" in a Book of Consolation. A Framework for the Book of Isaiah? in: VT 49 (1999), 366-368.

Rückkehr in das Land eine wichtige Rolle, obwohl das ausführlicher in Kap. 40-48 durch das wiederholte Bild der ‚Weg/Straße' behandelt wird.[34] Das hebräische Wort für Land/Erde (*'eretz*) wird nur zweimal in Kap. 56-58 aber siebzehn Mal in Kap. 60-66 verwendet (60,2.18.21; 61,7.11; 62,4[3x].7.11; 63,6; 65,16[2x].17; 66,1.8.22). Jes 60,18 betont die neue Sicherheit im Land und 60,21 verheißt: „Und dein Volk, sie alle werden Gerechte sein, werden das Land besitzen auf ewig." Nach 61,7 „werden sie in ihrem Land das Doppelte besitzen." Nach der Übersetzung der LXX „werden sie das Land ein zweites Mal erben", aber der hebräische Ausdruck bezeichnet einen Doppelanteil am Land. Gary Smith erklärt in seinem Kommentar dazu, dass das Land eigentlich Gott gehört, und in seiner Gnade gibt er es dem Volk als Eigentum zurück und fügt ihm den Reichtum der Nationen hinzu.[35] Jes 66,8 spricht dann von der plötzlichen Wiedergeburt des Landes samt seiner Bevölkerung. Die enge Beziehung des Volkes zu ihrem Land in jener Zeit wird durch seinen Kosenamen dafür ausgedrückt: „Liebes Weib" (62,4: Luther, *be'ulah* [=„verheiratet"]). Ich sehe keinen Anlass, diese Texte nur als Idealbilder zu deuten. Doch gehen sie auch weit über die gegenwärtigen Entwicklungen im Nahen Osten hinaus. Was dabei unklar bleibt, ist inwieweit diese Ereignisse in Kontinuität zu dem gegenwärtigen Wohnen der Juden in Israel steht.

### 3.3. Die thematischen Entwicklungen innerhalb Jes 60-66:[36]

Kapitel 60 leitet das Thema der Verherrlichung Zions ein (Vv. 1-2.7. 9.13.19-20) und klingt ziemlich nationalistisch. Wenn das Licht Gottes in die weltweite Dunkelheit hinein strahlt, werden Nationen und Könige angezogen (V. 3). Das erinnert uns doch an Jes 2,2-4. Aber hiernach werden die Nationen auch die Rückkehr der Exilanten Israels fördern, auch mit Schiffen, Schätzen und Opfertieren. Könige werden den Zug führen und dem Volk Gottes beim Wiederaufbau Jerusalems dienen (Vv 4-11). Doch wird dieser Dienst erzwungen —sie müssen sich beugen (V 14) oder sterben (V 12a). Die Väterverheißungen von Segen, Land und Nachkommen werden wieder erfüllt, ja sogar übertroffen (Vv 21-22). Dieses entspricht sicher auch nicht dem, was in der nachexilischen Zeit — und auch seitdem — geschehen ist.

Diese Beschreibung wird in Jes 61 fortgesetzt: Fremde werden die landwirtschaftliche und Hirtenarbeit erledigen und das Volk Gottes mit ihrem Geld unterstützen, damit jene Gott als Priester und Tempeldiener anbeten können (61,5-7; vgl. Ex 19,6). Ihre „Gerechtigkeit" aber teilen die Fremden

---

[34] Vgl. Øystein Lund, Way Metaphors and Way Topics in Isaiah 40-55, FAT/2 28, Tübingen 2007.

[35] Gary V. Smith, Isaiah 40-66, NAC 15b, Nashville 2009, 639.

[36] Für eine ausführlichere Erläuterung dieser Kapitel, vgl. Schultz: Nationalism and Universalism, 129-130. 141-142.

nicht (61,1-2; vgl 60,17; 61,3.10-11). In 62,10-12 wird wieder klar zwischen dem heiligen Volk und den Völkern unterschieden. Wie soll man die starken nationalistischen Züge hier verstehen? (1) Kontextuell gesehen, finden wir hier den Höhepunkt des Zionthemas im Jesaja-Buch, der zu einer gewissen ‚Übertreibung' führt. (2) Chronologisch gesehen, da ich eine allgemeine heilsgeschichtlich chronologische Reihenfolge darin erkenne, findet diese Entwicklung nach dem stellvertretenden Tod des leidenden Knechtes in Jes 53 und vor der Gründung der neuen Gottesstadt in Jes 65 statt. Also geht es hier bei der Unterwerfung der Nationen um eine Zeit der Überleitung zur endgültigen Herstellung Israels im eigenen Land, umgeben von Sicherheit, Gerechtigkeit, Freude und der Gegenwart Gottes (60,17-22; ähnlich zu 65,17-25).

Nach 63,1-6 zertritt der göttliche Krieger die Völker um seines Volkes willen (denn sie haben den Tempel zertreten)—auch wenn Letztere es wegen andauernder Rebellion nicht verdienen (Vv 8.11.14.18). Dieses Eingreifen Gottes erweckt beim Volk ein langes, ernsthaftes Gebet um Errettung (63,15-64,11), worauf Gott in Jes 65-66 antwortet.

### 3.4. Der dreieinige Gott und die Zukunft Israels (vgl. Jes 11,6-9 und 65,25)

Was in diesen Kapiteln besonders auffällt, ist die ganzheitliche Beteiligung der Gottheit an diesen Heilsereignissen. Der HERR ist der Hauptbeteiligte und tritt zweimal in der Gestalt des Kriegers auf (gegen Alec Motyer, der diesen als messianischen Gestalt identifiziert).[37] Er wird sogar in 63,16 und 64,7 als „Vater" angeredet. Der heilige Geist wird ausnahmsweise in 63,10-11 erwähnt (vgl. V 14). Dieser Geist salbt dann in 61,1 einen Gesandten, meiner Meinung nach eine Fortsetzung der Beschreibung des Gottesknechts von Jes 49, 50 und 52-53. Dieser Knecht wird zwar in Jes 65 nicht ausdrücklich erwähnt, doch zeigt die Wiederholung des Motivs aus Jes 11,6-9 in 65,25—wo als Folge der Herrschaft des messianischen Sprosses aus dem Stumpf Isais Wolf und Schaf beieinander weiden—, dass er dennoch anwesend ist. Obwohl hier keine vollständige Dreieinigkeitslehre entfaltet wird, nähern sich diese Texten diesem theologischen Ziel.

---

[37] Vgl. J. Alec Motyer, The Prophecy of Isaiah, Leicester 1993, 13-16; Richard Schultz, The King in the Book of Isaiah, in: P. W. Satterthwaite, R. S. Hess und G. J. Wenham (Hrsg.), The Lord's Anointed. Interpretation of Old Testament Messianic Texts, Grand Rapids 1995, 142-145.

### 3.5. Vom Ende (d.h. von Jes 65-66) her lesen — das tausendjährige Reich oder die ewige ‚Seligkeit'?

Der Literaturwissenschaftler Michael Riffaterre erklärt dass Leser Texte „retroaktiv" lesen, d.h. die Deutung des Schongelesenen wird aufgrund dessen, was man gerade liest, ständig geändert.[38] Demnach dienen Jesaja 65-66 dazu, unsere noch offene Fragen über die Zukunft Jerusalems und der Nationen zu beantworten.

In Jes 65 verschwinden die Nationen vorübergehend, während ein endgültiges Bild vom Volk Gottes skizziert wird. Doch überraschenderweise unterscheidet der Prophet hier zwischen zwei Gruppen *innerhalb Israels.* So wird unmissverständlich, dass Israel keine globalen zukünftigen Heilsverheißungen zuteil werden. Die Nation als Ganzes (wieder als *goi* bezeichnet) interessiert sich nicht für Gott, ist widerspenstig, selbstsüchtig und provozierend (Vv 1-3) und wird deshalb hart gerichtet (Vv 6-7)—um der Knechte Gottes willen (V 8). Die eine Gruppe wird Gott suchen; die andere wird ihn verlassen (Vv 10-11). Nach Jes 65,18-19 wird Gott sich ein neues Volk *erschaffen.* Gemäß Jes 65 besteht der zukünftige Heilszustand aus folgenden Elementen: die Beendigung der Bundesflüche (Vv 21-22, 25), die Rückkehr paradiesischer Zustände — einschließlich verlängerter Lebensdauer (V 20), Friede innerhalb der Tierwelt (V 25) und eventuell vegane Mahlzeiten (V 25)—unendliche Freude (Vv 18-19) und ungebrochene Gemeinschaft mit Gott (V 24). Deshalb verstehe ich die Partizipien in V 17 („siehe, ich schaffe einen neuen Himmel und eine neue Erde") als einen Hinweis auf das, was Gott bald tun wird und nicht auf das, was Jesaja in diesem Kapitel bereits beschreibt. Ein verlängertes Leben ist schon gut; endloses Leben noch besser![39]

Jes 66 (parallel zu Jes 2,1-4) schildert dann den endgültigen Zustand der Nationen und ihre Beziehung zu Israel. Hier sind die „Feinde" Gottes leider wieder „ihre Brüder", während die Herrlichkeit (u. a. Schätze) der Nationen nach Jerusalem fließt (V 12). Umfassender wird dann behauptet, das „alles Fleisch" (d.h. Israeliten und nicht-Israeliten) sowohl gerichtet (V 16) als sich auch vor Gott beugen und vor den Rebellenleichen ekeln wird (Vv 23-24). Nach Childs laufen in 66,18-24 die eschatologischen Themen des ganzen Buches zusammen.[40] Es ist deshalb schon ironisch, dass gerade das Gericht

---

[38] Michael Riffaterre, Models of the Literary Sentence, in: T. Todoroy (Hrsg.), R. Carter (Übers.), French Literary Theory Today. A Reader, Cambridge 1982, 18; für eine Anwendung dieses Ansatzes auf das Jesaja-Buch, vgl. Schultz, Nationalism and Universalism, 128-130.

[39] Für eine detaillierte Diskussion der literarischen Bezüge von Jes 65, vgl. Richard L. Schultz, Intertextuality, Canon, and "Undecidability", Understanding Isaiah's "New Heavens and New Earth" (Isaiah 65:17-25), in: BBR 20 (2010), 31-34.

[40] Childs, Isaiah, 542.

Gottes—auch gegen sein eigenes Volk—der Anlass sein wird, wo er „alle Nationen und Sprachen" versammelt, um diesen seine Herrlichkeit zu zeigen. Einige überlebende Israeliten (vgl. 4,2; 10,20; Elberfelder: „Entkommene"; und eventuell auch nicht-Israeliten) werden dann in fernste Länder ziehen, um diese Herrlichkeit dort zu verkünden—nach Horst Dietrich Preuß die klarste Beschreibung der Weltmission im ganzen Alten Testament.[41] Einige der ‚angezogenen' Fremden werden wiederum verstreute Israeliten als „Opfergaben" nach Jerusalem bringen und sogar als Fremde von Gott erwählt, um ihm dort als Priester zu dienen. Die andauernde Anbetung Gottes in Jerusalem durch Israeliten und fremde Völker wird dann das letzte Kapitel der Weltgeschichte sein, ehe die Zeit anbricht, wo der Tod keine Opfer mehr frisst und die Toten wieder lebendig werden (Jes 25,7-8 und 26,19; auch Off 21,4).

## 4. Einige vorläufige Schlussfolgerungen

Lasst uns unsere exegetischen Beobachtungen zusammenfassen.  In diesen Kapiteln des Jesaja-Buches sehen wir …

… die Verflechtung der bildlichen und wörtlichen Beschreibungen der Zukunft — nach Jesaja gibt es nicht nur *eine* Straße, zum Beispiel nach dem babylonischen Exil, auf der die Israeliten und Fremden ziehen werden, sondern mehrere, die geographisch die Rückkehr des Volkes zum Land—und geistlich zu Gott — schildern.

… die Verflechtung der Zukunft und des Heils Israels mit der Zukunft und dem Heil der Nationen, die außerhalb Jesajas bei den Propheten nur in Sacharja (z. B. 2,15; 8,20-23) zu finden ist.

… die Verflechtung des göttlichen Gerichts und Heils, wobei das Gericht gegen Israel gerade wegen seiner Erwählung stattfinden muss und wiederum zum Katalysator des Heils anderer wird.

… die Verflechtung der Gegenwart (d.h. der Zeit des Propheten) und der Zukunft Israels mit unserer Gegenwart und Zukunft.  In der wiederholten Anredeform „wir" (vgl. 1,9-10; 8,10; 16,6;  17,14; 24,16;  25,9; 26,1.8.12.13.17. 18; 33,2.14.20-22; 53,1-6; 59,9-13; 63,7.15-19; 64,3.5-9.11-12) werden sowohl Jesajas Zeitgenossen als auch wir herausgefordert, schon jetzt „im Licht des HERRN zu leben" (2,2), Gott zu vertrauen, zu gehorchen und auf ihn zu warten, bis er seinen Heilsplan für Israel und die Nationen (d.h. für uns) zur Vollendung bringt. Hier dürfen wir wohl als Gemeinde Jesu mit den Bussfertigen zur Zeit Jesajas miteinstimmen: „Aber nun, HERR, du bist unser Vater. Wir sind der Ton, und du bist unser Bildner, und wir alle sind das Werk deiner Hände.

---

[41]  Horst Dietrich Preuss, Theologie des Alten Testaments. Band 2: Israels Weg mit JHWH, Stuttgart 1992, 323.

HERR, zürne nicht allzusehr, und nicht ewig erinnere dich an die Sünde! Siehe, schau doch her, dein Volk sind wir alle!" (Jes 64,7-8).

## Literatur

Burge, Gary M.: Jesus and the Land. The New Testament Challenge to "Holy Land" Theology, Grand Rapids 2010.

Childs, Brevard: Isaiah, OTL, Louisville 2001.

Cohen Raymond und Raymond Westbrook (Hrsg.): Isaiah's Vision of Peace in Biblical and Modern International Relations. Swords into Plowshares, Culture and Religion in International Relations, New York 2008.

Delitzsch, Franz: Biblical Commentary on the Prophecies of Isaiah, 2 vols., Edinburgh 1889.

Fee, Gordon D. und Douglas Stuart: Effektives Bibelstudium, Asslar 1990.

Goldingay, John: Models for Scripture, Grand Rapids 1994.

Jenni, Ernst und Claus Westermann (Hrsg.): Theologisches Handwörterbuch zum Alten Testament, 2 Bde., München 1971-1976.

Kriener, Tobias: Völkerwallfahrt zum Zion — heute — praktisch. In: Bibel und Kirche 51 (1996), S. 166-67.

Levenson, Jon D.: Sinai & Zion. An Entry into the Jewish Bible, New Voices in Biblical Studies, Minneapolis 1985.

Limburg, James: Swords to Plowshares: Text and Contexts. In Craig C. Broyles und Craig. A. Evans (Hrsg.): Writing and Reading the Scroll of Isaiah. Studies of an Interpretive Tradition, SVTS 70, 2 Bde., Leiden, 1997, I:279-93.

Lund, Øystein: Way Metaphors and Way Topics in Isaiah 40-55, FAT/2 28, Tübingen 2007.

Motyer, J. Alec: The Prophecy of Isaiah, Leicester 1993.

Olley, John W.: "No Peace" in a Book of Consolation. A Framework for the Book of Isaiah? In: VT 49 (1999), S. 351-70.

Oswalt, John: The Book of Isaiah. Chapters 40-66, Grand Rapids 1998.

————: The Book of Isaiah. A Short Course on Biblical Theology. In: CTJ 39 (2004), S. 54-71.

Preuss, Horst Dietrich: Theologie des Alten Testaments. Band 2: Israels Weg mit JHWH, Stuttgart 1992.

Riffaterre, Michael: Models of the Literary Sentence. In: T. Todoroy (Hrsg.), R. Carter (Übers.): French Literary Theory Today. A Reader, Cambridge 1982, S. 18-33.

Sailhamer, John H.: Evidence from Isaiah 2. In: D. K. Campbell & J. L. Townsend (Hrsg.): A Case for Premillenialism. A New Consensus, Chicago 1992, S. 79-102.

Sandy, D. Brent: Plowshares & Pruning Hooks, Downers Grove, Ill. 2002.

Schultz, Richard L.: Intertextuality, Canon, and "Undecidability", Understanding Isaiah's "New Heavens and New Earth" (Isaiah 65:17-25). In: BBR 20 (2010), S. 19-38.

————: Isaiah, Book of. In: K. J. Vanhoozer (Hrsg.): Dictionary for Theological Interpretation of the Bible, Grand Rapids 2005, S. 336-44.

————: The King in the Book of Isaiah. In: P. W. Satterthwaite, R. S. Hess, und G. J. Wenham (Hrsg.): The Lord's Anointed. Interpretation of Old Testament Messianic Texts, Grand Rapids 1995, S. 141-65.

————: Nationalism and Universalism in Isaiah. In: D. G. Firth und H. G. M. Williamson (Hrsg.): Interpreting Isaiah: Issues and Approaches, Nottingham 2009, S. 122-44.

————: „Und sie verkünden meine Herrlichkeit unter den Nationen." Mission im Alten Testament unter besonderer Berücksichtigung von Jesaja. In: H. Kasdorf (Hrsg.): Werdet meine Zeugen! Weltmission im Horizont von Theologie und Geschichte, Neuhausen-Stuttgart 1996, S. 33-53.

Seitz, Christopher R.: Isaiah 1-66. Making Sense of the Whole. In: C. R. Seitz (Hrsg.): Reading and Preaching the Book of Isaiah, Philadelphia 1988, S. 105-26.

Smith, Gary V.: Isaiah 40-66, NAC 15b, Nashville 2009.

Smith-Christopher, Daniel L.: Are the Refashioned Weapons in Micah 4:1-4 a Sign of Peace or Conquest? Shifting the Contextual Borders of a "Utopian" Prophetic Motif. In: E. Ben Zvi (Hrsg.): Utopia and Dystopia in Prophetic Literature, Göttingen 2006, S. 186-209.

Wildberger, Hans: Jesaja 1-39, BKAT 10, 3 vols., Neukirchen-Vluyn 1965-1982.

————: Die Völkerwallfahrt zum Zion. Jes. II 1-5. In: VT 7 (1957), S. 62-81.

Williamson, H. G. M.: Isaiah 1-5, ICC, London 2006.

Wilken, Robert Louis: Isaiah. Interpreted by Early Christian and Medieval Commentators, The Church's Bible, Grand Rapids 2007.

Wolff, Hans Walter: Schwerter zu Pflugscharen – Mißbrauch eines Prophetenwortes? Praktische Fragen und exegetische Klärungen zu Joël 4,9-12, Jes 2,2-5 und Mi 4,1-5. In: EvTh 44 (1984), S. 280-92.

Young, Edward J.: The Book of Isaiah. The English Text with Introduction, Exposition and Notes, 2 vols., Grand Rapids 1965.

Zimmerli, Walther: The "Land" in the Pre-Exilic and Early Post-Exilic Prophets. In: J. T. Butler, E. W. Conrad, und B. C. Ollenburger (Hrsg.): Understanding the Word. Essays in Honor of Bernhard W. Anderson, JSOTSup 37, Sheffield 1985, S. 247-62.

# Die Juden und das Land Israel.
## Die neutestamentliche Evidenz vor dem Hintergrund zwischentestamentlicher Entwicklungen und frühjüdisch-apokalyptischer Geschichtstheologie

GERHARD MAIER

Das Verhältnis der beiden Größen Judenschaft und Israelland ist in der neutestamentlichen Wissenschaft weit weniger thematisiert worden als in der alttestamentlichen. Aber auch im Raum der Diskussion einer teilweise noch christlichen Gesellschaft in unserem Land sind wir weit entfernt von irgendwelchen Klärungen. So stellte ein Tübinger Professor anlässlich einer Ausstellung über die Palästinenser kürzlich fest: „Wer aus seinem Haus hinausgeworfen wird, hat nicht das Recht, in das Haus eines Anderen einzudringen"[1] – und meinte mit den Eindringlingen die jüdischen Einwandere der Alijáh. Sind also die Juden des heutigen Staates Israel in dem „Haus eines Anderen"?

Es lohnt sich daher, die Frage nach der neutestamentlichen Evidenz über das Verhältnis Juden – Land Israel zu stellen. Die folgenden Anmerkungen sind im Rahmen des Symposions eher als Hinführungen und keineswegs als erschöpfende Ausführung zu verstehen.

## 1. Das Matthäus-Evangelium

Ich beginne mit dem MtEv, weil der judenchristliche Charakter dieses Evangeliums von vornherein erwarten lässt, dass wir hier Aussagen Jesu oder Aussagen des Evangelisten zu unserem Thema finden können. Das ist in der Tat der Fall.

So nehmen die Magier in Mt 2,1ff. offenbar selbstverständlich an, dass der Stern der Juden auf das Israelland zu berufen sei. Erwartungsvoll erscheinen sie in dessen Hauptstadt Jerusalem. Dann wird ihnen Bethlehem als Geburtsort des messianischen Königs gewiesen (Mt 2,4-6). Nur das geographische Juda, nur das Bethlehem südlich von Jerusalem kann als der Stammsitz der Davididen diesen wahren König hervorbringen.

Im selben Kapitel, Mt 2,13ff., wird Jesus wie einst das ganze Israel aus Ägypten in das Verheißene Land gerufen, wieder ganz selbstverständlich kann es nur das Israelland sein.

---

[1] So nach einem Bericht des Schwäbischen Tagblatts.

Nach Mt 4,12ff. wirkt Jesus dann „im Gebiet von Sebulon und Naftali", weil das in der jesajanischen Prophetie (Jes 8,23; 9,1) vorgesehen ist. Der Messias kann also seine Tätigkeit nur in Israelland beginnen.

Während seiner Verkündigung nennt Jesus wie das AT Jerusalem „des großen Königs Stadt" (vgl. Ps 48,3) und identifiziert das damalige Israel mit dem im Israelland lebenden Judentum (Mt 5,35; 8,10). Noch schärfer tritt diese Haltung in der Aussendungsrede von Mt 10 hervor. Man kann die Worte: „Geht nicht den Weg zu den Heiden und zieht in keine Stadt der Samariter, sondern geht hin zu den verlorenen Schafen aus dem Hause Israel" nur so verstehen, dass das „Haus Israel" seine Heimat eben dort hat, wo Jesus wirkt. Eine spiritualisierende oder realitätsferne Umdeutung dieses Jesuswortes ist nicht möglich! Nebenbei sei bemerkt, dass auch die Samariter nach diesem Jesuswort in der Nachbarschaft der Juden ihren legitimen Wohnsitz haben.

Interessant ist in diesem Zusammenhang ferner das Gleichnis von den bösen Weingärtnern (Mt 21,33f.). Wir werden es sofort anschließend aufzugreifen haben.

## 2. Andere ähnliche Aussagen im NT

In unserem kursorischen Überblick wenden wir uns zunächst dem Johannes-Evangelium zu. Auch das JohEv stammt unseres Erachtens von einem Apostel und trägt deshalb judenchristliche Züge. Schon lange sind besonders die topographischen Kenntnisse in diesem Evangelium aufgefallen.[2] Für uns ist zunächst Joh 4 wichtig. Nach diesem Kapitel ist das Israelland ein Teil der Patriarchengeschichte. Anschaulich wird das am Jakobsbrunnen (Joh 4,5ff.; vgl. auch den Kontext von Mt 2,17f.). Sowohl die Samariter als auch die Juden sind sodann mit ihren Tempeln und Gottesdiensten im Israelland verankert (Joh 4,20ff.). Von diesen im Israelland beheimateten Juden kommt – so sagt es Jesus – das Heil, die sōtēria, der ganzen Welt (Joh 4,22).

Im Umkreis unseres Themas tritt neben Joh 4 noch Joh 7. Dort fragen die Juden, ob Jesus in die „Diaspora" gehen und „die Griechen lehren" wolle (Joh 7,35). Beide Lokalisierungen haben an dieser Stelle ihr scharfes Profil. „Diaspora" ist das, was außerhalb des Israellandes liegt. Die Judenschaft aber hat ihre Heimat und ihr Heimatrecht in ebendiesem Land. Stellen wie Apg 11,29 oder Heb 13,14 unterstützen die Sicht, die wir aus dem Evangelium gewonnen haben.

Über alle Einzelstellen hinaus verdient aber eine grundsätzliche Beobachtung besondere Beachtung. Das ist die Tatsache, dass sich Jesus bei seinem gesamten Wirken an die in Num 34 festgelegten Grenzen des Israellandes gehalten hat. Unseres Wissens war er niemals südlicher als in Bethlehem (vgl. Num 34,3ff.).

---

[2]    Vgl. Rainer Riesner, Bethanien jenseits des Jordan. Topographie und Theologie im Johannes-Evangelium, Gießen 2002.

Dagegen holte er weit in den Norden aus, bis in das Gebiet von Tyrus und Sidon (vgl. Num 34,7ff.). Ebenso griff er ins Ostjordanland aus (vgl. Mt 16,13ff.; 8,28ff; Num 34,10ff.). Man kann dieses Verhalten nur so deuten, dass er sich an die dauerhafte Verheißung des Vaters im Himmel hielt, die Israel, konkret gesprochen, der Judenschaft, „dieses Land" bescherte.

## 3. Die Seite des Gerichts

Bisher lassen sich die Aussagen des NT so zusammenfassen, dass die Juden ganz selbstverständlich im Israelland beheimatet sind, und zwar aufgrund göttlicher Verheißung.

Aber eine solche Zusammenfassung könnte nun doch eine wesentliche Seite der neutestamentlichen Aussagen ausblenden, und zwar den Hinweis und die Perspektive eines kommenden Gerichts.

Wir müssen hier für einen Augenblick zurückdenken zum Alten Testament. Schon das Mose-Gesetz drohte die Exilierung, also die Zerstreuung Israels unter die Völker, und die Besiedlung des Landes durch nicht-Israeliten an, und zwar für den Fall, dass Israel die Gebote Gottes nicht mehr befolgt (Lev 26,27ff.). So ist es dann in der Geschichte eingetreten. Zuerst bei der Zerstörung des Nordreiches 722/1 v. Chr. Dann bei der babylonischen Gefangenschaft ab 587 v. Chr. für Juda.

Jesus greift diese Prophetie und deren Erfüllung im AT auf. Er sieht sein eigenes Geschlecht, das ihn als den gottgesandten Messias ablehnt, als gerichtsreif an. Das bedeutet ganz praktisch: der Tempel und Jerusalem werden ein zweites Mal völlig zerstört, die Gemeinde der Christusgläubigen muss flüchten und das Land verlassen, ja, Israel und das Israelland werden Fremden gegeben. Die Texte, die hier in Frage kommen, sind vor allem Mt 21,33ff. 23,38; 24,1ff.; Mk 12,1ff.; Lk 13,1ff.; 20,9ff.; 21,20ff. Der starke Anteil bei Mt fällt auf. Gerade die Judenchristen waren ja von diesen Gerichtsaussagen Jesu besonders betroffen.

Notieren wir noch einige Einzelheiten: Gegen Ende seines Wirkens formuliert Jesus das Gleichnis von den bösen Weingärtnern. Es ist in den Evangelien dreifach überliefert (Mt 21,33ff; Mk 12,1ff.; Lk 20,9ff.). Mit den bösen Weingärtnern ist die damalige jüdische Führungsschicht geneigt, die für die Hinrichtung Jesu verantwortlich ist. Die Folgen der Tötung des Sohnes sind aber für ganz Israel äußerst gravierend: Der Weinberg = Israels „wird anderen gegeben werden" (δώσει ἄλλοις bzw. δοθήσεται, Mt 21,41.43; Mk 12,9; Lk 20,16). Der Kontext lässt am Sinn dieser Prophetie keinen Zweifel: Israel wird sein Land verlieren und ein anderes Volk (vgl. Mt 21,43) wird es einnehmen. Andere Aussagen Jesu stützen und ergänzen diese Prophetie. So die wiederholten Worte in Lk 13,3 und 13,5: „Wenn ihr nicht Buße tut, werdet ihr alle auch so umkommen." Oder die wiederholte Ankündigung, dass Jerusalem verwüstet wird (Mt

23,38; Lk 21,20). Oder dass vom Tempel nicht ein Stein auf dem andern bleibt (Mt 24,2 par). Oder dass die messianische Gemeinde aus dem Israelland fliehen muss, sobald das „Gräuelbild der Verwüstung" im Tempel aufgerichtet wird (Mt 24,15ff. par).

Fassen wir nun zusammen: Die Juden können und werden wie in alttestamentlicher Zeit ihr Land verlieren, wenn sie ungehorsam sind und Gott Gericht hält. Das Land bleibt eine Gabe des Herrn, die jederzeit verloren werden kann. Bemerkenswerterweise wird aber weder im Alten noch im Neuen Testament ein Ersatzland für das Israelland genannt. Die Alternative könnte niemals wie in der Geschichte des Zionismus „Uganda oder Israelland" lauten, sondern die biblische Alternative heißt nur: Das Israelland oder kein Land.

## 4. Ein Blick auf die frühjüdische Geschichtstheologie

Abschließend werden wir noch einen Blick auf die frühjüdische Geschichtstheologie. In Frage komm hier nur diejenige Überlieferung, die älter ist als das Neue Testament.

Hätten Wilhelm Bousset u.a. Recht gehabt mit der Annahme, dass wir in Apk 11,1f ein zelotisches Flugblatt von 70 n. Ch. vor uns haben, das die Fortexistenz des Tempels trotz der römischen Belagerung zusichern sollte, dann wäre dies ein interessanter Beitrag zu unserem Thema. Aber jene Annahme lässt sich nicht aufrecht erhalten. Vor allem deshalb nicht, weil sich kein Grund finden lässt, der Johannes dazu bewogen haben könnte, ein zelotisches Flugblatt von 70 n. Chr. in seine Apokalypse von 95 n. Chr. aufzunehmen.[3] So müssen wir uns anderswo umschauen.

Die pharisäischen Psalmen Salomos, die „um die Mitte des 1. Jahrhunderts v. Chr. verfasst worden sind"[4], sehen zweifellos im Israelland sowohl die gegenwärtige als auch die eschatologische Heimat des jüdischen Volkes. Das ergibt sich vor allem aus den messianischen Psalmen 17 und 18. Was außerhalb des Israellandes liegt, ist für die Juden „Verstreuung" (17,28ff). Der Messias wird Jerusalem zur Mitte seines Wirkens machen, und zwar so, dass er Jerusalem „von den Heidenvölkern reinigt" (17,22). In der messianischen Zeit „wird kein Fremder und Ausländer" im Israelland wohnen (17,28). Es ist nun hochinteressant, dass die PsSal eine kommende Vertreibung Israels aus seinem Land offenbar nicht kennen. Wohl gab es solche Vertreibungen in der Vergangenheit (17,11f.). Aber in Zukunft wird ein solches Gericht Gottes nicht mehr erwartet. Das bedeutet einen tiefen Unterschied zur Verkündigung Jesu.

---

[3]  Vgl. meinen Kommentar: „Die Offenbarung des Johannes", Kapitel 1-11, Historisch-Theologische Auslegung, Witten-Gießen 2009, 456f.

[4]  S. Hohn-Nielsen, Die Psalmen Salomos, JSHRZ, IV, 2, 1977, 58.

In einen ganz anderen Sektor der frühjüdischen Literatur führen uns die Makkabäerbücher. Mindestens das 1. Makkabäerbuch scheint auf Hofchronisten der Makkabäer zurückzugehen.[5] Man darf in diesem Bereich nicht allzu viele eschatologische Aussagen erwarten, obwohl z.b. 2Makk 7 ein glänzendes Zeugnis für den jüdischen Auferstehungsglauben darstellt (vgl. noch 2Makk 12,38ff.). Jedoch fällt auf, wie jerusalemzentriert und wie landverbunden diese Berichte sind. Jerusalem ist die Heilige Stadt (2Makk 1,12), der Ort, an dem Nehemia, Jeremia und Salomo wirkten (2Makk 2,1ff.) und ebenso ist das ganze Israelland eine heilige Stätte (2Makk 2,29). Dort werden auch die authentischen heiligen Schriften aufbewahrt (2Makk 2,13-15). Übrigens wäre ja der ganze Kampf der Makkabäer unverständlich, wenn ihm nicht die Überzeugung zugrunde läge, dass Gott gerade dieses Land an Israel geschenkt hat.[6]

Die Ausnahmestellung des Israellandes und der Bezug zwischen den Auserwählten und dem Land gehen auch aus den Qumranschriften und dem äthiopischen Henochbuch hervor. Sie werden also auch von der frühjüdischen apokalyptischen Literatur bezeugt. Als Beispiel bei äthHen 56,5ff. angeführt. Dort heißt das Israelland „das Land seiner Auserwählten" (56,6) und Jerusalem „die Stadt meiner Gerechten" (56,7). Für Qumran vgl. man 4Q flor oder den Habakuk-Midrasch (1Q pHab).

Besondere Beobachtung erfordert in unserem Zusammenhang der jüdische Schriftsteller Josephus (ca. 37 - 100 n. Chr.) Josephus hat den jüdisch-römischen Krieg von 66-73 n. Chr. sehr genau beschrieben, ebenso die Verhältnisse der damaligen Zeit (Ἱστορία Ἰουδαϊκοῦ πολέμου πρὸς Ῥωμαίους, De Bello Judaico). Dabei erwähnt er gewisse „Zeichen" (τέρατα) die der Verwüstung Jerusalems und Judäas vorausgingen.[7] Solche Zeichen erschienen in Gestalt eines Gestirns, eines Kometen, einer Kuh, die ein Lamm warf, im Aufgehen des Osttors des Tempels bei Nacht ohne Mitwirkung von Menschen, in Gestalt von Lufterscheinungen und schließlich in Gestalt eines Propheten der Katastrophe namens Jesus.[8] Dieser Jesus trat im Jahre 62 n. Chr. am Laubhüttenfest in Jerusalem auf.[9] Nach dem Bericht des Josephus rief er „Wehe dir, Jerusalem!" und „Eine Stimme vom Aufgang, eine Stimme vom Niedergang, eine Stimme über den vier Winden, eine Stimme über Jerusalem und den Tempel, eine Stimme über Bräutigam und Braut, eine Stimme über das ganze Volk!" Josephus hält dies für echte Warnungen Gottes! Er selbst, Josephus, war seiner Herkunft nach Priester und zugleich von pharisäischen Auffassungen geprägt.[10] Es ist höchst

---

5   Vgl. K.-D. Schunck, JSHRZ, I, 4, 1980, 292, der 1Makk auf ca. 120 v. Chr. ansetzt.

6   Christian Habicht datiert größte Teile des 2Makk in die Mitte des 2. Jh. v. Chr. bzw. auf 124 v. Chr. (JSHRZ, I, 3, 1976, 173ff.).

7   B.J. VI, 288.

8   B.J. VI, 288ff.

9   B.J. VI, 300ff.

10   Vita 1.12

beachtenswert, dass Josephus a) mit einer kommenden Exilierung Israels rechnen konnte, und b) diese Exilierung auf das Gericht Gottes zurückführte. Die Berührung mit Jesus Christus an diesen beiden Punkten ist unübersehbar.

## 5. Zusammenfassung

1.   Das Neue Testament und die frühjüdischen Zeugnisse sind sich darin einig, dass das Land Israel in einer einmaligen Weise von Gott dem Volk Israel geschenkt wurde.

2.   Nur dort kann der Messias erscheinen und wirken. Insofern hat das Land Israel sogar eine „messianische Qualität".

3.   Sollte Israel bzw. das Judentum sein Land verlieren, gibt es nirgendwo ein „Ersatzland", weder in Argentinien noch in Uganda noch in den USA oder irgendwo sonst, wohin der Zionismus seine Blicke außerhalb Israels richtete. Die Alternative heißt nur: Das Israelland – oder kein Land für die Juden.

4.   Die Stimme Jesu und der Evangelien hebt sich dadurch aus dem Chor jener frühen Stimmen hervor, dass Jesus das Gericht und die kommende Exilierung ankündigte. Doch zeigt das Beispiel des Josephus, dass Jesus auch und gerade unter Juden mit seiner Verkündigung verständlich blieb.

5.   Als durchgehende Linie ergibt sich von der Mosetora (Lev 26) über die Propheten bis hin zu Jesus Folgendes: Das Verhältnis des Volkes Israel zum Land Israel bleibt ein einzigartiges. Wenn immer aber Israel seinem Gott nicht gehorcht, steht es in Gefahr, sein Land zu verlieren. Das gilt auch heute.

# III. Jüdisch/ Islamisch/ Palästinensisch-Christlich

# A Messianic Jewish Perspective on the Future Regathering of Israel and the Promises of the Land

## Richard Harvey

As a Messianic Jew, a Jewish believer in Jesus, the promises of the Land[1] hold a special interest. Whilst I am a fourth generation English Jew, my family come originally from the Land of Israel, but in recent centuries from Essen in Germany. My father was born Anthony Adolph Hirschland, as Adolph was a popular boy's name in 1927, and the German-Jewish name Hirschland ("land of the deer") was well-know in Essen, where the family achieved prominence as doctors, merchants and bankers.[2] Most of the Hirschlands escaped from Germany to Israel and other countries before the Second World War, but not all, and there is a list in the Essen Synagogue (now a Jewish cultural centre and museum) of those who were deported to the Concentration Camps and lost their lives there. Others escaped to other parts of the world, including many now living in Israel.

So it is with a consciousness of the recent loss of life and lands in Germany (although reparations were made after the war, as the Hirschlands had significant property and business interests) that I come to the land promises to the Jewish people, in the light of theology, history and the political realities of the present day. My contribution to this book discusses the questions: What is a Messianic Jewish perspective (MJP)? What is a MJP on the Land? How can it be developed? And how can it be put into practice?

## 1. What is a Messianic Jewish perspective?

Messianic Judaism is the social and religious identity, faith and practice, of Jewish people who believe in Yeshua (Jesus) as the Messiah of Israel and Saviour of the world.[3] Messianic Judaism is a Jewish form of Christianity and a Christian form of Judaism, a form of cultural, religious and theological expression adopted in recent years by an increasing number of Jewish people worldwide who believe in Yeshua (Jesus) as the promised Messiah. Messianic Judaism finds its

---

[1]   The boundaries of the Land of Israel (*Eretz Israel)* are not specified, but are taken to include the various biblical parameters found in Genesis 15, Exodus 23 and Numbers 34.

[2]   Richard Harvey, *But I'm Jewish! A Jew for Jesus Tells His Story*, San Francisco 1996. For Hirschland family information see http://hirschland.wordpress.com/ (accessed October 2012) and Hirschland family history http://hirschland.files.wordpress.com/2012/02/essen-history.pdf .

[3]   Richard Harvey, *Mapping Messianic Jewish Theology: A Constructive Approach*, Carlisle 2009, 1.

expression in Messianic Congregations and Synagogues, and in the individual lifestyle of Messianic Jews, who combine Jewish identity with belief in Jesus.

There are some 150,000 Jewish believers in Jesus worldwide, according to conservative estimates. More than 100,000 are in the USA, approximately 10,000 in Israel, the remainder being found throughout the approximately 16 million worldwide Jewish population. There are over 200 Messianic groups in the USA, and over 80 in Israel. Whilst they are not uniform in their beliefs and expression, the majority adhere to orthodox Christian beliefs on the uniqueness and deity of Christ, the Trinity, the authority of scripture, etc, whilst expressing their beliefs in a Jewish cultural and religious context which affirms the continuing election of Israel (the Jewish people) and the ongoing purposes of God for His people.

Messianic Jews, to varying degrees, observe the Sabbath, keep kosher food laws, circumcise their sons, and celebrate the Jewish festivals, seeing Jesus and the Church in Acts as their model and example. They celebrate Passover showing how Yeshua came as the Passover Lamb, and practice baptism, linking to the Jewish *mikveh* (ritual bath). They worship with their own liturgies, based on the Synagogue service, with readings from the Torah and New Testament. Pointing to Paul's teaching in Romans 9-11 and his practice on his missionary journeys, their hermeneutic of scripture repudiates traditional Christian Anti-Judaism ('the Jews killed Christ') and Supersessionism (the Church replaces Israel and the 'new Israel'), arguing for forms of Torah observance that testify to the presence of the believing Remnant in the midst of unbelieving Israel as a witness to the Messiah.

Messianic Jewish theology has emerged in the last forty years influenced by several factors in addition to the increasing number of Jewish believers in Yeshua (Jesus). These include the rediscovery of the Jewishness of Jesus, the Early Church and the Apostle Paul; the increasing importance of understanding the Jewish background of Scripture; the ongoing significance in Christian theology of the land and people of Israel today; and the emphases placed on the prophetic dimensions of Restoration and Reconciliation as applied to the Jewish people and the Land of Israel in the context of the Middle East Conflict.

The key concerns of a Messianic Jewish theological perspective are the nature and functions of the Messiah, the role of the Torah, and the place of Israel in the purposes of God. Its ongoing fashioning of Messianic Jewish identity, self-definition and expression in lifecycle and liturgy are the visible manifestation and practical application of its theological activity. Messianic Jewish Theology is thus theoretical and theological reflection that arises from the faith and practice of Messianic Judaism. It is a theology of Jewish identity linked to belief in Jesus as Messiah.

Mark Kinzer defines Messianic Jewish theology as:

disciplined reflection about God's character, will, and works, and about God's relationship to Israel, the Nations, and all creation, in the light of God's irrevocable election of Israel to be a kingdom of priests and a holy nation, and God's creative, reve-
latory, and redemptive work in Messiah Yeshua.[4]

This definition may be further nuanced by adding two non-negotiable 'epistemic prioirities', two guiding constants against which the significance of the
land promises must be evaluated.

Messianic Jewish Theology is a theology constructed in dialectic with Judaism and Christianity, refined in discussion between reflective practitioners engaged with Messianic Judaism, and developed into a new theological tradition
based on the twin epistemic priorities of the continuing election of the Jewish
people and the recognition of Jesus as the risen Messiah and incarnate Son of
God.[5]

Several characteristics of an MJP may be observed. Faith in Yeshua expressed in a Jewish frame of reference avoids the Aristotelian Western dualism
that separates the physical and material from the spiritual and ideal. It strives to
be holistic rather than dualistic. As with Jewish theology, it is not primarily abstract and systematic but practical and dogmatic. It is biblically based, but also
uses the interpretive lens of Jewish tradition, faith and practice.

A Messianic Jewish perspective rejects Supersessionism, the teaching that the
Church has replaced Israel (the Jewish people) as the People of God. R. Kendal
Soulen has identified three main types of supersessionism.[6] Punitive supersessionism regards Israel as continuing to deserve punishment for their rejection of
Jesus. Economic supersessionism sees Israel as no longer needed in the purposes
of God and there being no continuing theological significance for the Jewish
people outside the Church. Structural supersessionism is the Christian reading of
the biblical canonical narrative in four stages: Creation, Fall, Redemption and
Consummation, whilst omitting the Election of Israel as a means of blessing to
the nations. According to Soulen:

> The standard model drives a historical wedge between the gospel and the God of Is-
> rael by collapsing God's covenant with Israel into the economy of redemption in its
> prefigurative form.[7]

In a Messianic Jewish perspective election, covenant and land promises cannot be separated. *Election*, the choice God made of Israel to be his people, is
lived out by means of the *covenant*, the form of the communal relationship
which God calls them into. The goal, promise and ultimate universal purpose

---

[4]  Mark Kinzer, Postmissionary Messianic Judaism, Grand Rapids 2005, 1.
[5]  Harvey, Mapping, 262.
[6]  R. Kendall Soulen, *The God of Israel and Christian Theology*, Minneapolis 1996.
[7]  Ibid.,110.

towards which election and covenant move is *redemption*.[8] The *land* is the locus and instrument by which covenant and redemption are actualised.

## 2. What is a MJP on the Land?

It may be stated in general that most Messianic Jews are Premilliennial in their eschatology, seeing God's purposes for Israel being played out with various degrees of linkage to the present political events in the Middle East. Many advocate *Aliyah* (immigration to Israel) for Messianic Jews, although the majority of Messianic Jews live in the Diaspora. A growing number are concerned for Reconciliation ministry with the Arab Christian neighbours.

However, there is no comprehensive treatment of the theology of the Land Promises and the future regathering of the Jewish people to the Land of Israel. Christian thinkers such as Walter Brueggemann, W. D. Davies, Colin Chapman and Christopher Wright have devoted substantial monographs to the topic.[9] So too have Jewish writers such as Lawrence Hoffmann. More recently Israeli Roman Catholic David Neuhaus has contributed to the topic.[10]

## 3. Messianic Jewish Views on the Land

Messianic Jews are uniquely placed when it comes to a theology of the Land of Israel. They locate themselves geographically, spiritually, and eschatologically within what is "sacred space" to them. Their identity as Jews and as Jewish believers in the Messiah is tied to their sense of the Land of Israel and the people of Israel as fundamental to their worldview and *Sitz im Leben*. Therefore, it is difficult to conceive of the Land of Israel in neutral terms, much less as something to be traded for peace and security. It is also difficult to balance consideration of the plight of the Palestinians in their demands for restorative justice and peace with the key concerns of security and identity that often take priority for Jewish believers in Jesus.

When we consider views put forward on the significance and future of the Land of Israel, Messianic Jews have generally borrowed the systems of eschatology of Protestant conservative evangelicalism and have done little to wed

---

[8]    David Novak, The Election of Israel: The Idea of the Chosen People, Cambridge 1995, 31.

[9]    Walter Brueggemann, The Land, 2nd rev. ed., Minneapolis 2002; W. D. Davies, The Gospel and the Land: Early Christianity and Jewish Territorial Doctrine, Sheffield 1994; Colin Chapman, Whose Promised Land: The Continuing Crisis Over Israel and Palestine, 5th rev. ed., Oxford 2002.

[10]   David Neuhaus and Alain Marchadour, The Land, the Bible, and History: Toward the Land That I Will Show You, Fordham Press (USA) 2010.

their eschatologies to engaged activity in Palestinian-Israeli dialogue, the politics of the peace process, or the work of reconciliation.

Bodil Skjøtt surveyed Israeli Messianic Jewish beliefs on the Land of Israel.[11] Ninety-four Messianic Jews of mixed age, gender and education living in Jerusalem, the West Bank, and throughout Israel were asked a series of questions to ascertain their views on what the Bible teaches about the land and the Jewish people; the significance of the return of the Jews to the Land; its proper boundaries; how Messianic Jews should relate to Palestinian Christians, and how Messianic Jews relate to the Palestinian people and their demand for a State. While small, the survey sample represents a significant proportion of Messianic Jews in the Land.[12]

Skjøtt found that the majority of respondents believe that the biblical promises of the Land apply to the Jewish people forever, and this was an important part of the teaching of Jesus.[13] However, while 95 percent understood that the Bible clearly promised the Land to the Jewish people, only 20 percent saw this as an essential part of the teaching of Jesus. Only one in five saw the message of the gospel as incomplete without a clear statement of the right of the Jewish people to the Land. While the eternal validity of the promises of the Land to the Jewish people was accepted by 90 percent, it was not regarded as an essential element of the gospel.

The majority of respondents saw the return of the Jews to the Land as the fulfillment of God's promises, and understood Zionism not just "as a secular movement but rather as a necessary instrument in the fulfillment of prophecies and in God's program to bring the Jewish people to faith in Jesus."[14] However, this percentage varied amongst male and female respondents (72 percent and 62 percent respectively) and only 57 percent believed that the Jewish people would never again be exiled from the Land, with one in twelve disagreeing with the statement, and a third unsure.

As regards the boundaries of the Land of Israel, 76 percent saw Judea and Samaria—the Occupied Territories—as included within the State of Israel. Fifty-nine percent included the Golan Heights, and a surprising 49 percent believed areas to the east of the Jordan River should also be part of the State of Israel. Skjøtt suggests that this view is derived from the respondents' eschatological scheme that sees the boundaries of Israel in the "last days" as extending beyond those of the present state, although only 50 percent believed that the Bible gives clearly defined borders. Skjøtt also suggests that most respondents, from the

---

[11]  Skjøtt, "Messianic Believers," 72–81.
[12]  According to Kjær-Hansen and Skjøtt, 94 respondents represent 3 percent of Israel's Messianic Jewish congregational members. See Kjær-Hansen and Skjøtt, Facts and Myths.
[13]  Skjøtt, "Messianic Believers," 75.
[14]  Ibid., 76.

confused nature of their responses to this question, "are not sure whether we are living in the last times."[15]

As regards relationships with Palestinian Arab Christians, 94 percent thought that there should be more fellowship between Messianic Jews and Arab Christians, and 85 percent believed that developing this fellowship was more important than land issues. On the political rights of the Palestinians, the majority of respondents believed that Palestinians living in the Land have as much rights as Jews to remain there, but nearly half the respondents did not wish to grant Palestinian refugees the right of return to the land in which they or their family had once lived.[16]

The survey found areas of uncertainty amongst Messianic Jews, particularly on the borders of the land and the right of Palestinians to return. These levels were higher among women and those under 35. The most agreement was found on the biblical teaching on the rights of the Jews to the Land, and on the need for fellowship with Palestinians. As Skjøtt wryly comments: "Presumably, in order to achieve greater fellowship, someone is going to have to back down on the question of ownership of Judea and Samaria/West Bank."[17]

Skjøtt interprets the results as showing that Messianic Jews inconsistently both support the peace process with a willingness to share the land on one hand, while also maintaining the claim of ownership of the West Bank. While the majority of Messianic Jews in the survey upheld the promises of the Land to the Jewish people as permanently valid, this did not necessarily affect whether they voted for a particular political party whose program was to hold on to all land. Nor is it straightforward how the biblical promises of the Land are to be interpreted and applied in the contemporary situation. "The certainty with which the Bible speaks is not easily translated into a clear understanding of the present political situation in which we all have to act and react."[18]

Skjøtt concludes by noting that while respondents agreed that the teaching of the Bible on the Land was clear, they disagreed as to the importance of the Land in the teaching of Jesus. Messianic Jews could be taking this in one of two ways. Either its lack of prominence in the teaching of Jesus has little significance, as Jesus did not "negate or nullify the promises," or else the lack of importance it had to Jesus should lead his followers to "look at the question through the teachings of Jesus and not put emphasis on issues that Jesus did not speak about, perhaps even avoided."[19] While Messianic Jews choose the first option, Skjøtt, whose aim in doing the survey was to "provide a tool for positive and constructive self-evaluation" that would "provide direction and inspiration" for the build-

---

[15]   Ibid., 77.
[16]   Ibid., 78.
[17]   Ibid., 79.
[18]   Ibid., 80.
[19]   Ibid.

ing up of the Messianic community in Israel, clearly implies that they should also consider the second.

Building on Skjøtt's findings and anticipating future trends in the Messianic movement in Israel, Kai Kjær-Hansen observed continuing millennial "fever" and a strengthening of right-wing political attitudes strongly tied to dispensational premillennialism.[20]

I have to say that I consider the end-times fever—all other things being equal—much more dangerous and destructive for Jewish believers in Israel and for a sound development of the Messianic movement than, for example, a tightening of the anti-mission legislation or increased harassment, opposition or downright persecution of Jewish believers in Israel . . . Jewish believers in Israel would do themselves and the rest of us an enormous favour if they disassociated themselves from this day's speculative prophecy teachers![21]

Kjær-Hansen reviews the trend of eschatological speculation, recognizing it as an unhelpful focus when it distracts from the practical realities of living in the Land, relating with other Messianic believers and engaging in the quest for peace, justice, and reconciliation with the Palestinians. "I also hope that the movement as such will not become so much involved in the eschatological drama of the future that it does not take the present challenges seriously."[22]

## 4. Messianic Jewish Eschatologies

Dan Cohn-Sherbok summarizes the eschatology of Messianic Judaism along the lines of Christian Zionism.

> Because of the centrality of Israel in God's plan . . . Messianic Jews are ardent Zionists. They support Israel because the Jewish State is viewed as a direct fulfillment of biblical prophecy. Although Israel is far from perfect, Messianic Jews believe that God is active in the history of the nation and that the Jews will never be driven out of their land again. While God loves the Arabs, he gave the Holy land to his chosen people.[23]

While this is a fair assessment of those streams of the movement influenced by dispensational premillennialism and historic premillennialism, there are alternative voices within the Messianic movement who articulate less dogmatic and more speculative proposals. Rich Nichol's amillennialist position, Baruch Maoz's studied agnosticism, and Mark Kinzer's reconceptualizing of eschatolo-

---

[20]  Kjær-Hansen, "Upside-down."
[21]  Ibid., 1.
[22]  Ibid., 15.
[23]  Cohn-Sherbok, "Introduction," xi.

gy in line with the Jewish covenantal theology of David Novak are illustrations of dissatisfaction with the dominant influence of dispensationalist thought.[24]

Arnold Fruchtenbaum's dispensational premillennialist system pays due attention to the continuing place of Israel and the role of Jewish believers.[25] It preserves the distinction between the Church and Israel rather than concede to supersessionism or a bilateral ecclesiology. Such a view holds attractions to the Messianic movement, preserving its own distinctive place and identity as belonging to both Israel and the Church. Messianic Judaism has a special role to play as an expression of the believing remnant. The land of Israel—both as the original evidence of God's covenantal promises with the patriarchs, and as the place of dénouement for the final outcome of God's purposes—still has significance. While Fruchtenbaum is wary of spelling out the contemporary political implications of his scheme, it is clear that he sees negotiation of territory for peace as a ploy of the conspiracy against Israel and not something to be contemplated. His reluctance to deal with the issue of the Palestinian refugees is also to be noted.

Baruch Maoz challenges the assumptions and methods of such a hermeneutic, retaining the complexities of the biblical material, which Fruchtenbaum carefully systematizes.[26] His own eschatology may be labeled as "studied agnosticism." Maoz recognizes and critiques the hermeneutic of dispensationalism that emerged within the particular set of historical conditions of rationalism, romanticism, and nineteenth-century positivism.[27] If Messianic Judaism disassociates itself from dispensationalism, it would render less dogmatic some of the assertions of the movement and would open it to a broader range of theological influences within Judaism and Christianity. Maoz's views on the politics of the Arab-Israeli context are not expounded. It is clear he has deep reservations with the Christian Zionist position, but he adopts a Zionist left-of-center politics linked to a Protestant Reformed position in which the relationship between contemporary and Old Testament Israel is one of both continuity and discontinuity.[28]

Both dispensational and historic premillennialism emphasize the Land of Israel as the locus for the fulfillment of prophecy, and recognize God's continuing purposes for the people of Israel. Her re-gathering in unbelief, eventual salvation, and future role in the millennial kingdom are all affirmed by both systems,

---

[24]   See Nichol, "Are We Really at the End," 203–210; Kinzer, "Beginning with the End"; Novak, "Beyond Supersessionism"; and Harvey, *Mapping,* esp. chapter 9 for full expositions of these views.

[25]   See, by Fruchtenbaum, Israelology; Footsteps of the Messiah; "Eschatology and Messianic Jews," 211–219.

[26]   Maoz, "Review of Premillennialism."

[27]   Cf. Rausch, Zionism; and Cohn-Sherbok, The Politics of Apocalypse.

[28]   Maoz, "Jerusalem and Justice."

which are more closely linked than their various advocates might suppose. It is likely that the consensus in the Messianic movement will remain amongst the two types of premillennialism. Despite the exegetical, hermeneutical, and theological limitations of the dispensationalist position, it continues to be held as the majority view. The radical reconceptualization of Kinzer and Nichol and the studied agnosticism of Maoz are theologically venturesome but at present lack popular appeal. Daniel Juster's historic premillennial position, with its more nuanced exegetical base and hermeneutical framework, provides an alternative option for those arguing for God's continuing purposes for Israel without dispensationalist features.

Nichol critiques the negative otherworldly tendencies of dispensationalism, and Kinzer explores the proleptic eschatological aspects of traditional Jewish life to give an understanding of this-worldly life as indicative of the days to come. Kinzer and Nichol explore dimensions of Jewish eschatological thinking that are new to the Messianic Jewish movement. The Messianic movement has yet to engage with the Jewish mystical tradition of which the signs of the Messiah's coming to inaugurate the redemption of Israel are so strong a theme.[29]

What is needed is an authentic and coherent eschatology to emerge from within the Messianic Jewish movement that does not rely wholly on the Christian (or Jewish) thinking that preponderates the discussion. To achieve this, a more robust engagement with the biblical material is needed, with greater awareness of the assumptions that are brought to the texts by the various schools of thought.[30]

## 5. Messianic Jewish Theology and Practice of Reconciliation

The future of Israel, as part of the eschatological map, relates to the broader issues of a theology of Land and the Land of Israel in particular. A vital task for Messianic Jewish theology is to link their eschatology with a practical theology of reconciliation with Arab Christians and the Arab population in the light of the Israel-Palestine conflict.[31] This has yet to be attempted by those who expound a specific eschatological scheme, and there are signs that such attempts are being made. Those who see the State of Israel as a fulfillment of prophecy must still give opportunity for self-critical reflection on present issues of justice, peace and reconciliation whatever their understanding of the future. The present author has proposed a Messianic Jewish theology of Reconciliation which continues to af-

---

[29] See, e.g., Cohen, "Eschatology," 183–188; Cohn-Sherbok, "The Afterlife," 456–460, and The Jewish Messiah; Scholem, The Messianic Idea.

[30] For a historical survey of the doctrine of eschatology in Christianity, see Doyle, Eschatology.

[31] Houston, "Towards Interdependence."

firm the Land promises as part of the covenantal election of Israel, whilst also calling for peace, justice and reconciliation in the light of the resolution of the Israeli-Palestinian conflict. Harvey argues that:

> Messianic Jews can play a significant part as peacemakers in the Israeli-Palestinian conflict. A theology and praxis of reconciliation is needed to address its political, social psychological and theological dimensions.[32]

Harvey notes previous studies of Messianic Jewish approaches to the Israeli-Palestinian conflict, and adopts the method of Critical Political Discourse analysis to strategically engage Messianic Jewish theological discourse with the discourses of other conflict partners in a number of overlapping conflicts. He describes recent discussions of Palestinian and Israeli strategic proposals for conflict resolution in order to provide a context in which to survey Messianic Jewish understandings of the present conflict, proposals to end it, and the contribution Messianic Jews can make. These are then analysed and evaluated in the light of broader theological and political understandings of reconciliation and conflict resolution. Harvey's concluding proposals for the development of a Messianic Jewish theology of reconciliation include the need for hope and the development of intra-group discourse that can engage strategically with other conflict partners.

# 6. Conclusion

Messianic Jews affirm the promises of the Land as intrinsic element of the election of Israel (the Jewish people). They read scripture from a post-supersessionist perspective whilst maintaining their identity as Jews and as believers in in Yeshua. They recognise the need to deal with the ethical and political implications of their eschatologies in relation to questions of peace and justice. Whilst there is general agreement that the present and future of Israel has great theological significance, there is no clear consensus on what this means today, or how it should be lived out in the present-day realities of the ongoing conflict.

Messianic Jews believe God fulfils his promises about the Land, and has not abrogated them. Whilst the Jewish people have always had expectations of a return to the Land, it is clear that in the New Testament the Land promises gain an expanded meaning. The prophecies speak about something more than the estab-

---

[32]   Richard Harvey, Towards a Messianic Jewish Theology of Reconciliation: The Strategic Engagement of Messianic Jewish Discourse in the Israeli-Palestinian Conflict (Pasadena: Hashivenu Forum, forthcoming).

lishment of the State of Israel, but they are not to be interpreted in such a spiritualising way that the 'particular' evaporates in the 'universal'. A right understanding of the Land promises as part of the purposes of God for Israel and all the nations should create a context within the Body of the Messiah, the Church, for reconciliation and peace among Jews and Palestinians. The salvation and restoration of Israel through the death, resurrection and return of Yeshua brings an equal expectation of peace and reconciliation with those who are at present enemies.

Israel herself is called to be a "light to the nations", and the mission of Israel is to be a means of justice, peace, and reconciliation with her neighbours.[33] This means sharing her resources, welcoming the stranger, and seeking peace actively. Repentance and restoration must be a part of such a process, as must recognition of the sins of the past, and the ongoing corrosive nature of the conflict in the present. Such a Messianic Jewish theology of reconciliation has yet to be written. My prayer is that the present contribution may aid us in that process.

## Bibliography

Chapman, Colin. Whose Promised Land: The Continuing Crisis Over Israel and Palestine. 5th rev. ed. Oxford: Lion Hudson, 2002.

Cohn-Sherbok, Dan (ed.), Voices of Messianic Judaism: Confronting Critical Issues Facing a Maturing Movement, Baltimore, MO: Lederer Books, 2001.

———. Messianic Judaism. London: Cassell, 2000.

———. The Politics of Apocalypse: The History and Influence of Christian Zionism. Oxford: Oneworld, 2006.

Fruchtenbaum, Arnold. Footsteps of the Messiah: A Study of the Sequence of Prophetic Events. Tustin, CA: Ariel Ministries Press, 1982.

———. Israelology: The Missing Link in Systematic Theology, 2nd ed. Tustin, CA: Ariel Ministries Press, 1993.

Harvey, Richard S. Mapping Messianic Jewish Theology. Carlisle: Paternoster, 2009.

---

[33] Richard Harvey, "'What then?' Towards a Messianic Jewish Missiology" in *Chosen to Follow: Jewish Believers through History and Today,* eds. Knut H. Høyland and Jakob W. Nielson (Jerusalem: Caspari Centre, 2012), 227-244.

————. 'Messianic Judaism' in Dictionary of Mission Theology: Evangelical Foundations. John Corrie, ed. Leicester: IVP, 2007.

————. Towards a Messianic Jewish Theology of Reconciliation: The Strategic Engagement of Messianic Jewish Discourse in the Israeli-Palestinian Conflict. Pasadena: Hashivenu Forum, forthcoming.

————. "'What then?' Towards a Messianic Jewish Missiology" in Chosen to Follow: Jewish Believers through History and Today, eds. Knut H. Høyland and Jakob W. Nielson. Jerusalem: Caspari Centre, 2012.

Juster, Dan, Jewish Roots: A Foundation of Biblical Theology for Messianic Judaism, Rockvillle, MD: Davar Pubishing, 1986, 1992.

Kinzer, Mark S. "Beginning with the End: The Place of Eschatology in the Messianic Jewish Canonical Narrative." Paper presented at the 4th Annual Hashivenu Forum, Pasadena, CA, February, 2002.

————. Postmissionary Messianic Judaism: Redefining Christian Engagement with the Jewish People (Grand Rapids: Brazos, 2005)

Kjær-Hansen, Kai and Bodil F. Skjøtt. "Facts and Myths about the Messianic Congregations in Israel," Mishkan 30/31 (1999).

Kjær-Hansen, Kai. "Upside-down for the sake of Yeshua: Challenges and pressures on Israeli Jewish believers in Jesus." Paper presented at the Seventeenth North American Consultation of the Lausanne Consultation on Jewish Evangelism, Atlanta, Georgia. March 13–15, 2000. Online: http://www.lcje.net/papers/2000/Kjaer-Hansen.pdf.

Loden, Lisa, Peter Walker, and Michael Wood, eds., The Bible and The Land. Jerusalem: Musalaha Publications, 2000.

Maoz, Baruch. "A Review of Premillennialism." Paper presented to the Elders of Grace and Truth Christian Congregation, Rehovot, December 2003.

————. "Jerusalem and Justice: A Messianic Jewish Perspective." In Jerusalem Past and Present in the Purposes of God. Ed. P. W. L. Walker, Paternoster/Baker, 1994, pp. 151-173.

Neuhaus, David. The Land, the Bible and History. New York: Fordham UP, 2007.

Nichol, Rich. "Eschatology and Messianic Jews: A Theological Perspective." In *Voices of Messianic Judaism*, edited by Dan Cohn-Sherbok, 211–19. Baltimore: Lederer, 2001.

Novak, David. "Beyond Supersessionism." First Things 81 (March 1998) 58–60.

———. The Election of Israel: The Idea of the Chosen People. Cambridge University Press, 1995.

Rausch, David. Zionism within Early American Fundamentalism, 1878–1918: A Convergence of Two Traditions. Lewiston, NY: Edwin Mellen Press, 1979.

Rotberg, Robert. Israeli And Palestinian Narratives of Conflict: History's Double Helix. Bloomington: Indiana University Press, 2006.

Skjøtt. Bodil F. "Messianic Believers and the Land of Israel—a Survey." Mishkan 26 (1997) 72–81.

Soulen, R. Kendal. The God of Israel and Christian Theology. Minneapolis: Fortress Press, 1996.

Stern, David H. Messianic Jewish Manifesto. Clarksville Maryland: Jewish New Testament

# Islamische Ansprüche auf das „Land" –
# Jerusalem und das heilige Land in Koran und Islam

FRIEDMANN EIßLER

Dass „der Islam" religiös begründete Ansprüche auf „das Land", nämlich das Territorium des Staates Israel und Palästinas, erhebt, scheint ausgemacht zu sein. Es fallen sofort zumindest der Felsendom, die Al-Aqsa-Moschee, der sogenannte Nahostkonflikt mit der zentralen Jerusalemfrage und eine ganze Reihe von dschihadistischen Parolen zur Befreiung Palästinas als Indizien dafür ein. Mit Jerusalem sind nach islamischer Überlieferung nicht nur die Namen bedeutender Propheten wie Abraham, David, Salomo, Mose oder Jesus verbunden. Die ersten Muslime wandten sich in ihren Gebeten Richtung Jerusalem, wie es über Jahrhunderte selbstverständlich gewesen war, weil dort im Tempel (oder in der Erinnerung an ihn) Gottes Gegenwart in besonderer Weise geglaubt und erwartet wurde. Die herausragende Bedeutung Jerusalems für Muslime liegt darin, dass der Prophet Muhammad von hier aus seine Himmelsreise angetreten haben soll. Das weiß auch Nazmi Al-Jubeh, palästinensischer Historiker aus Jerusalem: „Obgleich Muhammad kaum Wunder vollbrachte, spielten seine Wunder eine wichtige Rolle im Islam. Das bedeutendste Wunder (nach dem Koran) ist seine Himmelfahrt von Mekka über Jerusalem in den Himmel. Dieses machte Jerusalem zum wichtigsten islamischen Heiligtum nach Mekka und Medina. Dabei sollten wir in Betracht ziehen, daß während dieser Reise die Anzahl der Gebete bestimmt wurde. Wenn Muslime heute fünf Mal am Tag das Gebet verrichten, so denken sie immer an Jerusalem."[1]

In der Tat sind religiöse Ansprüche heute ein fester Bestandteil islamischer – mehr noch islamistischer – Israel- bzw. Palästinadiskurse. Dies war nicht immer und vor allem nicht immer im gleichen Maße der Fall. Insbesondere war der Nahostkonflikt in den Anfängen kein religiöser. Zionismus und palästinensische Befreiungsbewegung waren säkular bis antireligiös eingestellt, die PLO vertrat auch die christlichen Palästinenser. Moderne Konzepte wie „Staat", „Nation", „Vaterland" trugen in Verbindung mit koranischen und traditionell-islamischen Bezügen sowie idealisierten Auffassungen von der islamischen *Umma* (weltweite Gemeinschaft der Muslime) entscheidend zu einer zuvor nicht gekannten religiös-politischen Aufladung der islamischen Ansprüche auf Jerusalem bzw. Israel/Palästina erst bei.

---

[1] Jerusalem. Stadt des Friedens, Jahrbuch Mission Bd. 32, hg. vom Evang. Missionswerk in Deutschland (EMW) und dem Verband Evang. Missionskonferenzen (VEMK), red. Frank Kürschner-Pelkmann, Hamburg 2000, 65.

Wird durch die Themenstellung „*Islamische* Ansprüche auf das Land" die religiöse Perspektive in den Vordergrund gerückt, so ist also zu beachten, dass es sich dabei um *eine* Perspektive handelt, die bei allem Gewicht nicht der einzige Schlüssel zum Verständnis der gegenwärtigen Lage ist und sein kann. Folgende Hinweise mögen dies unterstreichen und essenzialisierenden Urteilen vorbeugen:

a) Die Analysen der Spielarten des Islamismus zeigen, dass ein wichtiges Merkmal radikaler islamistischer und dschihadistischer Ideologie die Transnationalität ist. Islamismus orientiert sich insofern gerade *nicht* am Land, an der Ethnie, an der lokalen Tradition oder der islamischen Rechtsschule, sondern globalisierend und entterritorialisierend am Einheitskonstrukt einer den ewigen Prinzipien des Islam verpflichteten *Umma*.[2] Dies steht als ganzheitliches Konzept neben partikularisierenden islamistisch-national(istisch)en Tendenzen. Beide Ideologeme, Entterritorialisierung wie Nationalisierung, suchen und finden ihre Legitimation in Koran und Sunna.

b) Die Re-Religionisierung ursprünglich nicht dominant religiöser Konfliktlagen ist als eigene Problematik in ihrer historischen und ideologischen Bedingtheit zu sehen und nicht in kulturalistischer Befangenheit zu verstärken. Politische, kulturelle und soziale Faktoren sind nicht grundsätzlich und ausschließlich unter religiösen Vorzeichen zu verstehen, sondern als solche zu differenzieren.

c) In historisch-theologischer Perspektive ist zu beachten – um nur ein Element hervorzuheben –, dass die enge Verbindung, ja Identifizierung von „Ismael" und „Arabern" weder für Muhammad noch den frühesten Islam charakteristisch, sondern späterer Polemik geschuldet ist. Hinzu kommt, dass die theologische Ismaelüberhöhung zu konträr gegensätzlichen Interpretationen führen kann: Über den Ismaelsegen (Gen 17 und 21) zur Würdigung des Islam als wesentlich schon biblisch legitimierter „abrahamischer Religion" – oder über den Kontrast Isaak–Ismael zur wesentlichen und pauschalen Verwerfung des Islam und aller Muslime als Feinde Israels oder gar Gottes.

Mit diesem methodischen *Caveat* können wir uns der religiösen Perspektive zuwenden. Die Notwendigkeit, sie eigens zu thematisieren, liegt in der heute faktisch enorm gesteigerten und hoch politisierten religiösen Relevanz des „heiligen Landes" bzw. „Palästinas" für Muslime, die nicht zuletzt mit koranischen und traditionellen Bezügen hergestellt wird.

---

[2]   Olivier Roy, Der islamische Weg nach Westen. Globalisierung, Entwurzelung und Radikalisierung, München 2006, analysiert den radikalen Islam als Produkt der kulturellen Entwurzelung und der Entterritorialisierung im Kontext der Globalisierung und versteht den Vormarsch fundamentalistischer Ideologien nicht hauptsächlich oder gar ausschließlich von einer rückwärtsgewandten Koranauslegung her, sondern gerade als Ergebnis der Entfremdung im Zuge der Verwestlichung.

Der hier zu unternehmende Blick in die Quellen muss daher mindestens drei unterschiedliche Bereiche berücksichtigen: den mehrdeutigen Befund im Koran, das nicht weniger ambivalente Bild, das sich aus den nachkoranischen islamischen Überlieferungen ergibt, sowie die islamistische Territorialisierung des Konflikts um das „Vaterland" in der jüngeren Geschichte. Dabei kann Vollständigkeit nicht beansprucht, sondern nur auf die Komplexität eines Themas hingewiesen werden, dessen fundamentalistische Instrumentalisierung für tagespolitische Belange auf der einen wie auf der anderen Seite als solche zu erkennen und zurückzuweisen ist. Die einschlägigen Koranstellen werden indes zumindest vollständig genannt, während für die anderen Bereiche einige ausgewählte Texte bzw. Stellungnahmen genügen müssen.

## 1. Der mehrdeutige koranische Befund

Im Koran ist 42 mal von den „Kindern (wörtl. Söhnen) Israel" die Rede, einmal erscheint Israel als individueller Eigenname (Sure 19,58). „Israel" als Bezeichnung für ein Land kommt jedoch ebenso wie „Jerusalem" im Koran nicht vor. Gleichwohl sind Anknüpfungspunkte für religiöse Ansprüche in Bezug auf das Land Israel und Jerusalem gegeben.[3] Sie finden sich vorwiegend in der dritten mekkanischen Periode und in Medina.[4]

Schon die mittlere Phase der mekkanischen Koranoffenbarungen ist von einer zunehmend intensiven Rezeption biblischer Themen gekennzeichnet. Hintergrund dafür ist die wachsende Auseinandersetzung Muhammads mit den *ahl al-kitāb*, den Christen und – mehr noch – den Juden, in der Zeit vor der Hiǧra nach Medina. In den an Heftigkeit zunehmenden Konflikten zwischen Muhammad und seiner Botschaft und dem mekkanischen Götterglauben berief sich der neue Prophet verstärkt auf die früheren Propheten, hatte ihre Geschichte(n) sozusagen für sich entdeckt. In ausführlichen Prophetenzyklen schildert er die Konfrontation der früheren Gottgesandten mit ihren jeweiligen Stämmen und Völkern, um die eigene Mission zu klären, zu begründen und zu legitimieren.

---

[3] Hierbei ist freilich zu beachten, dass der Koran anstelle geografischer Namen auch sonst eher „umschreibende Charakterisierungen" gebraucht oder ersatzweise auf das an einem bestimmten Ort lokalisierte Heiligtum hinweist, vgl. Joseph Horovitz, Koranische Untersuchungen, Berlin; Leipzig 1926, 13f.

[4] Die Entstehung der Koransuren wird chronologisch in drei mekkanische und eine medinische Phase eingeteilt, vgl. hierzu etwa Theodor Nöldeke, Geschichte des Qorāns, bearb. von Friedrich Schwally, 3 Teile in einem Bd., Leipzig ²1909-38 (5. Nachdruck Hildesheim 2005) und W. Montgomery Watt (Bell, Richard), Bell's Introduction to the Qur'ān, completely revised and enlarged by W. M. Watt, Islamic Surveys Bd. 8, Edinburgh 1970 (Nachdruck 2002). Wir orientieren uns im Folgenden an der wahrscheinlichen historischen Entwicklung, wie sie diese Chronologie nahelegt.

Korantexte sind insofern immer auch im Kontext der Biografie Muhammads zu sehen und zu verstehen. Sie dokumentieren die lebendige Dynamik der mündlichen Auseinandersetzung Muhammads mit seinen Kontrahenten in Rede und Widerrede, Angriff und Verteidigung, Argument und Gegenargument, wenngleich selbstverständlich in der Regel nur die eine Hälfte des Diskurses erhalten ist.

Eine herausragende Rolle als Vorbilder und Vorläufer Muhammads spielen dabei Abraham und Mose als prophetische Protagonisten. Abraham, der sich als wahrer Gottsucher im Kampf um Gott und die Götter gegen den Vater und die eigene Sippe durchsetzt und als Kultstifter die Religion ursprünglicher Gottergebenheit wiederherstellt; Mose, der als Anführer einer kleinen und bedrängten Schar dem übermächtig scheinenden Gegner (Pharao) gegenübertritt, auf Gottes Geheiß zur Umkehr ruft und unter Bedrohung den wahren Glauben gegen den selbstanmaßenden Unglauben bekennt.[5] Muhammad erkannte in der Geschichte Abrahams, Moses und der Rettung der Kinder Israel gleichsam wie in einem Spiegel die Genealogie seiner eigenen Sendung und suchte sich durch sie gegenüber den Mekkanern überzeugender zu legitimieren. In diesem Zusammenhang tritt die gottgegebene Verbindung des Volkes Israel mit dem „Land", ein zentrales Motiv der biblischen Geschichte, im Koran auf.

### 1.1. Die Kinder Israel und das „heilige Land": Die Bedeutung des „Landes" im Koran

Mehrfach ist im Koran die Rede von einem Land, das in einer besonderen, von Gott gestifteten Beziehung zum Volk Israel steht. Eine erste Anspielung darauf, dass Gott den Kindern Israel Land, Gärten, Quellen und Schätze zueignet, findet sich in der Mosegeschichte, wie sie in Sure 26,57-59, noch in der mittleren mekkanischen Periode, erzählt wird:[6]

> (57) So ließen Wir[7] sie fortziehen von Gärten und Quellen, (58) von Schätzen und von trefflicher Stätte. (59) So war es. Und Wir gaben sie den Kindern Israel zum Erbe *(auraṯnāhā)*.

Auch wenn hier etliche Bezüge unklar bleiben (vgl. auch die etwas frühere Parallelstelle Sure 44,25-28), so ist doch der Exoduskontext deutlich. Wir halten fest, dass die Gabe (welcher „Stätte" und welcher Schätze auch immer) als be-

---

[5]  Die anderen herausragenden prophetischen Gestalten sind Abraham und Jesus, die für unser Thema jedoch eine untergeordnete Rolle spielen. Mose ist die mit Abstand am häufigsten erwähnte biblische Figur im Koran.

[6]  Die Koranübersetzung folgt der Übertragung von A. F. Bubenheim und N. Elyas „Der edle Qur'ān und die Übersetzung seiner Bedeutungen in die deutsche Sprache" (2005), allerdings mit Ersetzung von Allah durch „Gott" und Angleichung der Namensformen.

[7]  Gott spricht im Koran meist in der 1. Person Plural mit „Wir".

stimmte Zueignung durch Gott anklingt, ablesbar an dem Terminus technicus „zum Erbe geben", der sprachlich und inhaltlich ganz in Analogie zum biblischen Gebrauch von Derivaten der hebräischen Wurzel *y-r-š* steht.

Ausdrückliche Assoziationen mit dem „Land" tauchen noch ganz ungeprägt zum ersten Mal in Sure 21,71 und 81 im Zusammenhang mit Abraham und Salomo auf:

> (71) Und Wir erretteten ihn [sc. Abraham] und Lot in das Land, das Wir für (all) die Weltenbewohner gesegnet haben. […] (81) Und Salomo (machten Wir) den Sturmwind (dienstbar), dass er auf seinen Befehl zum Land wehe, das Wir gesegnet haben – und Wir wussten über alles Bescheid …

„Das Land, das wir gesegnet haben" *(al-arḍi llatī bāraknā fīhā)* ist hier die Bezeichnung für das Land, in das Gott Abraham gerettet hat, wie auch für den Herrschaftsbereich Salomos oder einen Teil davon. Die Kommentatoren sind sich einig, dass das Land des biblischen Israel gemeint ist.[8]

Gegen Ende der zweiten mekkanischen Periode wird in Sure 17,101-103 wieder an das Exodusgeschehen erinnert, woran die Erwähnung des Landes in V. 104 anschließt, diesmal mit einem Imperativ an die Israeliten gewendet:

> (104) Und Wir sagten nach seiner [sc. des Pharaos] Vernichtung zu den Kindern Israels: „Bewohnt das Land. …"

Es ist anzunehmen, dass die äußerst knappe Bezugnahme nicht auf Ägypten zielt, sondern auf das Land, in das die Kinder Israel ausziehen sollten. Der Imperativ markiert über die Gottesgabe hinaus eine engere und aktivere Verbindung von Volk und Land. Je nach Interpretation schwingt die Einnahme des Landes und seine Inanspruchnahme mit.

Mit Sure 28 befinden wir uns in der letzten mekkanischen Phase vor der Hiǧra. Sie enthält nach Sure 20,9-101 und Sure 26,10-68 eine dritte ausführliche Mosegeschichte (V. 3-40), die so beginnt:

> (3) Wir verlesen dir von der Kunde über Mose und Pharao der Wahrheit entsprechend, für Leute, die glauben. (4) Gewiss, Pharao zeigte sich überheblich im Land und machte seine Bewohner zu Lagern, von denen er einen Teil unterdrückte, indem er ihre Söhne abschlachtete und (nur) ihre Frauen am Leben ließ. Gewiss, er gehörte zu den Unheilstiftern. (5) Wir aber wollten denjenigen, die im Land unterdrückt wurden, eine Wohltat erweisen und sie zu Vorbildern (oder: Anführern) machen und zu Erben machen, (6) ihnen eine feste Stellung im Land verleihen und Pharao, Haman und deren Heerscharen durch sie das erfahren lassen, wovor sie sich immer vorzusehen suchten.

Wiederum ist nicht ganz klar, wie es sich mit dem „Land" verhält. In V. 4 und V. 5 muss Ägypten gemeint sein, während „zu Erben machen" in eine andere Richtung weist, wie wir sahen. Viel deutlicher als in Sure 20 und 26 kommt aber

---

[8]    Die Wendung kommt etwas später in Sure 17,1 und dann am Ende der mekkanischen Zeit in Sure 34,18 und Sure 7,137 (dazu s. u.) so oder in ähnlicher Form wieder vor.

die soziale Dimension zum Ausdruck (vgl. Ex 1). Die Unterdrückten, die gewaltsam dezimiert werden, sollen zu Anführern (wörtlich „Imamen") werden. Gegenüber Feinden werden sie sich behaupten und für erlittenes Unrecht rächen. Diese Stoßrichtung erhält ihr Gewicht durch die Situation, in der sich Muhammad befand. Er war der Anführer einer bedrängten Minderheit, die im Begriff war, der Grundlagen für ihr Bleiben in Mekka beraubt zu werden. Der Rückgriff auf die Mosegeschichte soll die kleine Schar stärken: Keine Frage, wer nach Gottes Willen das Land erben wird! Im Blick auf die Lage zu dem Zeitpunkt eine politisch brisante Verheißung – die bis in heutige Konflikte hinein nichts von ihrer Brisanz eingebüßt hat. Die Unbestimmtheit des „Landes" gewinnt von daher Plausibilität, denn es geht nicht um ein „gelobtes Land" in weiter Ferne, sondern um das Land hier und jetzt. Es ist Muhammads unmittelbare Konfliktgeschichte, die sich über die biblische Heilsgeschichte schiebt und sie überblendet.

Auch Sure 10 kommt in V. 75-93 auf die Mosegeschichte zurück. Nur ganz knapp wird V. 90 der Durchzug durch das Rote Meer erwähnt. Wie an anderen Stellen gilt das besondere Interesse dem Pharao, der paradigmatisch als selbstanmaßender Tyrann und alles Maß überschreitender Gottesleugner gezeichnet wird und gleichsam für die Feinde Muhammads und seiner Anhänger in Mekka steht. Während Pharao dramatisch ertrinkt, heißt es von den Israeliten:

> (93) Und Wir wiesen den Kindern Israels einen wahrhaftigen Aufenthaltsort zu und versorgten sie von den guten Dingen.

Für die Israeliten wird von Gott gut gesorgt. Sie finden an einem Ort Zuflucht, der im Arabischen mit einem eigentümlich geprägten, schwer verständlichen Ausdruck, der nur hier im Koran erscheint, als eine vortreffliche, wahrhaft wertvolle Bleibe charakterisiert wird (*mubauwa'u ṣidqin*). Es ist wieder ein umschreibender Ausdruck, mit dem das „gelobte Land", Kanaan, das Ziel der Wanderung der Israeliten durch die Wüste, gemeint ist.

Dies wird klarer in Verbindung mit Sure 7,137. Ganz am Ende der mekkanischen Zeit kommt hier die Verbindung des Volkes Israel mit dem Heiligen Land nachdrücklich in den Blick. Es wird im selben Zusammenhang nach dem Untergang der ägyptischen Verfolger erneut als „gesegnetes Land" bezeichnet, dessen Osten und Westen Israel als Erbe gegeben wird:

> (137) Und wir gaben dem Volk, das unterdrückt worden war, zum Erbe die östlichen und die westlichen (Gegenden) des Landes, das wir gesegnet haben. Und das schönste Wort deines Herrn erfüllte sich an den Kindern Israels dafür, dass sie standhaft waren. Und wir zerstörten, was Pharao und sein Volk zu machen und was sie zu errichten pflegten.

In dieser Phase der Auseinandersetzungen mit den Mekkanern muss sich Muhammad verstärkt die Frage gestellt haben, wo er denn mit den Seinen eine Bleibe haben würde, wenn sie die Stadt verlassen müssten. Die Hiğra, die Übersiedelung von Mekka nach Yathrib/Medina, rückt in greifbare Nähe. Deutlicher

als bisher wird die Landgabe jetzt als Erfüllung einer göttlichen Zusage beschrieben, die an die biblische Landverheißung erinnert (Gen 12,7; 13,15; 15,18;
17,8 u. ö.), wenngleich sie längst nicht dasselbe Gewicht erhält und auch nur
hier aufgegriffen wird.

Dass an die Landverheißung die Forderung gottesfürchtigen und rechtmäßi-
gen Verhaltens geknüpft ist, macht Sure 7,161 deutlich, wo es nach einer Erinnerung an die Wüstenwanderung der Israeliten heißt:

> (161) Und als zu ihnen gesagt wurde: „Bewohnt diese Stadt und esst von (dem, was
> in) ihr (ist), wo immer ihr wollt! und sagt: ‚Vergebung!' und tretet, euch niederwer-
> fend, durch das Tor ein, so vergeben Wir euch eure Verfehlungen. Und Wir werden
> den Gutes Tuenden noch mehr erweisen." (162) Doch da tauschten diejenigen von
> ihnen, die Unrecht taten, das Wort gegen ein anderes aus, das ihnen nicht gesagt
> worden war. Und da sandten Wir auf sie eine unheilvolle Strafe vom Himmel hinab
> dafür, dass sie Unrecht zu tun pflegten.

Der Kontext ist polemisch antijüdisch – die Juden brechen die Gottesgebote, tun
Unrecht und werden als „verstoßene Affen" bestraft (V. 166, vgl. 2,65) –, doch
in Aufnahme der biblischen Geschichte (vgl. z. B. Dtn 8,7-11) wird auch hier
auf die Landverheißungs- und die Landnahmetraditionen angespielt. „Diese
Stadt" wird von den Kommentatoren auf das „Heilige Land" bezogen, manche
übersetzen direkt mit „Land" (M. Asad). Einzelne Ausleger meinen, Jerusalem
sei gemeint (Ibn Kathir).

Eine zum Teil wörtliche Parallele zu Sure 7,160-162 ist in Sure 2,57-60 zu
finden. Dies ist umso interessanter, als Sure 2 nach übereinstimmender Meinung
der Exegeten als die erste Sure aus der medinischen Zeit gilt. Wir haben damit
über die Zäsur der Hiǧra hinweg ein Scharnier zwischen den beiden Epochen,
ein Moment der Kontinuität, was die Zueignung des Landes an die Kinder Israel
– freilich auch die antijüdische Polemik[9] – angeht.

Dabei kann der Einschnitt des Wechsels von Mekka nach Medina kaum
überschätzt werden. Dazu mehr im übernächsten Abschnitt (1.3). Doch zuvor
gilt unsere Aufmerksamkeit der wohl wichtigsten Äußerung zum Thema Israel
und das „Land" im Koran, Sure 5,20-26. Zwei Aspekte geben ihr besonderes
Gewicht: die einmalige ausdrückliche Erwähnung des „heiligen Landes" *(al-arḍ
al-muqaddasa)* und die Stellung in Sure 5, die allgemein als die jüngste, also zuletzt offenbarte Sure des Korans angesehen wird. Die Verse lauten:

> (20) Und als Mose zu seinem Volk sagte: „O mein Volk, gedenkt der Gunst Gottes
> an euch, als Er unter euch Propheten einsetzte und euch zu Königen machte und euch
> gab, was Er niemandem (anderen) der Weltenbewohner gegeben hat. (21) O mein
> Volk, tretet in das geheiligte Land ein, das Gott für euch bestimmt hat, und kehrt

---

[9]   Diese wird in Medina deutlich profiliert. In Sure 2 wird die Liste von Freveltaten der Isra-
      eliten ausgebaut, sie folgt in V. 49-61 dem Muster Wohltat Gottes – Israels Undank – Got-
      tes Vergebung – neue Untat (vgl. Sure 4,153-162; s. Heribert Busse, Die theologischen
      Beziehungen, 44f).

nicht den Rücken, denn dann werdet ihr als Verlierer zurückkehren." (22) Sie sagten: „O Mose, in ihm ist ein übermächtiges Volk. Wir werden es gewiss nicht betreten, bis sie aus ihm herausgehen. Wenn sie aus ihm herausgehen, dann wollen wir (es) gewiss betreten." (23) Zwei Männer von denen, die (Gott) fürchteten und denen Gott Gunst erwiesen hatte, sagten: „Tretet gegen sie durch das Tor ein; wenn ihr dadurch eintretet, dann werdet ihr Sieger sein. Und verlasst euch auf Gott, wenn ihr gläubig seid." (24) Sie(, die anderen,) sagten: „O Mose, gewiss werden wir es niemals betreten, solange sie darin sind. Geh doch du und dein Herr hin und kämpft! Wir werden hier sitzen bleiben." (25) Er sagte: „Mein Herr, ich habe ja nur Macht über mich selbst und meinen Bruder. Darum (unter)scheide uns von dem Volk der Frevler." (26) Er (Gott) sagte: „Gewiss, so soll es ihnen denn für vierzig Jahre verwehrt sein, (während derer) sie auf der Erde umherirren. So sei nicht betrübt über das Volk der Frevler!"

Mose fordert das Volk Israel in V. 21 auf, in das „heilige (oder: geheiligte) Land" einzutreten, das Gott für sie bestimmt hat. Über die Zuweisung und das „schönste Wort" (Sure 7,137) Gottes hinaus steht hier wörtlich „das Gott euch zugeschrieben hat" *(kataba lakum)*, was an einen juristisch beglaubigten Vorgang denken lässt, gleichsam eine Übereignung mit Brief und Siegel.

Es gibt in der islamischen Überlieferung unterschiedliche Ansichten darüber, wo sich dieses Land befand, ob der Berg der Offenbarung (Sure 19,52) und das umliegende Land damit gemeint sei, oder Jerusalem und der Tempelberg, oder Jericho, oder Damaskus und Syrien, Palästina und das Jordanland. Einige Ausleger spielen auf 2Kön 24,7 an, wenn sie die Ausdehnung des Landes „vom Bach Ägyptens bis zum Eufrat" erwähnen. Die Landnahme wird nirgendwo eigens Thema im Koran, jedoch werden die damit verbundenen Schwierigkeiten von Kampf, Furcht und Gottvertrauen, die beim Ringen um den Sieg eine Rolle spielen, in einiger Ausführlichkeit dargestellt.

Wir fassen zusammen: Der Koran spricht im Zusammenhang der Rezeption biblischer Geschichte mehrfach von einem Land, das Gott den „Kindern Israel" gibt, zuweist, mit dem „schönsten Wort" verheißt, zum Erbe gibt. Die Israeliten sollen eintreten und es bewohnen (Imperative). Nicht immer ist klar, was mit dem „vortrefflichen Aufenthaltsort", dem „gesegneten" bzw. „heiligen" Land, genau gemeint ist. Klar ist, dass die Texte in der bedrängten Verkündigungssituation Muhammads unmittelbar vor der Übersiedelung nach Medina eine eigene Funktion in der Auseinandersetzung mit den Gegnern erhalten, so etwa die Vermittlung von Zuversicht auf Gottes Macht und Hoffnung auf „Land" (und damit Heimstatt) auch für die Schar der Muslime. Insofern überblenden aktuelle Konfliktkonstellationen den biblischen Sinnzusammenhang. An keiner Stelle des Korans werden aber Verheißung und Zueignung des Landes an das Volk Israel infrage gestellt. Sie gehen weder an Muhammad noch an die Muslime über, noch im Islam auf. Muhammad tastet die biblische Überlieferung in dieser Hinsicht nicht an.[10]

## 1.2. Lösung vom Volk und vom „Land" (Israel): Enthistorisierung und Kerygmatisierung der jüdisch-christlichen Überlieferungen im Koran

Nicht nur kommen „Israel" und „Jerusalem" als Namen des Heiligen Landes oder der Heiligen Stadt im Koran nicht vor, vielmehr spielen überhaupt Orte und heilsgeschichtliche Raum-Zeit-Bezüge der Ursprungsgeschichte(n) eine untergeordnete Rolle im Koran.[11] Die Aufnahme des Landgabemotivs im Koran kann nicht gewürdigt werden ohne die Einordnung in den größeren Kontext der koranischen „Bibelhermeneutik", d. h. ohne die Berücksichtigung wichtiger Grundfiguren des Rezeptionsprozesses biblischer Überlieferungen im Koran.

Im Koran sind viele biblische Stoffe aufgenommen und verarbeitet, verdichtet und neugeformt worden.[12] Der islamische Prophet Muhammad hat seinem Selbstverständnis nach keine neue Offenbarung gebracht, geschweige denn eine neue Religion gestiftet. Er ist keiner eigenen Intuition gefolgt, sondern verkündet die *eine* Botschaft des *einen* Gottes, die seit Urzeiten an die Menschheit ergeht und je und je gehört und befolgt werden will. Wie alle Propheten vor ihm ist er Sprachrohr Gottes, seine Aufgabe nichts anderes als die „Übermittlung" (Sure 18,110; 3,20). Die Einheit der Offenbarung ist nach dem Koran gewährleistet durch die Vorstellung einer „Urschrift im Himmel" bei Gott (*umm al-kitāb*, Sure 43,4), von der als Inbegriff des göttlichen Willens und seiner Rechtleitung gleichsam Portionen auf die Propheten „herabgesandt" worden sind, so der Terminus für den Offenbarungsvorgang *(tanzīl, nuzūl)*. Die je besondere geschichtliche Situation spielt dabei wohl eine Rolle, insofern dadurch Anlass und Adressaten unterschiedlich bestimmt sind, was auch inhaltliche Unterschiede zur Folge hat. Doch die bemerkenswert gleichförmige Reaktion der jeweils Angesprochenen und der eigentümliche Rückbezug auf die inhaltliche Einheit der Offenbarung prägen die formale Gestaltung der Prophetengeschichten im Koran, etwa in den nahezu schematisch gestalteten Zyklen in Sure 7,59-137 oder Sure 26,105-191. So ist nach islamischer Auffassung nicht nur eine gleichsam historisch-genetische Verwandtschaft zwischen den sogenannten „abrahamischen"

---

[10] Dass ausgehend von Sure 17,1 der islamische Anspruch auf Jerusalem bekräftigt wird, steht auf einem anderen Blatt und gehört zur Auslegungsgeschichte des Korans, s. dazu unten 2.1.

[11] Auf die besondere Rolle der Qibla (Gebetsrichtung) kommen wir im folgenden Abschnitt (1.3) zu sprechen.

[12] Ich übernehme im Folgenden Teile meiner einleitenden Ausführungen zu „Abraham im Islam" in: Christfried Böttrich / Beate Ego / Friedmann Eißler, Abraham in Judentum, Christentum und Islam, Göttingen 2009, 116-188, hier 117ff.

Religionen gegeben, sondern geradezu die wesentliche Identität ihrer zentralen Inhalte vorauszusetzen.

Die offenbarungstheologische Einsicht in die ursprüngliche Einheit der „abrahamischen Religionen" konnte nicht ohne Auswirkung auf das islamische Geschichtsverständnis bleiben, insofern geschichtlicher Fortschritt im Grunde nur in der Rückkehr zu der schon in der Schöpfung getroffenen „verpflichtenden Abmachung" zwischen Gott und Menschen bestehen kann (Sure 7,172). Der Mensch ist in „bester Form" geschaffen (Sure 95,4), mit einer „natürlichen Anlage", die den Islam als *die* Religion präfiguriert (*fiṭra*, Sure 30,30). Diese Ausstattung mag Schwächungen erleiden, es gibt Sünden und Verfehlungen – jedoch nicht *den* Sündenfall des Anfangs, der eine fundamentale Schuldverstrickung nach sich gezogen und damit eine „Heilsgeschichte" notwendig gemacht hätte. Gottes barmherzige Zuwendung zum Bereuenden und seine Rechtleitung erübrigen eine „Erlösung".[13] Es ist daher folgerichtig, wenn die prophetischen Sendungen in islamischer Sicht gleichartig wiederkehrende Zuwendungen Gottes sind, die die Menschen von ihren Verirrungen auf den „geraden Weg" zurückrufen. Es handelt sich gewissermaßen um göttliche Einzelmaßnahmen, die zwar ihre geschichtlichen Folgen haben, sich aber in der Summe nicht zu einer umgreifenden, zielgerichteten Offenbarungs*geschichte* integrieren lassen. „Geschichte" wird deshalb nicht in Kategorien wie Verheißung und Erfüllung gedacht, sondern in Beispielgeschichten früherer Offenbarungen und prophetischer Sendungen als Verkündigung aktualisiert. *Exempla* statt *historia* – so erklärt sich das auffallende Desinteresse des Korans an den ursprünglichen geschichtlichen Zusammenhängen, ganz zu schweigen von offenbarungsgeschichtlichen Verortungen etwa der einzelnen Prophetenerzählungen. Heilsgeschichte wird nicht usurpiert, sondern gleichsam entwurzelt und islamisch universalisiert. Orte und Zeiten verblassen.

Die Aufnahme der biblischen Geschichte(n) erfolgt im Koran deshalb charakteristischerweise so, dass sie nicht als in sich geschlossene oder chronologisch strukturierte Geschichten erzählt werden, sondern situativ als moralisch-didaktische Illustration und vorausgehende Bestätigung der Verkündigung Muhammads dienen. Dazu werden die Erzählzusammenhänge ihres „historischen Rahmens" entkleidet, fragmentiert und der Logik des eigenen Verkündigungskontextes im Koran folgend je nach Erfordernis der Situation aufgenom-

---

[13]  Rechtleitung *(hudā)*, nämlich auf dem „geraden Weg" des Willens Gottes, ist der zentrale „soteriologische" Begriff des Korans, s. Sure 1,6; 2,2.5.16.37f.97; 5,44-49; 6,80-92 u. o. Vgl. auch Friedmann Eißler, Adam und Eva im Islam, in: Christfried Böttrich / Beate Ego / Friedmann Eißler, Adam und Eva in Judentum, Christentum und Islam, Göttingen 2011, 138-199, hier 182-187.

men.[14] So vollzieht sich eine eigentümliche *Kerygmatisierung* und *Enthistorisierung* der jüdischen und christlichen Überlieferungen, die den Koran ungeachtet aller Kontinuität als eigenständige, von eigenen Prämissen getragene Rekonstituierung der göttlichen Offenbarung von den früheren Offenbarungserzählungen abhebt – sinnenfällig in der Tatsache, dass die christliche Bibel zwar selbstverständlich die hebräische Bibel als sogenanntes „Altes Testament" enthält und das Neue Testament sich intensiv darauf bezieht, der Koran sich aber davon losgelöst und als das „entscheidende Wort" präsentiert hat (Sure 86,13).[15]

Unter diesen Voraussetzungen erscheint das Fehlen von „Israel" und „Jerusalem" im Koran in einem anderen Licht. Die Botschaft des Korans ist universal ausgerichtet, sie wendet sich nicht an eine oder einzelne Abstammungsgemeinschaften, dem jüdisch-christlichen Anspruch auf Abrahamskindschaft begegnet der Koran mit dem strikt nicht-genealogischen Argument, ein solcher Anspruch bestehe nicht aufgrund von Abstammung, sondern aufgrund von Glauben, der dem (islamischen) Vorbild Abrahams nacheifert (siehe Sure 3,68 u. ö.; vgl. Joh 8,39).[16]

Aus dem allem folgt, dass „der Islam" ursprünglich *keinen* Anspruch auf ein heiliges Land erhebt.

Die im genannten Sinn enthistorisierte Botschaft des Korans ergeht nichtsdestotrotz selbstverständlich nicht im luftleeren Raum. Die Adressaten sind neben mekkanischen Polytheisten, Juden und Christen primär die ersten Muslime. Deren *Umma* „verleiblicht" sich im ersten Gemeinwesen in Medina selbstverständlich auch zeitlich-territorial. So stellt sich aus anderen Gründen – an erster Stelle der frühislamischen Eroberungen – die Frage nach dem „islamischen Territorium" neu. Bevor wir dem weiter nachgehen,[17] wenden wir uns in Kürze der wichtigsten Konkretion jener „Islamisierung" der jüdisch-christlichen Überlieferung und zugleich der Loslösung von ihr zu. Denn der erste und entscheidende Raumbezug ist schon durch die Qibla, die Gebetsrichtung, gegeben. Die Distanzierung vom unmittelbaren heilsgeschichtlichen Bezug und dessen islamische

---

[14] Vgl. Hanna Nouri Josua, Ibrahim, Khalil Allah. Eine Anfrage an die Abrahamische Ökumene, Proefschrift ter verkrijging van de graad van Doctor in de Godgeleerdheid etc., Leuven 2005, 111-119.

[15] Ein gutes Beispiel ist Abraham im Koran. Er kommt nicht als geschichtliche Gestalt mit einem herausragenden Platz in der Ursprungsgeschichte des *Volkes Israel* oder als Vater des Glaubens *für die Christen* in den Blick, sondern als exemplarisches Zeugnis für die *eine* Ur-Kunde im Interesse der Gegenwart, mithin als *paradigmatischer Muslim*. Das Abrahamsbild wird nicht systematisch, sondern kerygmatisch entfaltet, also entsprechend den Verkündigungssituationen, in denen Muhammad selbst stand und sich als gottgesandter Prophet zu bewähren hatte. Vgl. Friedmann Eißler, Abraham im Islam, a.a.O.

[16] Wieder ist zu betonen, dass davon die spätere Überlieferung und Lehre zu unterscheiden ist, die sich die Abraham-Ismael-Araber-Genealogie zu eigen macht und zum Identitätsmerkmal der frühen muslimischen Gemeinde erhebt.

[17] S. dazu den nächsten Abschnitt 2.

Neuaneignung spiegelt sich in der Abwendung von Jerusalem und der Hinwendung zum Heiligtum nach Mekka, die im Koran geradezu dramatisch inszeniert wird.

## 1.3. Konkrete Abwendung von Jerusalem: Die Änderung der Qibla

Der epochale Einschnitt durch die Übersiedelung der muslimischen Gemeinde von Mekka nach Yathrib, das später Medina – „die Stadt" des Propheten – genannt wurde, markiert die Zeitenwende der entstehenden Weltreligion. Der junge Islam beruht nicht mehr auf stammesgemäßer Herkunft, sondern auf religiöser Identität und politischem Erfolg. Aus dem verspotteten Künder des nahen Gerichts im Umfeld des mekkanischen Polytheismus wurde nun die religiöse und zunehmend auch politische Führungsautorität eines schnell wachsenden Gemeinwesens in der Auseinandersetzung mit dem in Medina vorherrschenden Judentum.

Die frühe islamische Gemeinde hat sich im Gebet nach Jerusalem gewandt, und zwar, so ist – mit historischen Unsicherheiten – zu vermuten, mehr als zehn Jahre lang. Dies war einerseits selbstverständlich – wo anders hätte man sich hinwenden sollen, war doch die Herkunft von Geist und Tradition der „Schriftbesitzer" bewusst und betont.[18] Zwar war die Kaaba in Mekka, das „Haus Gottes", schon in vorislamischer Zeit als bedeutendes Heiligtum bekannt und Ort paganer Götterverehrung. Doch alle Propheten hatten sich betend nach Jerusalem gewandt. Andererseits heben die Korankommentatoren hervor, dass Muhammad damit die Juden (und die Christen) für die Botschaft des Islam zu gewinnen suchte. Der gewünschte Erfolg blieb offensichtlich aus. Mit Sure 2,142-150 wird die Jerusalem-Qibla abrogiert und – zumindest deren Vorrang – durch die Hinwendung nach Mekka, genauer zur Kaaba hin, ersetzt.

Es ist kein Zufall, dass diese fundamentale Neuausrichtung in Sure 2 dokumentiert ist, der ersten Sure aus der Zeit in Medina. Nachdem ungefähr einenhalb Jahre ohne Offenbarungen vergangen waren, setzten sie mit Sure 2 im Jahr 624 wieder ein. Man muss sich klar machen, dass der Weg von Mekka nach Medina nicht nur ein geografischer und ein historischer, sondern ebenso ein theologischer ist. In mekkanischer Zeit konnten Muhammad und seine Getreuen beide Gebetsrichtungen miteinander verbinden, also gleichzeitig zur Kaaba hin und sozusagen in der Verlängerung nach Jerusalem beten. So geschah es auch.

---

[18] Wie überhaupt die Festlegung einer Gebetsrichtung koranisch auf eine Offenbarung an Mose (und Aaron) zurückgeht und also zum jüdischen Erbe im Islam gehört (s. Sure 10,87; vgl. Dan 6,11 und 1Kön 8,35ff.44.48; mBer IV,5-6). – Muhammad sprach in Mekka nicht von Juden und Christen (*yahūd, naṣārā*), sondern bevorzugt von den „Leuten der Schrift" (*ahl al-kitāb*). Er hat sie offenbar in mancher Hinsicht als *eine Gruppe* aufgefasst und erst später deutlicher differenziert.

Doch dies war in Medina schon geografisch nicht mehr möglich, da man sich von hier aus entweder nach Norden oder nach Süden wenden musste. Muhammad entschied sich gegen Jerusalem. Die entscheidenden Verse lauten so (V. 142-147):

(142) Die Toren unter den Menschen werden sagen: „Was hat sie von der Gebetsrichtung, die sie (bisher) einhielten, abgebracht?" Sag: Gott gehört der Osten und der Westen. Er leitet, wen Er will, auf einen geraden Weg. (143) Uns so haben Wir euch zu einer Gemeinschaft der Mitte gemacht, damit ihr Zeugen über die (anderen) Menschen seiet und damit der Gesandte über euch Zeuge sei. Wir hatten die Gebetsrichtung, die du einhieltest, nur bestimmt, um zu wissen, wer dem Gesandten folgt und wer sich auf den Fersen umkehrt. Und es ist wahrlich schwer außer für diejenigen, die Gott rechtgeleitet hat. Aber Gott lässt nicht zu, dass euer Glaube verlorengeht. Gott ist zu den Menschen wahrlich Gnädig, Barmherzig. (144) Wir sehen ja dein Gesicht sich (suchend) zum Himmel wenden. Nun wollen Wir dir ganz gewiss eine Gebetsrichtung zuweisen, mit der du zufrieden bist. So wende dein Gesicht in Richtung der geschützten Gebetsstätte [Paret: der heiligen Kultstätte] *(al-masǧid al-ḥarām)*! Und wo immer ihr seid, wendet eure Gesichter in ihrer Richtung! Diejenigen, denen die Schrift gegeben wurde, wissen sehr wohl, dass dies die Wahrheit von ihrem Herrn ist. Und Gott ist nicht unachtsam dessen, was sie tun. (145) Selbst wenn du zu denjenigen, denen die Schrift gegeben wurde, mit jeglichen Zeichen kämest, würden sie doch nicht deiner Gebetsrichtung folgen; noch folgst du ihrer Gebetsrichtung. Und auch untereinander folgen sie nicht der Gebetsrichtung der anderen. Würdest du aber ihren Neigungen folgen, nach all dem, was dir an Wissen zugekommen ist, dann gehörtest du wahrlich zu den Ungerechten. (146) Diejenigen, denen Wir die Schrift gegeben haben, kennen es [= das Buch, den Koran], wie sie ihre Söhne kennen. Aber ein Teil von ihnen verheimlicht wahrlich die Wahrheit, obwohl sie (sie) wissen. (147) (Es ist) die Wahrheit von deinem Herrn, gehöre daher nicht zu den Zweiflern!

Sure 2 enthält nach einem allgemeinen einen geschichtlichen Teil (V. 30-141), einen Mittel- und Wendepunkt (V. 142-162) sowie einen kultisch-rechtlichen Teil (V. 163-283) mit Abschluss (V. 284-286). Bertram Schmitz hat in einer anregenden und aufschlussreichen Studie eine erstaunliche Fülle an formalen und inhaltlichen Parallelen zwischen der zweiten Sure und den fünf Büchern Mose aufgezeigt, bis hin zur Abfolge der einzelnen Themenkomplexe. In ganz unterschiedlichen Bezügen sowohl auf der Makroebene als auch auf der Mikroebene lässt sich nachvollziehen, dass und wie Muhammad sich in Mekka zunächst auf die Tora als Maßstab bezieht, um schließlich in der medinischen Zeit umgekehrt gleichsam den Koran als Maßstab für die Tora und ihre Wirkungsgeschichte zu etablieren. Durch die kunstvolle Komposition stellt sich die Sure und auf dieser Grundlage der Koran als neue Tora, als neues „Grundgesetz" für die Menschheit dar.[19]

---

[19] Vgl. Bertram Schmitz, Der Koran: Sure 2 „Die Kuh". Ein religionshistorischer Kommentar, Stuttgart 2009.

Exakt im Mittelpunkt dieser Sure steht die Änderung der Gebetsrichtung, argumentativ vorbereitet durch Abraham als Vater des Glaubens in Mekka und die Einführung der islamischen Pilgerfahrt als rituelle Inszenierung des Abrahamglaubens (Sure 2,125ff; vgl. 3,96f; 22,26-33). Die Ausrichtung auf das Heiligtum in Mekka wurde schon früh mit Abraham als dem Erbauer der Kaaba in Verbindung gebracht und *qiblat Ibrāhīm* genannt. Er, dessen Geschichte aufs Engste mit dem Berg Morija verbunden war, welcher schon biblisch mit dem Tempelberg in Jerusalem identifiziert wurde (Gen 22,2; 2Chr 3,1), musste von Jerusalem nach Mekka.[20] Abraham wird im Koran durch die einzige Erzählung, die eindeutig lokalisierbar ist, Kultstifter der islamischen Religion. Die Bindung des Sohnes (*ʿAqeda*, „Opferung Isaaks" bzw. Ismaels) als Geschehen in Mekka wird zum konstitutiven Ereignis, zur Gründungslegende islamischen Selbstverständnisses und Fundament der „Gemeinschaft der Mitte" *(ummatun wasaṭan)*, wie die muslimische Gemeinde im Zentrum der Sure genannt wird (V. 143 von 286). Der Islam versteht sich dezidiert als Erneuerung der *Religion Abrahams (millat Ibrāhīm)*. Dies jedoch auf der Grundlage der Abwendung von Jerusalem und der Hinwendung nach Mekka, was zugleich mit der geografischen einer theologischen Wende um 180 Grad gleichkommt. Begründet wird dieser Schritt letztlich mit der Souveränität Gottes, der in einer neuen Situation entsprechend neue Weisung geben kann (Abrogation, vgl. Sure 2,106).

Wie sehr die theologische Entscheidung auch die Topografie Mekkas beeinflusst hat, ist in der heutigen *ḥaram*-Anlage zu sehen: Geht man von den direkt gegenüberliegenden Eingängen „Tor Abrahams" und „Tor des Propheten" aufeinander zu, so trifft man sich an der Kaaba. Die gedachte Achse durch beide Tore steht genau senkrecht steht zur Richtung nach Jerusalem. Dies ist die einzig mögliche architektonische Anordnung, die Jerusalem außer Acht lässt – eine steingewordene theologische Aussage (H. Josua).[21]

Die Kaaba ist seither unauflöslich mit dem Namen Abrahams verbunden, und sie zentriert – theologisch und realiter – in der endlos sich fortpflanzenden Bewegung konzentrischer Kreise der sich fünfmal täglich rund um den Globus gen Mekka Verneigenden alle denkbaren muslimischen Lebens-Räume.

Eine Landverheißung, gar ein Anspruch auf „islamisches" Land wird an keiner Stelle ausgesagt und ist daraus nicht ableitbar. Der islamische Abraham verfügt nicht über Land, nicht einmal über eine Höhle (Gen 23!). Die Kaaba bleibt das „Haus Gottes" (Sure 2,125), wie überhaupt der Osten wie der Westen, die ganze Erde allein Gottes Eigentum und seiner Allmacht unterworfen ist (Sure 2,115; 26,28; 55,17; 73,9).[22]

---

[20]  Wie umgekehrt Muhammad von Mekka nach Jerusalem musste, s. dazu 2.1.

[21]  Vgl. zur gesamten Thematik Hanna N. Josua, a.a.O., 255ff.284-301.

[22]  In dieser Perspektive ist die islamische Gottesverehrung grundsätzlich unabhängig von Land- und Ortsbezogenheit (vgl. Joh 4,20-26).

## 2. Die islamische Überlieferung

Das Thema hat in der islamischen Überlieferung ganz unterschiedliche Facetten in weit auseinanderliegenden Sachgebieten. Ein Strang der Überlieferung knüpft am eben Ausgeführten direkt an und rankt sich um die weitere und bleibende islamische Bezugnahme auf Jerusalem und das Land Israels. Ein anderer Strang folgt der ganzheitlichen islamischen Anschauung der Verbindung von Religion und Politik, aus der geschichtlich immer wieder gefolgt ist, für den Islam erobertes oder gewonnenes Land als *islamisch* zu definieren und zu beanspruchen. Allerdings sind auch hier gegenläufige Befunde zu konstatieren und deshalb Differenzierungen nötig. Wir versuchen, jeweils wesentliche Aspekte zusammenzufassen.

### 2.1. Bleibender Jerusalembezug: Die „fernste Gebetsstätte", die Nacht- und Himmelsreise, die erste Gebetsrichtung, der dritte der heiligsten Orte

Trotz der Entscheidung, sich durch die Änderung der Gebetsrichtung von Jerusalem abzuwenden, war der islamische Bezug zu Jerusalem und dem Land Israels mit Sure 2 keineswegs am Ende, er blieb im Gegenteil unaufgebbar und fand vielfältige Ausgestaltung und Vertiefung. Das lag zum einen an dem unabweisbaren Gewicht, das diesem Ort als „Nabel der Welt"[23] sowohl in der jüdischen als auch in der christlichen Tradition zukam und zukommt, zum anderen an der islamischen Auffassung einer gemeinsamen Offenbarungs- und Glaubensgeschichte mit Judentum und Christentum, als deren Bestätigung *(taṣdīq)* und zugleich letztgültige Vollendung der Islam sich selbst versteht (vgl. Sure 5,44-49). Jerusalem musste auf die eine oder andere Weise ein zentraler Bezugspunkt islamischer Identität bleiben. Dies umso mehr, als die Stadt weniger als anderthalb Jahrzehnte nach der Umorientierung nach Mekka durch die muslimische Eroberung Teil des islamischen Herrschaftsbereichs wurde.

So gilt der Felsen, über den noch im 7. Jahrhundert der Felsendom *(qubbat aṣ-ṣaḫra)* gebaut wurde, Muslimen nicht nur als Grundstein der Welt und Betort Davids, sondern auch als der Ort, von dem aus Muhammad während seiner Nachtreise in den Himmel aufstieg. Jerusalem wird auch der Ort sein, an dem sich die Weltgeschichte vollendet, und der Ort eschatologischer Ereignisse wie der Auferstehung der Toten und des Jüngsten Gerichts – selbst Muhammads Gebeine werden zu diesem Anlass auf wunderbare Weise dort erscheinen.

---

[23] Vgl. Michael Tilly, Jerusalem, Nabel der Welt. Überlieferung und Funktionen von Heiligtumstraditionen im antiken Judentum, Stuttgart 2002.

Der koranische Haftpunkt für alle diesbezüglichen islamtheologischen Beziehungen, von dem die entsprechenden Überlieferungen ihren Ausgang nehmen, ist Sure 17,1:[24]

> Preis sei Dem, Der Seinen Diener bei Nacht von der geschützten Gebetsstätte *(al-*
> *masǧid al-ḥarām)* zur fernsten Gebetsstätte *(al-masǧid al-aqṣā)*, deren Umgebung
> Wir gesegnet haben, reisen ließ, damit Wir ihm (etwas) von Unseren Zeichen zeigen.
> Er ist ja der Allhörende, der Allsehende.

Die Sure trägt den Namen *al-Isrāʾ* „Die Nachtreise", wenngleich nur ihr erster
Vers eine Anspielung darauf enthält, während sie weithin eine groß angelegte
Erinnerung an die „Kinder Israels" enthält (vgl. V. 101), weshalb Sure 17 auch
danach benannt wird: *Banū Isrāʾīl*. Mit der Bezeichnung „die geschützte Gebetsstätte" (auch: der heilige Gebetsplatz) im ersten Vers ist der Moscheebezirk in
Mekka gemeint, der allein im Koran fünfzehn Mal so genannt wird. Die „fernste
Gebetsstätte" lässt sich, jedenfalls aus dem Textzusammenhang, nicht so prob-
lemlos lokalisieren. Der Relativsatz „deren Umgebung wir gesegnet haben"
weist in seiner sprachlichen Wendung auf das „geheiligte (oder: heilige) Land"
hin, das im Koran mehrfach erwähnt und eben mit diesen oder ähnlichen Worten
als von Gott gesegnetes Land beschrieben wird.[25] Damit läge der Bezug zu Israel
bzw. Jerusalem, dort konkret zum Tempelplatz, auf der Hand. Allerdings ist es
unwahrscheinlich, dass der Relativsatz ursprünglich ist. Wahrscheinlich ist
vielmehr, dass er „als spätere Ergänzung betrachtet werden muss, die das in Sure
17,1 berichtete Ereignis gleichsam in der Geographie der islamischen Welt loka-
lisiert".[26] Dies vorausgesetzt, lässt sich die Ortsangabe am besten mit den eksta-
tischen visionären Erlebnissen Muhammads in Verbindung bringen, die im Koran angedeutet werden (Sure 17,60 und 90-93, vgl. die Vision Muhammads Sure
53,1-18, die in 81,15-25 als Vision des Engels reinterpretiert wird). Über Einzelheiten und Bedeutung der Ereignisse kursierten über lange Zeit sehr unterschiedliche Ansichten. Im Kern geht es darum, dass der Prophet Muhammad
(„Sein Diener") – körperlich oder nur im Geiste – von Mekka bis in das „himmlische Heiligtum" (Sure 52,4) vor Gottes Thron entrückt worden sein soll. An
diesem „entferntesten Gebetsplatz" wurde ihm die Anzahl der täglichen Pflicht-
gebete *(ṣalāt)* offenbart. Erst in umaiyadischer Zeit, also *nach* der Einverleibung
Jerusalems in das „Haus des Islam", wurde jener Ausdruck *al-masǧid al-aqṣā*
auf das irdische Jerusalem und die dritte heilige Stadt des Islam bezogen.[27] Da-

---

[24]  Vgl. aber die Verse Sure 53,13-18, die in der Tradition auch auf Muhammads „Nachtrei-
se" bzw. „Himmelfahrt" bezogen wurden. – Zum Folgenden v. a. Stefan Schreiner, al-
Quds – Jerusalem, heilige Stadt des Islam, in: ders., Die jüdische Bibel in islamischer
Auslegung, hg. von F. Eißler und M. Morgenstern, Tübingen 2012, 293-322.

[25]  Vgl. oben 1.1 bei Anm. 8.

[26]  Stefan Schreiner, al-Quds, a.a.O., 312.

[27]  Vgl. W. M. Watt / A. T. Welch, Der Islam, Bd. I, Die Religionen der Menschheit Bd.
25/1, Stuttgart u. a. 1980, 271-273. Dagegen spricht nach islamischem Verständnis auch

mit hatte der Koranvers 17,1 einen weiteren konkreten und gewichtigen Haftpunkt. In der Folge wurden konsequenterweise aus der *einen* Himmelsreise Muhammads *zwei* Reisen, die gleichsam zeitlich hintereinandergeschaltet wurden: Die nächtliche Entrückung des Propheten von Mekka zum Tempelplatz des irdischen Jerusalem (Nachtreise, *isrāʾ*) wurde mit dem visionären *miʿrāǧ*, dem Aufstieg Muhammads ins „himmlische Jerusalem", kombiniert. Daraus ergab sich die Lesart, die weithin akzeptiert wurde und heute bei der Erwähnung der „entferntesten Gebetsstätte" an nichts anderes als an die berühmte Al-Aqsa-Moschee auf dem Tempelberg in Jerusalem denken lässt.

Der Überlieferungskomplex „Nacht- und Himmelsreise" des arabischen Propheten ist voller Symbolik und theologischer Anspielungen, deren Entfaltung in der exegetischen Literatur breiten Raum einnimmt. Wird doch Muhammad vom Engel Gabriel bis zum obersten Himmel geführt, begegnet inmitten anderer Propheten Jesus, Abraham, Mose, und schließlich Gott, wobei es mit Hilfe Moses zur Ermäßigung der Anzahl der Gebete von fünfzig täglichen Gebeten auf fünf kommt.[28] Historisch mögen pragmatische und machtpolitische Erwägungen der Umaiyadenpolitik unter ʿAbd al-Malik eine Rolle gespielt haben, den Motivkomplex in Jerusalem zu verankern und so die religiöse Bedeutung Jerusalems zu steigern. Die notorische Rivalität zwischen ʿAbd al-Malik und dem rebellischen Gegenkalifen in Mekka, ʿAbdallah ibn Zubair, fand Historikern zufolge im „rituellen Konkurrenzverhältnis zwischen Kaaba und Felsendom" einen markanten Ausdruck.[29] Wichtiger wird in dieser Hinsicht jedoch die Konkurrenz mit der Anastasis-Kirche und damit die Auseinandersetzung mit den Christen gewesen sein, wie sich an der Gestaltung des architektonischen Ensembles zwischen Anastasis (Grabeskirche), Felsendom und der Anfang des 8. Jahrhunderts erbauten Al-Aqsa-Moschee ablesen lässt.[30]

---

nicht, wie Stefan Schreiner feststellt, dass das Land um Jerusalem an anderer Stelle (Sure 30,3) das „nächstliegende Land" *(adnā l-arḍ)* genannt wird und Muhammad offenbar keinerlei Berührung mit dem Jerusalemer Tempelplatz hatte, der für ihn die Gebetsstätte der Kinder Israels blieb (Sure 17,7, vgl. Stefan Schreiner, al-Quds, a.a.O., 311f).

[28] Das weiße Reittier Burāq, das ihn auf wunderbare Weise nach Jerusalem gebracht hatte, soll Muhammad an derselben Mauer angebunden haben, die bis heute von Juden als „Westmauer" des Tempelbergs („Klagemauer") besonders in Ehren gehalten wird.

[29] Andreas Feldtkeller, Die „Mutter der Kirchen" im „Haus des Islam". Gegenseitige Wahrnehmungen von arabischen Christen und Muslimen im West- und Ostjordanland, Missionswissenschaftliche Forschungen, Neue Folge Bd. 6, Erlangen 1998, 55.

[30] Die räumliche Anordnung zwischen dem Kuppelbau des Felsendoms und dem basilikaähnlichen Bau der Al-Aqsa-Moschee mit der freien Fläche dazwischen „entspricht auffällig genau der Anordnung der Grabeskirche mit dem Kuppelbau der Anastasis, der Martyriums-Basilika und dem Innenhof dazwischen" (Andreas Feldtkeller, a.a.O., 59; vgl. zum Ganzen dort 42-64, Lit.!). Ich danke Jutta Sperber für hilfreiche Hinweise zu diesem Thema.

Alle äußeren Gesichtspunkte treten indessen zu der inhaltlichen theologischen Bestimmung nur hinzu, die sich quer durch alle Traditionen hindurch festigt und die die islamische Selbstdeutung im Fokus Jerusalems in einen unauflöslichen Zusammenhang mit dem jüdisch-christlichen Horizont stellt. Muhammads Nacht- und Himmelsreise gilt dem Offenbarungsempfang und dessen Bestätigung. Deshalb hat seine Prophetie, wie sich im Spiegel der vielfältigen und durchaus uneinheitlichen Überlieferungen zeigt, einen festen Bezugspunkt in Jerusalem, dessen legitimierende Funktion unübersehbar ist. Wahre Prophetie kommt aus dem heiligen Land, genauer: aus Jerusalem. Diese Ansicht der jüdischen Tradition teilt die islamische Überlieferung. Ein auf Sure 17,1 anspielender Hadith im Namen von Ḍamra b. Rabīʿa ar-Ramlī, der bei dem Historiker Ibn ʿAsākir überliefert ist, bringt es exemplarisch so zum Ausdruck: „Ich hörte, dass nirgends ein Prophet von Gott berufen worden ist, außer im heiligen Lande. Und wenn er nicht von dort stammte, dann ist er in einer Nachtreise dorthin geführt worden."[31] Der Weg vom Himmel nach Mekka führt über Jerusalem.[32]

Spätere Lokaltraditionen runden das Bild nur ab. Neben Mekka und Medina etabliert sich Jerusalem als drittes Pilgerheiligtum des sunnitischen Islam. Die Stadt wird (erst) ab dem 10. Jahrhundert *al-Quds* „die Heilige" genannt, der Tempelberg *ḥaram aš-šarīf*. Die muslimische Pilgerfahrt nach Jerusalem heißt *ziyāra* („Besuch"), strikt unterschieden vom *ḥaǧǧ* nach Mekka. Dass es zu Konkurrenzverhältnissen und entsprechender wechselseitiger Polemik kommen musste, ist dennoch unvermeidlich. Die einen sahen im „Jerusalembesuch"[33] eine islamische Pflicht oder sahen sie als Vollendung der Pilgerfahrt nach Mekka. Andere (wie Ibn Taimīya, gest. 1328) bliesen offen zum Kampf gegen jede Verfehlung gegen den unanfechtbaren Rang Mekkas. Seit aiyubidischer Zeit (nach 1187) wird das Nabī-Mūsā-Fest begangen, eine Prozession von Jerusalem zum islamischen Grabmal des „Propheten Mose", das an der Straße nach Jericho liegt.[34]

Die Bewertung der Pilgerfahrt nach Jerusalem bleibt (innerislamisch) ambivalent. Ebenfalls seit aiyubidischer Zeit wird jedoch die unbestritten herausra-

---

[31]   Zit. nach Stefan Schreiner, al-Quds, a.a.O., 313.

[32]   Zwi Werblowsky: „Es gibt keine Direktflüge von Mekka zum Himmel, es muss in Jerusalem eine Zwischenlandung eingeschaltet werden." (Die Bedeutung Jerusalems für Juden, Christen und Moslems, 3).

[33]   Abgeleitet von *al-Quds* auch *taqdīs* „Heiligung" genannt, vgl. den häufigen arabischen Namenszusatz *al-maqdisī* (etwa „Jerusalempilger").

[34]   Der Anlass richtet sich terminlich nach dem christlichen Osterfest (julianischer Kalender) und entwickelte sich zum größten muslimischen Wallfahrtsfest in der Region. Anfang des 20. Jahrhunderts, in der Zeit der britischen Herrschaft, „wurde das Nabi-Musa-Fest erneut zum Kristallisationspunkt muslimischer Identitätsdarstellung gegenüber Christentum und Judentum", insbesondere unter dem agitatorischen Jerusalemer Mufti Amīn al-Ḥusainī (Andreas Feldtkeller, a.a.O., 69-71, hier: 70).

gende Stellung Jerusalems in einem dreigliedrigen Ehrennamen festgehalten, demzufolge Jerusalem *ūlā l-qiblatain – ṯāniyu l-masǧidain – ṯāliṯu l-ḥaramain* ist: „die erste der beiden Gebetsrichtungen, die zweite der beiden Gebetsstätten, der dritte [nach] den beiden heiligen Bezirken". Die „sorgsam gegen den Rang von Mekka und Medina abwägende Formel"[35] reflektiert in der Aufzählung die chronologische Entwicklung ebenso wie die abgestufte Nachordnung Jerusalems nach der „geschützten Gebetsstätte" (Sure 17,1) sowie den beiden heiligen Stätten Mekka und Medina (Prophetenmoschee mit Grab des Propheten). Allein die Zusammenstellung in dieser konzisen Reihung macht indes das Gewicht Jerusalems in der islamischen Tradition deutlich.

Wie Abraham gleichsam von Jerusalem nach Mekka musste, um in Umkehrung der alten Jerusalemer Wallfahrtstradition (und der Morija-Tradition!) den mekkanischen Anschluss an die biblische Überlieferung zu behaupten, so musste Muhammad in der Umkehrung der Umkehrung von Mekka nach Jerusalem, um die Botschaft des arabischen Propheten durch die – nicht nur topografische – Rückbindung an die biblischen Ursprünge zu legitimieren. Im Kern der islamischen Jerusalembeziehungen und darüber hinaus der Beziehungen des Islam zu Judentum und Christentum scheint diese doppelte Wendung der Tradition wirksam zu sein. Ohne sie wäre dem Islam ein fundamentales Element seiner Selbstdeutung entzogen.

## 2.2. „Die Vorzüge Jerusalems" *(Faḍāʾil al-Quds)* der mittelalterlichen islamischen Literatur

Im Anschluss an das eben Gesagte und als nicht unbedeutender Teil der Jerusalemrezeption im Islam entstand ab dem 11. Jahrhundert eine eigene literarische Gattung zum Lobpreis der Vorzüge Jerusalems, deren Entfaltung ihren Höhepunkt zwischen dem 12. und 15. Jahrhundert erreichte. Dieser weitere Bereich der Überlieferung ist deshalb für unser Thema wichtig, weil er die Bedeutung Jerusalems auf eine breite und volkstümliche Basis stellt und sie in dieser Form in der islamischen Tradition tief verankert ist. Wir rekapitulieren an dieser Stelle nicht die inzwischen umfangreiche Forschung zu dem Thema, das eigener Aufmerksamkeit bedarf.[36] Doch wenige Hinweise zu den Sammlungen der „Vorzüge Jerusalems" *(Faḍāʾil al-Quds* oder *Faḍāʾil Bait al-Maqdis)* sind angebracht.

Die Ursprünge der *Faḍāʾil*-Literatur liegen weit zurück in den Anfängen der Hadith-Literatur in der späten Umaiyadenzeit (8. Jh.). Ihre Entwicklung wie ihre Aufnahme und Verbreitung waren über die Jahrhunderte nicht zuletzt in Abhängigkeit der politischen Situation Jerusalems in der islamischen Welt sehr unterschiedlich. Als wichtigste Vertreter gelten der Philosoph und Arzt Abū Bakr

---

[35] Andreas Feldtkeller, a.a.O., 39. Ausführlich auch Stefan Schreiner, al-Quds, a.a.O., 304ff.
[36] Vgl. Stefan Schreiner, al-Quds, a.a.O., 314-317 (Lit.!); Andreas Feldtkeller, a.a.O., 62-64.

Muḥammad b. Aḥmad al-Wāsiṭī (Anfang 11. Jh.) sowie Abū l-Maʿālī al-Mušarraf b. al-Muraǧǧa b. Ibrāhīm al-Maqdisī (Mitte 11. Jh.), deren Werke von Späteren als Vorlagen für weitere Kompilationen benutzt wurden.

Zur *Faḍāʾil*-Literatur finden sich Parallelen sowohl formaler als auch inhaltlicher Art in jüdischen wie auch in christlichen Quellen. Unter ihrem Namen werden in umfangreichem Maße biblische (und nachbiblische jüdische und christliche) Stoffe versammelt, die als *Isrāʾīlīyāt* Eingang in die islamische Tradition gefunden hatten und nun im Zuge der Aufwertung bzw. Islamisierung „Jerusalems" vermehrt wurden. Nicht nur bilden die eschatologischen Ereignisse, die an Jerusalem anhaften, einen inhaltlichen Schwerpunkt. Auch arabische Übersetzungen ganzer Passagen der Bibel finden sich hier, Themen wie die Bindung/Opferung Isaaks, Jakobs Traum, Zitate aus den Schriftpropheten oder Überlieferungen zu Josua, David, Salomo ebenso wie neutestamentliche Anspielungen stehen neben genuin islamischen Auslegungen zu den Koranstellen, die traditionelle auf Jerusalem bezogen worden sind.[37] Gelegentlich kommt es auf diese Weise zur Konkurrenz mit maßgeblichen islamischen Traditionen, etwa wenn über die *Faḍāʾil al-Quds* die Opferung Isaaks auf dem Berg Morija (Gen 22) tatsächlich – wie in der jüdischen Überlieferung – mit dem heiligen Felsen auf dem Tempelberg verbunden wird und so eine (Wieder-)Verortung der wichtigen Abrahamüberlieferung in Jerusalem stattfindet. Für das islamische Opferfest ist konstitutiv, dass Abraham seinen Sohn auf einem Felsen bei Mekka opfern wollte. Die Anziehungskraft Jerusalems ist jedoch groß genug, dass das Motiv auch dort wieder beheimatet wird. Kein Wunder, dass orthodoxe Puristen die Jerusalembegeisterung mancher Glaubensgenossen nicht nur nicht teilen wollten, sondern auch nach Kräften dagegen vorgingen, zumal die eifrigen Kompilatoren nicht davor zurückschreckten, auch mehr als zweifelhafte Traditionen aufzunehmen. Ibn Kathir (gest. 1372) und Ibn Taimīya (gest. 1328) gehören zu den erklärten Gegnern der beliebten Jerusalemtraditionen, die als Legenden und Erfindungen zur Belebung der Pilgergeschäfte angeprangert wurden.

Jerusalem war und blieb bei Muslimen hoch im Kurs, und das sicher nicht nur bei palästinensischen Muslimen. Das Gebet auf dem Tempelberg ist jedenfalls mehr wert als ein anderes Gebet – je nach dem, an welchen Überlieferer man sich hält, soll es 300-, 500- oder 50 000-fach zählen.

## 2.3. Die islamischen Eroberungen *(futūḥāt)* und die Folgen für das „Land"

Ein ganz anderer Strang der Überlegungen setzt nicht beim heiligen Land der Bibel und den Wandlungen seines Verständnisses an, sondern bei der geschichtlichen Frage der Islamisierung von Ländern und Regionen seit der Frühzeit des Islam. Die enge Verbindung von Religion, Politik und Gesellschaftsordnung in

---

[37] Andreas Feldtkeller, a.a.O., 63.

der medinischen Gestaltwerdung dessen, was fortan und eigentlich „Islam" hei-ßen kann, macht nun auch das „islamische Territorium" auf ganz neue und nachdrückliche Weise zum Thema. Die Fragestellung scheint zunächst über die islamische Eroberung der Levante hinaus nicht im Zusammenhang mit Israel zu stehen, ist aber aufgrund der ihr innewohnenden Anfälligkeit für politische und ideologische Instrumentalisierung für die „Israel/Palästina-Frage" in spezifischer Weise offen, wie insbesondere die Entwicklungen der vergangenen gut hundert Jahre immer deutlicher gezeigt haben.

Die Wurzeln islamischer Auffassungen von Verteidigung und Angriff, Er-oberung und Landnahme finden sich im Koran. Traditionell wird als erster Be-leg für die göttliche Erlaubnis zum Kampf der Abschnitt Sure 22,39-41 betrach-tet.[38] Die realhistorische Entwicklung wurde von den Eroberungen *(futūḥ,* Pl. *futūḥāt,* wörtl. „Öffnung" für den Islam) bestimmt, die im Rahmen des Dschihad koranisch legitimiert waren.[39]

Es wird an altarabisches (vorislamisches) Brauchtum und Gewohnheitsrecht im sozialen Gefüge der Stämme angeknüpft, wie beispielsweise das Schutzrecht für Nicht-Stammesangehörige bzw. Nichtmuslime zeigt. Die koranische Grund-lage dafür ist Sure 9,5-6:

> (5) Wenn nun die Schutzmonate abgelaufen sind, dann tötet die Götzendiener, wo immer ihr sie findet, ergreift sie, belagert sie und lauert ihnen aus jedem Hinterhalt auf! Wenn sie aber bereuen, das Gebet verrichten und die Abgabe entrichten, dann lasst sie ihres Weges ziehen! Gewiss, Gott ist Allvergebend und Barmherzig. (6) Und wenn jemand von den Götzendienern dich um Schutz bittet, dann gewähre ihm Schutz, bis er das Wort Gottes hört. Hierauf lasse ihn den Ort erreichen, wo er in Si-cherheit ist. Dies, weil sie Leute sind, die nicht Bescheid wissen.

Die Institution des *amān* („Sicherheit, Schutzgewährung") setzt den entspre-chenden sicheren Ort, den Schutzbereich voraus *(ma'man)* – ein Element eines islamischen Territoriums, aus dem sich Pflichten ergeben. Der bekannte Tribut-vers aus derselben Sure impliziert auf ähnliche Weise islamisches Herrschafts-gebiet, aus dem sich Rechte ergeben, in dem Fall Tribut *(ǧizya)* der Unterworfe-nen einzuziehen. Sure 9,29:

> Kämpft gegen diejenigen, die nicht an Gott und nicht an den Jüngsten Tag glauben und nicht verbieten, was Gott und Sein Gesandter verboten haben, und nicht die Re-ligion der Wahrheit befolgen – von denjenigen, denen die Schrift gegeben wurde –, bis sie den Tribut aus der Hand entrichten und gefügig sind!

---

[38] Vgl. ferner Sure 2,190-195; 4,74-76; 8,39; 9,5ff; 2,154; 3,139-146.169 u. o. Die Durchset-zung „der Religion der Wahrheit" (des Islam) „über alle Religionen" stellt sich nach Sure 9,30-35 als unnachsichtiger Kampf gegen die Ungläubigen bzw. Nichtmuslime dar, hier auch und ausdrücklich gegen Christen und Juden.

[39] Vgl. Sure 5,35; 8,72ff; 9,19-22.88ff; 49,15; 66,9 u. o.

Die erfolgreichen kriegerischen Auseinandersetzungen der ersten Muslime lassen nun auch Land, das den Feinden abgenommen wird, als von Gott gegebenes Erbe erscheinen. So in den Versen Sure 33,26-27, die nach Meinung vieler Kommentatoren die Situation direkt nach dem sogenannten „Grabenkrieg" im Frühjahr 627 in Medina widerspiegeln:

> (26) Und Er ließ diejenigen von den Leuten der Schrift, die ihnen beigestanden hatten, aus ihren Burgen heruntersteigen. Und Er jagte in ihre Herzen Schrecken; eine Gruppe (von ihnen) habt ihr getötet und eine Gruppe gefangengenommen. (27) Und Er gab euch zum Erbe ihr Land, ihre Wohnstätten und ihren Besitz und auch ein Land, das ihr (vorher) nicht betreten hattet. Und Allah hat zu allem die Macht.

Immer häufiger finden Raub- oder Kriegszüge *(ġazwa/ġazawāt)* zum Unterhalt der Muslime oder zur Erweiterung bzw. Erhaltung der islamischen Herrschaft statt. Damit verbunden ist die Verteilung der Beute, die dabei gemacht wird. Auch dies ist an mehreren Stellen im Koran Thema, z. B. in Sure 59,7-9, wo der Frevel gegen den jüdischen Stamm der Banū Naḍīr 625 und die Vertreibung/Vernichtung der jüdischen Stämme aus Medina im Hintergrund steht:

> (7) Was Gott Seinem Gesandten von den Bewohnern der Städte als kampflose Beute zugeteilt hat *(afāʾa,* vgl. *faiʾ)*, das gehört Gott, Seinem Gesandten und den Verwandten, den Waisen, den Armen und dem Sohn des Weges. Dies, damit es nicht nur im Kreis der Reichen von euch bleibt. Was nun der Gesandte euch gibt, das nehmt; und was er euch untersagt, dessen enthaltet euch. Und fürchtet Gott. Gewiss, Gott ist streng im Bestrafen. (8) (Das gehört) den armen Auswanderern[40], die aus ihren Wohnstätten und von ihrem Besitz vertrieben worden sind, weil sie nach Huld von Gott und Wohlgefallen trachten und Gott und Seinem Gesandten helfen. Das sind die Wahrhaftigen. (9) Und diejenigen, die in der Wohnstätte und im Glauben vor ihnen zu Hause waren, lieben (all die,) wer zu ihnen ausgewandert ist, und empfinden in ihren Brüsten kein Bedürfnis nach dem, was (diesen) gegeben worden ist, und sie ziehen (sie) sich selbst vor, auch wenn sie selbst Mangel erlitten. Und diejenigen, die vor ihrer eigenen Habsucht bewahrt bleiben, das sind diejenigen, denen es wohl ergeht.

Ausgehend von dieser Basis sind wiederum mindestens zwei unterschiedliche Aspekte des Umgangs mit dem jeweils für den Islam eingenommenen Land zu beobachten, die im Folgenden kurz beleuchtet werden.

## 2.3.1. Islamische Herrschaft: Übernahme und Nutzung vorhandener Strukturen

Die islamischen Eroberungen der ersten Jahre nach Muhammads Tod erfolgten in atemberaubender Geschwindigkeit in vier Expansionswellen und versetzten zwei Weltreichen den Todesstoß, dem byzantinischen (Ostrom) und dem persi-

---

[40] *muhāǧirūn*: die mit Muhammad 622 von Mekka nach Medina ausgewandert waren (Hiǧra).

schen Sassanidenreich. Die erste Welle von 632 bis zur ersten *fitna*[41] nach dem Tod des dritten Kalifen ʿUṯmān b. ʿAffān im Jahr 656 brachte den syrischen Raum, Ägypten, Teile Nordafrikas und den Iran unter islamische Herrschaft. In diese Zeit fällt die Eroberung Jerusalems und Palästinas 637/38 durch den zweiten Kalifen ʿUmar b. al-Ḫaṭṭāb. Weniger als anderthalb Jahrzehnte nach der Umorientierung von Jerusalem nach Mekka wurde somit Jerusalem Teil des islamischen Herrschaftsbereichs, was mit der Unterbrechung des 88 Jahre währenden lateinischen Königreichs von Jerusalem (1099-1187) bis 1967 so geblieben ist. In einer zweiten Welle nach dem Aufstieg der Umaiyaden unter Muʿāwiya wurden weitere Gegenden Nordafrikas (Berber), Ostkhorasan und weite Teile des byzantinischen Reiches erobert (661-683). Die dritte Phase von 692-718 dehnte das islamische Gebiet unter dem Umaiyaden-Kalifen al-Walīd I. bis nach Südspanien aus (711 gegen die Westgoten) und endete mit dem Scheitern der Belagerung von Konstantinopel, die erst 1453 gelang. Von 720-740 schließlich verfolgten die Muslime unter Kalif Hišām b. ʿAbd al-Malik weitere Expansionsbestrebungen, wobei diese durch mehrere Fronten und nicht wenige Niederlagen nicht mehr die Wucht der ersten Jahre entfalten konnten (732 Niederlage bei Tours und Poitiers gegen Karl Martell).

Warum waren die *futūḥāt*-Kriege so enorm erfolgreich? Die alten Herrschaftssysteme waren erschöpft und litten unter der Erosion aller gesellschaftlichen Bereiche. Der Dschihad zählt zwar nicht zu den fünf Säulen der islamischen Glaubenspraxis, hat jedoch als religiöse Pflicht einen hohen Stellenwert gleich nach der Gebetspflicht.[42] Schon von daher kann vom religiösen Impuls und der religiösen Motivation als Faktoren nicht abgesehen werden, vor allem wenn man im Vergleich dazu die zeitgenössischen byzantinischen Verhältnisse betrachtet. Hinzu kommt, dass die neuen Herrscher in der Regel bestehende Strukturen nicht zerschlugen, sondern ihren Zwecken dienlich machten. In der Praxis bedeutete dies, dass die Muslime die teilweise hochzivilisierten ökonomischen, administrativen und gesellschaftlichen Traditionen und Institutionen des römischen, dann des persischen Reiches übernahmen, erst nur oberflächlich „islamisierten", um dann freilich später eigene Kulturformen zu entwickeln. *Islamische* Ansprüche wurden auf die Länder in dieser Hinsicht nur eingeschränkt

---

[41] „Aufruhr gegen die göttliche Ordnung", innerislamischer Krieg, im Koran: „schwere Prüfung".

[42] Dschihad ist *farḍ kifāya*, d. h. kollektive Pflicht, nicht Pflicht jedes Einzelnen *(farḍ ʿain)*. Wenn eine genügend hohe Anzahl von Muslimen für den Kampf bereitsteht, sind die anderen einstweilen von der Pflicht befreit. Der jeweilige islamische Machthaber entscheidet, wann und für wen aus der „kollektiven Pflicht" eine „individuelle Pflicht" wird. Nicht wenige Gelehrte betrachten den Dschihad als sechste der Glaubenssäulen *(arkān)*. Nach Ibn Taimīya sind das Gebet und der Dschihad die muslimischen Hauptpflichten (die beiden „höchsten Bekenntniszeichen", *ahamm amr ad-dīn*). Der hanbalitische Rechtsgelehrte und Theologe ist im wahhabitischen und salafitischen Islam hoch angesehen und beliebt.

erhoben, dies zuallererst in Gestalt administrativer und juristischer Hegemonie, die freilich langfristig die nichtislamischen Gesellschaftsanteile minimierte oder zum Verschwinden brachte.

Unter dem Gesichtspunkt der Landfrage kommt noch ein anderer höchst relevanter Faktor in den Blick: die Kriegsbeute. Sie spielt im Zuge der „Öffnung" von Gebieten für den Islam (Eroberungen) eine nicht zu unterschätzende Rolle für Motivation und Zusammenhalt der Kämpfer. Ein Fünftel stand „Allah und seinem Gesandten" zu, so schon Sure 8,41.[43] Der Rest wurde unter allen anderen Kriegsteilnehmern verteilt. Dabei sind mehrere Beutearten zu unterscheiden.[44] Neben einzelnen Beutestücken (*anfāl*, z. B. ein Schwert, ein Panzerhemd o. Ä.) wurden die Güter, die durch die im Krieg siegende Gemeinschaft in Besitz genommen wurden, *ġanīma* „Kriegsbeute" genannt (z. B. Tross, Handelswaren). Mit der Dschihadbewegung kam das im Dschihad von Gott für die Gläubigen „zurückgeholte" Gut und Land hinzu. Dafür wird der Ausdruck *faiʾ* gebraucht,[45] der das eroberte Land und die darauf erzielten Erträge bezeichnet. Diese Art der Beute reflektiert eine Entwicklung, nach der Muhammad den Gläubigen keine Geschenke aus der Beute mehr zukommen ließ, sondern ihnen *Land* überließ, aus dem sie sich versorgen konnten (s. o. Sure 59). Die Teilnahme am Dschihad war die Gegenleistung dafür.

Mit der Landgabe wurden zu Zeiten unterschiedliche Ziele verfolgt und Landbesitz unterschiedlich bewertet.

a) Ein Modell bestand darin, von der Bewirtschaftung der zugewiesenen Ländereien sogenannte *ṣadaqāt*, eigentlich „Gaben", zu fordern, was sich zu einer Art (innerislamischen) Tributzahlung entwickelte.[46] Die Stämme verfügten über Land und brachten dafür Abgaben auf, die teilweise hohe Einnahmen erbrachten, welche wiederum an Arme und Bedürftige verteilt wurden. Die männlichen Mitglieder der Gemeinschaft, die erwachsen wurden, erhielten keine Gaben mehr, sondern waren nun zum Dschihad aufgefordert bzw. verpflichtet. Sie mussten nun selber „von Gott zurückgeholtes Land" bestellen und entsprechend Abgaben fließen lassen.[47]

b) Unter ʿUmar b. al-Ḫaṭṭāb (Kalif 634-644) wurde ein Dotationssystem eingerichtet, das mit materiellen Mitteln nicht zuletzt dazu diente, die Dschihadan-

---

[43]  Sure 8 als Ganze feiert den Sieg von Badr 624, den die Muslime über die mekkanischen Qurais̆ in einer Schlacht während des Ramadans errangen. Sie trägt den Namen *al-Anfāl* „Die Beute" (s. ab V. 1).

[44]  Vgl. zum Folgenden Tilman Nagel, Mohammed, 316.360f.364.

[45]  Das Verb *fāʾa* bedeutet zunächst zurückkehren (vom Schatten: von Westen nach Osten wechseln), im IV. Stamm: jemandem zufallen lassen; als Beute geben (wörtlich „zurückkehren lassen").

[46]  Vgl. Tilman Nagel, a.a.O., 383ff (399ff.420ff).

[47]  A.a.O., 435.

strengungen in Gang zu halten.[48] Dschihadkämpfer *(muǧāhidūn)* wurden nach Kriegsverdiensten „dotiert" und so auch zum Kampf motiviert. Dies kam der Mentalität der arabischen Nomaden entgegen, beweglich zu bleiben, und stellte genügend verfügbare Kämpfer bereit. Bodeneigentum wurde nicht als erstrebenswertes Gut betrachtet. Noch Jahrhunderte später wird die Kriegermentalität in mitleidigen Äußerungen gegenüber jenen hochgehalten, die an ihre Scholle gebunden sind und deren Existenz man an der Grenze des Elends wähnt.[49] Die Bindung an eigene Erde wurde auf diese Weise gerade nicht begünstigt. Welche Formen diese Haltung annehmen konnte, ist bei *al-Walīd b. Muslim* (gest. um 810) überliefert. Der Damaszener Gelehrte schreibt über ʿUmars Bodenpolitik, dass Ländereien bewusst in den Händen der nichtmuslimischen Unterworfenen belassen worden seien, so dass diese sie bestellen sollten und aus dem Ertrag die Grundsteuer *(al-ḫarāǧ)* für die Muslime erhoben werden konnte. Wenn einer der Unterworfenen zum Islam übertrat, hatte er wohl die Steuerpflicht nicht mehr, sein Land und sein Haus gingen jedoch in den Besitz seiner (nichtmuslimischen!) Dorfgenossen über, die nun ihrerseits die Steuerlast zu übernehmen hatten. Der Konvertit verfügte seinerseits über das gesamte bewegliche Vermögen einschließlich Sklaven.[50]

c) ʿUtmān b. ʿAffān (Kalif 644-656) wandte sich von dieser Politik ab und ging dazu über, bestimmten Personen Ländereien zuzuweisen und damit verstärkt Landbesitz in muslimischer Hand zu mehren.[51]

### 2.3.2. Ausgehend von der Arabischen Halbinsel: Territorium des Islam

Der Gedanke eines islamischen Territoriums nimmt seinen Ausgangspunkt beim islamischen Totalanspruch auf die Arabische Halbinsel. Dieser stützt sich auf die Ursprungsorte und -geschichten des Islam und gibt sich eine Grundlage in Muhammads Ansprache während seiner „Abschiedswallfahrt" nach Mekka im März 632, ungefähr drei Monate vor seinem Tod. In dieser in verschiedener Hinsicht bedeutsamen, mehrfach überlieferten Rede *(ḫuṭbat al-wadāʿ)* nimmt die Formel „euer Blut und Gut" einen wichtigen Platz ein. So etwa gleich zu Beginn, hier nach Ibn Hišām:

> O ihr Leute, haltet euer Blut und euer Gut heilig, bis ihr euerm Herrn begegnet, so heilig wie euch dieser Tag und dieser Monat ist, denn ihr werdet einst euerm Herrn

---

[48]  A.a.O., 521ff.
[49]  A.a.O., 527.
[50]  A.a.O., 520.
[51]  A.a.O., 584.

begegnen und er wird euch nach euern Werken fragen, und ich habe euch alles geoffenbart (*fa-qad ballaġtu*).[52]

Das Leben und der Besitz der Muslime sind dieser Überlieferung zufolge *ḥarām* (unverletzlich, unantastbar, heilig), was nach dem Kontext vor allem als einem Leben in Übereinstimmung mit den göttlichen Geboten und Ordnungen entsprechend zu verstehen ist. Dazu gehören u. a. zinslose Wirtschaft, die islamische Kalenderordnung und die Frau als Gehilfin (oder: Gefangene) des Mannes, die nichts aus sich selbst vermag bzw. beherrscht.[53] Gott selbst hat „euer Blut und euer Gut" bis zum Jüngsten Tag geheiligt *(inna llāha qad ḥarrama ʿalaikum dimāʾakum wa-amwālakum)*, und zwar, wie später in der Rede in Dialogen einzeln ausgeführt wird, so wie er „diesen euren Monat" geheiligt hat, der ein „heiliger Monat" *(šahr ḥarām)* ist, – so wie er „dieses euer Land" geheiligt hat, das ein „heiliges Land" *(balad ḥarām)* ist, – und so wie er schließlich „diesen euren (Fest-)Tag" des großen Pilgerfestes *(yaum al-ḥaǧǧ al-akbar)* geheiligt hat.[54] „Dieses euer Land" *(arḍukum hāḏihī* oder *baladukum hāḏā)* wird mit der Konnotation der „Heiligkeit" versehen, und das so als „geheiligtes/heiliges" verstandene Land kommt in eine Reihe mit den absolut geschützten Bereichen islamischen Lebens zu stehen.

Mit „diesem eurem Land" ist entweder Mekka und Umgebung oder doch das ganze dem Islam unterworfene Gebiet gemeint. Wichtig scheint für die weitere Entwicklung der religiösen Sinngebung des Verhältnisses zum Land die damit verbundene theologische Deutung zu sein, die sich hier andeutet:

> Ihr Leute! Der Satan ließ alle Hoffnung fahren, fortan in diesem euren Land angebetet zu werden! Doch ist er damit zufrieden, dass man ihm anderswo gehorcht. Ihr erachtet dies für belanglos, er aber ist damit zufrieden![55]

Zu dieser für uns zentralen Stelle der Abschiedspredigt, deren *terminus ante quem* in der vorliegenden Gestalt das frühe 9. Jahrhundert ist, erklärt Tilman Nagel: „Die Ausdehnung der Herrschaft des Gesandten Allahs bedeutet zugleich die Einengung des Wirkungskreises des Satans. Demnach ordnen sich mit der Islamisierung der Erde die Verhältnisse aufs neue so, wie Allah sie beabsichtigt und am Tag der Schöpfung eingerichtet hatte. Die Einführung des reinen Mondkalenders, das Verbot des Wuchers, die Verkündung des Status der Frauen [...] und die möglichst vollständige Unterbindung aus heidnischer Zeit herrührender

---

[52] Ibn Hišām, as-Sīra an-nabawīya, Bd. II, Teil 4, 603: „... *inna dimāʾakum wa-amwālakum ʿalaikum ḥarām ilā an talqau rabbakum* ..." Gustav Weil, Das Leben Mohammed's, Bd. II, 316 übersetzt „euer Gut und euer Blut" („eure Ehre", wie oft zusätzlich zu lesen ist, steht nicht im arabischen Text).

[53] Oder: besitzt *(fa-innahunna ʿindakum ʿawānin lā yamlikna li-anfusihinna šaiʾan)*.

[54] Ibn Hišām, a.a.O., Bd. II, Teil 4, 605.

[55] al-Wāqidī, zit. nach Tilman Nagel, Mohammed, 449. Bei Ibn Hišām, a.a.O., Bd. II, Teil 4, 604.

Blutfehden [...] schaffen einen Raum, in dem nach Mohammeds Überzeugung Allahs reines Bestimmen herrscht und die Hingewandtheit der Geschöpfe zu ihm gewährleistet ist."[56]

Historisch führten die sogenannten *ridda*-Kriege, die Kämpfe zur Unterwerfung der nach dem Tod Muhammads vom Bündnis mit den Muslimen abgefallenen Stämme Arabiens 632-633, zur islamischen Einigung der Arabischen Halbinsel.[57] Die *ǧazīrat al-ʿarab* „Insel der Araber" wurde bald programmatisch frei von Nichtmuslimen. An verschiedenen Stellen überliefert die islamische Tradition den Ausspruch des Propheten, der als Begründung für die bis heute in jeder Hinsicht extrem eingeschränkten Rechte von Nichtmuslimen etwa in Saudi-Arabien herhalten muss: „Vertreibt die Polytheisten *(mušrikūn)* von der Arabischen Halbinsel."[58] Auch die Vertreibung der Juden aus dem Ḥiǧāz und der Christen aus Naǧrān soll auf Muhammads Befehl zurückgehen. Das Ursprungs- und Kernland des orthodoxen sunnitischen Islam ist in relativ kurzer Zeit *das* islamische Territorium par excellence geworden und bis heute geblieben.[59]

Zur religiösen Sinnsteigerung von Landeinnahmen tragen die Assoziationen bei, die den Dschihad schon früh mit religiösen Riten verbanden: Dabei ist zunächst an die Verbindung von (Pflicht-)Gebet und Dschihad zu denken. Die Aufstellung in Gebetsreihen in der Moschee heißt wie die Aufstellung in Schlachtreihen im Dschihad arabisch *ṣaff*. Dabei kommen in diesen (Gebets- oder Kampf-) Reihen jeweils Personen mit unterschiedlichsten Charakteren, Herkünften, Qualifikationen, sozialem Status etc. in einer Einheit nebeneinander zu stehen. Und die betende Gemeinde folgt dem Imam wie die kämpfende Schar dem Feldherrn.

Gebet und Eroberung sind an vielen Stellen auch der geschichtlichen Entwicklung eng aufeinander bezogen. Wir schließen daher an dieser Stelle den

---

[56] Tilman Nagel, a.a.O., 450 (Die „Hingewandtheit" der Geschöpfe zu Gott wird arabisch durch *aslama [waǧhahū]* ausgedrückt, dem ursprünglichen Begriff des „Islam"). Interessant ist, dass Muhammad nach Ibn Hišām – unter der Überschrift „Sendung des Usama b. Zaid nach Palästina" – unmittelbar nach seiner Abschiedspredigt eine Expedition ins Gebiet von Syrien/Palästina *(Šām)* anordnet. Über Inhalt und Zielen dieser Unternehmung wird nichts gesagt. Umso mehr fällt auf, dass dieser Bezug zur *arḍ Filasṭīn* hier markiert wird (Ibn Hišām, a.a.O., Bd. II, Teil 4, 606).

[57] *ridda* heißt soviel wie Apostasie, wobei längst nicht alle der dann endgültig unterworfenen Stammesgruppen in Vertragsverhältnissen mit den Medinensern gestanden hatten. Andererseits konnte die – zu der Zeit durchaus nicht unübliche – Aufkündigung von Bündnissen nach dem Tod des Bündnispartners (in dem Fall Muhammad) nun in einer neuen Qualität als religiöser Abfall vom Islam geahndet werden.

[58] Ṣaḥīḥ al-Buḫārī, Buch 56: K. al-ǧihād wa-s-siyar, Nr. 3053; Buch 58: K. al-ǧizya wa-l-muwādaʿa, Nr. 3168; Buch 64: K. al-maġāzī, Nr. 4431). (vgl. die Aufnahme z. B. in dem Fatwa www.islam-qa.com/ar/ref/13759) Der Ausspruch war in jüngster Zeit zum Schlachtruf der Araber in der Terrororganisation *al-Qāʿida* geworden.

[59] Vgl. dazu näher Tilman Nagel, a.a.O., 551.

Kreis mit dem oben (2.1 und 2.2) Gesagten, indem wir uns am Ende diesen Aspekt der islamischen Expansion am Beispiel Jerusalems vor Augen führen.

Im kulturellen Gedächtnis von Christen und Muslimen in Palästina spielen Berichte über die Eroberung Jerusalems eine herausragende Rolle, die das Motiv des Gebets von Muslimen dezidiert mit der Inbesitznahme von Orten verknüpfen. Palästina wurde von ʿAmr b. al-ʿĀṣ eingenommen, wie Abū Bakr es angeordnet hatte. Doch es ist der Kalif, ʿUmar b. al-Ḥaṭṭāb, der der muslimische Protagonist in beiden hier zu nennenden Überlieferungen ist. Die eine Szene, die im Abstand von dreihundert Jahren von Eutychios von Alexandria aufgezeichnet worden ist, dient als „Ätiologie für die unterlassene Gründung einer Hauptmoschee an der Stelle der Grabeskirche" (Feldtkeller), belegt also gleichsam *ex negativo* den Konnex von islamischem Gebet und „Landnahme":

> Als das Tor geöffnet war, betrat Omar die Stadt mit seinen Kameraden und setzte sich in das Atrium der Anastasis. Da der Zeitpunkt des Gebets für ihn gekommen war, sagte er zu dem Patriarchen Sophronios:[60] „Ich will beten." Der Patriarch antwortete ihm: „Anführer der Gläubigen, bete an dem Ort, wo du dich befindest." „Ich werde hier nicht beten", antwortete Omar. Also führte der Patriarch ihn in die Kirche Konstantins und befahl, ein Matte in der Mitte der Kirche auszulegen. Aber Omar sagte zu ihm: „Auch hier werde ich nicht beten", und er ging hinaus auf die Treppe, die sich nach Osten zu vor dem Portal der konstantinischen Kirche befindet. Er betete ganz allein auf der Treppe. Dann, als er sich wieder gesetzt hatte, sagte er zum Patriarchen Sophronios: „Weißt du, Patriarch, warum ich nicht im Inneren der Kirche gebetet habe?" „Anführer der Gläubigen", sagte Sophronios, „ich weiß es nicht." Omar antwortete: „Wenn ich im Inneren der Kirche gebetet hätte, wäre diese für dich verloren gewesen und aus deinen Händen genommen, denn nach meinem Tod hätten die Muslime sie in Besitz genommen und gesagt: Omar hat hier gebetet. Aber gib mir ein Blatt Papier, damit ich dir einen Vertrag schreibe." Und Omar verfasste ein Dekret: „Die Muslime werden nicht auf der Treppe beten, es sei denn immer nur ein einziger zur selben Zeit. Sie werden sich dort nicht zum Gemeinschaftsgebet versammeln, noch werden sie auf ihr durch den Ruf des Muezzins zusammengerufen werden." Nachdem er diesen Vertrag verfasst hatte, gab er ihn dem Patriarchen.[61]

Die zweite Legende – aus relativ später Zeit – lässt ʿUmar sofort nach der Kapitulation der Stadt, also gleichsam beim ersten Kontakt mit Jerusalem bzw. dem „Heiligen Land", den Betort Davids, den Tempelplatz, aufsuchen, um dort das Gebet zu verrichten und dadurch Jerusalem als heilige Stadt in das „Haus des Islam" einzugliedern:

> „Führe mich zum Betort Davids!" Und – so heißt es weiter – nicht wie ein Eroberer, sondern als Pilger, in ein einfaches Schaffell und das grobe Baumwollhemd der Beduinen gekleidet, zog er [ʿUmar] vom Patricius geführt und in Begleitung seiner Gefährten vom Ölberg hinunter in die Stadt. Der Patricius zeigte ihm zuerst die Grabes-

---

[60]   Sophronius war Jerusalemer Patriarch 634–638.
[61]   Zitiert nach Andreas Feldtkeller, a.a.O., 48. Dort auch zur hermeneutischen Problematik mit Blick auf Historizität und historische Sinngebung jeweils unterschiedlicher Akteure.

kirche und sagte: „Dies ist der Betort Davids." Darauf erwiderte der Kalif nach einigen Augenblicken des Nachdenkens: „Du redest nicht die Wahrheit. Der Gesandte Gottes hat mir von dem Betort Davids eine Beschreibung gegeben, der dieses Bethaus nicht entspricht." Darauf führte der Patricius den Kalifen an die Stätte des Davidgrabes auf dem Zionsberg: „Hier ist der Betort Davids." Wieder erwiderte der Kalif: „Du lügst, der heilige Ort, den ich suche, sieht anders aus." Endlich brachte der Patricius den Kalifen zum Tempelplatz, den sie durch das Bāb Muḥammad betraten. Der Unrat, der den heiligen Platz bedeckte, reichte bis zur Höhe der alten Torhallen und bis in das Gässchen, das da vorbeiführte. „Du kannst nicht anders eintreten", sagte der Patricius, „als dass du auf dem Bauch hineinkriechst." „So sei es denn", antwortete der Kalif, „auf den Bauch!" Der Patricius kroch voran, der Kalif und seine Begleiter folgten, bis sie im Innenhof ankamen. Dort konnten sie aufrecht stehen. Der Kalif prüfte den Ort lange und aufmerksam. Er ließ seine Blicke links und rechts schweifen. Dann rief er aus: „Allahu akbar! Bei dem, der meine Seele in seinen Händen hält, das ist der Betort Davids, von dem uns der Gesandte Gottes erzählt hat, als er während seiner Nachtreise zu ihm gekommen ist." Der Kalif fand den heiligen Felsen *(aṣ-ṣaḫra)* bedeckt mit einer Menge von Unrat, den die Griechen (d. i. die Christen) aus Hass gegen die Kinder Israel dorthin geworfen hatten. Da breitete er seinen Mantel aus und schickte sich an, damit den Misthaufen zu fegen; und seine (muslimischen) Begleiter folgten seinem Beispiel. Anschließend verrichtete er kniend sein Gebet und sprach: „Betet nicht, bis der Regen diese Stätte dreimal benetzt (und damit den Platz entsühnt) hat."[62]

Der historische Wert ist selbstverständlich je nach Perspektive umstritten, steht hier aber auch nicht zur Debatte. Die wichtige Rolle, die das Gebet bei der Landnahme spielt, wird aus den Texten exemplarisch ersichtlich: Wo Muslime beten, wird dieses Gebiet für den Islam beansprucht. Das jedenfalls ist für viele Muslime schon durch das Verhalten des Eroberers von Jerusalem belegt.[63]

Vor diesem Hintergrund erscheint die Namengebung von Moscheen im Westen in einem eigenen Licht, um mit einem Seitenblick diesen Abschnitt abzuschließen. Wenn allein fünfzehn Moscheen in Deutschland nach Mehmet II. Fatih, der 1453 das christliche Byzanz einnahm, „Eroberer-Moschee" benannt sind,[64] so werden damit geschichtliche und ideologische Bezüge aufgerufen, die ihre Wurzeln in den Verflechtungen von Gebet, Dschihad und Eroberungen seit den *futūḥāt* der ersten muslimischen Generationen haben.

---

[62] ʿAbd ar-Raḥmān b. Muḥammad Muǧīr ad-Dīn al-Ḥanbalī in seiner „Geschichte Jerusalems und Hebrons" aus dem Jahre 1496, die in manchem gleichwohl durch frühislamische Quellen bestätigt wird. Zitiert nach Stefan Schreiner, al-Quds, a.a.O., 300.

[63] So wunderten sich Christen in Deutschland, die türkischen Muslimen den Kölner Dom am 3.2.1965 zum Abschluss des Ramadans zum Gebet zur Verfügung gestellt hatten, nicht wenig, als die Gäste sich anschließend beim Erzbistum für die Übergabe des Doms an den Islam bedankten. Einige Muslime waren davon ausgegangen, der Ort, an dem sie beteten, sei nun als islamischer Besitz zu betrachten.

[64] So schon vor Jahren bei Ursula Spuler-Stegemann, Muslime in Deutschland. Informationen und Klärungen, Freiburg i. Br. [3]2002, 156.

# 3. Zwischen *Umma* und „Vaterland" – Nationalismus, Islamismus, Dschihadismus

Ungeachtet der historischen Entwicklungen im Einzelnen ist es eine Tatsache, dass Jerusalem im Bewusstsein der Heutigen als drittheiligster Ort des Islam fest verankert ist. Der *ḥaram aš-šarīf* soll der Ort sein, der dem Paradies am nächsten ist. Dass ein Gebet dort um ein Vielfaches verdienstvoller und wirksamer sei als an jedem anderen Ort der Welt, wurde schon erwähnt (s. 2.2 Ende). Was sich Muslime diesbezüglich über Generationen erzählten, ähnelte übrigens in Vielem dem, was beispielsweise auch griechisch-orthodoxe Christen über Jerusalem zu berichten wussten. Muslime übernahmen auch den Brauch, bevorzugt in Jerusalem begraben werden zu wollen, weil hier die Auferstehung der Toten ihren Anfang nehme. Seit dem 12. Jahrhundert ist Jerusalem auch Ziel muslimischer Wallfahrten, die allerdings in erster Linie für die in der Region ansässigen Araber hohe Bedeutung haben.

Die Idee der Territorialisierung eines „islamischen Vaterlandes" bedurfte freilich der politischen Entwicklungen der Moderne, um gedeihen und Fuß fassen zu können. In diesem letzten Abschnitt sind diese nicht im Einzelnen nachzuzeichnen, sondern sollen in aller gebotenen Kürze gleichsam Koordinaten aufgezeigt werden, die das Feld der religiös aufgeladenen politischen Auseinandersetzungen um das Land ungefähr abstecken.

Ein Element ist der arabische Nationalismus, der indessen zunächst keineswegs exklusiv muslimisch geprägt war. Am Entstehen einer arabischen Nationalbewegung auf dem Gebiet von Palästina hatten orthodoxe Christen einen erheblichen Anteil, auch Anglikaner und Lateiner. Das anglikanische Bistum hatte schon 1905 eine Vertretung der arabischsprachigen Kirchenmitglieder für ganz Palästina eingerichtet, wohl das erste Gremium dieser Art, das für eine arabische Bevölkerungsgruppe speziell für dieses Gebiet zuständig war. Ein früher Beleg für den Begriff „Palästina" in seiner modernen Verwendung ist die 1911 in Jaffa von Mitgliedern der arabisch-orthodoxen Bewegung gegründete Zeitung desselben Namens *(„Filasṭīn")*.[65]

Auf muslimischer Seite trug die alljährliche Wallfahrt zur Grabstätte des Propheten Mose zur Stärkung einer palästinensischen islamischen Identität bei. In der Zeit der britischen Herrschaft wurde der Einzugsbereich der Teilnehmer des Nabi-Musa-Festes geografisch und sozial immer größer. Die Prozession war ein gesellschaftliches Ereignis, das die Grundlage für ein palästinensisches Kollektivbewusstsein legte und im Lauf der Zeit einen zunehmend politischen Charakter annahm.[66] Nach dem ersten Weltkrieg setzte der Konflikt um die Ausle-

---

[65]  Hier nach Andreas Feldtkeller, a.a.O., 322f.
[66]  Vgl. bei Anm. 34 und Hans G. Kippenberg, Gewalt als Gottesdienst, 125f; Gil Yaron, Jerusalem, 132.

gung und die Umsetzung der Balfour-Deklaration von 1917 ein, die die Errichtung einer nationalen jüdischen Heimstätte in Aussicht stellte. Die Engländer agierten nach beiden Seiten, unterstützten die Einwanderung von Juden und richteten 1922 den Obersten Muslimischen Rat *(al-Maǧlis al-islāmī al-aʿlā)* ein, an dessen Spitze der ebenso populäre wie berüchtigte Jerusalemer Mufti Amīn al-Ḥusainī (1895-1974) mit großen Freiheiten den wachsenden Widerstand gegen den Zionismus organisierte. Amīn al-Ḥusainī war ein Anführer des arabischen Nationalismus und Schüler des islamischen „Modernisten" Rašīd Riḍā, dessen Gedankengut bei der Formierung der Muslimbruderschaft von Bedeutung war und so die Prägung des modernen Islamismus vorbereitete. In dem späteren Großmufti hatten nationale und islamisch-modernistische Interessen einen agilen Anwalt, der nicht zuletzt als Schlüsselfigur für die Übernahme antisemitischer Propaganda nach westlichem Muster im Nahen Osten und für die Belebung islamischer Ressourcen des Judenhasses bekannt geworden ist.[67] al-Ḥusainī galt der Mandatsregierung – übrigens mit Billigung arabischer Christen – als der Repräsentant der gesamten palästinensischen Bevölkerung. Als Präsident des Obersten Muslimischen Rates unterstanden ihm die Schariagerichte und die religiösen Stiftungseigentümer des Landes (arab. *auqāf*, Sg. *waqf*). Die mächtige Stützmauer an der südwestlichen Ecke des Tempelberggeländes („Westmauer", „Klagemauer", *„al-Burāq aš-šarīf"*) war mit dem davor gelegenen Gelände Teil eines, ja des zentralen islamischen *waqf* des Landes, der von Amīn al-Ḥusainī seit den 1920er Jahren mit erheblichem propagandistischem Aufwand als Heiligtum allein für den Islam reklamiert wurde. Die Juden erhöben nur deshalb Anspruch auf diesen Ort, weil sie den Muslimen böswillig zu schaden trachteten, den Felsendom und die Al-Aqsa-Moschee zerstören und den jüdischen Tempel wieder aufbauen wollten. Es gab mehrfach Unruhen mit Toten und Verletzten. Der Nahostkonflikt hatte seinen blutigen Anfang genommen, der Streit um das „Land" sich am *waqf* des Heiligen Bezirks in Jerusalem entzündet.

Nach der Abschaffung des Kalifats im März 1924 standen auf verschiedenen internationalen Konferenzen drängende Fragen der weltweiten islamischen *Umma* auf der Tagesordnung. Was würde an die Stelle des (freilich zuvor schon faktisch machtlosen) Kalifats treten, welche Institutionen sollten an welchen Orten die Regie des islamischen Internationalismus übernehmen – und welche Regionalmächte würden dabei künftig das Sagen haben? Die spannungsgeladenen Interessen der Parteien des im Entstehen begriffenen Nahostkonflikts und aufseiten der panislamischen Akteure kreuzten sich, Konvergenzen wurden sicht-

---

[67] Auf Einzelheiten zu al-Ḥusainīs Verbindungen zu Hitler und der nationalsozialistischen Führung in Deutschland in den 1940er Jahren sowie seiner Rolle in der Nazipropaganda in Deutschland und von Deutschland aus (Radio Zeesen u. a.) kann hier nicht eingegangen werden, ebenso auf die höchst umstrittene Beurteilung seines Wirkens und seines tatsächlichen Einflusses.

bar, die Politisierung religiöser Ausgangslagen wie auch die zunehmende religiöse Aufladung politischer Konstellationen nahm ihren Lauf.

Aus einem im Jahr 1928 von Amīn al-Ḥusainī einberufenen „Allgemeinen Islamischen Kongress" in Jerusalem ging eine „Gesellschaft zur Verteidigung der Al-Aqsa-Moschee und der muslimischen Heiligen Stätten" hervor. Im Dezember 1931 fand in Jerusalem ein weiterer solcher Kongress statt, auf dem die Bedrohung der arabisch-islamischen Identität der „Heiligen Stätten" durch die ausländische Kolonisation Thema war und eine umfassende „islamische Ökumene" zum Schutz der Heiligen Stätten gefordert wurde.[68] Die Verknüpfung von Kolonisation und Zionismus als Symbol für die Bedrohung durch die westlichen Mächte übernahm auf diese Weise früh eine „integrierende Funktion für den islamischen Internationalismus"; darüber hinaus stellte das Thema „eine zentrale Schnittstelle zwischen islamischem Internationalismus und arabischem Nationalismus her".[69] Zu den in Art. 2 der Charta des Kongresses von 1931 formulierten Zielen gehören:

> a) Die Zusammenarbeit unter den Muslimen gleich welcher Herkunft oder Konfession zu fördern, die islamische Kultur und die islamischen Werte zu verbreiten und den Geist allgemeiner islamischer Brüderlichkeit zu fördern.
>
> b) Muslimische Interessen zu verteidigen und die heiligen Stätten und muslimischen Länder vor jeder Intervention zu schützen.
>
> c) Christliche Missionsbemühungen und Kampagnen unter den Muslimen zu bekämpfen.[70]

Die „islamische Brüderlichkeit" sollte übrigens Schiiten durchaus mit einbeziehen. Die Formulierungen sind *auch* vor dem Hintergrund der Zweiten Weltmissionskonferenz zu verstehen, die drei Jahre zuvor (1928) ebenfalls in Jerusalem stattgefunden hatte und ihrerseits einen „christlichen Internationalismus" zum Thema hatte, wobei die seit der Missionskonferenz in Edinburgh 1910 aufgeworfenen Probleme und nicht zuletzt die Frage der Juden- und „Mohammedaner"-Mission heftig umstritten waren. Für die in diesen Jahren erkennbar zunehmende „Religionisierung" politischer Interessenkonflikte mit dem „Heiligen Land" als zentralem Symbol hatten die europäischen Mächte mit ihrer kirchenpolitischen Konkurrenz im 19. Jahrhundert um symbolische Präsenz in Palästina den Grund gelegt.[71] Ende der 1920er Jahre hatte der Status Jerusalems mit den Konflikten um den *waqf* weltweite Bekanntheit erlangt und die Aufmerksamkeit vor allem der islamischen Autoritäten erregt.

---

[68]  Andreas Meier stellt die Dokumentation zum Allgemeinen Islamischen Kongress in Jerusalem von 1931 unter die Überschrift „Islamischer Ökumenismus zum Schutz der Heiligen Stätten" (Der politische Auftrag des Islam, 222).

[69]  Andreas Meier, Der politische Auftrag des Islam, 224.

[70]  Andreas Meier, a.a.O., 225-228, hier: 225.

[71]  Andreas Meier, a.a.O., 224 mit Verweis auf Alexander Schölch.

Für die Radikalisierung im Sinne späterer Islamisten war ein wichtiger Markstein der Tod des als Märtyrer und palästinensischer Nationalheld gefeierten Haifaer Imams ʿIzz ad-Dīn al-Qassām durch britische Kugeln im Jahr 1935. Mit seiner Losung „Dies ist der Dschihad – Sieg oder Märtyrertod" propagierte er die Rückkehr zur islamischen Ordnung mit Gewalt und Terroranschläge gegen Briten und Juden, auch Zivilisten. Zwar war er höchstwahrscheinlich kein formelles Mitglied der ägyptischen Muslimbruderschaft. Doch inhaltlich vertrat er dieselben Anliegen wie die neue islamische Bewegung, die von dem Volksschullehrer Ḥasan al-Bannā 1928 gegründet worden war.[72]

Ein Motto der Muslimbruderschaft *(Ğamāʿat al-iḫwān al-muslimīn)* lautet:[73]

Allah ist unser Ziel.
Der Gesandte ist unser Führer.
Der Koran ist unser Gesetz.
Der Dschihad unser Weg.
Auf dem Weg für Allah zu sterben,
ist unsere größte Hoffnung.

Bereits in den 1940er Jahren breitete sich die Muslimbruderschaft in Palästina aus. Im deren revidiertem Programm von 1978 liest sich der Passus, der sich auf die Befreiung des „islamischen Vaterlandes" bezieht, so:

„Ziele und Mittel: (2) Die Muslimbrüder sind eine universale islamische Organisation, welche sich darum bemüht, die Religion Gottes auf der Erde aufzurichten und die Ziele zu verwirklichen, um derer willen der wahre Islam offenbart worden ist. Diese *Ziele* beinhalten: [...] e) Befreiung des islamischen Vaterlandes von jeder nichtislamischen Macht in allen seinen Teilen; Unterstützung der islamischen Minderheiten gleich welchen Ortes; Verlangen nach Vereinigung sämtlicher Muslime, um eine einzige Nation zu werden. f) Errichtung des islamischen Staates, welcher die Vorschriften und Lehren des Islam praktisch anwendet, im Inneren über sie wacht und im Äußeren um ihre Verbreitung und Verkündung bemüht ist. g) Aufrichtige Unterstützung der internationalen Zusammenarbeit unter dem Schutz der islamischen Scharia, welche die Freiheit sichert und die Rechte bewahrt; [...]"[74]

Zur Verwirklichung der Ziele stützen sich die Muslimbrüder u. a. auf die „Instandsetzung der Nation im Sinn des Dschihad".[75] Die Formulierungen sind so gewählt, dass sie im Sinn einer unpolitischen moralisch-spirituellen Läuterung des Einzelnen oder der Gemeinschaft verstanden werden können, ebenso aber auch einer militanten Lesart im Sinne einer revolutionären Umgestaltung des politischen Systems Raum geben. Überschneidungen mit den Konzepten radikaler

---

[72] Hans G. Kippenberg, a.a.O., 126.
[73] Vgl. bei Andreas Meier, a.a.O., 390.
[74] Allgemeine Ordnung der Muslimbrüder, in: Andreas Meier, a.a.O., 354-357, hier: 355.
[75] A.a.O., 357.

islamistischer Gruppen, die den Dschihad als militantes Mittel auch gegen die eigene Regierung richten, sind hier angelegt.

Bis in die 1960er Jahre hinein prädominierten Nationalismus und ethnische Zugehörigkeit den Konflikt, nicht die Religion. Christen, Säkularisten und Islamisten sahen sich gemeinsam im Kampf gegen westliche und jüdische Besatzer, so etwa in der von dem Christen George Habash gegründeten Volksfront zur Befreiung Palästinas (PFLP).

Radikale islamistische Gruppierungen, die sich seit den 1970er Jahren aus der Muslimbruderschaft heraus entwickelt haben, fassten den Dschihad als das entscheidende strategische Mittel auf, um die „islamische Ordnung" nach ihren Vorstellungen militant durchzusetzen und so Sayyid Quṭbs islamistische Befreiungstheologie gewaltsam umzusetzen. Der Kampf richtete sich mit dem Vorwurf des Unglaubens *(takfīr)*[76] zuallererst gegen den eigenen Staat und die eigene Gesellschaft. Aus dieser Logik ergab sich die fortan bedeutsame Unterscheidung zwischen dem „fernen Feind" (Amerika, Westen) und dem „nahen Feind" der (bloß) nominell muslimischen Regime, die es mit äußerster Entschiedenheit zu bekämpfen gilt, da der Abfall vom Islam schlimmer ist als Unglaube an sich. Die Muslime sollten den Dschihad zudem als individuelle Pflicht verstehen, was insofern von der klassischen islamischen Rechtstheorie hergeleitet werden konnte, als in diesem Rahmen eine kollektive Pflicht so lange zur individuellen Pflicht wird, bis sie ausreichend erfüllt ist.

Dabei traten Vorstellungen von der Eroberung („Öffnung") und der Einnahme von Territorien für den wahren Islam bis hin zur Propagierung eines Kalifats(staates) – etwa seit der „Islamischen Befreiungspartei" *(Ḥizb at-taḥrīr al-islāmī)* des Palästinensers Taqī ad-Dīn an-Nabhānī – in den Vordergrund und wurden zum unaufgebbaren Bestandteil moderner dschihadistischer Ideologien. Ein Beispiel sei aus dem politischen Manifest *al-Farīḍa al-ġāʾiba* („Die vergessene Pflicht") der ägyptischen Ǧamāʿat al-ǧihād (Dschihad-Gruppe) gegeben, dessen Autor Muḥammad ʿAbdassalām Faraǧ (hinger. 1982) – wie es typisch ist für nicht wenige dieser Gruppen – keine traditionelle religiöse Ausbildung kannte, sondern als Elektroingenieur nur eine höchst oberflächliche Kenntnis islamischer Wissenschaften hatte, wie u. a. die unkritische Verwendung auch zweifelhafter Hadithe belegt:[77]

> [Zum Kampf auf dem Wege Gottes (ǧihād)]
> Es besteht kein Zweifel, dass die Götzen dieser Erde niemals enden werden, es sei denn durch die Gewalt des Schwertes. [Es folgen Aussprüche des Propheten wie: „Ich bin mit dem Schwert geschickt worden."]
> Der Prophet hat gesagt: „Gott hat mir die Erde enthüllt, und ich sah ihren Osten und

---

[76]  *takfīr* „zum *Kāfir* erklären" bedeutet das Absprechen des Glaubens, Exkommunikation, das „Für-ungläubig-Erklären" von Muslimen durch andere Muslime. Vgl. zum Folgenden Andreas Meier, a.a.O., 368-370.

[77]  Andreas Meier, a.a.O., 371-378.

ihren Westen, und meine Gemeinde wird mir ihren Besitz bringen." (Diesen Ausspruch überliefern Muslim, Abū Dawūd, Ibn Māğā und Tirmiḏī.) Dies ist bis jetzt noch nicht geschehen, denn es gibt Länder, welche die Muslime noch niemals zu irgendeiner Zeit der Vergangenheit oder Gegenwart [für den Islam] „geöffnet" (erobert) haben: Also wird es geschehen, so Gott will ... [...]

Als wir um den Gesandten Gottes versammelt waren, schrieben wir auf, was der Gesandte Gottes sagte, als gefragt wurde: Welche der beiden Städte wird zuerst geöffnet werden: Konstantinopel oder Rom? Der Gesandte Gottes antwortete: Die Stadt des Heraklius wird zuerst geöffnet werden, Konstantinopel (überliefert von Aḥmad und Daramī). [...] Dies geschah mehr als 800 Jahre, nachdem der Prophet ihre Öffnung prophezeit hatte, und die Öffnung der zweiten Stadt wird mit der Erlaubnis Gottes gleichfalls verwirklicht werden.

[Der nahe und der ferne Feind]
Es gibt die Behauptung, dass heute der Schauplatz des Dschihad die Befreiung Jerusalems ist, als eines heiligen Bodens. In der Tat ist nach der Scharia die Befreiung der heiligen Stätten für jeden Muslim eine Pflicht. Aber der Gesandte Gottes hat den Gläubigen beschrieben, dass er klug und verständig sei: Das heißt, er weiß, was nützlich und was schädlich ist [...]. Dieser Gesichtspunkt zwingt zu folgender Klarstellung:

Erstens: Die Bekämpfung des nahen Feindes *(al-ʿadūw al-qarīb)* ist wichtiger als die Bekämpfung des fernen Feindes *(al-ʿadūw al-baʿīd).*

Zweitens: Das Blut der Muslime wird geopfert, bis der Sieg verwirklicht ist.

Hier ist die revolutionär-militante Intention explizit, sie wird gegen die „vom Islam abgefallenen" muslimischen Herrscher gerichtet und, wie es nun regelmäßig der Fall ist, mit der Befreiung des „heiligen Bodens" Jerusalems verknüpft. Die offenkundige politische Instrumentalisierung des Topos kommt ohne islamrechtlich oder islamtheologisch belastbare Begründung aus, sie ist dessen – aus Sicht der Agitatoren – offenbar auch nicht bedürftig.

Prägnanter als im Fall der ägyptischen Gamāʿa kommt bei der Hamas der „ferne Feind" in den Blick. Die *Ḥarakat al-muqāwama al-islāmīya* („Bewegung des islamischen Widerstands") mit dem Akronym *Ḥamās*, das zugleich „Eifer" bedeutet, definiert das Ziel der Befreiung im Kampf gegen Israel spezifisch islamisch.[78] Arabisch-nationalistische Aspekte der palästinensischen Nationalbewegung fallen weg, an deren Stelle tritt der universale Horizont der weltweiten islamischen *Umma*. So wird der Begriff des „Nationalismus" *(qaumīya)* völlig zurückgedrängt. Andererseits steht die Ganzheitsideologie des islamistischen Integrismus, wie Andreas Meier es nennt, nicht grundsätzlich im Widerspruch zur Loyalität gegenüber dem „Vaterland" *(waṭan)*, auch wenn der Islamismus die Orientierungen an territorialen und ethnischen Gesichtspunkten sowie an Rechtsschulen tendenziell auflöst. Denn mit *waṭan* ist im Fall der Hamas nicht ein national verstandenes Palästina gemeint, sondern der palästinensische Teil

---

[78] Vgl. zum Folgenden Andreas Meier, a.a.O., 384-393.

des viel umfassenderen „islamischen Vaterlandes".[79] Diese für unser Thema höchst interessante Verschiebung hebt die Palästinafrage auf eine trans- und internationale Ebene, auf der unter Heranziehung traditioneller islamischer Rechts- und Staatstheorie Ansprüche auf muslimisches Territorium geltend gemacht werden. Nicht zufällig taucht hier der Begriff des religiösen Eigentums wieder auf, *waqf*, der nach islamischem Recht unter anderem definiert wird als „der Schutz von Eigentum, das zum Gegenstand einer religiösen Stiftung gemacht wurde, vor Missbrauch und die dauerhafte Sicherung der Verwendung seines Ertrags zu einem gottgefälligen Zweck".[80] Anknüpfend an die frühislamischen Eroberungen *(futūḥāt)* werden jene Territorien, die von Muslimen gewaltsam erobert wurden, als *waqf* und damit als unveräußerliches Stiftungsgut für alle nachfolgenden muslimischen Generationen angesehen. Das *waqf*-Konzept wird erweitert und ausgehend von dem Jerusalemer *waqf* am Tempelberg auf das Stiftungsland Palästina angewandt. Ansprüche auf das Land können nur und müssen auf der Grundlage der Scharia geltend gemacht werden. Die religiöse Deutung des Konflikts wird unhintergehbar, gleichsam absolut, letztlich unmittelbar mit Gottes Willen verbunden. Hingegen sind politische Lösungswege ausgeschlossen, da sie sämtlich „Herrschaft der Ungläubigen" über islamisches Land bedeuten würden. Der einzige Weg, das Waqf-Land für die Muslime zu „öffnen" bzw. zurückzugewinnen und zu sichern, ist die Erfüllung des Dschihad als individuelle Pflicht eines jeden Muslims (und nicht nur jedes Palästinensers). In dieser Perspektive wird an die Solidarität der arabischen Bruderstaaten appelliert. Auffallend ist freilich, dass und wie im Rahmen der islam(ist)ischen Reinterpretation des Befreiungskampfes (und des Verhältnisses von Land, Nation und *Umma* in diesem Zusammenhang) das westliche Territorialprinzip adaptiert wird. Denn die Vorstellung, auf „jedem Zoll des Bodens" eines Landes ein Banner zu hissen (Art. 6 der Charta), entspricht nicht islamischen Gepflogenheiten, sondern dem Geist des westlichen Kolonialismus. Der Widerhall der Landverteilung unter den westlichen Mächten am Ende des Osmanischen Reiches verbindet sich mit einer neo-dschihadistischen Ideologie der Landnahme für „die muslimischen Generationen bis zum Tag der Auferstehung".[81]

Hier Auszüge aus der Charta *(mīṯāq)* der Hamas von 1988:

> *Art. 6: [...]* Die Islamische Widerstandsbewegung ist eine spezifische palästinensische Bewegung, die ihre Loyalität auf Gott richtet, übernimmt den Islam als Lebensordnung und arbeitet darauf hin, das Banner Gottes auf jedem Zoll des Bodens

---

[79]  Andreas Meier, a.a.O., 387.
[80]  So bei Andreas Feldtkeller, a.a.O., 429.
[81]  „Diese unislamische Ausdrucksweise ist nur zu verstehen als Reaktion auf die von westlichen Mächten in der arabischen Welt eingeführte Art des Umgangs mit Territorium, um klarzustellen, daß nach der Auffassung von Hamas keine weitere Zerstückelung in Territorien das Palästina-Problem lösen kann, sondern nur eine Lösung für das Land als ganzes, die nach ihrer Vorstellung islamisch sein muß." (Andreas Feldtkeller, a.a.O., 428f)

von Palästina zu hissen. [...].

*Art. 11: Die Strategie der Islamischen Widerstandsbewegung: Palästina ist isla-
misches Waqf-Land*

Die Islamische Widerstandsbewegung glaubt, dass das Land Palästina islamisches
*waqf*-Land für die muslimischen Generationen bis zum Tag der Auferstehung ist.
Dieses Land oder ein Teil davon darf weder vernachlässigt werden, noch darf auf
dieses Land oder einen Teil davon verzichtet werden. [...]
    Dies ist der Status Palästinas nach der islamischen Scharia. Entsprechendes gilt
für jedes Land, das die Muslime gewaltsam *('anwatan)* erobert haben, denn die Muslime der Eroberungszeit haben es den muslimischen Generationen bis zum Tag der
Auferstehung als Stiftungsgut *(waqf)* übertragen ...
    *Art. 13: [...]* Politische Initiativen und sogenannte friedliche Lösungen und inter-
nationale Konferenzen zur Lösung der Palästinafrage stehen zur Glaubensüberzeu-
gung der Islamischen Widerstandsbewegung im Widerspruch. Denn die Nachlässigkeit in Bezug auf irgendeinen Teil Palästinas ist die Nachlässigkeit in einem Teil der
Religion. Der Patriotismus *(waṭanīya)* der Islamischen Widerstandsbewegung ist ein
Teil ihrer Religion ... [...]

Keine Lösung der Palästinafrage außer durch den Dschihad.
    *Art. 35: Der Dschihad für die Befreiung Palästinas ist die Pflicht jedes Muslim*
    An dem Tag, an dem die Feinde ein Territorium der Muslime erbeuten, wird der
Dschihad individuelle Pflicht für jeden Muslim. Angesichts des Raubes Palästinas
durch die Juden ist es unausweichlich, das Banner des Dschihad zu entfalten.[82]

Die „Religionisierung" des Nahostkonflikts wurde seit 1967 – man denke nur an
die symbolträchtigen Bilder israelischer Soldaten vor der „Klagemauer" – über
die Ölkrise 1973 und die islamische Revolution in Iran 1979 von verschiedenen
Seiten forciert. Die Gründung der Hamas fügt sich ins Bild.
    Mit diesen Entwicklungen ist die Landfrage mit dem Brennpunkt Jerusa-
lem/Palästina unwiderruflich in die Koordinaten der islamischen Moderne ein-
gezeichnet. Sie ist als ein Amalgam traditioneller und dann fundamentalistischer
Koranauslegung, westlich-kolonialistischer Einflüsse und radikalisierter Polit-
ideologie breit akzeptiert, wenn nicht gar essenzieller Bestandteil der Identität
des breiten Mainstreams der Muslime von Rabat bis Jakarta, von Birmingham
bis Kapstadt geworden.
    Der Koran hatte im Blick auf das heilige Land und auf Jerusalem keine isla-
mische Vision. Im Gegenteil, Muhammad und die im Entstehen begriffene muslimische *Umma* wandten sich von Jerusalem zunächst ab. Der junge islamische
Glaube sollte universal ausgerichtet sein, Ethnie und Genealogie ebenso wenig
theologische Bedeutung haben wie das „Land". Der Jerusalembezug der neuen
arabischen Religion war nichtsdestotrotz so stark und ebenso präsent, dass die
Hinwendung nach Mekka die Heilige Stadt, die „erste Gebetsrichtung", nicht
außer Acht lassen konnte. Vermittelt durch die tatsächliche frühe Islamisierung

---

[82]  Andreas Meier, a.a.O., 389-393 (Art. 6 zit. nach Andreas Feldtkeller, a.a.O., 428).

des schon für Juden und Christen höchst symbolträchtigen Ortes wie auch durch die intensive theologische Bezugnahme des Islam auf die „Religion Abrahams", entsprach die Nennung des Jerusalemer Tempelbergs in der Reihe der wichtigsten islamischen Heiligtümer (als „dritter nach den beiden Heiligen Bezirken") einer inneren Notwendigkeit. Muhammad musste gleichsam „von Mekka nach Jerusalem", um die Legitimität seines prophetischen Anspruchs zu klären und durchzusetzen.

Über die Erfahrungen der islamischen Eroberungen und Landnahme, die islamische Totalbeanspruchung der Arabischen Halbinsel, die Territorialisierung im Zuge der kolonialistischen Bestrebungen des Westens sowie die darauf einsetzenden politischen und ideologischen Entwicklungen inklusive Radikalisierung und Dschihadismus wurde der islamische Anspruch auf das „Land" historisch konkret und gleichsam eine feste irreversible Größe. Extreme, wie sie etwa durch Osama Bin Laden und *al-Qāʿida* initiiert wurden, fügen dem nichts wesentlich Neues hinzu, wenngleich auf unerhörte Weise der globalisierte Terror mit der Palästinafrage in Verbindung gebracht wird.[83]

Der Konnex wird in seiner jeweiligen Ausformung zeit- und kontextabhängig aktualisiert. So konnte auch jüngst nach der Wahl des Kandidaten der Muslimbruderschaft zum ägyptischen Präsidenten die zentrale Bedeutung Jerusalem für die arabischen Nationen und alle Muslime durch einen hochrangigen islamischen Geistlichen wieder aufgerufen werden: „Nicht Kairo, Mekka oder Medina, sondern Jerusalem soll mit Allahs Hilfe unsere Hauptstadt werden. Unter [dem neuen ägyptischen Präsidenten Muhammad] Mursi werden die arabischen Nationen wieder eine Macht mit Jerusalem im Mittelpunkt. Entweder werden wir in Jerusalem beten oder als Märtyrer sterben."[84]

---

[83]   Wortlaut der Erklärung Bin Ladens vom 7.10.2001 auf Al-Jazeera (http://www.mideastweb.org/osamabinladen3.htm): „[…] Let the whole world know that we shall never accept that the tragedy of Andalusia [Spain] will be repeated in Palestine. We cannot accept that Palestine will become Jewish. And with regard to you, Muslims, this is the day of destiny. This is a new threat against you, all against the Muslims and Medina. So be like the followers of the prophet, peace be upon him, and all countrymen , lovers of God and the prophet within, and a new battle, great battle, similar to the great battles of Islam, like the conqueror of Jerusalem. So, hurry up to the dignity of life and the eternity of death. […] […] As to America, I say to it and its people a few words: I swear to God that America will not live in peace before peace reigns in Palestine, and before all the army of infidels depart the land of Mohammad, peace be upon him. God is the greatest and glory be to Islam",
(vgl. http://www.spiegel.de/politik/ausland/0,1518,161277,00.html).

[84]   Ṣafwat Ḥigāzī im ägyptischen Rundfunk, Juni 2012:
http://www.memritv.org/clip/en/3431.htm (zuletzt abgerufen am 22.6.2012).

# Literaturhinweise

Quellen:

al-Balāḏurī, Aḥmad b. Yaḥyā: *Futūḥ al-buldān*, hg. von R. M. Radwan, Beirut 1983.

Bubenheim, A. F. / Elyas, Nadim: Der edle Qurʾān und die Übersetzung seiner Bedeutungen in die deutsche Sprache, Madina/Saudi Arabien 2005 (2. Auflage).

[al-Buḫārī:] ʿAbdallāh Muḥammad b. Ismāʿīl b. Ibrāhīm al-Buḫārī, Ṣaḥīḥ al-Buḫārī, hg. von Ḫalīl Maʾmūn Šīḥā, Beirut 2004.

Guillaume, Alfred: The Life of Muhammad. A Translation of [Ibn] Isḥāqʾs Sīrat Rasūl Allāh, Oxford 1955.

Ibn ʿAsākir, ʿAlī b. al-Ḥasan: *Taʾrīḫ madīnat Dimašq*, hg. von Muḥibb ad-Dīn ʿUmar al-ʿAmrāwī, Bd. I, Beirut 1995.

Ibn Kaṯīr, Ismāʿīl b. ʿUmar ad-Dimašqī: *Tafsīr Ibn Kaṯīr*, 8 Teile in 4 Bdn, Beirut 2007.

Ibn Hišām, Abū Muḥammad ʿAbd al-Malik: *as-Sīra an-nabawīya*, hg. von Muṣṭafā as-Saqā / Ibrāhīm al-Abyārī / ʿAbd al-Ḥafīẓ Šalabī, 2 Bde in 4 Tln, Beirut o. J. (Kairo 1936).

[Ibn al-Muraǧǧa] Abū l-Maʿālī al-Mušarraf b. al-Muraǧǧa b. Ibrāhīm al-Maqdisī: *Faḍāʾil bait al-maqdis*, Damaskus 1983.

Khoury, Adel Theodor: Der Ḥadīṯ. Urkunde der islamischen Tradition, ausgewählt übersetzt von A. Th. Khoury, 5 Bde, Gütersloh 2008-2011.

Khoury, Adel Theodor: Der Koran Arabisch-Deutsch. Übersetzung und wissenschaftlicher Kommentar, 12 Bde, Gütersloh 1990-2001.

aṭ-Ṭabarī, Muḥammad b. Ǧarīr: *Ǧāmiʿ al-bayān ʿan taʾwīl āy al-qurʾān*, hg. von M. N. Ḥalabī, 30 Bde, 2. Aufl., Kairo 1954.

al-Wāqidī, Muḥammad b. ʿUmar b. Wāqid: *Kitāb al-maġāzī*, hg. von Marsden Jones, 3 Bde, London 1966.

al-Wāsiṭī, Abū Bakr Muḥammad b. Aḥmad: *Faḍāʾil al-bait al-muqaddas*, hg. von I. Hasson, Jerusalem 1979.

Weil, Gustav: Das Leben Mohammed's nach Mohammed Ibn Ishak, bearbeitet von Abd el-Malik Ibn Hischam, aus dem Arabischen übersetzt von Dr. Gustav Weil, 2 Bde, Stuttgart 1864.

## Sekundärliteratur:

Böttrich, Christfried / Ego, Beate / Eißler, Friedmann: Abraham in Judentum, Christentum und Islam, Göttingen 2009.

Busse, Heribert: Der Islam und die biblischen Kultstätten, in: Der Islam 42 (1966), 113-143.

Busse, Heribert: Omar ibn al-Ḫaṭṭāb in Jerusalem, in: Jerusalem Studies in Arabic and Islam 5 (1984), 73-119.

Busse, Heribert: Die theologischen Beziehungen des Islams zu Judentum und Christentum. Grundlagen des Dialogs im Koran und die gegenwärtige Situation, Darmstadt 1988.

Feldtkeller, Andreas: Die „Mutter der Kirchen" im „Haus des Islam". Gegenseitige Wahrnehmungen von arabischen Christen und Muslimen im West- und Ostjordanland, Missionswissenschaftliche Forschungen, Neue Folge Bd. 6, Erlangen 1998.

Gil, Moshe: A History of Palestine, 634-1099, Cambridge 1992.

Goitein, Shlomo Dov: The Sanctity of Jerusalem and Palestine in Early Islam, in: ders., Studies in Islamic History and Institutions, Leiden [2]1968, 135-148.

Josua, Hanna Nouri: Ibrahim, Khalil Allah. Eine Anfrage an die Abrahamische Ökumene, Proefschrift ter verkrijging van de graad van Doctor in de Godgeleerdheid etc., Leuven 2005.

Kippenberg, Hans G.: Gewalt als Gottesdienst. Religionskriege im Zeitalter der Globalisierung, Lizenzausgabe für die Bundeszentrale für politische Bildung (Schriftenreihe Bd. 757), Bonn 2008.

Lewis, Bernard: Die Juden in der islamischen Welt. Vom frühen Mittelalter bis ins 20. Jahrhundert, München 2004 (1., geb. Aufl. 1987).

Meier, Andreas: Der politische Auftrag des Islam. Programme und Kritik zwischen Fundamentalismus und Reformen; Originalstimmen aus der islamischen Welt, Wuppertal 1994.

Nagel, Tilman: Mohammed. Leben und Legende, München 2008.

Neuwirth, Angelika: Erste Qibla – Fernstes Masğid? Jerusalem im Horizont des historischen Muhammad, in: F. Hahn u. a. (Hg.), Zion – Ort der Begegnung, FS L. Klein, BBB 90, Bodenheim 1993, 227-270.

Nöldeke, Theodor: Geschichte des Qorāns, bearb. von Friedrich Schwally, 3 Teile in einem Bd., Leipzig ²1909-38 (5. Nachdruck Hildesheim 2005).

Roy, Olivier: Der islamische Weg nach Westen. Globalisierung, Entwurzelung und Radikalisierung, München 2006.

Schmitz, Bertram: Der Koran: Sure 2 „Die Kuh". Ein religionshistorischer Kommentar, Stuttgart 2009.

Schreiner, Stefan: Die heilige Stadt der Muslime, in: DAMALS 35/2 (2003), 74-79.
Schreiner, Stefan: Die jüdische Bibel in islamischer Auslegung, hg. von F. Eißler und M. Morgenstern, TSMJ 27, Tübingen 2012.

Speyer, Heinrich: Die biblischen Erzählungen im Qoran, 3. Nachdruckauflage der Ausgabe Gräfenhainichen 1931, Hildesheim u. a. 1988.

Tibi, Bassam: Kreuzzug und Djihad. Der Islam und die christliche Welt, München 1999 (vollst. TB-Ausgabe 2001).

Tilly, Michael: Jerusalem, Nabel der Welt. Überlieferung und Funktionen von Heiligtumstraditionen im antiken Judentum, Stuttgart 2002.

Watt, W. Montgomery (Bell, Richard): Bell's Introduction to the Qur'ān, completely revised and enlarged by W. M. Watt, Islamic Surveys Bd. 8, Edinburgh 1970 (Nachdruck 2002).

Watt, W. Montgomery / Welch, Alford T.: Der Islam I, Die Religionen der Menschheit Bd. 25/1, Stuttgart u. a. 1980.

Werblowsky, Zwi: Die Bedeutung Jerusalems für Juden, Christen und Moslems, 2. Aufl., Jerusalem 1994.

Yaron, Gil: Jerusalem. Ein historisch-politischer Stadtführer, Lizenzausgabe für die Bundeszentrale für politische Bildung (Schriftenreihe Bd. 675), Bonn 2008.

# Theology of the Land: From a Land of Strife to a Land of Reconciliation

SALIM J. MUNAYER

> Land is given in covenant. Israel's central task is to keep it so, never to perceive its land in a social or historical vacuum. In a vacuum all kinds of coercive deeds are possible and even legitimate. But they speak no words, give no gifts, keep no promises.
>
> Walter Brueggemann

## Introduction

When considering Theology of the Land, four important principles are worth keeping in mind.[1] First, God is the creator of the land, and all creation is sustained solely by Him. Second, the land is a gift. Since God is the creator, the land is His to give as a gift, and not ours to take or selfishly hold. Third, as God has given us the gift of land, this gift is given through a covenant. Therefore we have the responsibilities as the receivers of this gift of land, for our moral and ethical choices and actions affect the land, and there are consequences for our sins. Finally, the land is a gift that has been promised to all people, it is God's blessing to all who are created in His image.

Most conversations dealing with Theology of the Land begin with Genesis 12:1-3.[2] In this passage God promises to make Abraham "into a great nation," through whom "all the people on earth will be blessed" if he will only "Go to the land I will show you." Because of eschatological concerns, and the way these promises relate to our current political situation, these passages have become very controversial and divisive. In our eagerness to "prove" who is right or wrong, and who has the most justified claim to the land, we often ignore the most fundamental and basic principles concerning the land found in the biblical narrative. In fact, the original covenant concerning the land between God and humanity occurs much earlier in Genesis 1-3, when Adam and Eve are given, and subsequently driven from, the Garden of Eden by God. In the creation narrative we see that God is the creator and keeper of all creation. He has given creation to humanity as a gift, for us to enjoy and to be blessed by, but it is a gift that comes with responsibility. We have to acknowledge Him as the creator, and our only provider and sustainer.

---

[1] For a more detailed analysis of these four principles, see *Hosea Book*, chapter 8.

[2] Manfred Kohl gives a good survey of the available literature on Theology of the Land and how it relates to the New Testament in *Towards a Theology of Land, A Christian Answer to the Hebrew-Arab Conflict*.

We are called to recognize that God is the true and only "owner" of the land, and we must realize that all of creation belongs to Him. The land is a gift from God, given through a covenant and "given by the giver of good gifts and the speaker of faithful words." As God brought the children of Israel into the Promised Land after their wilderness wanderings, the message was clear: in no way have you earned this gift, for "you did not build; you did not fill; you did not hew; you did not plant."[3] The land is a gift, for "the people who are to possess it did not create it."[4]

However, we often forget that the land is a gift, and begin thinking that we somehow deserve what we did not create. This is because, unlike the years spent wandering in the wilderness, where God was clearly the sustainer and provider, the Promised Land is a land of plenty, and life is easier. "Guaranteed security dulls the memory" and we forget the years of want and dependence. We become arrogant and selfish, unwilling to share the land with others, imagining that we somehow created paradise by our own efforts. Like the children of Israel, we begin "imagining it was always so" and that we made it so. We are "no longer recipient of land but controller, no longer creature of grace but manager of achievement."[5] In the final analysis, the land is not ours, it is His. This is clearly seen when God tells the Israelites not to sell the land permanently, "because the land is mine and you reside in my land as foreigners and strangers." (Leviticus 25:23).

If the land is a gift from God, we must also remember that this gift comes wrapped in responsibility, and that our actions have an enormous impact on the land. The "Promised Land is not a permanent gift. It is 'given,' but only for a time, and only for so long as it is properly used."[6] The disobedience of mankind led to severe consequences, and expulsion from the garden. In this first exile, we see that the relationship between man and God was forever altered. Additionally and significantly, the relationship between man and the land was also changed. As a result of mankind's sin, the ground was cursed, and turned from a fruitful garden to a barren land, which "will produce thorns and thistles," and only provide food "by the sweat of your brow" (Genesis 3:17-19). From the very beginning, humanity's moral and ethical choices have been inextricably intertwined with the health of the land.

When the land is given, a covenant is made with God. As with any covenant, there are expectations on the part of both parties involved. Obedience was required from Abraham, which he demonstrated time and again, from leaving the

---

[3]   Brueggemann, Walter, The Land, Place as Gift, Promise, and Challenge in Biblical Faith Second Edition, Fortress Press 2002, 46.

[4]   Berry, Wendell, "The Gift of Good Land" from *The Art of the Commonplace: The Agrarian Essays of Wendell Berry,* Counterpoint 2003, 295.

[5]   Brueggemann, The Land, Place as Gift, Promise, and Challenge in Biblical Faith, 51-53.

[6]   Berry, "The Gift of Good Land", 296.

land of his fathers (Genesis 12:4), to willingly offering up his only son Isaac to God as a sacrifice (Genesis 22:16). Eugene Korn writes, "The covenant is a holy contract, and as in every contract, each party acquires benefits in return for assuming responsibilities."[7] God's promise of the Land to the Israelites is often seen as an unconditional promise, but adopting this attitude is dangerous as well as unbiblical. If the promise is unconditional, any means of claiming and keeping it are acceptable, a disastrous and frightening thought, especially when the Old Testament conquest of the land of Canaan is remembered and seen as an example. "The process of taking possession of the Promised Land, a land flowing with milk and honey, required that it flow also with the blood of its indigenous population." The "divinely-mandated shedding of the blood of the natives would be redemptive" and through "this 'ethnic' massacre the land would be cleansed of the defilement with which the native population had polluted it."[8]

This sentiment has found expression in the European colonial and imperial discourse, from the Manifest Destiny of the American westward expansion to the White Man's Burden and *La Mission Civilisatrice*. This perspective has also informed the worldview of some supporters of the modern state of Israel, based on the fulfillment of biblical prophecy. This distortion of the imagery of cleansing the land is interesting, especially in light of the fact that the scriptures explicitly state that the land is defiled by sin, and is cleansed by righteousness, i.e. the proper treatment of others.

The biblical account is clear that the task given to the children of Israel as they left Egypt and entered the Promised Land was to uphold and observe the Torah. From the outset, their presence in the land was contingent on their relationship to God and to the Torah. Walter Brueggemann lists three foundational guidelines to upholding the Torah given to the children of Israel: they were supposed to keep away from any images; they were to observe the Sabbath; and they were supposed to care for others.

God warns Israel against images and idol worship because He knows that Israel will forget the great works and miracles He performed on her behalf, leading her out of Egypt, and through the wilderness.[9] "Rather, she has preferred to

---

[7]  Eugene Korn, *Land and Covenant: The Religious Significance of the State of Israel*, Revised text of an address given at the International Conference of the International Council of Christians and Jews, Chicago, July 26, 2005, taken from http://www.jcrelations.net/en/index.php?item=2691.

[8]  Michael Prior, "Violence and the Biblical Land Traditions", taken from Challenging Christian Zionism, Theology, Politics and the Israel-Palestine Conflict, edited by Naim Ateek, Cedar Duaybis and Maurine Tobin, Crowell Press 2005,129.

[9]  Brueggemann is clear that images are "something other than 'other gods,'" and refer instead to "making controllable representations of our best loyalties and visions. They are efforts to reduce to manageable and predictable form the sources of value and power in our lives," pg. 58 However, there is an obvious connection between the forbidden "images," and our discussion of land and God as the source of all physical blessings.

attribute the land's fertility to the Baalim, to pagan gods whose appeasement and worship she thinks will guarantee its bounty. She no longer considers – has indeed forgotten – her true Provider."[10] God speaks through Hosea, saying "When Israel was a child, I loved him, and out of Egypt I called my son. But the more they were called, the more they went away from me. They sacrificed to the Baals, and they burned incense to images." (Hosea 11:1-3). God very much wants us to remember that it is He who blesses the land, and sustains us through it.

This sentiment is also echoed in God's commandment to keep the Sabbath. The children of Israel were given a weekly reminder of the creation narrative, where God is the author of creation, and the whole world is His. It is also found in God's commandment of the Jubilee year, when land was returned to its original owners, "as if to free it of the taint of trade and the conceit of human ownership. But beyond their agricultural and social intent, these sabbaths ritualize an observance of the limits of 'my power and the might of mine hand' – the limits of human control."[11]

The third clause in God's covenant with the Israelites is supremely important in that it relates to the treatment of the poor, the oppressed, and minorities. They are called "brother and sister," but are also "variously characterized: the poor (Exod 23:6; Deut 15:7-11), the stranger (Exod 21:21-24; 23:9), the sojourner (Deut 14:27), the widow and orphan (Deut 24:19-22)," and those "with no standing ground in the community." Significantly, "all these landless poor are redefined as brother and sister, that is, as full participants in the promises of covenant (Lev 25:25-55; Deut 15:11, 12-18; 22:1-4)." Just as they had been strangers in Egypt, God wanted Israel to remember the strangers among them, for "Land is for sharing with all the heirs of the covenant, even those who have no power to claim it."[12] God called His people to live in peace with the strangers in their midst, and said, "Woe to you who add house to house and join field to field till no space is left and you live alone in the land." (Isaiah 5:8). These "social virtues" also have "ecological and agricultural implications" that are a result of living in close proximity to others and cannot be ignored.[13]

This last condition is indicative of the nature of God's gift. It is not exclusive, but is a gift intended to be a blessing for all humanity. As shown in Deut. 2:5, 9, and 19, God gave the gift of land, not only to the children of Israel, but to others as well, such as the Edomites, and the Moabites. As we have already seen, when it comes to the strangers dwelling among Israel, God gave very specific instruc-

---

[10] Munayer, Salim J., Hosea, Asia Bible Commentary Series, Asia Theological Association 2009.

[11] Berry, ibid., 296.

[12] Brueggemann, ibid., 58-62.

[13] Berry, ibid., 297.

tions on how they were to be treated. They were to have religious, social, and legal privileges, and were privy to all the blessings God bestowed upon Israel.[14]

Religiously they were permitted to enjoy the Sabbath rest (Exodus 23:12), to make sacrifices at the altar (Numbers 15:14), to participate in the Jewish festivals in Jerusalem (Numbers 9:14), and even granted presence at Israel's holy ceremonies (Joshua 8:33). Socially, they were protected from permanent slavery through indebtedness (Leviticus 25:47-50), received help if it was needed from the tithes that were collected, something like welfare (Deut. 14:29; 26:12), and were allowed to take what was left over from the harvest (Leviticus 19:10; 23:27; Deut. 24:19-21). Legally, Israelite and foreigner, were both under the same legal system, and they same law (Leviticus 24:22; Numbers 19:14; 15:16, 27-28). The court system was available to everyone (Deut. 1:16; 24:17), and aliens were to be protected from persecution (Leviticus 19:33-34). Additionally, aliens were to receive fair wages (Deut. 24:14), with unrestricted access to the cities of refuge (Numbers 35:15; Joshua 20:9). It is evident that they were to be treated well, and partake freely in the gift of land.[15] It is a mistake to interpret the term 'strangers' used in this context as either the Palestinians or the Israelis. Our purpose here is to discuss how we are commanded to treat others, not to determine who qualifies as a stranger in the land.

This is also evidenced in the story of Naaman's healing by the prophet Elisha in 2 Kings 5. Naaman, who was an enemy of the Israelites, was still extended grace by God, who healed him with the waters of the Jordan River. It was a gift that was tied to the land, for the Abanah and Pharpar rivers of Syria would not have had the same effect. Here we see a kidnapped girl, enslaved by the enemy, who was still willing to extend help to her master. Through her act of obedience, the name of God was glorified, and the enemy received healing in the Land.

When defining the laws God laid down for the children of Israel, it is important to remember that in their scriptural descriptions "all manifestations of holiness are in a social context." God knew that His people would not be isolated from others, and never intended it that way. Treating your own people well does not require holiness; the true measure is how you treat those who are different or less fortunate than you. "The ideal holy society is not a monolithically Jewish community, but a society where gentiles are welcomed, where compas-

---

[14] This analysis is deeply indebted to Gary Burge, who in his *Whose Land? Whose Promise? What Christians are not being told about Israel and the Palestinians,* convincingly argues that any who claim to inherit God's gift and promise are responsible to live by the rigid guidelines which accompany it.

[15] While these biblical principles are universally applicable, this 'settled vs. stranger' dichotomy is not automatically transferable to the political situation facing the Israelis and Palestinians today, even though both sides often engage in the dangerous game of dismissing the other side as 'foreigners,' and ignoring or denying their historical narrative.

sion for the 'Other' flows freely and where all respect and protect the dignity of the disadvantaged in their midst."[16]

## 1. The Borders of Promise

Much of the modern Israeli-Palestinian conflict revolves around the question of borders, and when concerned with questions pertaining to Theology of the Land, the issue of biblical borders cannot be ignored. For many, when the topic of borders is broached within this context, the physical, territorial borders of the Promised Land based on God's promises to Abraham are considered to the exclusion of almost everything else. However, recent scholarship has taken great strides toward giving us a fuller, more comprehensive picture by reexamining some basic assumptions, contextualizing the evidence, and offering a more universal reading of the scriptures that deal with the Promised Land's borders.

Drawing from the work of Nili Wazana of Hebrew University, we are able to distinguish a distinction between the actual territorial borders of the Promised Land, and the other, more symbolic references to the Land. Wazana approaches the scriptures from the perspective of Biblical Geography, and proposes that we take the images of the Promised Land in the Bible as "literary descriptions," in which case we must view them through the lens of literary analysis.[17] She identifies two qualitatively different ways in which the Promised Land and its borders are described in the Bible.

The first kind of description is dealing with a clearly identifiable and detailed entity. For example, when Abraham is promised the Land by God, in Genesis 12:1-3, the borders are not specifically given: it is referred to simply as the Land. A geographical description was not needed because it was understood that God was referencing a "conventional, well-known geographical unit," the Land of Canaan.[18] There are only a few instances in the Bible where God provides a specific map outlining the borders of the Promised Land, and they appear much later, for example in Numbers 34:1-12. This description is marked by its methodological listing of about twenty geographical landmarks, explicitly making clear what the borders were, what they included and what they did not. Interestingly, the wording of this description matches contemporaneous Hittite political-legal documents that were used to denote borders.[19] However, the Numbers 34 description, and the few others like it, are the exception, not the rule, and have to

---

[16]  Eugene Korn, Land and Covenant.
[17]  Wazana, Nili, From Dan to Beer-Sheba and from the Wilderness to the Sea: Literal and Literary Images of the Promised Land in the Bible, taken from *Experiences of Place,* Edited by Mary MacDonald, Center for the Study of World Religions, 2003, 45.
[18]  Wazana, From Dan to Beer-Sheba and from the Wilderness to the Sea, 50
[19]  Wazana, ibid., 51.

be understood within the specific context of the Israelites entering the Land from their years of wandering.

Wazana's second category of descriptions is different. Though they do include fixed, geographical borders, she suggests that they belong to a more symbolic, literary kind of description, common in the ancient world, and do not represent actual or literal borders. The first of these descriptions of the Promised Land, found in Genesis 15, is significant in that it is the only patriarchal narrative that speaks of specific borders. In Genesis 15:18-22, we see that God tells Abraham that his descendants will be given the land, "from the river of Egypt to the great river, the River Euphrates." This "from...to" phrase, a spatial merism, is common to all the descriptions of the Promised Land in this second category. They also all have borders that are delineated by either the Sea, the Wilderness, or the Mountains. Altogether there are four additional descriptions of the Promised Land that fall into this category (Exodus 23:31, Deut. 1:7, Deut. 11:24, Josh. 1:3-4), the Genesis 15 description receives added treatment by Wazana because it is unique, and significant for a number of reasons.

This description describes a huge amount of territory, spanning from the river of Egypt to the Euphrates River in Mesopotamia. Aside from being the "foundational text of the concept of Greater Israel,"[20] it is also a somewhat problematic set of Promised Land borders, because it moves a number of Old Testament narratives that clearly took place outside the Promised Land *within* the Promised Land. For example, in Joshua 3-4, the Israelites cross over the Jordan River, and *into* the Promised Land. If the eastern border of the Promised Land is marked by the Euphrates River, the Israelites would have already been in the Promised Land before they crossed the Jordan. The same problem arises when the Exodus narrative is considered. God punished the children of Israel because of their disobedience, by condemning them to wander in the Wilderness of Zin for 40 years. Aside from the hardships of living a restless and nomadic life in the harsh environment of the desert, this punishment carried particular sting because God had forbidden them from entering into the Promised Land until the generation of disobedience had died off (Num. 14:30). If the Nile River in Egypt marked the southern border of the Promised Land, God's punishment and prohibition makes no sense.

A number of scholars, (such as Jeffrey Townsend, Moshe Weinfeld, and Zecharia Kallai)[21] have identified the difference between these two categories of descriptions of the Promised Land. On one hand, there is the straightforward

---

[20]   Ibid, 52-53.

[21]   See Jeffery L. Townsend, "Fulfillment of the Land Promise in the Old Testament," Bibliotheca Sacra 142 (1985), 320-337, Moshe Weinfeld, The Promise of the Land: The Inheritance of Canaan by the Israelis, Oxford 1993, 52-75, and Zecharia Kallai, "The Patriarchal Boundaries, Canaan and the Land of Israel: Patterns and Application in Biblical Historiography," Israel Exploration Journal 47 (1997), 70.

border descriptions, typified by the Numbers 34 description but also found else-where, such as in Joshua 15:1-12 and Ezekiel 47:15-20. These descriptions clearly reference the actual Land. On the other hand are the other descriptions, which are described by Waldemar Janzen as having "originated in the expansive era of the Davidic-Solomonic empire," and were "formulated in grand utopian ancient Near Eastern royal terminology (river to river, sea to sea, etc.), and re-ceived their final crystallization by 'the so-called Deuteronomistic author or school' in the Josianic era." However, in Wazana's estimation, calling these de-scriptions from the second categories "boundary descriptions," which depict any sort of actual, physical boundaries, is a misinterpretation and a mistake.[22]

Instead, "These expressions must be studied as literary-ideological phrases, akin to other merism phrases found in the Bible and in ancient Near Eastern lit-erature.[23] This opinion is echoed by many others, including David Holwerda who writes, "Various descriptions [of the borders] were given at various times and under varying historical circumstances. Perhaps one may conclude that the land is not only a territory but an idea as well."[24]

While there are other differences that separate the two categories of descrip-tions, the most significant is perhaps the use of the merism phrases. Easily mis-taken for representing border descriptions, merism phrases actually serve a much broader literary purpose. "Merism expressions utilize the prepositions 'from' and 'to' to denote generalizations, presenting a whole (usually abstract) concept, rather than its components." Merisms are meant to indicate the size, scale, and quality of what they are making reference to, and not the literal boundaries or borders. "These merism expressions are not intended to define the extremities of the structure, but to denote its entire magnitude, its extremities determining the whole and characterizing it."[25]

There are numerous examples of merism phrases that do not refer to any kind of borders at all, such as the biblical phrases, "from Dan to Beer Sheba," which, as Zecharia Kallai points out, "is not to be taken as an indication of the bounda-ries of Israel's territories. Dan and Beer-sheba are sacred centers in the north and south of the country, respectively, and the borders are, of course, beyond them."[26]

It is also important to note that spatial merisms, while making reference to specific physical and geographical locations, are not intended to demarcate bor-ders. If the phrase "from Dan to Beer Sheba" was meant to literally represent the borders of the Promised Land, it would be nonsensical, as it would call for a straight line between the two locations. Obviously it is not meant to be taken

---

22    Wazana, ibid., 55-56.
23    Ibid.
24    Holwerda, David, Jesus and Israel, One Covenant or Two? Grand Rapids 1995, 89-90.
25    Wazana, ibid., 56.
26    Ibid., 57.

literally. Instead, "spatial merisms express a whole territorial area. They do not refer to a line connecting two places, but designate a whole territorial *concept*, which the representing sites signify"[27] (emphasis mine). As we shall see, in the ancient Near Eastern context, when the spatial merisms include sites such as the Sea, or the Wilderness, the territorial concept being portrayed is universal in scope.

In order to understand the significance of the difference between these two categories of descriptions, it is important to place both categories within their proper context. Whereas the "full border description" given in Numbers 34 is "connected to settlement and inheritance," and is clearly referencing a real place, the other form, with the spatial merisms, is "found in the context of war and conquest, tied up with promises of victories over enemies."[28] Within this context, they are meant to indicate not only the Promised Land, but the whole world. It is a universal claim that stretches across the whole earth. This is seen because of the use of the Sea, the Wilderness, and the Mountains as delineating the "cosmic" borders. For "in ancient Near Eastern traditions these are the areas depicting the very ends of the earth."[29]

Wazana demonstrates how these three areas, the Sea, the Wilderness, and the Mountains carried with them connotations of chaotic evil and lawlessness in the literature of the ancient Near East. This is evident in Babylonian, Ugaritic, and Hebrew scriptures. While true that in the biblical account these themes are dealt with in a different way, their influence is still felt even in some of the most well known biblical narratives, such as the story of Jonah, the Israelite's desert wanderings, and the episode atop Mount Sinai. The tumultuous relationship between the ancient Hebrews and these elements of the greater ancient Near Eastern culture does not question the divinely-inspired nature of the scriptures they produced, but shows that the writers could not escape the cultural context they dwelt in, and it is reflected in their writings.

It seems safe to assume, with Wazana, that when these spatial merisms are used to describe the Promised Land, they were not intended to indicate the literal boundaries of the Land of Canaan. Instead, they were the boundaries of another Promised Land: the whole world. They were used to show the vast magnitude of God's blessings and promise, which was to stretch to the ends of the earth. Spatial merisms are also related to the idea of military domination, and are similar in many ways to the type of terminology that was typical of Neo-Assyrian imperial propaganda. Thus, "The promise reflected in spatial merisms is not to be understood literally, nor should it be translated and transformed into border lines on maps. It is a promise of world dominion."[30]

---

[27] Ibid., 56.
[28] Ibid., 63.
[29] Ibid., 64.
[30] Ibid., 71.

Did this mean that God was pledging to Abraham that his descendants would conquer the entire world and rule over them by some imperialistic divine right, based on ethnicity? According to Yohanna Katanacho this is not the case. He explains that the ancient Near Eastern mentality of empires or global kingdoms was "by nature multiethnic and not tribal or parochial."[31] He draws on the work of Kenton Sparks, who claims that "For Egyptians and Assyrians, identity was political and cultural, not ethnic, and linked with kingship, the king's relationship to the deity, and the deity's role in extending the national borders and the native empire to the 'ends of the earth.'"[32] God's Kingdom, in the context of the promise, is one of justice, peace, and wholeness for the entire world.

## 2. From Jerusalem to the Ends of the Earth: The Universal Promise of the Kingdom of God

God's true vision becomes clear when He speaks of the inhabitants of the Promised Land. Katanacho says they will be "as numerous as the sand of the sea or the stars of heaven, for God's intentions were not to formulate fixed borders but to unite the ends of the world under the Abrahamic banner." We see evidence for this in Psalms 2:8, which claims, "I will make the nations your inheritance, the ends of the earth your possession". Unquestionably, "God did not intend to isolate Abraham or his descendants from the rest of the world. On the contrary, he wanted a theocratic kingdom filled with Abraham's children."[33]

Aside from pointing out the differences between the two types of descriptions of the Promised Land, the highly detailed description in Numbers 34, and the spatial merism descriptions that are largely symbolic, Wazana's research also hints at the universal aspects of the spatial merism promises. When considering Theology of the Land, and bringing New Testament concerns into the picture, the catholic implications of God's promise to Abraham become clear. Katanacho says that "The New Testament demonstrates that Christ is the Abrahamic seed in which and through which all the promises are fulfilled. Through Him Haaretz (Abrahamic) grows into Haaretz (Global)." He quotes Kenneth Bailey who, when commenting on Romans 4:13; says that "even though Paul knew the Septuagint well, he felt free to replace the word 'ge,' the Greek equivalent of Haaretz, with 'cosmos' or the whole world, in order to highlight the cosmic di-

---

[31]  Katanacho, Yohanna, "Christ is the Owner of Haaretz", Christian Scholar's Review, Vol. XXXIV (Number 4) Summer 2005, 438.

[32]  Sparks, Kenton L., Ethnicity and Identity in Ancient Israel: Prolegomena to the Study of Ethnic Sentiments and Their Expression in the Hebrew Bible, Eisenbrauns, 1998, 91.

[33]  Katanacho, Yohanna, "Christ is the Owner of Haaretz", ibid., 437.

mensions of the Abrahamic promises; Paul is clearly expanding the promises of land mentioned in Genesis 12:7 and 17:8."[34]

We see in Romans 4:13 the promise that Abraham and his seed will become the "heir of the world," not through "the law, but through the righteousness of faith." If this promise was to be fulfilled only through the law, then faith would be void and the promise invalid. In verse 16 we see that this promise is not only to those "who are of the law" but also "to those who are of the faith of Abraham, who is the father of us all." Holwerda states, "For Paul, the promise to Abraham had a cosmic sweep, including not just the territory of Canaan but the entire inhabited world."[35]

Given the context of the rest of Romans 4, where Paul is writing about Abraham's faith and about the covenant of circumcision, it is perhaps wise to rethink our traditional interpretation of the promises God made to Abraham, to incorporate all who share the same faith as Abraham. I would like to suggest that in this instance Paul is not bringing anything radically new, but merely giving these promises their proper exegesis. Aside from the few instances of border descriptions, including the Numbers 34 description, which is set in the context of settlement, where God is giving specifically designated land to a specific people at a specific time, the rest of these passages, which are commonly taken to be border descriptions of the Promised Land, are actually promises to all the children of Abraham, the "father of us all." For, according to Galatians 3:29, "If you belong to Christ, then you are Abraham's seed, and heirs according to the promise."

The arrival of Jesus made this promise available to all. We see it from the very beginning of the New Testament, where Matthew gives the parentage of Jesus and surprisingly includes four women. Not just any women, and not "the four matriarchs of Judaism – Sarah, Rebekah, Rachel, and Leah – but four women who are foreigners and not especially "holy": Tamar and Rahab the Canaanites, Ruth the Moabite, and Bathsheba, the wife of a Hittite." While Jesus was fulfilling the prophecy concerning His birth, and did come through the Jewish people in a Jewish context, it is clear that "As the people of God, Israel was always intended to be and to become a universal people, not limited by racial purity."[36]

The universal implications of God's promise, evident from the start, are often ignored by those who choose to see in the promise any exclusive reading based on ethnicity or religion. However, "The Biblical data demonstrates that the concept of the borders of Haaretz was fluid since its inception and that God wanted

---

[34] Katanacho, ibid., 440, quoting from Bailey, Kenneth E., "St. Paul's Understanding of the Territorial Promise of God to Abraham," Theological Review: Near East School of Theology XV/1 (1994), 60.

[35] Holwerda, David, Jesus and Israel, 103.

[36] Holwerda, ibid., 35.

to reach to the ends of the earth. This vision is only possible through Christ, for He alone is the legitimate owner of Haaretz, a place that is not made up of mere dirt but is a locale where righteousness and justice should prevail."[37] Indeed, "The issue for the Bible, therefore, is not about borders, whether the dust of the Land of Israel is holy, or whether the Land has unique metaphysical properties." The rabbinical tradition in Judaism understands, according to the biblical ideal, "the ascription of holiness to dust and walls as dangerous idolatries."[38] What matters is the way God's people act, not where they act.

According to T. Desmond Alexander, God's plan for the earth from the beginning was to establish a dwelling place, where He could commune with His people. Because of mankind's fall, through Adam and Eve, this became impossible. Because of our sin, His method had to change, but His plan remained the same. This is why we see a "fascinating and coherent progression from Eden to tabernacle to Jerusalem temple to church to New Jerusalem" in the biblical narrative.[39] These were all God's means for attaining the end of being with His people, and from the outset He intended for this dwelling place to be universal and extend over the whole earth. For this reason, the tabernacle, God's literal dwelling place on earth, was "Linked to both Eden and the cosmos," and "as a model, conveys the idea that the whole earth is to become God's dwelling place."[40] Although Alexander's approach is completely different than Wazana's investigation of the Hebrew scriptures, they both reach the same conclusion: God's purpose has always been to bless mankind, a blessing which has been expressed by the gift of land – the earth – to all of its inhabitants.

Based on this interpretation of the land promises in the Bible, it is tempting to strip the land of all importance. According to Manfred Kohl, the land is as important in the New Testament as in the Old, but in a radically different way. Because of the universalization of the promises to Abraham, the whole earth is now under promise. Therefore, when the phrase "the Kingdom of God" or "the Kingdom of Heaven" is used in the New Testament, it is referring to the whole earth, the land of new promise. "Since his father owned all the land in the first place," Kohl writes, "Jesus went far beyond any narrow nationalistic local land concept." Instead he focused on matters of the heart: forgiveness, love, and reaching out to your enemies in a transformative way. The Promised Land recedes in importance, for "In God's kingdom nationalism, race, and gender do not matter, as

---

[37]  Katanacho, ibid., 440.
[38]  Eugene Korn, Land and Covenant.
[39]  Alexander, T. Desmond, From Eden to the New Jerusalem, Inter-Varsity Press, 2008, 73.
[40]  Alexander, From Eden to the New Jerusalem, ibid., 41-42.

demonstrated numerous times in Christ's ministry, and the local land, as property – even the holy city of Jerusalem as place – becomes secondary."[41]

God's promise has been fulfilled through Jesus, and our understanding of it has shifted from the narrowly defined land of Canaan to the whole world. We find evidence of the universalization of the promises in Acts1:8, where Jesus tells his disciples that they are to be his witnesses "in Jerusalem, and in all Judea and Samaria, and to the ends of the earth." It is significant that this phrase echoes the spatial merisms used in the Old Testament to demark the contours of the Promised Land which, as we have already seen, were also universal in scope.

This shift is the fulfillment of the promise to bless the whole world found in Genesis 22:17-18, when God says to Abraham, "I will surely bless you and make your descendants as numerous as the stars in the sky and as the sand on the seashore. Your descendants will take possession of the cities of their enemies, and through your offspring all nations on earth will be blessed, because you have obeyed me." This was Paul's mission, to take the message of God's salvation throughout the world. He demonstrated this in Acts 17:22-32, when he spoke about God creating "from one blood every nation of men to dwell on all the face of the earth," and the need for "all men everywhere to repent." Paul goes on to indicate that all men are equal, Jew and Gentile, and all will have to account for their relationship with God through His son Jesus. Significantly, he spoke these words in the literal marketplace of ideas, the Areopagus of Athens.

Because the promise has been universalized to include all the children of God, the responsibilities that accompany it have also become the responsibilities of all who claim God as their father. Paul made this point in Ephesians 6:1-3, when he said, "Honor your father and mother which is the first commandment with promise: that it may be well with you and you may live long on the earth." This verse makes reference to, and contrasts with, the fifth commandment given in Exodus 20:12, which commands the children of Israel to honor their fathers and mothers, "that your days may be long upon the land which the Lord your God is giving you." For Paul to quote from this commandment, but to comment on the whole earth, is highly indicative of his theological position concerning the Land. Just as the whole earth, including the Promised Land, was part of God's promise, so to is the promise meant for all of God's children.

Many scholars have argued for a renewed reading of the Abrahamic promises, in which the land has importance only insofar as it is important historically, as "the patriarchs, the prophets, and the first Christians – even Christ, the Son of God – walked on it." However, since the promises made to Abraham by God have now been extended to include the whole world, and all believers in Christ the Messiah, continued focus on "obsolete territorial land covenant ignores to a

---

[41]   Kohl, Manfred Waldemar, "Towards a Theology of Land, A Christian Answer to the Hebrew-Arab Conflict." Phronesis, A Journal of Asian Theological Seminary and Alliance Graduate School, Vol. 9.2 (2002), 6-7.

large extent Christ's new covenant of God's Kingdom that through his spirit encompasses all believers everywhere." Thus, it is understandable that Kohl would conclude, "From a biblical perspective (considering both Old and New Testaments), since the Christ event the promise of the territorial land no longer has any significance."[42]

It is true that the promises have been extended. However it is possible that in saying the actual, physical Promised Land has no more significance, we are overstating the case. Rather than completely spiritualizing the process of salvation away from the land, we find the centrality of the land has merely shifted in God's redemptive work. Up until this point, anyone who wanted to worship the God of Abraham, Isaac, and Jacob had to come to Jerusalem, to the temple. However, as Jesus made clear through his talk with the Samaritan women in John 4:20-24, his coming rendered the physical act of coming specifically to the temple irrelevant. However, this does not lessen the importance of the land. It simply means that *all* land on the whole earth is important, for it all contains the promise of redemptive potential.

It is important to remember that the Samaritans and the Jews considered each other enemies, and disagreed over the location of God's true temple. When the Samaritan woman told Jesus "Our ancestors worshiped on this mountain, but you Jews claim that the place where we must worship is in Jerusalem," she was expressing the old conception of the land, ownership, and right and wrong. However, Jesus told her "a time is coming when you will worship the Father neither on this mountain nor in Jerusalem." He makes it clear that "a time is coming and has now come when the true worshippers will worship the Father in the Spirit and in truth, for they are the kind of worshippers the Father seeks."

The message is clear: God does not care who you are, or from where you worship Him, as long as you worship Him in spirit and in truth. This means that we are freed from the obligations of worshiping in Jerusalem at the temple. But we are still bound to this earth, this land, and our worship necessarily reaches God from our terrestrial position.

The trauma of exile from the land was real and its pain is felt in the prose of the prophets. However this was not the end of the story, for the Promised Land was never the final destination for the seed of Abraham. The covenant in Genesis 12 and in subsequent promise passages, occurs in a context, within the project to restore humanity back to the garden. We are given a picture of what this will entail in Rev. 22:1-3, where the New Jerusalem is described as having a river flowing with the water of life, which feeds into the Tree of life, which bears fruit all year long and has leaves that bring "healing for the nations." In Hebrews 11, Abraham's faith is contextualized, and he is lauded in verses 9-10, for dwell-

---

[42]    Kohl, "Towards a Theology of Land," ibid., 11.

ing in tents in the land of promise, and "waiting for the city which has foundations, whose builder and maker is God."

This same redemptive future is seen in Micah 4:1-5, when the end of days is described. Micah speaks of peace between all the nations in verse 3, when "They shall beat their swords into ploughshares and their spears in to pruning hooks." And in verse 5, "All the nations may walk in the name of their gods." This is a "startling claim of theological pluralism," for we see that the Kingdom of God "is a place of social and religious diversity, not a monolithic Jewish society where everyone calls God by the same name. Jerusalem is a place where Jews and Gentiles coexist in harmony with each other, respecting each other, and worshiping alongside each other in faithfulness to their respective spiritual traditions."[43]

This wonderful vision is directed towards the future, but there is a very actual and applicable aspect of restoring the Kingdom of God, which is connected with the land. For the Kingdom of Heaven is not only concerned with the salvation of souls (though that is a part of it). There is also a very grounded, earthly social dimension, which is connected with humanity's first rebellion. As soon as Adam and Eve left the Garden of Eden, we see the first murder take place when Cain killed his brother Abel. The process of making our way back to the garden, to the Kingdom of God, entails reconciliation, living in peace with our neighbors, reaching out to the poor, to the widows and orphans, and even to our enemies. God intended to bless mankind with the gift of land, but when we are unable or unwilling to share it with each other, it becomes a source of strife.

Land still matters! Many believe that the land is no longer a part of our relationship with God, since the promise to Abraham casts a wider net and includes all believers. This is not true. The blessing of the Promised Land has been stretched over the whole earth, stretched far but not thin. The whole earth is filled with promise, and it matters how we handle the gift we have been given. The land itself "waits in eager expectation for the children of God to be revealed," when it will be "liberated from its bondage to decay and brought into the freedom and glory of the children of God." (Romans 8:19-21). In fact, when the scriptures are considered, the land holds much agency, is hardly objectified, and often takes on anthropomorphic characteristics. The land groans from birth-pains, (Romans 8:22), waits eagerly (Romans 8:23), needs rest (Leviticus 25:5), and vomits out sinners who defile it (Leviticus 18:25-28). Far from being merely the location upon which humans act, the land is a dynamic entity that responds to our actions and behavior. It is, in fact, a character in the biblical narrative.

We must reverse the trend among certain interpretations of Christianity towards spiritualization "in which we focus on the transcendent Promiser without taking responsibility for the gift given."[44] The moral and ethical behavior of the

---

[43] Korn, *Land and Covenant*.
[44] Brueggemann, ibid., 204-205.

children of Israel had a great impact on the land, and this is no less true for us. If we are willing to repent and humble ourselves, God said "I will hear from heaven, and I will forgive their sins and heal their land." (2 Chronicles 7:14).

Even though God's original promise has been extended to include the whole earth, the Holy Land and the holy city of Jerusalem remain important. They are a part of the promise just as is every other spot on the earth, no more important, but also no less important. The Holy Land and the Holy city of Jerusalem remain a highly suggestive and emblematic symbol for the rest of the earth and for all of humanity. For if we are called to reconcile with our enemies, to love God and love truth, to live in peace and in joy of our deliverance in order to bring about the Kingdom of Heaven, we can judge how far we are from reaching these goals by observing the Holy Land. That this particular spot of land should be so filled with hatred, violence, and rebellion against God is a telling sign of how far we still have to go, and how vested the forces of evil are in preventing mankind's return to the garden.

## 3. From Exile to the Garden: The Land of Milk and Honey

References to the Promised Land in the Bible are many, and while, as we have seen, some quantitatively describe the borders, others are more concerned with describing the land qualitatively. It is for this reason that we often see the land promised by God described as a land flowing with milk and honey (Exodus 3:8, 17, 13:5; Leviticus 20:24-26, 22:4; Numbers 13:27, 14:8; Deut. 6:3, 11:8-12, 26:8-9, 27:2-3, 31:20; Joshua 5:6; Jeremiah 11:5, 32:22; Ezekiel 20:5-6, 15). Typically, this phrase is taken to be a description of the land of Canaan, the phrase "milk and honey" as a "metaphor meaning all good things – God's blessings." While some try and draw a literal connection between the land of Canaan and flowing milk and honey, most understand it "to be hyperbolically descriptive of the land's richness."[45]

Throughout the ancient Near East, both milk and honey were symbolic elements, representing fertility in a sensual, erotic way. This is seen in the Song of Solomon, "where the fertility figure of milk and honey suggests the paradise of a woman's body. By extension, a land flowing with milk and honey becomes metaphoric of a divine female figure." Astarte, the Babylonian goddess of sexuality, fertility, maternity, love and war was often seen as the source of these fertile blessings, and her cult of worship seems to have provided the backdrop to the Biblical imagery of milk and honey.[46]

---

[45]    Jonathan Cohen, Why Milk and Honey, http://www.uhme.sunysb.edu/surgery/m&h.html (accessed 29/6/2009).

[46]    Cohen, Why Milk and Honey.

More than simply indicating fertile soil, in the context of the biblical world, milk and honey were also used to describe the otherworldly richness of paradise. Indeed, in many ancient Near Eastern traditions, "the image of an ideal place flowing with milk and honey has long been associated with paradise." Even in Islam we find traces of this association, for example the paradise described by Allah in the Koran, which is depicted as "the eternal garden of joy... possesses not only rivers of pure water and wine, but 'rivers of fresh milk' and 'rivers of pure honey.'"[47]

Given the context from which it arose, and what we have learned about merism phrases, there is reason to doubt that mention of a land flowing with milk and honey is making reference to an earthly place at all. The land of Canaan already had certain very specific and known elements associated with it, the famous *Seven Species* seen in Deuteronomy 8:8, where Canaan is described as "a land with wheat and barley, vines and fig tress, pomegranates, olive oil and honey."

In fact, in Numbers 16:13-14, we find convincing evidence that "flowing with milk and honey" was merely a figure of speech, when the children of Israel rebelled against Moses in the wilderness. Korah spoke out and said "Isn't it enough that you have brought us up out of a land flowing with milk and honey to kill us in the wilderness? And now you also want to lord it over us! Moreover, you haven't brought us into a land flowing with milk and honey or given us an inheritance of fields and vineyards. Do you want to treat these men like slaves? No, we will not come!" Significantly, the phrase "flowing with milk and honey" is used to describe both Egypt *and* the Promised Land. Even Egypt, where they had been slaves, seemed like a Promised Land to them from the perspective of the wilderness.

It makes more sense to think of this phrase as a literary, poetic description of an idyllic paradise, rather than a specific location on earth. There are radical implications to this interpretation when applied to all the many places in the scriptures where we find this phrase. However, when we remember the universalization of God's promise, it is clear: the land flowing with milk and honey is not Canaan, or Egypt, or any other terrestrial place; it is a future return to the garden as the fulfillment of God's promises.

The land that was promised is not only flowing with milk and honey, but it is also unlike "the land of Egypt, from which you have come, where you planted your seed and irrigated it by foot as in a vegetable garden." (Deuteronomy 11:10). It is reminiscent of the original paradise, the Garden of Eden, before man's relationship with the land was changed by sin, and labor was required for the land to be fertile and produce.[48] Although the Promised Land represented a

---

[47]  Ibid.

[48]  Unfortunately a full treatment of this topic is beyond the scope of this paper. Suffice it to say that this interpretation has been commented on by others as well, from theologians of

symbolic return to the garden, it was not the final fulfillment of God's plan. For "although the land of Canaan offers the possibility of a return to Edenic fruitfulness (cf. Gen. 13:10), it continues as an imperfect environment. At best it is a foretaste of something better still to come."[49] The true return to the garden only becomes possible with the establishment of the New Jerusalem.

## 4. The Land as the Location of Reconciliation

> To live, we must daily break the body and shed the blood of Creation. When we do this knowingly, lovingly, skillfully, reverently, it is a sacrament. When we do it ignorantly, greedily, clumsily, destructively, it is a desecration. In such desecration we condemn ourselves to spiritual and moral loneliness, and others to want.
>
> Wendell Berry

The land, the physical earth, has to become a location for reconciliation to take place. This reconciliation is two-fold, as it needs to occur between man and God, and between man and his neighbor. This reconciliation must take place on the land, because this is the precise location where sin came into the world. Land is the scene of the crime, the crime of man's rebellion against God. The land must be transformed into a place where atonement and reconciliation can happen. If man and God are to be reconciled, the land is where this reconciliation must take place. The restoration of this relationship will also have an effect on the land itself. In 2 Chronicles 7:14 God says, "if my people, who are called by my name, will humble themselves and pray and seek my face and turn from their wicked ways, then will I hear from heaven and will forgive their sin and will heal their land." It is our duty to submit to God, and to confess to him. This is the only way for true healing to come to the land.

We are also called to reconcile with our fellow man. The example of the prophets is clear: when Amos calls for justice to "roll on like a river, righteousness like a never-failing stream!" (Amos 5:24), he is commenting on how we treat each other. As we have already seen, mistreating each other, and engaging in unjust and unrighteous actions, have severe consequences for the land. For

---

the early church until today. See for example Tertullian, Against Marcion, III, Lactanius, Divine Institutes, VII; Gregory of Nyssa, On Baptism, PG, XLVI; Richard A. Freud, The Land Which Bled Forth it's Bounty: An Exilic Image of the Land of Israel, Scandinavian Journal of the Old Testament, Vol 13, Issue 2 (1999), 284-297; Terence E. Fretheim, The Reclamation of Creation: Redemption and Law in Exodus, Interpretation Union Theological Seminary, Vol 45 (1991) 354-365, and to a lesser extent Christian Cryder, A Biblical-Theological Context for the Song of Songs: As Seen Through the Lenses of Creation, the Fall, and Redemption, Journal of the American Academy of Religion, Vol 41 (1973), 30-48.

[49]    Alexander, ibid., 42.

example, because King Saul tried to annihilate the Gibeonites, even after the Israelites had sworn to spare them, God punished the children of Israel with three years of famine. God's punishment was intended for the Israelites, but the land suffered as well, for it became dry and barren. Only when King David restored the relationship with the Gibeonites, and gave them justice, was the punishment lifted and the land healed. (2 Samuel 21:1-6)

By his life, Jesus made reconciliation possible for mankind. The act of incarnation brought man back into relationship with God and with his fellow man. This act is inseparable from the land, because God became a man, and man comes from the earth. Through Jesus we regain all that we lost through our original sin. Adam, the name of the first man, is closely connected to the Hebrew word for land, "אדמה". Our sin is rooted in the land, but so is our salvation. For Jesus came as the second Adam, and "just as through the disobedience of the one man the many were made sinners, so also through the obedience of the one man the many will be made righteous," (Romans 5:19). While our sin brought death to man and to the earth, Jesus brings life. Mankind becomes a "new creation" (2 Corinthians 5:17), and the land is recast as the "new heaven and new earth" (Revelations 21:1).

The land has felt the consequences of our sin over and over, especially in our mistreatment of each other. We see this in the first murder, when Cain killed his brother Abel. God heard Abel's blood "crying to me from the earth" (Genesis 4:10). However, just as the land has seen man shed so much blood through injustice, it was also the place where Christ shed his blood on our behalf. And just as the earth has been the location of so much sin, conflict, hatred, greed, jealousy, and murder, it is also the location of reconciliation. God's vision for us includes the stages of reconciliation, confession, repentance, restoration, and justice, and it takes place within the context of the land. For "Surely his salvation is nigh them that fear him; that glory may dwell in our land. Mercy and truth are met together; righteousness and peace have kissed each other. Truth shall spring out of the earth; and righteousness shall look down from heaven" (Psalms 85:9-11). Land is the paradoxical location where reconciliation grows in the same ground as conflict.

Of course the ultimate reconciliation is only to be found in the incarnation of Jesus. He is the Truth and through Him all things are possible. He has redeemed mankind, and the earth, through His death, but more importantly, through His life. "For if, while we were God's enemies, we were reconciled to him through the death of his Son, how much more, having been reconciled, shall we be saved through his life! Not only is this so, but we also boast in God through our Lord Jesus Christ, through whom we have now received reconciliation" (Romans 5:10-11).

In the context of the Israeli-Palestinian conflict, the need for reconciliation is urgent. Hatred and violence have only grown more intense over the past 60 years of strife. In a significant way, this conflict sums up well the destructive result our sin has on each other and on the land. Indeed, the conflict is essentially about who will control the land, and what will be done with the 'others.'

Looking forward to reconciliation, one of the most important aspects is repentance/confession. Without first acknowledging our own faults, and taking responsibility for them, no progress can be made. Willingly admitting your part in the conflict, taking ownership of the wrong you have done and the pain you have caused, allows the other side to feel that their pain has been acknowledged. They can then offer forgiveness. Chaim Gans puts it well: "only an understanding of the justice of Zionism that includes a recognition of the right of the Palestinian objection, and only Palestinian recognition of the justice of their opposition to Zionism that also includes recognition of its justified elements, can lead to a stable resolution of the conflict." For, "An insistence by either party on only its own right, out of a total unwillingness to also see the justice of the other side, will perpetuate the conflict or cause its resolution to be an imposed and unstable one."[50] In this conflict, there is much wrong that has been done on both sides. The time has come to openly and frankly discuss it, and take responsibility for it.

In order to fully understand the Israeli-Palestinian conflict, an understanding of its origins must first be attained. The Jewish people believe they have a justified claim for establishing their own state, which the Zionist movement based on "the right of every nation to self-determination, on the Jews' historical connection to the land of Israel and, as the tipping point, the persecution of the Jews in the 19th and 20th centuries." The problem is that this expression of national self-determination came at the expense of the Palestinian people. The suffering of the Jewish people was primarily located in Europe, and "since we are speaking of a right that is justified in being realized in the Land of Israel because of the persecution of the Jews in Europe, then the relevant European nations should have incurred the lion's share of its price. The United Nations Partition Plan did not give expression to this."[51] Instead, the Palestinians were forced to pay the full price for a debt they had not incurred.

Although it began earlier, we can take 1948, the year the State of Israel gained independence, as a starting point of the conflict. The most painful and long-lasting "sin" committed by the Israelis was the expulsion of Palestinians from their homes. Although there has been much debate as to the exact circumstances under which Palestinians came to leave their villages and homes during the war, it is clear that "the refugee problem was caused by attacks by Jewish forces on Arab villages and towns and by the inhabitants' fear of such attacks, compounded by expulsions, atrocities, and rumors of atrocities – and by the cru-

---

[50]  Gans, Chaim, Palestinians were made to pay an unfair price, taken from Haaretz website, June 27, 2009, http://www.haaretz.com/hasen/spages/1094908.html.

[51]  Gans, Chaim, The Palestinians were made to pay an unfair price.

cial Israeli Cabinet decision in June 1948 to bar a refugee return."[52] This first action, based on the premise that Israel must be a Jewish state, has led to other abuses, and "obsessive, excessive, measures about terrorism, the endless fencing in, the interrogations, the legal justification of torture...the discriminations against Israeli Palestinians, the fear and contempt, the bellicosity," all aimed at the Palestinians, in Israel and in other countries, who challenge this vision by their very existence.[53]

The list of "sins" is long for the other side as well. The Arab nations have been guilty of perpetuating the conflict in a number of ways, and for using it as an excuse for their own mismanagement. For example, they reasoned that "given the perpetual state of emergency caused by Israel, such matters [education, freedom of speech, unpoliticized civil society], which could only be the result of long-range planning and reflection, were luxuries that were ill-afforded."[54] There is also their "wholesale persecution of communities, preeminently but not exclusively the Jewish ones," whose age-old presence was "suddenly thought to be dangerous." This led to a deluge of Jewish refugees, many of whom ended up in Israel. We must also not forget their "scandalously poor treatment of the [Palestinian] refugees," where they have suffered much persecution and neglect, and have "remained confined in hideous quarantine for almost two generations."[55]

Even though they have been the victim of tragedy and criminally unfair treatment, the Palestinian people's conduct in the conflict has been far from guilt-free. In addition to accepting the murder of innocent civilians as a legitimate form of self-defense, they have also been guilty of self-pity, victimization, and demonization of the Israeli people. Palestinians have also failed to recognize the very real historical and spiritual attachment the Jewish people have to the Land, and they need to find a way to acknowledge the history of Jewish suffering. This issue has usually been completely avoided by Palestinians because they feel as though they have been wrongly victimized by Jews as a result of the Holocaust that had nothing to do with them. If Palestinians are to find real reconciliation with Israelis, they have to develop understanding and empathy for the trauma the Jewish people have suffered throughout history. Palestinians also need to realize that just as the traumatic events of the *Nakba* have affected them, the trauma of the Holocaust continues to have a very strong and lasting effect on the collective psyche of the Jewish people.

---

[52] Morris, Benny, Revisiting the Palestinian exodus of 1948, taken from The War for Palestine, Rewriting the History of 1948, ed. by Eugene L. Rogan and Avi Shlaim, Afterward by Edward W. Said, Cambridge 2001, 38.

[53] Said, Edward W., Afterward: the consequences of 1948, taken from The War for Palestine, ibid., 213.

[54] Said, Edward W., Afterward: the consequences of 1948, ibid., 208.

[55] Ibid., 209.

Unfortunately there are many instances where both sides have failed to live up to the biblical standards of how to treat the "other" living among you, one of the qualifications for residing on the land. Leviticus 24:22 is explicit; "You are to have the same law for the foreigner and the native-born. I am the Lord your God." Israelis and Palestinians have both fallen short of this standard, and the Christian minority has often suffered persecution at the hands of the two majorities, Jewish and Muslim. As we have seen in the Tanach, there are explicit guidelines detailing the way foreigners should be treated. In the Qur'an we also find suras commanding that foreigners be treated fairly and with respect, (see 2:62; 3:64; 3;84; 5:48; 4:36-37; 76:8-9). The Qur'an, which places hospitality as a very important value, also respects the knowledge of the People of the Book, saying of Jews and Christians, "If thou wert in doubt as to what We have revealed unto thee, then ask those who have been reading the Book from before thee (Sura 10:94).

However, in both Rabbinical Judaism and in Islam, the holy scriptures are actually less important than oral traditions and interpretations of the law, for all practical purposes, because the scriptures are seen and understood through the lenses of these interpretive texts. Thus the *Talmud*, the guidelines of *Halacha*, the *Hadith* and *Shari'ah* law, are often referred to more than the Tanach and the Qur'an. This is not intended as a critique of these faith systems, there is much that is good about them, for indeed, "The Orthodox Jew embracing the 'yoke of the law' as being in itself a liberating and fulfilling experience is matched by the Muslim regard for the *Shari'ah*."[56] However when it comes to treatment of the "other," these guidelines ignore the tolerance and equality found in both the Tanach and the Qur'an, and in some cases encourage discrimination..

For Muslims, the "Holy Land" is important primarily because Jerusalem is Islam's third most sacred city.[57] Once it was conquered, the land became part of the *waqf*—holy Muslim territory. Islam has a specific perspective towards both the *waqf* and non-Muslims. While the latter may live in Muslim countries, they are not considered to be equals and must submit to Islamic authority as *dhimmis*.[58] Non-Muslims contaminate Muslim sovereignty, and under *Shari'a* law, they are subject to a different court system than Muslims. This was true for Christians and Jews who lived under Ottoman authority, and is also written into the Palestinian National Authority's constitution, or Basic Law, which states in articles IV, "Islam is the official religion in Palestine. Respect for the sanctity of all other divine religions shall be maintained. The principles of Islamic *Shari'a*

---

[56]  Brown, L. Carl, Religion and State, The Muslim Approach to Politics, Columbia 2000, 25.

[57]  Hasson, I., "Muslim Literature in Praise of Jerusalem: Fada'il Bayt al-Maqdis," Jerusalem 1981, 168–184.

[58]  Ye'or, B., Islam and Dhimmitude, Farleigh Dickinson University Press, 2002 .

shall be a principal source of legislation."[59] There is tension in these two statements, for while respect for other religions is found in the Qur'an, is not found in *Shari'a* law. These two opposing principles must be reconciled, and Palestinian Christians watch the development of this issue with great interest.

Because of the ethno-national character of the Zionist movement, it has also actively pursued a policy of excluding non-Jews from the national, social, and political life in Israel, a clear violation of the biblical command to treat foreigners with respect. Significantly, this exclusion has taken place through the medium of land. In order to preserve the Jewish character of Israel, the state has placed "severe barriers...on Arab acquisition of land." This has been done primarily through "the Jewish National Fund (the JNF is an agency of the World Zionist Organization) [which] established formal standards officially forbidding the leasing of its lands to non-Jews. Because most lands were actually owned by the JNF, it, in effect, acted as a subcontractor of the state – the Israel Land Authority – for land allocations and leasing."[60] This was only part of the broader Zionist push to legally give "precedence to Jewish immigrants, even Jews who were only potential immigrants, over indigenous Palestinian citizens in almost every sphere." The "apartheid-style system of land transactions" was part of the system of laws which "defined most of the land for sale in Israel as the exclusive and perpetual property of the Jewish people."

This exclusivist land policy is especially problematic when it is remembered that nearly all of the land was confiscated from the Palestinians. Almost "all Palestinian-owned land was taken by the government and turned into state land, to be sold or leased only to Jews. By the end of the confiscation frenzy and the formulation of the policy legalizing it, 92 per cent of the country's land had fallen into Jewish hands." The amount of land confiscated was staggering: the Palestinian owned land within what was to become the State of Israel was around 4.6 million dunams immediately before the 1948 war and by 1950 this amount was reduced to half a million dunams.[61]

In spite of the many instances of injustice perpetrated by both sides, as well as issues separating us, the central question now is not who is right and who is wrong. We cannot ignore history, or its consequences, they must be dealt with. We are, however, called to deal with the situation as it is now, and to make peace. "Genuine reconciliation requires facing historic truths, taking responsibility for past injustices, and framing future relations in terms of justice rather than

---

[59] 2003 Amended Basic Law, Title One, Article 4, points 1 and 2, taken from http://www.pa lestinianbasic law.org/ (accessed 18/12/2009).

[60] Kimmerling, Baruch & Migdal, Joel S., The Palestinian People, A History, Harvard 2003, 194.

[61] Pappe, Ilan, A History of Modern Palestine, One Land, Two Peoples, Cambridge 2004, 160-161.

power."[62] As John Paul Lederach states, reconciliation has to be the place where the four elements from Psalms 85:10 meet, "Truth and mercy have met together, peace and justice have kissed."

First, in an overall sense, reconciliation promotes an encounter between the open expression of the painful past, on the one hand, and the search for the articulation of a long-term, interdependent future, on the other hand. Second, reconciliation provides a place for truth and mercy to meet, where concerns for exposing what has happened *and* for letting go in favor of renewed relationship are validated and embraced. Third, reconciliation recognizes the need to give time and place to both justice and peace, where redressing the wrong is held together with the envisioning of a common, connected future.[63]

This is only possible through Christ, for "He Himself is our peace, who has made both one, and has broken down the middle wall of separation" (Ephesians 2:14). This wall of separation is both the wall of sin that separates us from God, and the walls we build through our sin, which separate us from each other. Christ has destroyed that dichotomy and He came to "reconcile them both to God in one body through the cross, thereby putting to death the enmity" (Ephesians 2:16). Through Jesus, we are all brothers and sisters, and we are important parts of the same body. "Now, therefore, you are no longer strangers and foreigners, but fellow citizens with the saints and members of the household of God, having been built on the foundation of the apostles and the prophets, Jesus Christ Himself being the chief cornerstone" (Ephesians 2:19-20).[64] In this way, the path of reconciliation, we can reverse our original disobedience, and begin a

---

[62]  Rouhana, Nadim N., "Zionism's Encounter with the Palestinians, The Dynamics of Force, Fear, and Extremism" from Israeli and Palestinian Narratives of Conflict, History's Double Helix, ed. by Robert I. Rotberg, Indiana University Press, 2006, 127. Rouhana goes on to discuss the asymmetry of the balance of power between the Israelis and Palestinians, which complicates efforts at reconciliation. This is not the appropriate setting to deal with this issue extensively, but it is important to mention, for the imbalance of power also comes into play during the discussion on Theology of the Land, for "the more powerful party does not usually have sufficient incentives to engage in a genuine reconciliation process that would entail painful concessions and painful self-discovery", ibid., 127.

[63]  Lederach, John Paul, Building Peace, Sustainable Reconciliation in Divided Societies, United States Institute of Peace Press, 1997, 31.

[64]  Robert H. Suh makes a number of very important and interesting observations on the similarities between Ezekiel 37 and Ephesians 2 in this article "The Use of Ezekiel 37 in Ephesians 2", Journal of the Evangelical Theological Society, Dec. 2007, 50, 4, Proquest Religion. He claims that Paul "may have constructed his argument [in Ephesians 2], based on Ezekiel 37 in that he not only borrowed the material that is found in Ezekiel 37 but that he also applied it to the new community of Christ", see R. H. Suh, ibid., 716. This connection gains significance for our conversation here when it is remembered that the famous passage in Ezekiel 37 concerning the dry bones is frequently used in Christian and secular Zionist circles in connection with the restoration of the Jewish people to the Land.

process of true reconciliation in the land, allowing the earth to "once more become a dwelling place shared by God and humanity."[65]

Having peace and reconciliation here in the Promised Land is important in a symbolic sense, for if it is possible here, it is possible for the whole earth, "As the dwelling place of God on earth, the temple-city of Jerusalem is in miniature what God intends for the whole world."[66] We are called to be His witnesses, and proclaim His peace "in Jerusalem, and in all Judea and Samaria, and to the end of the earth" (Acts 1:8). No matter what your view or interpretation of God's covenant, whether you believe that it refers to one group of people, or to all believers in the God of Abraham, there is no way around the moral and ethical guidelines that accompany God's incredible promise. We are instructed to pray to God, asking that His will would be done, "on earth, as it is in heaven" (Matthew 6:10). With heaven as our model, we have to strive towards an earth that is a manifestation of the Kingdom of God, where all partake in the blessings and promise of God's gifts to mankind.

## Bibliography

Alexander, T. Desmond, From Eden to the New Jerusalem, Inter-Varsity Press, 2008.

Berry, Wendell, "The Gift of Good Land" from The Art of the Commonplace: The Agrarian Essays of Wendell Berry, Counterpoint, 2003.

Brown, L. Carl, Religion and State, The Muslim Approach to Politics, Columbia 2000.

Brueggemann, Walter, The Land, Place as Gift, Promise, and Challenge in Biblical Faith Second Edition, Fortress Press, 2002.

Cohen, Jonathan, Why Milk and Honey, http://www.uhme.sunysb.edu/surgery/m&h.html (accessed 29/6/2009).

Eugene Korn, Land and Covenant: The Religious Significance of the State of Israel, Revised text of an address given at the International Conference of the International Council of Christians and Jews, Chicago, July 26, 2005, taken from http://www.jcrelations.net/en/index.php?item=2691.

---

[65] Alexander, ibid., 14
[66] Alexander, ibid., 45

Gans, Chaim, Palestinians were made to pay an unfair price, taken from Haaretz website, June 27, 2009, http://www.haaretz.com/hasen/spages/1094908.html.

Hasson, I., "Muslim Literature in Praise of Jerusalem: Fada'il Bayt al-Maqdis," Jerusalem, 1981.

Holwerda, David, Jesus and Israel, One Covenant or Two? Wm. B. Eerdmans Publishing Co., 1995.

Kallai, Zecharia, "The Patriarchal Boundaries, Canaan and the Land of Israel: Patterns and Application in Biblical Historiography," Israel Exploration Journal 47 (1997).

Katanacho, Yohanna, "Christ is the Owner of Haaretz", Christian Scholar's Review, Vol. XXXIV (Number 4) Summer 2005.

Kimmerling, Baruch & Migdal, Joel S., The Palestinian People, A History, Harvard 2003.

Kohl, Manfred Waldemar, "Towards a Theology of Land, A Christian Answer to the Hebrew-Arab Conflict." Phronesis, A Journal of Asian Theological Seminary and Alliance Graduate School, Vol. 9.2 (2002).

Lederach, John Paul, Building Peace, Sustainable Reconciliation in Divided Societies, United States Institute of Peace Press, 1997.

Michael Prior, "Violence and the Biblical Land Traditions", taken from Challenging Christian Zionism, Theology, Politics and the Israel-Palestine Conflict, edited by Naim Ateek, Cedar Duaybis and Maurine Tobin, Crowell Press 2005.

Morris, Benny, Revisiting the Palestinian exodus of 1948, taken from The War for Palestine, Rewriting the History of 1948, Edited by Eugene L. Rogan and Avi Shlaim, Afterward by Edward W. Said, Cambridge 2001.

Munayer, Salim J., Hosea, Asia Bible Commentary Series, Asia Theological Association, 2009.

Pappe, Ilan, A History of Modern Palestine, One Land, Two Peoples, Cambridge 2004.

Rouhana, Nadim N., "Zionism's Encounter with the Palestinians, The Dynamics of Force, Fear, and Extremism" from Israeli and Palestinian Narratives of Conflict, History's Double Helix, Edited by Robert I. Rotberg, Indiana University Press, 2006.

Said, Edward W., Afterward: the consequences of 1948, taken from The War for Palestine, Rewriting the History of 1948, Edited by Eugene L. Rogan and Avi Shlaim, Afterward by Edward W. Said, Cambridge 2001.

Sparks, Kenton L., Ethnicity and Identity in Ancient Israel: Prolegomena to the Study of Ethnic Sentiments and Their Expression in the Hebrew Bible, Eisenbrauns, 1998.

Suh, Robert H., "The Use of Ezekiel 37 in Ephesians 2", Journal of the Evangelical Theological Society, Dec. 2007, 50, 4, Proquest Religion.

Townsend, Jeffery L., "Fulfillment of the Land Promise in the Old Testament," Bibliotheca Sacra 142 (1985).

Wazana, Nili, From Dan to Beer-Sheba and from the Wilderness to the Sea: Literal and Literary Images of the Promised Land in the Bible, taken from Experiences of Place, Edited by Mary MacDonald, Center for the Study of World Religions, 2003.

Weinfeld, Moshe, The Promise of the Land: The Inheritance of Canaan by the Israelis, Oxford (CA), 1993.

Ye'or, B., Islam and Dhimmitude, Farleigh Dickinson University Press, 2002.

# IV. HISTORISCH/ ZEITGESCHICHTLICH

# Der Konflikt um den Staat Israel in der protestantischen Wahrnehmung Westdeutschlands zwischen 1948 und 1967

GERHARD GRONAUER

## 1. Einleitung[1]

„Krieg ohne Ende?"[2] – so lautet der Titel eines Buches über den Nahostkonflikt. Der Titel schließt bewusst mit einem Fragezeichen, um der Hoffnung Ausdruck zu verleihen, dass es zwischen den Israelis auf der einen sowie den Palästinensern und den islamischen Nachbarstaaten auf der anderen Seite endlich zu einem dauerhaften Frieden kommen möge. Wenn man allerdings auf die letzten 60-70 Jahre zurückblickt, könnte die Aussage „Krieg ohne Ende" auch mit einem Ausrufezeichen enden. Denn seit der massiven Einwanderung von Juden ins Heilige Land und erst recht nach der Gründung des Staates Israel im Jahr 1948 ist dieses jüdische Gemeinwesen Gegenstand eines andauernden Konflikts gewesen – bis heute.

Und dieser Konflikt hat seinen Schauplatz nicht nur im Nahen Osten selbst, sondern findet auch hierzulande in Zeitungen und Fernsehreportagen sowie „in deutschen Wohnzimmern"[3] statt. Der „Krieg ohne Ende" setzt sich in unseren Köpfen fort. Selbstverständlich haben auch christliche Einzelpersonen, christliche Kreise und institutionelle Kirchen darauf reagiert, dass mehr als 1800 Jahre nach der Vertreibung der Juden aus Jerusalem 135 n.Chr. wieder ein jüdisches Gemeinwesen in der Levante existiert.

Verbreitet ist allerdings das Urteil, dass sich die evangelische Christenheit in Westdeutschland erst ab den 1960er Jahren oder gar erst ab dem so genannten Sechstagekrieg 1967 mit der Existenz des jüdischen Staates im Heiligen Land auseinandergesetzt habe. Dieses Urteil mag zwar biographisch zutreffen, wie

---

[1]  Dieser Vortrag enthält Elemente meines englischsprachigen Aufsatzes: Attitudes in West German Protestantism towards the State of Israel 1948-1967, in: Norbert Friedrich / Roland Löffler / Uwe Kaminsky (Hg.): The Social Dimension of Christian Missions in the Middle East. Historical Studies of the 19th and 20th Centuries, Stuttgart 2010, 205-230. Vgl. nun auch G. Gronauer: Der Staat Israel im westdeutschen Protestantismus: Wahrnehmungen in Kirche und Publizistik von 1948 bis 1972, Göttingen 2013 (Inaugural-Dissertation).

[2]  Elmar Krautkrämer, Krieg ohne Ende? Israel und die Palästinenser – Geschichte eines Konfliktes, Darmstadt 2003.

[3]  Siehe Initiative Antisemitismuskritik (Hg.), Israel in deutschen Wohnzimmern. Realität und antisemitische Wahrnehmungsmuster im Nahostkonflikt, 2005, URL: http://www.compass-infodienst.de/Compass/compass_extrainitiative_antisemitismus-kritik.htm#fo29 (Zugriff vom 30.12.2005).

sich z.B. Rolf Rendtorff (Jg. 1925) erinnert: „Der Staat Israel trat spät ins Bewußtsein meiner Generation. Als er gegründet wurde, waren wir vollauf mit anderen Dingen beschäftigt."[4] Dieses Urteil ist auch in quantitativer Hinsicht richtig, weil die Anzahl der Menschen, die sich für die Vorgänge im Nahen Osten interessierten und darüber publizierten, im Laufe der Zeit sukzessive anstieg. Vor allem die Entdeckung Israels als Reiseziel Ende der 50er Jahre führte zu einer verstärkten Rezeption der Vorgänge in Nahost.

Trotzdem ist der israelische Staat auch in den ersten Jahren nach seiner Entstehung im westdeutschen Protestantismus niemals ignoriert worden. Bereits 1948 war in der *Evangelisch-Lutherischen Kirchenzeitung* zu lesen, dass die „Ereignisse seit dem 14. Mai dieses Jahres in Palästina ... in besonderer Weise die Blicke der Christenheit auf sich gezogen" hätten und theologische Fragen aufwürfen.[5] Nicht in quantitativer, sondern in *qualitativer* – also inhaltlicher – Hinsicht war der Staat Israel seit 1948 ein bleibendes Thema im Protestantismus.

Deshalb stelle ich im vorliegenden Aufsatz Einzelpersonen, Gruppierungen und Gremien der evangelischen Kirche Westdeutschlands dar, die zwischen 1948 und 1967 (also vor dem ‚Sechstagekrieg') danach fragten, was die Existenz eines jüdischen Staates in *theologischer* (Haben Juden ein biblisches Recht auf das Land?), in *moralischer* (Inwieweit ist aufgrund der Schoah eine Solidarität zum Staat Israel geboten?) und in *politischer* Hinsicht zu bedeuten habe (Was folgt aus diesen Implikationen für die Bewertung des Nahostkonflikts?). In meinen Ausführungen geht es in erster Linie um den Staat Israel; die arabische Seite wird insofern einbezogen, als sie mit dem jüdischen Staat in einer Wechselbeziehung steht.

## 2. Abgrenzungen und Begriffe

Die neunzehn Jahre zwischen dem 14. Mai 1948 (Israels Staatsgründung) und dem 5. Juni 1967 (Beginn des Sechstagekrieges) lassen sich hinsichtlich der Rezeption der israelischen Staatlichkeit in zwei Zeitperioden teilen.

Dabei ist zu fragen, wo sich die Zäsur findet, die die erste von der zweiten Phase trennt. Für viele Darstellungen des christlich-jüdischen Dialogs besteht der wichtigste Einschnitt im Jahr 1961, in dem die *Arbeitsgemeinschaft Christen und Juden auf dem Deutschen Evangelischen Kirchentag* gegründet wurde, ein

---

[4]  Rolf Rendtorff, Identifikation mit Israel?, in: *Kirche und Israel*/KuI 7 (2/1992), 136-144, hier S. 136.
[5]  Martin Wittenberg, Zur geistigen Lage der gegenwärtigen Judenheit, in: *Evangelisch-Lutherische Kirchenzeitung*/ELKZ 2 (1948), 179-185, hier S. 179.

Gesprächsforum auf dem größten deutschen Protestantentreffen.[6] Auch wenn die Aktivitäten dieser Arbeitsgemeinschaft zu einer Popularisierung von Dialogthemen beitrugen, so fungiert dieses Datum für meine Fragestellung keineswegs als eindeutig auszumachendes Schwellenjahr, auch weil schon vor dem Berliner Kirchentag 1961 Judentum und Staat Israel auf einem Kirchentag behandelt wurden, nämlich 1959 in München.

Weder der Suezkrieg 1956 noch der deutsch-israelische Botschafteraustausch 1965[7] noch ein dazwischen liegendes Ereignis aus der Nahostpolitik führte im westdeutschen Protestantismus zu einer neuen Phase in der Bewertung der israelischen Staatlichkeit. Bei den Veränderungen von den 1950er zu den 1960er Jahren waren vielmehr die sozialen und politischen Entwicklungen innerhalb Westdeutschlands entscheidend. Sozialwissenschaftlich arbeitende Historiker setzen den Beginn der Modernisierungstendenzen der 1960er Jahre bereits Ende der 1950er Jahre an.[8]

Die zu dieser Zeit einsetzenden kulturellen Umbrüche wirkten sich auch auf die Wahrnehmung des jüdischen Staates durch die Deutschen aus: Expandierender Tourismus, mehr Interessen jenseits des eigenen Überlebens, zunehmende Medialisierung (mehr Radio, mehr Zeitungsabbonnements) mit daraus resultierendem Zuwachs an politischem Wissen, höhere gesellschaftliche Reformbereitschaft sowie größere Sensibilität im Blick auf den Umgang mit der NS-Vergangenheit.[9]

Auch für mein Thema bietet sich eine erste Zäsur Ende der 50er Jahre an. Da das zehnjährige israelische Staatsjubiläum 1958 Reflexionen über die Existenz

---

[6] Siehe dazu Gabriele Kammerer, In die Haare, in die Arme. 40 Jahre Arbeitsgemeinschaft 'Juden und Christen' beim Deutschen Evangelischen Kirchentag, Gütersloh 2001.

[7] Außer Spanien und Portugal hatte bis 1965 im westlichen Europa zuletzt nur Westdeutschland den Staat Israel nicht anerkannt. Die Bundesregierung fühlte sich an die sog. Hallstein-Doktrin gebunden. Diese implizierte zwangsläufig ein distanziertes Verhältnis zum Staat Israel, da „jede Annäherung an den jüdischen Staat ... das Risiko der Anerkennung der DDR durch die arabischen Staaten" mit sich brachte (Markus Weingardt, Deutsche Israel- und Nahostpolitik. Die Geschichte einer Gratwanderung seit 1949, Frankfurt am Main/New York 2002, 108). Nachdem der DDR-Staatsratsvorsitzende Walter Ulbricht von Ägyptens Präsident Nasser im Februar 1965 empfangen wurde und die Hallstein-Doktrin damit hinfällig geworden zu sein schien, bot Bundeskanzler Ludwig Erhard (CDU) am 7. März ohne Rücksprache mit anderen Regierungsmitgliedern dem Staat Israel die Aufnahme diplomatischer Beziehungen an, die am 12. Mai offiziell wurden. – Siehe Yeshayahu A. Jelinek, Deutschland und Israel 1945-1965. Ein neurotisches Verhältnis, München 2004, 431ff.

[8] So verschiedene Autoren im Sammelband: Axel Schildt/Detlef Siegfried/Karl Christian Lammers (Hg.), Dynamische Zeiten. Die 60er Jahre in den beiden deutschen Gesellschaften. Hamburg 2000.

[9] Siehe Axel Schildt, Materieller Wohlstand – pragmatische Politik – kulturelle Umbrüche. Die 60er Jahre in der Bundesrepublik, in: A. Schildt /D. Siegfried/K.C. Lammers (Hg.), Dynamische Zeiten, 2000, 21-53.

des jüdischen Gemeinwesens veranlasste und in diesem Jahr die Welle von Israelreisen begann, setze ich den Schnitt zwischen den beiden Zeitperioden beim Jahreswechsel 1957/58 an.

Der aus israelischer Perspektive so genannte Sechstagekrieg[10] im Juni 1967 stellte eine weitere Zäsur dar. Die Wahrnehmung dieser Waffenhandlung gehört nicht mehr zu der hier dargestellten zweiten Phase.

Noch ein paar Sätze zu den von mir verwendeten Begriffen. Eine Durchsicht der wichtigsten kirchlichen Periodika zeigt, dass sich unabhängig von der tatsächlichen Entstehung der palästinensischen Nationalbewegung der heute übliche Palästinenserbegriff in der westdeutschen Wahrnehmung erst *nach* dem ‚Sechstagekrieg' durchsetzte.[11] Ich spreche daher der zeitgenössischen Ausdrucksweise gemäß nicht von *Palästinensern*, sondern von der arabischen Bevölkerung.

Das Wort *Israel* bezeichnet in der christlichen Theologie das jüdische Volk in seinem Erwählungscharakter, was an zwei älteren Synonymen des Begriffs Judenmission, nämlich *Dienst an Israel* oder *Mission unter Israel*, manifest wird. In meinem Aufsatz benutze ich den Terminus Israel allerdings nur in Bezug auf den gleichnamigen Staat.

Unter *Westdeutschland* verstehe ich das Territorium der Bundesrepublik Deutschland und West-Berlins. Auch wenn sich die Kirchen der DDR erst 1969 von der gesamtdeutschen EKD trennten, ist ein reduzierter Blick auf Westdeutschland sachgemäß, denn die protestantische Wahrnehmung Israels geschah in Wechselwirkung mit der Politik der Bundesregierung und mit der Möglichkeit von Nahostreisen. Der Begriff *Protestantismus* ist weiter gefasst als der Ausdruck *Evangelische Kirche*, denn letzterer würde eine Beschränkung auf die Kirchenleitungen nahe legen.[12] Unter *protestantisch* fallen somit auch evangelische Einzelpersonen, Kreise und Zeitschriften.

## 3. 1948-1957: Der Staat Israel als Irritation der Missionsarbeit

Während man die 1960er Jahre in Anlehnung an den Soziologen Gerhard Schulze[13] als *Erlebnisgesellschaft* charakterisieren kann, ist Westdeutschland in der

---

10   Siehe dazu Tom Segev, 1967. Israels zweite Geburt, München 2007.

11   Für dieses Urteil wurden herangezogen: *Reformierte Kirchenzeitung* (RKZ), *Junge Kirche* (JK), *Evangelisch-Lutherische Kirchenzeitung* (ELKZ), *Evangelische Welt* (EvW) und *Lutherische Monatshefte* (LM). Genaue Belege in meiner Dissertation.

12   Siehe Norbert Friedrich, Die Erforschung des Protestantismus nach 1945. Von der Bekenntnisliteratur zur kritischen Aufarbeitung, in: Ders./Traugott Jähnichen (Hg.), Gesellschaftspolitische Neuorientierungen des Protestantismus in der Nachkriegszeit, Münster 2002, 9-35, hier S. 9.

13   Siehe Gerhard Schulze, Die Erlebnisgesellschaft. Kultursoziologie der Gegenwart, 3. Aufl., Frankfurt am Main/New York 1993.

Zeit davor als *Überlebensgesellschaft* zu kennzeichnen. Die Deutschen waren nach dem Zweiten Weltkrieg in erster Linie mit ihren eigenen existenziellen und wirtschaftlichen Problemen und mit der Bewältigung der 1949 vollzogenen Teilung des Landes beschäftigt.

Die Evangelische Kirche befand sich in der Nachkriegszeit – so Martin Greschat – in einer Situation „zwischen Aufbruch und Beharrung".[14] Die Kirche ließ sich einerseits auf die neue politische Gegebenheit ein, nun in einem demokratisch-westlichen Staatswesen zu Hause zu sein. Andererseits suchten viele Protestanten in den Neuanfängen dieser Zeit dadurch Halt zu gewinnen, dass sie an der traditionellen, vorzugsweise konfessionellen Theologie und Kirchlichkeit anknüpften. Dieses Schwanken zwischen Aufbruch und Beharrung, zwischen Neuanfang und ‚Restauration' kennzeichnete auch das Verhältnis des Protestantismus zum Judentum und zum neuen Staat Israel.

### 3.1 Die traditionelle Judenmission

*Judenmission* ist hier ein historiographischer Begriff. Er beschreibt missionarische Aktivitäten gegenüber Juden und fasst solche kirchlichen Gruppierungen zusammen, die seit dem 19. Jahrhundert Juden für Christus zu gewinnen und in die Kirche einzugliedern gedachten.

Diesen Kreisen, die sich von lutherischer Seite im einst von Franz Delitzsch gegründeten *Evangelisch-Lutherischen Zentralverein für Mission unter Israel* sammelten, ging es nach 1945 keineswegs um eine bloße Wiederherstellung der Vorkriegsaktivitäten.[15] Sie nahmen ihre Arbeit im Wissen um das nationalsozialistische Gewaltverbrechen wieder auf. Gerade aus dem rassistischen Versuch, Judenchristen aus den Kirchen auszuschließen, bezogen sie ihre Legitimation zum Zeugnis gegenüber den Juden. Von daher räsonierte man in Folge der Staatsgründung Israels darüber, was dieses Ereignis für die Judenmission zu bedeuten habe.

Diese Kreise (Otto von Harling, Martin Wittenberg, Gerhard Japer, Karl Heinrich Rengstorf) orientierten sich nicht nur am deutschen Kontext, sondern betrachteten sich als Teil einer internationalen Gemeinschaft, die ihre Agenda in einer Erklärung niederlegte, die auf der Gründungsversammlung des ÖRK im

---

14 Martin Greschat, Zwischen Aufbruch und Beharrung. Die evangelische Kirche nach dem Zweiten Weltkrieg, in: Victor Conzemius (Hg.), Die Zeit nach 1945. Referate der internationalen Tagung in Hünigen/CH, Göttingen 1988, 99-125. – Vgl. Hermann Diem. Restauration oder Neuanfang in der evangelischen Kirche? Stuttgart 1946.

15 Siehe Reinhard Dobbert (Hg.), Zeugnis für Zion. Festschrift zur 100-Jahrfeier des Evang.-Luth. Zentralvereins für Mission unter Israel, Erlangen 1971. – Siegfried Hermle, Evangelische Kirche und Judentum – Stationen nach 1945, Göttingen 1990. – Arnulf H. Baumann (Hg.), Auf dem Wege zum christlich-jüdischen Gespräch. 125 Jahre Evangelisch-lutherischer Zentralverein für Zeugnis und Dienst unter Juden und Christen, Münster 1998.

August 1948 – also vier Monate nach der israelischen Unabhängigkeit – ausgesprochen wurde und die die Judenmission auf ein neues Fundament zu stellen suchte.

Die israelische Staatsgründung wurde in diesem Zusammenhang nicht etwa freudig begrüßt, sondern gab zu einer erneuten Sorge Anlass: „Wir sehen, daß die Schaffung des Staates ‚Israel' dem christlichen Ringen mit dem jüdischen Problem eine neue, politische Dimension verleiht und den Antisemitismus durch politische Befürchtungen und Feindseligkeiten zu komplizieren droht."[16]

Der Staat Israel stellte also eine Irritation dar, weil er bestimmte politische Fragen an die Theologie stellte, denen man nur ungern begegnete. Der Hinweis auf die jetzt staatspolitische Problematik der ‚jüdischen Frage' ging mit einem eschatologisches Denken einher, das der Missionsexperte Karl Hartenstein, Mitglied des Rates der EKD, 1952 in die Worte fasste: „Gott wird dieses Volk heimbringen, nicht in das irdische Palästina, sondern in das himmlische Jerusalem."[17] Dass sich Juden einen Nationalstaat schafften, war in der klassisch-protestantischen Heilsgeschichte nicht vorgesehen.

Wenn der ÖRK-Text aufgrund der Schaffung Israels neuen Antisemitismus befürchtete, bezog er sich damit in erster Linie auf die bisherigen und weiterhin zu befürchtenden Reaktionen im Nahen Osten selbst. Die hinter dem Text stehende Autorengruppe folgte damit einem Verständnis, das sich Juden offenbar nur als Bürger, die einer nichtjüdischen Mehrheit beigeordnet waren, vorstellen konnte.

Die Position der Judenmission dominierte viele kirchliche Periodika dieser Zeit wie z.B. die *Evangelisch-Lutherische Kirchenzeitung* (ELKZ), die *Evangelische Welt* (EvW) und die *Reformierte Kirchenzeitung* (RKZ). Hier wollte man dem Judentum nach eigenem Verständnis positiv begegnen, sah in ihm auch das biblische Gottesvolk und wusste den Staat Israel auch als Zufluchtsstätte der Verfolgten zu schätzen. Behutsam spielte man mit dem Begriff der *Verheißung*, grenzte sich aber vor apokalyptischen, säkular-zionistischen und nationalreligiösen Interpretationen deutlich ab.

So warnten Martin Wittenberg und Gerhard Jasper, zwei leitende Mitglieder des *Evangelisch-Lutherischen Zentralvereins für Mission unter Israel*, vor einer nationalreligiösen Überhöhung der israelischen Staatlichkeit. Denn diese könne zu einer Entwicklung „wie in Deutschland vor und nach 1933" und damit fak-

---

[16]    Rolf Rendtorff/Hans Hermann Henrix (Hg.), Die Kirchen und das Judentum. Dokumente von 1945-1985. Gemeinsame Veröffentlichung der Studienkommission Kirche und Judentum der EKD und der Arbeitsgruppe für Fragen des Judentums der Ökumene-Kommission der Deutschen Bischofskonferenz, 2. Aufl., Paderborn/ München 1989, E.I.2.

[17]    Karl Hartenstein, Israel im Heilsplan Gottes. Eine biblische Besinnung. Stuttgart 1952, 66.

tisch zu einem neuen Nationalsozialismus führen, diesmal in jüdischer Gestalt.[18] Die Gemeinsamkeit zwischen der NS-Ideologie und dem gegenwärtigen Zionismus erblickte Jasper in einer religiös aufgeladenen „Blut-und-Boden-Verbundenheit", wonach sich Gott an ein bestimmtes Volk in einem bestimmten Land gebunden habe.[19]

Als Kronzeugen fungierten jüdische Schriftsteller, für die der Zionismus ein ambivalentes Phänomen war. So warnte z.b. Margarete Susman 1946 trotz ihrer Hoffnung auf eine baldige israelische Staatwerdung vor der „Gefahr", „die für das jüdische Volk heute wie immer in der Nationwerdung liegt."[20] Bei aller Kritik an einem übersteigerten Nationalismus wäre eine Autorin wie Susman allerdings nicht auf den Gedanken gekommen, ein zionistisches Hochgefühl mit der NS-Ideologie in Verbindung zu bringen. Die Torpedierung der politischen Vorgänge im jungen Staat Israel von Seiten der Judenmissionsvertreter ging über die Kritik ihrer jüdischen Kronzeugen deutlich hinaus. Dahinter stand nicht nur die Sorge um ein moralisches Scheitern des zionistischen Projekts, sondern zudem die Frage, wie sich die Juden in einem sich etablierenden Nationalstaat zu Christus und zu den Christen verhalten würden. So bedauerte im Juli 1949 das missionswissenschaftliche Informationsblatt der bayerischen Landeskirche, *Blick in die Welt*, dass die Israelis durch die „nationalistische Welle" in ihrem Jude-Sein gestärkt worden seien, woraus folge: „Eine Hinkehr zu Christus scheint dadurch erst recht in die Ferne gerückt."[21]

Mit gleicher Verve sahen sich die Vertreter einer konfessionellen Judenmission – an prominenter Stelle Oberkirchenrat Otto von Harling[22], Referent in der EKD-Kirchenkanzlei und gleichzeitig führendes Mitglied des *Zentralvereins* – dazu aufgerufen, pietistisch-endzeitliche Optionen zu monieren. Diese manifestierten sich in dieser Zeitperiode in der Person des Judenchristen Abram Poljak, der ab 1951 vor Kreisen der *Evangelischen Allianz* das unmittelbar bevorstehende Millennium ausrief. Im Staat Israel sah Poljak die Keimzelle des Tausendjäh-

---

[18] Martin Wittenberg, Zur Bedeutung des Staates Israel für die Christenheit. Erwägungen zum 10. Sonntag nach Trinitatis, in: ELKZ 4 (1950), 213-215, hier S. 213.

[19] Gerhard Jasper, Wandlungen im Judentum. Die gegenwärtige geistige Situation des Judentums im Blickfeld der Kirche. Stuttgart 1954, 33.

[20] Margarete Susman: Das Buch Hiob und das Schicksal des jüdischen Volkes [1946]. Mit einem Vorwort von Hermann Levin Goldschmidt, 2. Aufl., Frankfurt am Main 1996, 116.

[21] Th. Burgstahler: Israel auf dem Weg zu Christus, in: Blick in die Welt. Monatliche Beilage zu den Nachrichten für die evangelisch-lutherischen Geistlichen in Bayern (Juli 1949), o.S.

[22] So Briefe der Kirchenkanzlei (v. Harling) an die dt. Kirchenleitungen, die Brüder-Unität Synode Ost u. West, den Bund reformierter Kirchen, den Central-Ausschuss für Innere Mission, das Zentralbüro des Hilfswerks und an den ACK vom 16.5. und 5.7.1951 (*Evangelisches Zentralarchiv Berlin* [EZA], 2/5250).

rigen Reiches, in dem die dann zu Christus bekehrten Juden über die Welt herrschen würden.[23]

Die christlich-endzeitlichen Vorstellungen korrelierten z.T. mit den Ansichten jüdisch-religiöser Zionisten, die in der Staatwerdung den Beginn der Erlösung, ja einen Meilenstein im „messianic process" sahen, „leading to the realization of prophetic predictions" (wenn auch vielfach ohne das Konzept einer personhaften Messiasgestalt).[24]

Hauptkritikpunkt von Seiten der konfessionellen Judenmission war allerdings weniger Poljaks national-territoriale Konnotation, sondern seine Forderung, Judenchristen müssten sich in eigenen, von den heidenchristlichen Kirchen getrennten Gemeinden sammeln. Denn, so Poljak, nachdem allein die Heidenchristen entrückt worden seien, bildeten die Judenchristen die religiöse und politische Gemeinde des 1000 Jahre regierenden messianischen Friedensherrschers. Damit rückte Poljak in den Augen der Kritiker von der einen Kirche Jesu Christi ab, die aus Juden- und Heidenchristen gleichermaßen bestehe (1Kor 12,13). Von daher beklagten Poljaks Kritiker, dass dessen apokalyptische Israelliebe zu einer Vernachlässigung der *individuellen* Judenmission führte, weil Poljak auf die *kollektive* Judenbekehrung bei der unmittelbar bevorstehenden Parusie Christi fixiert war.[25]

Die Auseinandersetzung mit der Endzeitlehre Poljaks zeigte, dass die konfessionelle Judenmission auf die *theologischen* Implikationen des *politischen* Zionismus und der israelischen Staatsgründung kaum vorbereitet war und sowohl der apokalyptischen Israelerwartung als auch der bald einsetzenden ‚progressiven' Israelbegeisterung keine die Zeitgenossen überzeugende Alternative entgegenzusetzen wusste.

Insgesamt muss jedoch konzediert werden, dass die Vertreter der Judenmission im Spektrum der verschiedenen kirchlichen Gruppierungen einer projüdischen Richtung zuzuordnen waren, weil sie einen Philosemitismus pflegten, der an den erwecklichen Vorbildern des 19. Jahrhunderts ausgerichtet und deshalb nicht frei von pejorativen Urteilen war, sich aber vom traditionellen Antisemitismus auch kirchlicher Provenienz abhob.[26]

---

[23] Siehe Abram Poljak, Krieg und Frieden. Predigten und Briefe aus der Gefangenschaft, Neckargemünd o.J. [ca. 1955]. – Ders., Der Oelzweig, Neckargemünd o.J. [ca. 1970].

[24] Aviezer Ravitzky, Messianism, Zionism, and Jewish Religious Radicalism, Chicago 1996, 80.

[25] Siehe z.B. Wilhelm Grillenberger, Was hat uns Abram Poljak zu sagen?, in: *Friede über Israel*/FÜI 35 (1952), 47-54. – Gerhard Jasper, Die Frage nach dem Judenchristentum heute. Was will Abram Poljak?, in: *Kirche in der Zeit*/KiZ 7 (1952), 124f. – Hansgeorg Schroth, Der messianische ‚Reichsvortrupp Christi'. Abram Poljaks judenchristlicher Kongreß in Basel, in: *Messiasbote* (8/1951), 7-13.

[26] Siehe Wolfram Kinzig, Philosemitismus. Zur Geschichte des Begriffs, in: *Zeitschrift für Kirchengeschichte*/ZKG 105 (1994), 202-228.361-383.

## 3.2 Die traditionelle Palästinamission

Neben den judenmissionarisch ausgerichteten Kreisen beschäftigten sich vor allem diejenigen Einrichtungen und Vereine mit den Vorgängen im Nahen Osten, die seit dem 19. Jahrhundert die dortige Arabermission verantworteten bzw. die Palästinadeutschen repräsentierten. Das waren die im *Palästinawerk* zusammengefassten Organisationen, die Jerusalemer Propstei und das *Kirchliche Außenamt* der EKD.[27] Während alle nichtjüdischen Deutschen das zukünftige Gebiet des Staates Israel bereits vor dessen Gründung verlassen mussten und deren Besitztümer genauso wie kirchlicher Grund und Boden beschlagnahmt worden war, konnten die protestantischen Werke im (trans-)jordanisch gewordenen Teil des Heiligen Landes ihre Arbeit wieder aufnehmen.

Auf den neuen jüdischen Staat blickten die evangelischen Einrichtungen zunächst einmal aus der Perspektive des materiell Geschädigten. Der Palästina-Beauftragte der *Commission on Younger Churches and Orphaned Missions* (CYCOM) des *National Lutheran Council* der USA, Edwin Moll, hatte sich 1946 des ,verwaisten' deutschen Missionseigentums angenommen (eine Arbeit, die er 1949-1954 als Direktor der Nahostabteilung des LWB in Ost-Jerusalem weiterführte). Molls englischsprachige Berichte wurden übersetzt und zusammen mit den Stellungnahmen des Jerusalemer lutherischen Propstes Johannes Döring an die kirchlichen Einrichtungen weitergeleitet.

„Dr. MOLL hat mit grosser Energie und persönlichem Mut in den vergangenen Monaten alle Versuche jüdischer Stellen, sich in den Besitz unserer Gebäude zu setzen, bekämpft", lobte Döring den Amerikaner am Tag der israelischen Staatsgründung und brachte damit den gerade sich formierenden Staat Israel in den Geruch eines Gegners, vor dem man sich zu hüten hatte.[28]

Daneben blickten die evangelischen Institutionen auf den jungen jüdischen Staat aus der Perspektive sozialer Hilfswerke, die sich der arabischen Flüchtlinge karitativ annahmen. Dafür ist der Bericht des langjährigen Vorsitzenden des *Jerusalemsvereins* und Geschäftsführers der *Evangelischen Jerusalems-Stiftung*, Bernhard Karnatz, charakteristisch, der 1952 den jordanischen Teil Palästinas bereiste. Vom Turm der Erlöserkirche blickten er und weitere Vertreter des *Palästinawerks* in den ihnen nicht mehr zugänglichen Westteil Jerusalems, nahmen

---

[27] Zum Palästinawerk siehe Uwe Kaminsky, The reconstruction of German Protestant institutions after the Second World War – the 'Palaestinawerk', in: Norbert Friedrich/Roland Löffler/Uwe Kaminsky (Hg.), The Social Dimension of Christian Missions in the Middle East, Stuttgart 2010, 231-244. – Siehe auch Almut Nothnagle/Hans-Jürgen Abromeit/Frank Foerster (Hg.), Seht, wir gehen hinauf nach Jerusalem. Festschrift zum 150jährigen Jubiläum von Talitha Kumi und des Jerusalemsvereins, Leipzig 2001.

[28] Brief Dörings an *Kirchl. Außenamt*/KA und Missionswerke vom 14.5.1948 (EZA, 6/1610). – Vgl. Bericht über die Auslandsdeutschen vom 18.3.1949, dok. bei Karl-Heinz Fix, Die Protokolle des Rates der Evangelischen Kirche in Deutschland, Bd. 3: 1949, Göttingen 2006, 118f.

voller Wehmut und Trauer das ehemalige Propsteigebäude und das Syrische Waisenhaus wahr und wurden unweigerlich an das geteilte Berlin erinnert. Der Vergleich mit der deutschen Wirklichkeit drängte sich auch bei einem anderen Sachverhalt auf, dem Schicksal der arabischen Vertriebenen:

„Schon auf der Fahrt waren wir wiederholt an ausgedehnten Flüchtlingslagern vorbeigekommen, wo unter Zelten Tausende von arabischen Familien kümmerlich hausten, die aus Angst vor jüdischem Terror aus den Israel zugewiesenen westlichen Gebieten geflohen waren. Wir Deutschen empfanden dieses Elend im Gedanken an die Not in der eigenen Heimat mit tiefem Mitgefühl."[29]

Der Vergleich Palästina-Deutschland enthielt, wenn man ihn konsequent weiterdachte, eine Parallelisierung zwischen dem Staat Israel und der stalinistischen Sowjetunion; letztere hatte unzählige Deutsche vertrieben und einen Teil der Hauptstadt okkupiert. Auch in Karnatz' Ausführungen erhielt Israel somit implizit einen feindlichen Charakter.

Dass die Vertreter des *Palästinawerks* gegenüber Israel noch skeptischer waren als die Vertreter der Judenmission, brachte sie automatisch in Gegnerschaft zu den judenmissionarisch und tendenziell philosemitisch ausgerichteten Kreisen. So warnte beispielsweise Martin Wittenberg, einer der ‚Haus-Theologen' des *Evangelisch-Lutherischen Zentralverein für Mission unter Israel,* vor der „arabophilen Pfarrerschaft", der zufolge „das israelische Palästina alle Verbindung mit der Geschichte", gemeint ist die biblische Heilsgeschichte, verloren habe.[30] Damit bezog sich Wittenberg auf das Phänomen, dass die Personen aus dem Umfeld der deutschen Einrichtungen in Palästina noch weniger als die Vertreter der Judenmission bereit waren, das jüdische Leben im Heiligen Land in einen wie auch immer gearteten positiven Zusammenhang mit biblischen Verheißungen zu bringen.

Die Sichtweise, dass Israel der Verursacher des erlittenen materiellen Schadens der kirchlichen Einrichtungen sei, prägte auch die Verhandlungen des *Palästinawerks* bzw. des *Lutherischen Weltbundes* mit der israelischen Regierung zwecks Entschädigungszahlungen an die Träger dieser Einrichtungen. Das hieß aber nicht, dass den sachlich gehaltenen Verhandlungsdokumenten antijüdische Vorbehalte gegenüber Israel zu entnehmen waren.

Insgesamt bedeutete die Schaffung eines jüdischen Staates im Nahen Osten aber das Ende der deutschen palästinamissionarischen Arbeit im israelischen Staatsgebiet. Was die Tätigkeit der deutschen Einrichtungen im restlichen Paläs-

---

[29]   Bernhard Karnatz, Missionarisch-diakonische Arbeit im Heiligen Lande. Ein Reisebericht für die Freunde des Jerusalemsvereins von Juni 1952 (EZA, 6/1579). – Vgl. Robert Frick, Deutsche evangelische Missionsarbeit in Palästina. Ein Reisebericht, in: KiZ 7 (1952), 122f.

[30]   Martin Wittenberg, Hermann Maas, „und will Rachels Kinder wieder bringen in das Land", in: ELKZ 11 (1957), 318.

tina betraf, so stellte die israelische Staatsgründung zumindest eine folgenreiche Störung dar, die dazu zwang, die Arbeit neu zu justieren.

## 3.3 ‚Progressive' Stimmen

In den Jahren nach 1948 gab es auch Bewertungen der israelischen Staatsgründung, die von den bisher geschilderten Haltungen abwichen und damit Positionen vorwegnahmen, die in größerem Ausmaß erst ab 1958 populär wurden. Diese Stimmen können deshalb als ‚progressiv' bezeichnet werden, auch wenn deren Vertreter nicht alle politisch links standen.

Als einer der wenigen, die später eine leitende Funktion in der EKD innehaben sollten, bezog Propst Kurt Scharf, damals Leiter der Abteilung Brandenburg im Konsistorium der *Evangelischen Kirche in Berlin-Brandenburg*, zur israelischen Staatsgründung Stellung. Mit dem Kirchenkampf hatte seine Theologie eine endzeitliche und biblizistische Note erhalten, ohne dass er freilich die Berechtigung der historisch-kritischen Exegese an sich leugnete.[31]

Sein linkspolitisches Engagement, durch das er in den 1970er Jahren pejorativ zum ‚roten Bischof' avancierte, entsprang genauso einer biblizistisch-eschatologischen Schriftauslegung wie seine theologische Deutung des Staates Israel. Später bekannte er, dass ihn die heilsgeschichtliche Rolle „des modernen Israel" bereits als Schüler beschäftigt habe.[32] In Scharfs Nachlass befinden sich etliche pietistische Broschüren und Hefte aus der Zeit um 1950, die zeigen, dass er mit der Auffassung vom Staat Israel als Zeichen der Endzeit vertraut war.[33]

Im Sommer 1948 versuchte Scharf im Periodikum *Zeichen der Zeit* die „Wiedergeburt der Nation Gottes" dem Titel der Zeitschrift gemäß als „augenfälligste[s] ‚Zeichen der Zeit'" zu interpretieren und kam zu dem Ergebnis: „Hier bleibt nur eine Deutung: die prophetisch-apokalyptische der Heiligen Schrift selbst."[34] Scharfs Ausführungen zeigen, dass er die israelische Staatlichkeit als einen Hinweis darauf ansah, dass sich die klassische Deutung selbst widerlegt hätte, wonach die Land- und Rückkehrverheißungen aufgehoben seien. Indem er in diesem Zusammenhang von der Wiederkunft Christi sprach, reihte

---

[31] So Wolf-Dieter Zimmermann, Kurt Scharf. Ein Leben zwischen Vision und Wirklichkeit, Göttingen 1992, 40f.

[32] Kurt Scharf, Eindrücke in Israel, in: *Messiasbote* 31 (2/1963), 3-4, hier S. 3: „Ich darf sagen, daß mich das Problem des modernen Israel als ein Problem der Heilsgeschichte Gottes und als eine Frage an Theologie und Kirche vor vielen anderen Fragen seit meiner Schülerzeit beschäftigt hat." – Bzgl. des Verweises auf die Schulzeit kann mit ‚modernem Israel' nur das zeitgenössische Judentum einschließlich des politischen Zionismus gemeint sein; vom Kontext her denkt der Leser im Jahr 1963 allerdings an den Staat Israel, sodass Scharfs Wortwahl hier zwischen beiden Bedeutungen changiert.

[33] So *Landeskirchliches Archiv Berlin-Brandenburg* (LABB), 38/401.

[34] Kurt Scharf, Israel und Palästina – heute. Zu den Ereignissen im Nahen Osten", in: *Zeichen der Zeit/ZdZ* 2 (1948), 275-278, hier S. 278.

er sich in diejenigen ein, die die Staatsgründung als ein Zeichen der Endzeit werteten.

In dem geschichtstheologischen Denken des Berliner Propstes nahm sogar das nationalsozialistische Deutschland einen Platz ein, denn Gott hätte die erneute Sammlung seines Volkes durch die antichristlichen „Gefolgsleute der Widermacht" – gemeint waren die Nationalsozialisten – in die Wege geleitet.[35]

Der heilsgeschichtlichen Betrachtung Israels treu bleibend, sollte Scharf während des israelisch-arabischen Waffengangs im Juni 1967, des aus israelischer Perspektive so genannten *Sechstagekrieges*, zu der kirchenleitenden Person werden, die sich am entschiedensten auf die Seite des Staates Israel stellte.

Neben Scharfs Vorstoß ist vor allem das Wirken des Heidelberger Kreisdekans Hermann Maas zu nennen, der sich selbst als *Zionisten* bezeichnet hatte.[36] So wie Martin Niemöller im Blick auf den Kirchenkampf zu einer Symbolfigur des Widerstandes wurde, so personifizierte Maas zusammen mit dem Berliner Propst Heinrich Grüber das moralisch integre Verhalten gegenüber den Juden im NS-Regime. Ähnlich wie Grüber hatte auch Maas während der NS-Zeit Juden und Christen jüdischer Herkunft betreut und die zögerliche Bekennende Kirche zu einer eindeutigeren, positiveren Haltung gegenüber den Juden zu bewegen versucht.

Maas wurde deshalb 1950 als erster Deutscher von der israelischen Regierung zu einem Besuch des Landes eingeladen. Der daraufhin entstandene Reisebericht und das nach dem nächsten Israelaufenthalt 1953 entstandene Buch wurden charakteristisch für einen Großteil der kirchlichen Israelliteratur bis weit in die 1960er Jahre hinein.[37] Wichtig zu wissen ist, dass es sich bei Maas' Israelaufenthalten nicht um einen privaten, touristischen Besuch handelte, sondern um geführte Reisen durch israelische Regierungsbeauftragte. Sie gingen davon aus, dass Maas den Aufbau des israelischen Gemeinwesens zu Hause positiv darstellen und damit zu einer projüdischen Atmosphäre in der Bundesrepublik beitragen werde.

Der Israeli wird von Maas in den Reiseberichten als der fleißige Arbeiter und Bauer geschildert, der Sümpfe trocken legt und die Wüste zum Leben erweckt sowie in den Kibbuzim die ideale Gesellschafts- und Wirtschaftsform entwickelt

---

[35]  Ebd.

[36]  Der philosemitisch geprägte Maas nahm 1903 am 6. Zionistenkongress in Basel teil, also an der Zusammenkunft, bei der Theodor Herzl zum letzten Mal erschien und bei dem die Idee abgewiesen wurde, den ‚Judenstaat' in Uganda und nicht in Palästina zu gründen. „Dort wurde ich Zionist", schrieb Maas über Basel (Hermann Maas: Anwalt der Verfolgten – Rückblick eines 75jährigen, in: Werner Keller/Albrecht Lohrbächer/Eckhart Marggraf u.a., Leben für Versöhnung. Hermann Maas – Wegbereiter des christlich-jüdischen Dialoges, 2. Aufl., Karlsruhe 1997, 12-28, hier S. 26).

[37]  Siehe Hermann Maas, Skizzen von einer Fahrt nach Israel, Karlsruhe 1950. – Ders., – und will Rachels Kinder wieder bringen in das Land. Reiseeindrücke aus dem heutigen Israel. Mit 16 Bildtafeln u. Wortverzeichnis, Heilbronn 1955.

hat. Damit soll bewusst den tradierten antisemitischen Klischees entgegengearbeitet werden, wonach der Jude als parasitär lebender Krämer zu keiner konstruktiven Erwerbsarbeit fähig sei.

Bei Maas kommt freilich auch noch die heilsgeschichtliche Deutung hinzu. Sowohl in der israelischen Staatsgründung an sich als auch in den boomenden Städten und den ertragreichen Feldern erkannte Maas zumindest eine Vorerfüllung messianischer Verheißungen: Die Rückkehr der Juden nach Palästina „soll dem viel Größeren vorangehen, das wir heute noch nicht fassen ... können, was aber nur mit den Worten ‚Erlösung' und ‚Erfüllung' zu fassen ist, hinter denen groß und lebendig der Messias steht."[38] Die Bereitschaft, die Ereignisse im Nahen Osten heilsgeschichtlich oder sogar endzeitlich zu deuten, ist bei Kurt Scharf und Hermann Maas deutlich höher, als bei Personen aus dem Umfeld der Juden- oder Palästinamission.

Eine weitere protestantische Persönlichkeit, die sich bereits frühzeitig für den Staat Israel einsetzte, war der Berliner Propst Heinrich Grüber. Er machte sich dafür stark, dass die Wiedergutmachung an den jüdischen NS-Opfern auf die Agenda der westdeutschen Politik kam. Sein Streben nach einer jüdisch-christlichen Verständigung stand gegenüber seiner Hauptaufgabe – er war Bevollmächtigter des EKD-Rates bei der DDR-Regierung – ziemlich isoliert da. Grüber verkörperte wegen seiner Jahre als Leiter der Berliner *Evangelischen Hilfsstelle für nichtarische Christen* (‚Büro Grüber') in der NS-Zeit einen Deutschen, der der Judenverfolgung nicht tatenlos zugesehen hatte.[39]

Er beklagte bereits am 28. März 1949, also fast zwei Monate vor der offiziellen Gründung der Bundesrepublik, dass bislang „von keiner kirchenamtlichen Stelle ein grundsätzliches Wort zur Wiedergutmachungsfrage gesagt worden" sei. Gemeint war eine Entschädigung der Opfer der sog. *Nürnberger Gesetze*, von denen allein unter den Protestanten in Berlin zweitausend Personen zu finden waren. Von den im Staat Israel Zuflucht gefundenen Überlebenden Opfer der Schoah sprach Grüber nicht. Für Grüber handelte es sich bei der Wiedergutmachung weniger „darum, eine Not zu lindern und ein Leid mitzuleiden, sondern es handelt sich um die selbstverständliche Pflicht, begangenes Unrecht wieder gut zu machen."[40] Eine solche Definition entsprach freilich genau dem Gegenteil dessen, was sich Israelis darunter vorstellten. Dort argumentierte man

---

[38] H. Maas, Skizzen, 1950, 22.

[39] Dieses Engagements wegen war Grüber 1940-1943 in den KZs Sachsenhausen u. Dachau. 1945 gründete der zum Propst ernannte Grüber die *Evangelische Hilfsstelle für ehemals Rassenverfolgte* in West-Berlin. – Siehe auch Gerhard Besier, Heinrich Grüber - Pastor, Ökumeniker, Kirchenpolitiker, in: Inge Mager (Hg.), Jahrbuch der Gesellschaft für Niedersächsische Kirchengeschichte 89, Festschrift zum 70. Geburtstag von Professor Dr. Dr. Hans-Walter Krumwiede, Blomberg/Lippe 1991, 363-384. – Heinrich Grüber, Erinnerungen aus sieben Jahrzehnten, 2. Aufl., Köln 1968.

[40] 2 Zit.: Heinrich Grüber, Kirche und Wiedergutmachung. Bericht vom 28.3.1949, in: *Saat auf Hoffnung*/SaH 73 (1/1950), 51-52, hier S. 51.

umgekehrt: Das an Juden verübte Verbrechen könne nicht wieder gutgemacht werden, allein das finanzielle Überleben der Opfer müsse sichergestellt werden.

Grüber ließ die Wiedergutmachungsfrage auch in den nächsten zwei Jahren nicht aus den Augen und bezog schließlich auch den Staat Israel in seine Plädoyers mit ein. Zum dreijährigen israelischen Staatsjubiläum im Mai 1951 sprach er in der Berliner jüdischen Gemeinde in einem visionären Ton von einer Zeit, „wie ein befriedetes Israel einem friedlichen und geeinten Deutschland die Hand der Vergebung entgegenstreckt."[41] Und als der international agierende *Christliche Friedensdienst* (CFD) bei seiner Tagung in Den Haag im Februar 1952 von der Bundesregierung die Bereitschaft zu Wiedergutmachungsleistungen an Israel forderte, fand sich auch Heinrich Grübers Unterschrift unter dem Appell.[42]

Am 10. September 1952 wurde schließlich der israelisch-deutsche ‚Wiedergutmachungs'-Vertrag (hebräisch *Schilumim*) in Luxemburg unterzeichnet.[43] Der Vertragstext legte fest, dass die Bundesrepublik dem Staat Israel 3,45 Milliarden DM (823 Millionen US-Dollar) zahlen werde, in denen 450 Millionen DM für die *Claims Conference* enthalten seien. Für die Ratifizierung des Luxemburger Abkommens sprach auch der politische Druck, den Publizisten, Schriftsteller, Künstler und Kirchenleute im Vorfeld aufgebaut hatten, darunter neben Grüber auch die Theologen Hermann Maas und Karl-Heinrich Rengstorf, welche die ‚Wiedergutmachung' des nationalsozialistischen Unrechts forderten. So hieß es 1952 in einem Artikel in der Zeitschrift *Evangelische Welt*: „Es geht da nicht nur um eine abendländische Verantwortung, sondern um eine eminent christliche Verpflichtung."[44] Nicht kirchenleitende Gremien, aber der Protestantismus im Allgemeinen trug zu einem mutigen politischen Klima bei, das das Abkommen von 1952 ermöglichte.

## 4. 1958-1966: Der Staat Israel als Motor des christlich-jüdischen Dialogs

Um 1960 kam es bezüglich der protestantischen Wahrnehmung Israels nicht einfach zu einem altersbedingten, sondern eher zu einem theologisch-politisch be-

---

[41]    O.Vf.: Für echten Frieden zwischen Israel und Deutschland, in: JK 12 (1951), 470. Zmf. d. Pos. v. H. Grüber.

[42]    Zit. bei Meldung „Für Versöhnung zwischen Israel und Deutschland", in: *EPD-Zentralausgabe/*epd.ZA Nr. 49 vom 27.2.1949.

[43]    Siehe Niels Hansen, Aus dem Schatten der Katastrophe. Die deutsch-israelischen Beziehungen in der Ära Konrad Adenauer und David Ben Gurion. Ein dokumentierter Bericht. Mit einem Geleitwort von Shimon Peres, Düsseldorf 2002, 155-366. – Y. A. Jelinek, Deutschland und Israel 1945-1965, 2004, 75-250. – M. Weingardt, Deutsche Israel- und Nahostpolitik, 2002, 72-105.

[44]    O. Vf., Kirche und Israel, in: EvW 6 (1952), 564-566, hier S. 565.

dingten Generationenwechsel. Ein Blick in die kirchlichen Periodika[45] zeigt, dass die wichtigsten Autoren, die den Lesern bisher Judentum und Staat Israel erklärt hatten, um 1960 mehr und mehr von der Bildfläche verschwanden, auch wenn sie noch Jahrzehnte weiterlebten. Das gilt insbesondere für die im *Evangelisch-Lutherischen Zentralverein für Mission unter Israel* organisierten Theologen wie Gerhard Jasper, Karl-Heinrich Rengstorf und Martin Wittenberg; letzterer war sogar erst 2001 verstorben. An ihre Stelle traten Autoren mit einer mehr progressiv geltenden Ausrichtung.

### 4.1 Israelreisen als theologische ‚Erfahrung'

Der soziologische Begriff der *Erlebnisgesellschaft* passt insofern in unsere Thematik, als der Staat Israel in dieser Zeit zunehmend aus der Perspektive der eigenen Anschauung wahrgenommen wurde. Allein zwischen 1958 und 1961 reisten parallel zum allgemeinen Anstieg des westdeutschen Tourismus etliche kirchliche Multiplikatoren nach Israel: Heinrich Grüber (siehe oben); Pfarrer Adolf Freudenberg, mitteleuropäischer Vertreter des *Committee on the Christian Approach to the Jews* im *International Mission Council* (IMR); dessen Schwiegersohn Helmut Gollwitzer, zunächst Professor in Bonn, dann in West-Berlin; der West-Berliner Studentenpfarrer Friedrich-Wilhelm Marquardt, der schließlich Assistent von Gollwitzer und später selbst Theologieprofessor wurde; sowie Rudolf Weckerling, ebenfalls Studentenpfarrer in West-Berlin und später Auslandspfarrer in Beirut. Diese Personen fuhren ab 1958 teils alleine, teils mit kirchlichen bzw. studentischen Reisegruppen nach Israel.

Die Schilderungen der Israelreisen[46] um 1960 weisen inhaltliche Parallelen zu den Veröffentlichungen von Hermann Maas auf: Die Beobachtungen im Land werden mit biblischen Verheißungen in Verbindung gebracht. Der Aufbauwille der israelischen Nation wird als ein gewaltiges Faszinosum beschrieben. Das Gemeinschaftserlebnis in den Kibbuzim ließ den Sozialismus als die bessere Gesellschaftsform erscheinen.

Für viele kirchliche Pilger in den jüdischen Teil des Heiligen Landes galten fortan eine politisch linke Haltung und Israelliebe als zwei Seiten einer Medaille. Kein Wunder also, dass der Heidelberger Theologieprofessor Rolf Rendtorff, der 1963 erstmals den Staat Israel besuchte und einer der führenden Verfechter der jüdisch-christlichen Annäherung werden sollte (was 1966 bei der Gründung

---

[45] Für dieses Urteil wurden erneut die in Anm. 11 genannten Periodika herangezogen.

[46] Siehe z.B. Adolf Freudenberg, Israel. Bilder und Gedanken einer Reise, in: *Stimme der Gemeinde zum kirchlichen Leben*/SGKL 10 (1958), 581-586. – Helmut Gollwitzer, Israel, das aufregendste Land der Erde, in: KiZ 13 (1958), 160-162. – Rudolf Weckerling, Studentengemeinde unterwegs, in: JK 21 (1960), 408-413. – Ders., Le Chaim – Zum Leben. Eine Reise nach Israel – Junge Deutsche berichten. Eingeleitet von Heinrich Grüber, Berlin 1962.

der *Deutsch-Israelischen Gesellschaft* konkret wurde), sich besser in der SPD aufgehoben fühlte als in CDU oder FDP.[47]

Kennzeichnend für alle Reisebeschreibungen war zudem das Bewusstsein, dass man in Israel als Angehöriger des Tätervolks den Überlebenden des größten deutschen Verbrechens gegenübertrat. So hatte der West-Berliner Studentenpfarrer Rudolf Weckerling den Reiseteilnehmern 1959 eingeschärft: „Das schwerste Gepäckstück, das Sie mitführen, ist unsere Schuld an den Juden."[48] Mit der Zunahme an Israelfahrten wuchs auch die Einsicht in die deutsche Schuld – und umgekehrt.

1958 war auch das Jahr, in dem Lothar Kreyssig, Präses der Synode der *Evangelischen Kirche der Union*, auf der EKD-Synode in Berlin-Spandau seinen Aufruf zur Gründung von *Aktion Sühnezeichen* vortrug.[49] In freiwilligen Arbeitseinsätzen sollte jungen Deutschen die Möglichkeit gegeben werden, die Opfer des Zweiten Weltkriegs um Verzeihung zu bitten und einen Beitrag zur Versöhnung zu leisten. Im Gründungsaufruf nannte Kreyssig als anvisierte Einsatzorte die Länder Polen, Russland und Israel. Aufgrund befürchteter antideutscher Ressentiments, zuletzt wegen des israelischen Prozesses gegen den Kriegsverbrecher Adolf Eichmann, gelangte die erste Freiwilligengruppe erst im Herbst 1961 nach Israel, um im Kibbuz Urim mitzuarbeiten.

Die Existenz des Staates Israel wurde somit – neben der Schoah – zum Ausgangspunkt einer Art ,Erfahrungstheologie', einer spezifischen kontextuellen Theologie. Die Ausrichtung am lebendigen Israel war die positive Kehrseite der an einem negativen Geschichtsereignis orientierten *Theologie nach Auschwitz*. Nachdem christliche Frömmigkeit in ihrer traditionellen, an Dogmen und Lehrsätzen ausgerichteten Form zunehmend an Prägekraft verloren hatte, suchten gerade junge Menschen ihren noch unsicheren Glauben an konkreten Erfahrungen und reellen Gegebenheiten festzumachen. Die Erlebbarkeit eines jüdischen Gemeinwesens auf dem Boden des alten Israels gab den biblischen Geschichten, der Heilsgeschichte (Treue Gottes gegenüber Israel) sowie der Frage nach Schuld und Moral angesichts der Schoah neue Relevanz.

Am deutlichsten ist der Aspekt der Erfahrung von dem West-Berliner Theologieprofessor und früheren Studentenpfarrer Friedrich-Wilhelm Marquardt in

---

[47]    Zu Rendtorffs politisches Engagement siehe Rolf Rendtorff, Kontinuität im Widerspruch. Autobiographische Reflexionen, Göttingen 2007, 128ff.

[48]    Rudolf Weckerling: Studentengemeinde unterwegs, in: JK 21 (1960), 408.

[49]    Zu Aktion Sühnezeichen siehe Jörn Böhme, Die Arbeit der 'Aktion Sühnezeichen/Friedensdienste' in Israel – Geschichte und Entwicklung, in: Karlheinz Schneider (Hg.), 20 Jahre deutsch-israelische Beziehungen, Berlin 1985, 137-150. – Christel Eckern: Die Straße nach Jerusalem. Ein Mitglied der "Aktion Sühnezeichen" berichtet über Leben und Arbeit in Israel, Essen 1962. – Gabriele Kammerer, 50 Jahre Aktion Sühnezeichen. Recherchen zu Geschichte und Selbstverständnis der Organisation, in: *Mitteilulungen zur kirchlichen Zeitgeschichte*/MKiZ (1/2007), 139-147. – Konrad Weiß, Lothar Kreyssig. Prophet der Versöhnung, Gerlingen 1998.

einem Interview ausgedrückt worden: „Der Anlass für mein ganzes theologisches Unternehmen seit der Dissertation ist eine Reise nach Israel gewesen", die Reise von 1959 nämlich, die „meine zweite Taufe" wurde.[50] Die Redeweise von der ‚zweiten Taufe' weist der Erstbegegnung mit dem Staat Israel und den dort lebenden Juden einen quasi-sakramentalen Charakter zu und lässt sie konstitutiv sein für das eigene Christsein und die eigene Theologie. Das Staunen über *Erez Israel* als abstrakte Größe und die Prägung durch konkrete Israelis, zu denen sich freundschaftliche Beziehungen entwickelten, wirkten hier zusammen. Nahezu jeder, der im christlich-jüdischen Dialog aktiv war oder ist, weist in seinem Lebenslauf einen Israelaufenthalt (oder mehrere) als besonderes Begegnungserlebnis auf.

Der 10. *Deutsche Evangelische Kirchentag* – das große Protestantentreffen im Juli 1961 in Berlin – ermöglichte mit den Veranstaltungen der *Arbeitsgruppe VI*, aus der die *Arbeitsgemeinschaft Juden und Christen* hervorging, auch denjenigen, die noch nicht nach Israel gereist waren, einen Einblick in dort zu erwartende Begegnungserlebnisse.[51] Das geschah in dem Bewusstsein, dass „gerade im Jahr des Eichmann-Prozesses ein Kirchentag, wollte er sich den heißen Fragen der Gegenwart wirklich stellen, nicht an diesem Thema vorbeigehen" konnte.[52] Der Besucherandrang bei den christlich-jüdischen Veranstaltungen wurde dann auch auf die Gerichtsverhandlungen um Eichmann zurückgeführt: „Mit etwa 600 Teilnehmern hatte man gerechnet, gegen 10 000 kamen!"[53]

---

[50] Friedrich Wilhelm Marquardt in einem Interview in Amsterdam vom 25.9.1996. Zit. und übersetzt bei: Andreas Pangritz, „Wendung nach Jerusalem". Zu Friedrich-Wilhelm Marquardts Arbeit an der Dogmatik, in: *Evangelische Theologie/EvTheol* 65 (2005), 8-23, hier S. 8. – Rolf Rendtorff sprach davon, dass seine erste Israelreise ihn „stark beeinflusst und, auf Dauer gesehen, tief greifend verändert" habe (Kontinuität, 2007, 78). – Siehe auch Kurt Scharf: Eindrücke in Israel, in: *Messiasbote* 31 (2/1963), 3: „Ich habe noch nie in meinem Leben in einer so kurzen Zeitspanne so starke und so verschiedenartige Eindrücke gewonnen, wie bei unserem kürzlichen Israelbesuch."

[51] Die Veranstaltungen der Arbeitsgruppe VI wurden gerade von solchen Personen durchgeführt, die seit 1958 den Staat Israel bereist hatten, z.B. Helmut Gollwitzer und Friedrich-Wilhelm Marquardt. Zur *Arbeitsgemeinschaft Juden und Christen* siehe Gabriele Kammerer, In die Haare, in die Arme, Gütersloh 2001.

[52] Dietrich Goldschmidt/ Hans-Joachim Kraus (Hg.), Der ungekündigte Bund. Neue Begegnung von Juden und christlicher Gemeinde. Im Auftrag der Arbeitsgemeinschaft Juden und Christen beim Deutschen Evangelischen Kirchentag, 2. Aufl., Stuttgart 1963, 9. – Vgl. Walter Kickel, Das gelobte Land. Die religiöse Bedeutung des Staates Israel in jüdischer und christlicher Sicht, München 1984, 170. – Martin Stöhr, Die Arbeitsgemeinschaft Juden und Christen beim Deutschen Evangelischen Kirchentag, in: *EPD-Dokumentation/ EpdD* Nr. 9/10 (1. März) 2005, 29-45.

[53] Werner Koch, Juden und Christen – gemeinsames Erbe – gemeinsame Zukunft? in: RKZ 115 (1974), 186. – Vgl. Heinrich Grüber, in: Deutscher Evangelischer Kirchentag: Dokumente Berlin 1961, Stuttgart 1961, 503: „Als wir vor Wochen an diese Gruppe dachten,

Für die Verlautbarung der *Arbeitsgruppe VI*, die am 22. Juli 1961 verlesen wurde, liege die einzig richtige Reaktion auf die Gerichtsverhandlungen darin, den Verbrechen des NS-Staates ins Auge zu sehen. Daraus habe u.a. ein aufrichtiges Interesse am Schicksal des Staates Israel zu folgen: „Auch muß von uns Deutschen alles getan werden, was dem Aufbau und dem Frieden des Staates Israel und seiner arabischen Nachbarn dient."[54] Die Erklärung zielt allerdings nicht auf die Beobachtung des Nahen Ostens, sondern auf den Erwählungscharakter des Judentums (‚erwähltes Volk'), für die Arbeitsgruppenleitung „die Quintessenz unserer ganzen Arbeit."[55] Aber auch wenn die Erklärung keine Stellungnahme zum Staat Israel sein sollte, so stellte Günther Harder nach der Verlesung des Textes klar, dass es zur Anerkennung der bleibenden Erwählung der Juden gehöre, den Staat Israel zu akzeptieren: „Israels Weg und damit auch sein neuer Staat geht uns unmittelbar an."[56] Eine frühere Fassung der verabschiedeten Verlautbarung enthielt noch eine Forderung an die Bundesregierung nach Aufnahme diplomatischer Beziehungen zum Staat Israel, die das Kirchentagspräsidium wieder streichen ließ.[57]

Dieser Kirchentag zeigte, dass die auf dem Boden des israelischen Staates gemachten Erfahrungen wie ein ‚Motor' die Annäherung zwischen Juden und Christen beschleunigten und zu einer Modifizierung der evangelischen Theologie beitrugen, gerade auch, was das Verhältnis zur klassischen Judenmission betraf. Zwar hielten die bereits in Israel gewesenen Vertreter des Dialoggedankens noch am christlichen ‚Zeugnis' gegenüber den Juden fest, distanzierten sich jedoch von einem Missionsverständnis, das die Bekehrung von Juden zum Christentum zum Ziel hatte.

---

meinten wir, wenn tausend kommen, wollen wir zufrieden sein. Nun sind es mehr als 10 000."

[54]   Rolf Rendtorff/Hans Hermann Henrix (Hg.), Die Kirchen und das Judentum. Dokumente von 1945-1985. Gemeinsame Veröffentlichung der Studienkommission Kirche und Judentum der EKD und der Arbeitsgruppe für Fragen des Judentums der Ökumene-Kommission der Deutschen Bischofskonferenz, 2. Aufl., Paderborn/ München 1989, E.III.16.

[55]   Günther Harder bei Arbeitsgruppe VI/G. Harder/Schalom Ben-Chorin u.a., Aus der Arbeitsgruppe VI des Kirchentages 1961, in: LM 1 (1962), 76-81, hier S. 77.

[56]   Günther Harder, in: Deutscher Evangelischer Kirchentag: Dokumente Berlin 1961, Stuttgart 1961, 501.

[57]   Der entsprechende Satz im Entwurf lautet: „Angesichts der Spannungen im Nahen Osten wäre es ein wirkungsvoller Beitrag zur Gewinnung des Friedens, wenn das Angebot diplomatischer Beziehungen zum Staat Israel betrieben und zugleich die Entwicklungshilfe für die arabischen Nachbarn intensiviert würden" (Typoskript, zit. bei G. Kammerer, In die Haare, 2001, 26f.).

## 4.2 Die ‚Delegationsreise' der EKD 1962

Es war nur eine Frage der Zeit, bis die Impulse, die von den ersten Israelreisen ausgingen, sich auch auf Vertreter der Kirchenleitungen auswirkten. Dem bereits erwähnten Heinrich Grüber, Mitglied der Berlin-Brandenburgischen Kirchenleitung und bis 1959 Bevollmächtigter des EKD-Rates bei der Regierung der DDR, gelang es vom 1. bis 12. November 1962, Mitglieder des Rates der EKD und weitere Leute aus diesem Umfeld zu einer Israelfahrt zu bewegen. Diesbezüglich war das Klima äußerst günstig, da der israelfreundliche Bischof Kurt Scharf derzeit als Ratsvorsitzender der EKD amtierte – für ihn handelte es sich um den ersten Aufenthalt in Israel. Als weitere Angehörige des EKD-Rates nahmen der Präses der *Westfälischen Landeskirche*, Ernst Wilm, sowie der Moderator (Leiter) des *Reformierten Bundes*, Wilhelm Niesel, an der Reise teil.

In Grübers Augen diente die Reise dem Zweck, bei den Kirchenmännern Verständnis für den israelischen Staat zu wecken und von der Wichtigkeit einer Aufnahme diplomatischer Beziehungen zwischen der Bundesrepublik und Israel zu überzeugen.[58] Allerdings gehörten zur 31-köpfigen Gruppe nur solche Personen, die in der NS-Zeit entschieden auf der Seite der *Bekennenden Kirche* gestanden und bereits vor der Reise begonnen hatten, sich in theologischer Hinsicht auf das Judentum zuzubewegen. Es war deshalb wohl nicht schwer, die Reiseteilnehmer von der Wichtigkeit einer Aufnahme diplomatischer Beziehungen zu überzeugen.

Zur Irritation führte der Umstand, dass in der Presse von einer „Delegation aus der Evangelischen Kirche in Deutschland" die Rede war, was nach etwas Offiziellem klang.[59] Deshalb beschwerte sich der württembergische Landesbischof Martin Haug im Nachhinein, dass nicht alle Mitglieder des Rates der EKD von der geplanten Reise in Kenntnis gesetzt bzw. zu ihrer Teilnahme eingeladen worden seien. Es sei daher falsch, die Unternehmung in der Presse als offizielle Delegationsreise darzustellen.[60] Kurt Scharf machte daraufhin deutlich, es habe sich um eine reine „Privatunternehmung" auf Veranlassung Grübers gehandelt. Diese Kennzeichnung widersprach allerdings der Selbstwahrnehmung der Reisegruppe, die vor der israelischen und deutschen Öffentlichkeit so auftrat, als würde sie den deutschen Protestantismus repräsentieren. Vielleicht wollten sich Grüber und Scharf in ihrem politisch-moralischen Anliegen nicht durch konfessionelle Lutheraner ausbremsen lassen, die in der Israelthematik zu Skepsis und

---

[58] So H. Grüber, Erinnerungen, 1968, 411. – Zur Reise siehe auch Hans Seeger/ Günter Heidtmann, Mit Propst D. Grüber in Israel. Ein Reisebericht, in: KiZ 17 (1962), 498-501.

[59] O. Vf., Reise nach Israel. Im Zeichen der Versöhnung, in: EvW 16 (1962), 700-701, hier S. 700.

[60] Protokoll der 15. EKD-Ratssitzung in Berlin vom 29./30.11.1962, Abschrift, EZA Berlin, 2/5253.

Zurückhaltung neigten. Letztlich blieb allerdings die Frage offen, ob man bestimmte Ratsmitglieder bewusst nicht dabei haben wollte.

Am 9. November nahm die Reisegruppe am Gedenkakt zum 24. Jahrestag der Reichspogromnacht in *Yad Vashem* teil und legte einen Kranz nieder. Bei einem Empfang durch Leon Kubovi, dem Leiter der Gedenkstätte, erklärte Niesel, dass die *Bekennende Kirche*, aus der die heutige EKD hervorgegangen sei, ein gutes Verhältnis zu Juden gehabt habe, was sich am Kampf gegen den Arierparagraphen, an persönlicher Hilfestellung und an der öffentlichen Verurteilung der Judenmorde manifestiert habe.[61] Aus dieser Rekurrierung auf die *Bekennende Kirche* resultierte das Selbstbild, eine legitime Delegation der EKD zu sein.

Kurt Scharf schloss seine auf Niesel folgende Ansprache mit einem Hinweis auf die heilsgeschichtliche Rolle des jüdischen Volkes: „Das Volk Israel ist einzigartig in seinem Leid. Es ist einzigartig in seinen Leistungen, in Rückkehr und Aufbau in seinem Lande [...] Es wird einzigartig in seiner Zukunft sein, und diese Zukunft – das nun ist ein Spezifikum christlichen Glaubens – wird eng verbunden sein mit der Zukunft der Kirche."[62]

Scharfs Worte lagen auf der Linie seiner bisherigen Deutung der israelischen Staatlichkeit, indem er die jetzige ‚Einzigartigkeit' des ‚Volkes Israel' – zwischen Judentum und der israelischen Staatsbevölkerung unterschied er nicht – geschichtstheologisch in das Eschatologische hinein verlängerte.

## 4.3 Zusammenarbeit zwischen ‚Progressiven' und Pietisten

Während Vertreter der konfessionellen Judenmission die bei Pietisten populäre Lehre, wonach die Ereignisse des Nahen Ostens Zeichen der Endzeit[63] seien, apologetisch zu widerlegen suchten, zogen ‚progressive' Israelfreunde in den 1960er Jahren mit bestimmten Pietisten zeitweilig an einem Strang. Der Begriff ‚progressiv' bezieht sich hier auf solche Christen, die sich in dieser Zeit besonders für die Versöhnung zwischen Juden und Christen stark machten und – das gilt zumindest für die 60er Jahre – politisch eine eher linke Haltung einnahmen.

Mit ‚Pietisten' sind hier die Kreise der innerkirchlichen Gemeinschaftsbewegung und der evangelischen Freikirchen gemeint, die auf der Basis eines stark verinnerlichten, bibelorientierten Glaubens ein distanziertes Verhältnis zur ver-

---

[61]  O. Vf., Reise nach Israel. Im Zeichen der Versöhnung, in: EvW 16 (1962), 700-701, hier S. 700.

[62]  Aus der Rede. Abgedruckt bei o.Vf.: Heinrich Grüber. Zeuge pro Israel, Berlin 1963, 96-100, hier S. 100.

[63]  Vgl. Gerhard Gronauer, Der Staat Israel in der pietistisch-evangelikalen Endzeitfrömmigkeit nach 1945, in: Gudrun Litz/ Heidrun Munzert/ Roland Liebenberg (Hg.), Frömmigkeit - Theologie - Frömmigkeitstheologie. Contributions to European Church History – Festschrift für Berndt Hamm zum 60. Geburtstag, Studies in the History of Christian Tradition 124, Leiden/ Boston 2005, 797-810.

fassten Kircheninstitution einnahmen und im Gegensatz zu den konfessionellen Lutheranern die Vergewisserung in den als objektiv verstandenen Sakramenten von Taufe und Abendmahl nicht für konstitutiv ansahen. Ende der 60er Jahre wurde die Bezeichnung ‚Pietisten' zunehmend mit dem Begriff ‚Evangelikale' ergänzt; beide Termini bezeichnen in etwa das gleiche Spektrum innerhalb des deutschen Protestantismus.

Nicht erst der *Berliner Kirchentag* von 1961, sondern bereits das vorhergehende Protestantentreffen 1959 in München brachte die Existenz eines jüdischen Staates einem größeren Publikum nahe. Studentische Teilnehmer der von Marquardt und Weckerling geleiteten Reise berichteten zusammen mit Gollwitzer von ihren jeweiligen Erfahrungen in Israel. Auch die *Darmstädter Marienschwesternschaft*, die als evangelikal gilt, beteiligte sich seit 1959 an mehreren Kirchentagen und beeindruckte die Freunde des jüdisch-christlichen Dialogs durch das sogenannte *Israel-Ruferspiel,* ein Theaterstück, das die deutsche Schuld an den Juden thematisierte. Zudem erzählte Gollwitzer 1959 in München mit bewegenden Worten, wie er Mutter Basilea alias Klara Schlink, Schwester des Theologieprofessors Edmund Schlink und Oberin der *Darmstädter Marienschwesternschaft*, ein Jahr zuvor auf dem Berg der Seligpreisungen getroffen hatte und von ihrem Engagement tief berührt wurde.[64]

Neben Gollwitzer pflegte auch der Reformierte Johan Hendrik Grolle, der sich zur 1961 entstandenen *Arbeitsgemeinschaft Juden und Christen auf dem Deutschen Evangelischen Kirchentag* hielt, Kontakte zu pietistischen Israelfreunden, namentlich zum Norweger Per Faye-Hansen, der das in Haifa ansässige *Karmel-Institut* unterhielt und einen von Friedrich Brode geleiteten deutschen Freundes- und Unterstützerkreis besaß. Die moralische Integrität wurde Faye-Hansen bereits in den 50er Jahren von Hermann Maas bescheinigt, der mit dem Norweger mehrmals zusammentraf und an diesem besonders schätze, dass dieser aus Solidarität zu verfolgten Juden mit ihnen während der deutschen Besatzung Norwegens nach Palästina ausgewandert war.[65] Im August 1963 beteiligten sich die deutschen Freunde des *Karmel-Instituts* im dänischen Nyborg zu einer ‚Karmel-Konferenz' und verabschiedeten eine von Per Faye-Hansen verfasste Erklärung, in der „Israels Wiederaufrichtung als eigener Staat" als ein besonderes heilsgeschichtliches Ereignis bezeichnet wurde.[66]

---

[64]  Helmut Gollwitzer, Israel und wir Deutschen, in: Deutscher Evangelischer Kirchentag: Dokumente München 1959, Stuttgart 1959, 713-719, hier S. 717: „Mutter Basilea erzählte, wie sie ... von der Erkenntnis unserer Schuld an Israel gefasst und geschüttelt wurde und wie seither in dem immerwährenden Gebet der Marienschwestern in Darmstadt jede Nacht eine Stunde für den Staat Israel und seine Bewohner gebetet wird."

[65]  So Brief Maas' an KA (Krüger-Wittmack) vom 10.9.1956 (EZA, 6/1581).

[66]  So „Botschaft an die theol. Fakultäten, Kirchenleitungen, Missions-Gesellschaften, Bischöfe, Pröpste, Pfarrer, Prediger, Missionare und alle Mitchristen in den Kirchen, Freikirchen und Gemeinschaften" vom 5.-9.8.1963 (*Landeskirchl. Archiv der Evang.-Luth. Kirche in Bayern*/LAELKB, III/51/34).

Während konfessionelle Lutheraner Faye-Hansens Lehre gleichermaßen ablehnten wie die Abram Poljaks (siehe oben), schätzten ‚progressive' Israelfreunde an Pietisten aus dem Umfeld des *Karmel-Instituts* deren Bereitschaft, das heilsgeschichtliche Verhältnis zwischen Juden und Christen neu mit Hilfe von Römer 11 zu bestimmen: Die Kirche sei „als Zweig vom wilden Ölbaum in den edlen Ölbaum [= jüdisches Volk] eingepropft" worden und habe damit Anteil an der Erwählung durch Gott erhalten.[67]

Weil die Erwählung der Judenheit nie aufgehoben worden sei, konnten endzeitlich ausgerichtete Pietisten und ‚Progressive' gleichermaßen auf die Forderung nach einer individuellen Judenbekehrung zugunsten eines unverbindlichen ‚Christuszeugnisses' verzichten.

In der enthusiastischen Aufbruchsstimmung der 60er Jahre gelang ‚Progressiven' und Pietisten ein Zusammenwirken auf der Basis von gemeinsamen heilsgeschichtlichen Überzeugungen. Die Unterschiede zwischen beiden protestantischen Richtungen fielen zunächst weniger ins Gewicht, traten im Laufe der Jahre aber immer stärker in Erscheinung. Zum einen lag das daran, dass die bei Pietisten populäre Verklärung des israelischen Sieges im *Sechstagekrieg* 1967 von ‚Progressiven' so nicht nachvollzogen werden konnte. Zum anderen lösten sich die Vertreter des jüdisch-christlichen Dialogs nicht nur praktisch, sondern auch theoretisch mehr und mehr von dem Gedanken, dass die Juden – auch in eschatologischer Hinsicht – Christus zu ihrem Heil benötigten. Diese Entwicklung führte zu einer Trennung von den Pietisten, die ihren praktischen Verzicht auf die individuelle Judenmission nur durch den Glauben an die bald zu erwartende kollektive Judenbekehrung bei der Wiederkunft Christi rechtfertigen konnten. Es waren somit die Auseinandersetzungen wegen der Judenmission sowie die Neubewertung des Nahostkonflikts nach 1967, die eine Zusammenarbeit von Evangelikalen und ‚Linken' wieder zunichte machte.

### 4.4 Innerprotestantische Auseinandersetzungen

Auch bei einer anderen ‚progressiven' Initiative, der Gründung des deutschen Zweigvereins des von den Niederlanden ausgehenden *Nes Ammim*-Projekts, waren anfangs Pietisten beteiligt. Beispielsweise war Waldemar Brenner, der Redakteur des *Gärtners*, der Zeitschrift der *Freien Evangelischen Gemeinden*, einer der Gründungsmitglieder, als der Verein 1963 in Velbert im Rheinland ins Leben gerufen wurde. Pastor Paul Deitenbeck, langjähriger Vorsitzender der deutschen *Evangelischen Allianz* und Mitbegründer der *Bekenntnisbewegung*

---

[67]    „Botschaft an die theol. Fakultäten, Kirchenleitungen, Missions-Gesellschaften, Bischöfe, Pröpste, Pfarrer, Prediger, Missionare und alle Mitchristen in den Kirchen, Freikirchen und Gemeinschaften" von Juli/Aug. 1965 (LAELKB, III/51/34). Siehe Röm 11,17.

*Kein anderes Evangelium*, gehörte Anfang der 70er Jahre sogar zum Kuratorium des *Nes Ammim*-Vereins.[68]

Ziel des Projekts war die Etablierung einer christlichen Siedlung in Israel namens *Nes Ammim* als Ort der Versöhnung zwischen Juden und Christen, Israelis und Deutschen. 1964 ließen sich die ersten Bewohner in der Ebene zwischen Nahariya und Akko nieder; Deutsche durften wegen Vorbehalten der Israelis erst ab 1970 aufgenommen werden. Bei den Förderern der Siedlung spielte wie bei anderen Israelreisenden die Kategorie der *Erfahrung* eine Rolle, nämlich mit eigenen Augen gesehen zu haben, dass eine große Anzahl von Juden wieder in ihrem biblischen Ursprungsland heimisch geworden war.

Von dieser Erfahrung her kam der ursprünglich aus pietistischem[69] Umfeld stammende Theologe Heinz Kremers. Der eschatologisch-messianische Kontext des aus Jesaja 11 entnommenen Namens *Nes Ammim*, was sich mit „Zeichen für die Völker" übersetzen lässt, zeigt genauso wie das von Kremers verfasste *Memorandum*, dass dieser Arbeit in Israel eine dezidiert heilsgeschichtliche Theologie zugrunde gelegt wurde. Mit diesem Memorandum von 1964 wurde das Selbstverständnis von *Nes Ammim* israelischen Regierungsvertretern vorgestellt. Kremers sprach hier offen davon, dass Gott 1948 die biblische Rückkehrverheißung zum zweiten Mal nach der Rückkehr aus dem babylonischen Exil erfüllt habe. Diese erneute Heimführung der Juden bezeichnete er als „Zeichen der Treue Gottes", womit bereits die Formulierung der rheinischen Synodalerklärung von 1980 vorweggenommen wurde, wonach die „Heimkehr in das Land der Verheißung und auch die Errichtung des Staates Israel" als ein „Zeichen der Treue Gottes gegenüber seinem Volk" bezeichnet wurde.[70]

Angesichts dieser Theologie und des proklamierten Verzichts auf Judenbekehrung befürchteten Lutheraner, die sich dem klassischen Missionsgedanken verbunden wussten, dass die heilsgeschichtlichen Lehren eines Abram Poljak oder Per Faye-Hansen nun auch die Initiatoren von *Nes Ammim* beeinflusst hätte. Otto von Harling, Oberkirchenrat in der EKD-Kirchenkanzlei und zugleich 2. Vorsitzender des *Zentralvereins*, kommentierte die Gründung des *Nes Ammim*-Vereins so: „Schon die Zusammensetzung des geplanten ‚Kuratoriums' […] läßt eine bestimmte theologische u. kirchenpolitische Richtung erkennen (keine Mit-

---

[68] Rundbrief Jakob Bernaths vom 22.3.1963 (EZA, 6/1583). – Vgl. Liste der Kuratoriumsmitglieder von ca. 1972 (EZA, 81/3/102). – Zu Nes Ammim siehe auch Nikolaus Becker/Gerda E. H. Koch (Hg.), Bewahren und Erneuern. Die christliche Siedlung NES AMMIM in Israel, Neukirchen-Vluyn 1993.

[69] So Heinz Kremers, Mission an Israel in heilsgeschichtlicher Sicht, in: Heinz Kremers/Erich Lubahn (Hg.), Mission an Israel in heilsgeschichtlicher Sicht, Neukirchen-Vluyn (1985), 65-91, hier S. 69: „Meine Eltern, die in der Tradition des reformierten Pietismus standen, weckten in mir […] die Liebe zum jüdischen Volk."

[70] R. Rendtorff/H. H. Henrix, Dokumente, 1989, E.III.29. – Siehe auch Katja Kriener/ Michael Schmidt, „…um Seines Namens willen". Christen und Juden vor dem Einen Gott Israels – 25 Jahre Synodalbeschluss der EKiR, Neukirchen-Vluyn 2005.

glieder aus luth. Kirchen!). Ich empfehle daher Vorsicht u. Zurückhaltung."[71] Diejenigen, die sich als Vertreter der Judenmission noch zehn Jahre zuvor für besonders philosemitisch hielten, wurden nun in eine Position der Distanz gegenüber dem Judentum gedrängt.

Vertreter der EKD, die gegenüber *Nes Ammim* reserviert blieben, fühlten sich bestätigt, nachdem selbst der israelfreundliche Heinrich Grüber eine Mitwirkung bei *Nes Ammim* von vornherein abgelehnt hatte und von einer finanziellen Fehlinvestierung sprach, aus der sich ein Skandal entwickeln werde: „Ich kann nur dringend warnen vor der sogenannten christlichen Siedlung ‚Nes Ammim'."[72] Heinrich Grüber kritisierte genauso wie Karl Heinrich Rengstorf[73] den kategorischen Verzicht auf Judenmission, was sich konkret so äußerte, dass Judenchristen in *Nes Ammim* nicht aufgenommen werden durften. Mit dem Ausschluss von Judenchristen wollten die Verantwortlichen von Nes Ammim die israelische Sorge entkräften, die christliche Siedlung sei nur eine verkappte Missionsstation.

Eine andere Auseinandersetzung entstand um eine angebliche Äußerung des Propstes Carl Malsch, der in Ost-Jerusalem die deutsche evangelische Kirche repräsentierte und der *Evangelisch-Lutherischen Kirche in Jordanien* vorstand.[74] ‚Progressive' Christen, aber auch Juden beobachteten genau, was in der Jerusalemer Propstei vor sich ging, wussten sie doch von ihrer Verortung im arabischen Raum und der daraus resultierenden Distanz gegenüber dem Staat Israel.

Ein wichtiger jüdischer Referent in den Veranstaltungen der *Arbeitsgemeinschaft Juden und Christen auf dem Deutschen Evangelischen Kirchentag* war der West-Jerusalemer Journalist Schalom Ben-Chorin. Dieser berichtete am 21. September 1962 in der Zeitung *Jedioth Chadashoth* von israelfeindlichen Äußerungen des Propstes. Das öffentliche Interesse hinter einem solchen Bericht lag natürlich in der politischen Brisanz, wenn ein deutscher Kirchenvertreter aus Jerusalem gegen Juden oder Israel hetzen würde. Ben-Chorin berief sich im Zeitungstext auf einen namentlich nicht genannten Pfarrer, der den Propst um Unterstützung beim Grenzübertritt von Jordanien nach Israel am Mandelbaumtor

---

[71]  Handschriftl. Zusatz v. Harlings zum Brief der Bremischen Kirchenkanzlei (Bergemann) an die EKD-Kanzlei vom 16.9.1963, EZA Berlin, 2/5253.

[72]  Brief Grübers an KA (Schaeder) vom 1.3.1963 (EZA, 6/1583).

[73]  Siehe Brief Rengstorfs an Innere Mission u. Hilfswerk der EKD (Wolckenaar) vom 28.10.1963 (EZA, 6/1582): „Das ganze Projekt beruht auf reiner Schwärmerei, deren letzte Wurzeln mir nicht erkennbar sind. Ich kann nur raten, in dieses Unternehmen keinen Pfennig hineinzustecken."

[74]  Siehe Carl Malsch, Propst an der Erlöserkirche 1960-1965. Besondere Aufgaben und Erlebnisse, in: Karl-Heinz Ronecker/ Jens Nieper/ Thorsten Neubert-Preine (Hg.), Dem Erlöser der Welt zur Ehre. Festschrift zum hundertjährigen Jubiläum der Einweihung der Erlöserkirche in Jerusalem, Leipzig 1998, 229-245. – Zur jordanischen Kirche siehe Mitri Raheb: Das reformatorische Erbe unter den Palästinensern. Zur Entstehung der Evangelisch-Lutherischen Kirche in Jordanien, Gütersloh 1990.

gebeten habe und von Malsch daraufhin voller Zorn mit den Worten angefahren worden sei: „Was haben Sie denn in Israel verloren? Das ganze Land ist zusammengestohlen und 90% der Bevölkerung sind Atheisten."[75] Dieser Artikel sorgte in protestantischen Dialog-Kreisen für Aufsehen, namentlich in dem von Karl-Heinrich Rengstorf geleiteten *Deutschen Evangelischen Ausschuss für Dienst an Israel* und in der *Arbeitsgemeinschaft Juden und Christen auf dem Deutschen Evangelischen Kirchentag.*

Im *Kirchlichen Außenamt* und bei Bernhard Karnatz, dem Vorsitzenden des *Jerusalemsvereins*, gingen teils gemäßigte, teils heftige Beschwerdebriefe ein. Karnatz forderte Malsch zu einer Stellungnahme auf und fügte seinem Brief die Worte bei: „Angesichts der regen Beziehungen zwischen Deutschland und Israel ist zu befürchten, dass sich die Sache in weiten Kreisen herumspricht und nicht nur Ihr persönliches Ansehen schädigt, sondern auch unsere Arbeit im Heiligen Lande in Misskredit bringt."[76]

Malsch entgegnete: „Der Satz ‚Was wollen Sie in Israel?', ist niemals von mir so isoliert gebraucht worden, sondern höchstens im Zusammenhang mit der Bitte, doch mehr Zeit auf Jordanien zu verwenden, um den hiesigen Problemen objektiv gegenüber stehen zu können."[77] Angesichts einseitig proisraelischer Artikel in deutschen Kirchenzeitungen sehe er es als seine Aufgabe an, gegenüber deutschen Touristen die arabische Position zu erläutern. Malsch reklamierte für sich eine neutrale, objektive Haltung, ohne darüber zu reflektieren, ob die von ihm vertretene proarabische Ausrichtung nicht gleichermaßen unausgewogen sein könnte. Mit der Bitte an Malsch, er müsse sich in seiner exponierten Stellung künftig vorsichtiger ausdrücken, wurde die Affäre im Januar 1963 zu den Akten gelegt.

In der Öffentlichkeit bekannter wurde die Debatte um den *deutsch-israelischen Botschafteraustausch*, welcher 1965 verwirklicht wurde.[78] Dass die Bundesregierung lange gezögert hatte, Israel anzuerkennen, wurde von ‚progressiven' kirchlichen Kreisen als Skandal empfunden. Protestantische Theologen wie Freudenberg, Gollwitzer, Marquardt, Rendtorff und Vertreter der *Evangelischen Studentengemeinden*[79] gehörten zusammen mit den Teilnehmern der Reise

---

[75] O. Vf. [Schalom Ben-Chorin], Auch ein Seelsorger!, in: *Jedioth Chadashot* vom 21.9.1962 (Abschrift in: EZA Berlin, 612/22). – Die deutschsprachige Zeitung aus Palästina bzw. Israel erschien von 1935 bis 1973.

[76] Brief Karnatz' an Malsch vom 25.11.1962, EZA Berlin, 612/22.

[77] Brief Malschs an das KA (Wischmann/Stratenwerth) vom 12.12.1962, EZA Berlin, 612/22.

[78] Siehe Anm. 7.

[79] Im Blick auf die Israel-Diskussion innerhalb der *Evang. Studentengemeinden*/ESG in den 1970er Jahren siehe Gerhard Gronauer: „Politik eines faschistischen Staates". Die Diskussion um einen israelfeindlichen Text der ESG vom 26. Mai 1973, in: Aktion Sühnezeichen Friedensdienste (Hg.): Israelsonntag 2008. Predigthilfe und Materialien für die Gemeinde, Berlin 2008, 47-51.

der EKD-‚Delegation' von 1962 (siehe oben) zu einem kirchlich-politischen Netzwerk, das seit ca. 1960 die Anerkennung Israels forderte. Ab Juli 1964 wurde diese Frage auch innerhalb des Rates der EKD diskutiert. Bei Wilhelm Niesel, Moderator des *Reformierten Bundes* und Mitglied des Rates der EKD, traf die Tendenz zu, dass es Angehörigen der reformierten Tradition vielfach leichter fiel, Judentum und Staat Israel positiv in das eigene Christsein einzubeziehen als strengen Lutheranern (auch pietistische Modelle der Heils- und Endgeschichte lassen sich – oft mit dem Umweg über die angelsächsische Welt – eher auf die reformierte Tradition zurückführen als auf die lutherische). Niesel setzte sich in der Ratssitzung vom 2. und 3. Juli 1964 nachdrücklich dafür ein, dass die EKD mit einem offiziellen Schreiben die Bundesregierung zur Herstellung diplomatischer Beziehungen zum Staat Israel auffordern solle.[80] Niesel wusste sich in völliger Übereinstimmung mit dem Ratsvorsitzenden Kurt Scharf. Kurz vorher hatten sich bereits Heinrich Grüber und Adolf Freudenberg im Namen der *Arbeitsgemeinschaft Juden und Christen auf dem Deutschen Evangelischen Kirchentag* an Niesel und an den Präses der EKD-Synode, Hans Puttfarcken, gewandt, nachdem schon Ratsvorsitzender Scharf im Mai eine Erklärung der aus Pfarrern bestehenden *Kirchlichen Bruderschaft in Württemberg* erhalten hatte.

Obwohl der EKD-Rat durch Stellungnahmen dieser Art mehr und mehr in den Zugzwang geriet, sich öffentlich positiv über den Staat Israel zu äußern, machte Hermann Kunst, der Bevollmächtigte des Rates bei der Bundesregierung, Vorbehalte geltend, die sich aus einem Gespräch mit Bundesaußenminister Gerhard Schröder (CDU) ergeben hatten.[81] Der Haupteinwand war, dass man die Zementierung der deutschen Teilung durch die Anerkennung der DDR von Seiten der arabischen Staaten verhindern wollte (und genau das befürchtete die Bundesregierung, sollte sie Israel diplomatisch anerkennen). Eine Aufwertung der DDR zu verhindern, konvergierte für Hermann Kunst mit dem Interesse der noch gesamtdeutschen EKD. Kunst hoffte, dass er die bevorstehende Abstimmung zu seinen Gunsten beeinflussen könnte und setzte dabei auf die Ratsmitglieder aus den lutherischen Landeskirchen, die auf der Basis der *Zwei-Reiche-Lehre* eher dazu neigten, auf politische Neutralität auch gegenüber dem israelischen Staat zu pochen.[82] Kunst unterlag in der Abstimmung schließlich doch, weil Niesels Anliegen auch von Lutheranern unterstützt wurde.

Das von Niesel verfasste Schreiben betonte, dass der Normalisierung der deutsch-israelischen Beziehungen nach „allem, was wir Deutschen den Juden gegenüber auf uns geladen haben", oberste Priorität zukommen müsse. Zudem solle Bonn alles tun, damit sich deutsche Fachleute nicht mehr an der Herstel-

---

[80]    So Protokoll der Ratssitzung vom 2./3.7.1964, Abschrift, EZA Berlin, 2/1810, 2/5253 u. 87/850.

[81]    So Brief Kunsts an Scharf vom 6.11.1964 (EZA, 87/850).

[82]    So Brief Kunsts an Riedel vom 2.10.1964, EZA Berlin, 87/850.

lung ägyptischer Angriffswaffen beteiligen würden. Nur wenn sich das deutsche Volk nach diesen „moralische(n) Erfordernisse(n) ersten Ranges" richte, dürfe „es hoffen, daß auch seine eigene Zukunft heil werden wird."[83] Die Argumentation des Textes zielte damit auf einen Primat der Ethik gegenüber der Realpolitik. Dieses Schreiben wurde am 26. Oktober 1964 von Scharf unterzeichnet und am 6. November von Kunst dem Bundespräsidenten Heinrich Lübke (CDU) persönlich überreicht.

Um den Jahreswechsel 1964/65 votierten mit Hannover und dem Rheinland auch westdeutsche Synoden evangelischer Landeskirchen explizit für einen Botschafteraustausch. Nicht nur bei der *Ostdenkschrift*[84] von 1965, die sich für eine Akzeptanz der Oder-Neiße-Linie als deutsche Ostgrenze aussprach, sondern auch bezüglich des deutsch-israelischen Botschafteraustausches agierte die EKD letztlich in einem Sinne, der damals als politisch progressiv galt.

So hatte der deutsche Protestantismus den öffentlichen Druck erheblich mit verstärkt, durch den der Bundeskanzler Ludwig Erhard (CDU) sich gezwungen sah, gegen den Willen seines Außenministers Schröder die offizielle Anerkennung Israels in die Wege zu leiten.

## 5. Zusammenfassung

In diesem Vortrag wurde der Konflikt um den Staat Israel nachgezeichnet, wie er im westdeutschen Protestantismus von 1948 bis 1967 rezipiert wurde. Verschiedene protestantische Staat-Israel-Vorstellungen wurden nicht primär auf der Ebene der Kirchenleitungen ausgebildet, sondern auf einer Ebene darunter entwickelt: Theologen und Publizisten, Initiativgruppen und Einzelpersonen brachten in Büchern, Verlautbarungen und Zeitschriftenartikeln die Themen ein, die letztlich auch von Mitgliedern der Kirchenleitungen Besitz ergriffen bzw. die Kirchenleitungen zum Handeln zwangen. Auch im Blick auf die Gesamtgesellschaft trug der Protestantismus zu einem Klima bei, in dem sich die Bundesregierung gegenüber Israel öffnen konnte. Man denke etwa an das *Schilumim*-Abkommen oder den Botschafteraustausch.

---

[83] Zit.: Protokoll der EKD-Ratssitzung vom 15./16.10.1964, Anlage 2 (EZA, 2/1810; Kopie in 87/850). – Entspricht Brief Scharfs an Lübke vom 26.10.1964, Kopie (EZA, 2/5254 u. 81/2/256).

[84] Siehe EKD (Hg.), „Die Lage der Vertriebenen und das Verhältnis des deutschen Volkes zu seinen östlichen Nachbarn", in: Dies.: Die Denkschriften der Evangelischen Kirche in Deutschland – Band 1/1: Frieden, Versöhnung und Menschenrechte, 2. Aufl., Gütersloh 1981, 77-126. – Vgl. dazu Martin Greschat, Protestantismus und Evangelische Kirche in den 60er Jahren, in: Axel Schildt/ Detlef Siegfried/ Karl Christian Lammers (Hg.), Dynamische Zeiten. Die 60er Jahre in den beiden deutschen Gesellschaften. Hamburg 2000, 544-581, hier S. 559ff.

Es dauerte allerdings bis in die 60er Jahre, dass die offizielle EKD auf die Bühne trat und sich beispielsweise zugunsten der deutsch-israelischen Anerkennung aussprach. Hintergrund des zögerlichen Eintretens der verfassten Kirche war das anfängliche Bemühen, einer Politisierung der Kirche zu wehren. Weder der Rat der EKD noch alle anderen kirchlichen Gremien waren ein monolithischer Block; ihre Mitglieder wurden von z.T. gegensätzlichen Interessen bestimmt. Denn grundsätzlich galt, dass der Protestantismus von einem Pluralismus der Meinungen geprägt war, bei dem Protagonisten einer proisraelischen und einer israelkritischen Einstellung um Einfluss rangen.

Gleichwohl lassen sich Unterschiede hinsichtlich der Staat-Israel-Rezeption in den 50er und den 60er Jahren erkennen. Bestimmten einst eher theologische Prämissen das Urteil über den jüdischen Staat (heilsgeschichtliche Vorstellungen bzw. konfessionelle Bekenntnisbindung), so bekamen mehr und mehr innerweltliche Kategorien Gewicht (Wissen um deutsche Schuld, Frage nach der moralischen Pflicht). In Phase I (1948-1957) waren uneingeschränkt proisraelische Stimmen in der Minderheit. Hinter der Mehrheitsmeinung stand eine Theologie, die sich eine Erfüllung der biblischen Verheißungen am Judentum bzw. am Staat Israel nicht vorstellen konnte, solange die Juden Christus als ihren Erlöser nicht anerkennen würden. In Phase II (1958-1967) waren weitaus mehr Protestanten bereit, aus der Einsicht in die Schoah die Konsequenz zu ziehen, den Staat Israel zu unterstützen. Diese Jahre können somit am ehesten als Hoch-Zeit des kirchlichen Proisraelismus gelten.

Politische Einsichten gingen dabei mit theologischer Neubesinnung einher: Die realen Begegnungsmöglichkeiten mit Israelis, die ihr Land liebten, begünstigte die Weiterentwicklung des jüdisch-christlichen Dialogs in der Weise, dass die Christusfrage zwar nicht verschwand, aber doch zunehmend in den Hintergrund rückte oder ins Eschatologische verdrängt wurde. Die Verbundenheit der Juden mit *Erez Israel* konnten Protestanten vermehrt auch in theologischer Hinsicht bejahen.

## 6. Erkenntnisse für heutige Fragestellungen

1.) „Gott wird dieses Volk heimbringen, nicht in das irdische Palästina, sondern in das himmlische Jerusalem" (so Karl Hartenstein 1952). Die Ansicht, dass die Existenz eines jüdischen Gemeinwesens im Heiligen Land keinen Platz in der Heilsgeschichte Gottes habe, wird von manchen palästinensischen Theologen vertreten, aber kaum noch im westdeutschen Protestantismus. Zu sehr ist die These Hartensteins Ausdruck der klassischen Substitutionslehre, wonach die Kirche das Judentum als erwähltes Gottesvolk abgelöst habe. In der Rede von der bleibenden Erwählung des jüdischen Volkes stimmen die meisten Evangelikale sowie ‚linke' und liberale Volkskirchler in seltener Eintracht überein. Damit geht eine grundsätzliche Bejahung des jüdischen Landbesitzes im Nahen Osten einher. Streitpunkt ist aber noch wie vor, welchen *theologischen* Charakter der ganz konkrete israelische Staat einnimmt: Ist er eine Erfüllung biblischer Verheißungen? Hat er etwa die von Gott sanktionierte Aufgabe, sein Staatsgebiet nach alttestamentlichen Grenzziehungen auszudehnen („Judäa' und ‚Samaria' im heutigen Westjordanland)? Ist die Gründung des jüdischen Staates 1948 gar ein Zeichen der Endzeit? Eine zukunftsweisende theologische Diskussion über solche Themen jenseits aller christlichen Lagerbildung und bloßen Insider-Vergewisserung ist nach wie vor ein Desiderat.

2.) „Gott wird dieses Volk heimbringen ... in das himmlische Jerusalem." Hartensteins Zitat verweist ferner auf die Frage nach der Bedeutung Jesu Christi für Juden und Christen. Nachdem sich nahezu alle institutionellen Kirchen von der organisierten Judenmission verabschiedet haben, besteht kein Konsens mehr darüber, ob auch Juden zu ihrem Heil Jesus Christus als Mittler benötigen oder ob Christus nur gekommen ist, um den Heiden einen Zugang zum Gott Israels zu ermöglichen. Verkompliziert wird dieser Sachverhalt dadurch, dass aus den Juden*christen* von einst messianische *Juden* geworden sind. Die Existenz des Staates Israel hat diese Entwicklung gefördert, weil messianische Juden politische und behördliche Schwierigkeiten bekommen würden, wenn sie sich dort als Christen und nicht mehr als Juden definierten. Weil sie aber keine Kirchen bilden, gelten sie nicht als Gesprächspartner in der Ökumene, und als ‚Sektierer' aus jüdischer Sicht sind sie auch kein Gegenüber im christlich-jüdischen Dialog. Das Fehlen von Kirchen, die sich aus israelischen Staatsbürgern zusammensetzen, wirkt sich auf die Wahrnehmung des Nahostkonflikts so aus, dass die politischen Stellungnahmen der arabischen Christenheit in der Ökumene einseitig ein großes Echo finden. So wurde beispielsweise das umstrittene „Kairos-Palästina-Dokument" von Dezember 2009 durch den ÖRK in der westlichen Welt publik gemacht.

3.) Lutherische Beobachter warnten bereits in den ersten Nachkriegsjahren vor einer nationalreligiösen Überhöhung der israelischen Staatlichkeit, was zu einer Entwicklung „wie in Deutschland vor und nach 1933" führen könnte (so Martin Wittenberg 1950). Doch warum sollte eine israelische Regierung solche Ratschläge von deutschen Theologen annehmen, wo doch die meisten von ihnen „vor und nach 1933" nicht im Stande waren, einer nationalreligiösen Überhöhung des ‚Dritten Reiches' zu wehren? Bis heute taucht der israelkritische Vorwurf immer wieder auf, Israel würde sich politisch so verhalten wie einst Hitler-Deutschland. Doch es wirkt wenig überzeugend, wenn sich Deutsche heute im moralischen Überlegenheitsgefühl der Welt als diejenigen präsentieren, die allein die richtigen Lehren aus der Geschichte gezogen hätten, ganz abgesehen davon, dass die notorische Gleichsetzung des Genozids an den Juden mit dem israelischen Umgang mit den Palästinensern einer gewaltigen Verharmlosung der Schoah entspricht.

4.) Der ÖRK meinte 1948, die Existenz des Staates Israel würde die Überwindung des Antisemitismus „verkomplizieren". Bis heute wird vielfach der Staat Israel aufgrund seines politischen Verhaltens für den neuen Antisemitismus in den islamischen Ländern verantwortlich gemacht. Doch darf man die Zunahme an judenfeindlichen Äußerungen, TV-Sendungen und Terrorakten von Seiten der arabischen Welt und des Irans dadurch verharmlosen oder gar entschuldigen?

5.) Progressive Protestanten haben sich Anfang der 60er Jahre stark für die diplomatische Anerkennung Israels durch die Bundesrepublik eingesetzt. Dieses Faktum erinnert daran, dass Israel in globaler Perspektiver bis heute einer der wenigen Staaten ist, deren bloße Existenz ständig in Frage gestellt wird, am prominentesten durch den iranischen Präsidenten Ahmadinedschad.

6.) Ein Durchgang durch die Rezeptionsgeschichte der staatlichen Existenz Israels im westdeutschen Protestantismus zeigt immer auch, dass die Wahrnehmung des Nahostkonflikts nicht einfach durch die politischen Ereignisse in der Levante bestimmt ist. Die kirchliche Linke war in den 60er Jahren auch deshalb proisraelisch, weil Israel tendenziell für eine sozialistische Gesellschaft gehalten wurde. Wer dann nach 1967 in Israel einen ‚expansionistischen', ‚imperialistischen' Staat sah, musste automatisch eine antiisraelische Position einnehmen. Auch heute gilt: Wie wir die Existenz des Staates Israel grundsätzlich bewerten, ob z.B. als „Zeichen der Treue Gottes" oder als rein säkularen Nationalstaat, prägt unsere spezifische Deutung der aktuellen Gegebenheiten im Nahen Osten.

# Landverheißung – Staatsgründung – aktuelle Bedrohung?
## Zur Zukunft Israels

JOHANNES GERSTER

Als David Ben Gurion zum Ende des britischen Mandates über Palästina am 14. Mai 1948 in Tel Aviv den unabhängigen Staat Israel ausrief, konnte er allenfalls erahnen oder erhoffen, wie dieses Abenteuer Israel ausgehen werde. Die Rechtslage war eindeutig: Die Vereinten Nationen hatten bereits am 29. November 1947 die Teilung Palästinas in einen jüdischen und einen arabischen Staat beschlossen. Die Juden in Palästina nutzten ihre Chance, gründeten ihren Staat Israel und hielten sich in den engen Grenzen, welche die UN vorgegeben hatte.

## 1. Israel war gewollt und abgelehnt

Die moralische Unterstützung für diesen neuen Staat war außerhalb der arabischen Welt ebenso eindeutig. Zwar gehen die Wurzeln des neuen Israel auf den Zionistenkongress 1898 in Basel, auf die Balfour-Erklärung von 1917 und auf Entschließungen des Völkerbundes zwischen den zwei Weltkriegen zurück, aber gefühlt war die Gründung des Staates Israel die logische Konsequenz aus der Shoah, die 6 Millionen Juden das Leben gekostet hatte. Das schlechte Gewissen, den Naziverbrechern nicht früher in den Arm gefallen zu sein, Juden nicht entschlossener vor den Nazi-Schergen errettet zu haben, gab der Neugründung Israels eine solide moralische Basis.

Auch die materielle Unterstützung, vor allem auch die Lieferung von Waffen und Munition, lief trotz des sich abzeichnenden Ostwestkonfliktes aus beiden Richtungen. Die UdSSR sah in der Geburt eines sozialistisch-zionistischen Staates die Geburt eines natürlichen ideologischen Bruders. Hauptwaffenlieferanten rekrutierten sich aus dem sich gerade organisierenden Ostblocks, allen voran der Tschechoslowakei. Aber auch im Westen blühte der Waffenhandel, an der Spitze aus Frankreich. Die USA sahen den neuen Staat eher mit kritischen Augen. Erst im Laufe der 50er Jahre sollte die UdSSR von Israel abrücken und sich den Feinden Israels zuwenden, während die Unterstützung aus den USA für Israel immer stärker wurde. Frontwechsel und Stellvertreterkriege im sich erhärtenden Ostwestkonflikt durchlebten Israel und seine Nachbarn in der Folgezeit.

Das gerade ins Leben getretene Israel war von erster Minute an von allen seinen arabischen Nachbarn ebenso abgelehnt wie der UN-Teilungsplan. Man wollte der arabischen Welt ganz Palästina sichern. Israel wurde als Fremdkörper im arabischen Fleisch empfunden, der ausgesondert werden müsse. Daher überfielen 5 arabische Nachbarstaaten das gerade ausgerufene Israel. Man glaubte, den Staat der Juden umgehend wieder auslöschen zu können.

Israel behauptete sich in diesem und in allen weiteren Kriegen, muss sich aber bis heute täglich gegen Übergriffe und Angriffe zur Wehr setzen. Nicht nur der Präsident des Iran verkündet regelmäßig den kurz bevorstehenden Untergang Israels. Während palästinensische Flüchtlinge heute, 60 Jahre danach und bis in die 4. Generation, noch immer in Flüchtlingslagern gehalten werden, um den arabischen Anspruch auf Israel zu unterstreichen, hat Israel die Flucht und Vertreibung von etwa einer Million Palästinenser aus Israel durch über eine Million jüdische Zuwanderer aus den arabischen Nachbarstaaten mehr als kompensiert. Israel wurde von der damals in Palästina lebenden jüdischen Minderheit gegründet, wirklich stabilisiert wurde es aber durch eine sich kreuzende Völkerwanderung: Dem Auszug von Arabern aus Israel und dem Zuzug von Juden nach Israel.

## 2. Der Auf- und Ausbau Israels

Israel hat in 60 Jahren seine Bevölkerung mehr als verzehnfacht. Was neben den hohen Belastungen für die Sicherheit an Aufbauleistungen vom Kindergarten bis zum Altenheim, in der Infrastruktur und auf kulturellem Sektor geleistet wurde, ist gigantisch. Auch die Integration von Juden aus aller Welt wurde vorbildlich vorangetrieben. Man stelle sich vor: Israel verkraftete in nur 10 Jahren die Einwanderung von einer Million Russen und erhöhte damit seine Bevölkerung um 20 Prozent. Auf Deutschland hochgerechnet bedeutete dies die Aufnahme von über 15 Millionen Russen. Unser Sozialsystem, unsere Kommunen, unser Gesellschafts-system würden zusammenbrechen.

Israel hat sich in 60 Jahren von einem Agrarland in ein High-Tech-Land – heute auf einem Spitzenplatz in der Welt – entwickelt. Es ist eines der weltweit wichtigsten Zentren für Softwareentwicklung und technologische Forschung. In den letzten Jahren wuchs das Bruttosozialprodukt jährlich um stabile 5 Prozent. Selbst der Libanonkrieg konnte diese Wachstums-phase nicht stoppen. Fachleute sagen für die kommenden Jahre einen Anstieg technischer Exporte von hohen 25 auf 40 Prozent voraus. Israel ist die einzige Demokratie im Nahen Osten in einer nichtdemokratischen Umwelt. Dies ist umso bemerkenswerter, da weder die arabische

Bevölkerung, noch die russischen Einwanderer, noch die ultraorthodoxen Juden, noch viele orientalisch geprägte Juden die Chance einer demokratischen Erziehung in ihrer Jugend hatten. Israel leidet seit seiner Gründung unter Terror und Gewalt, ja unter kriegsähnlichen Zuständen. Ich frage mich oft, wie es um die deutsche Demokratie unter solchen Dauerbelastungen bestellt wäre.

Israel ist die Summe von Minderheiten ohne eine homogene Mehrheit. Ein europäisch geprägter Jude scheint kulturell einem europäischen Christen näher zu stehen als einem marokkanischen oder jemenitischen Juden. Dennoch sind sich die jüdischen Einwohner Israels bei allen Unter-schieden in einem einig: Sie sehen Israel als ihre letzte Chance an. Deshalb stehen sie bei allen ethnischen und politischen Unterschieden voll hinter ihrem Staat, dessen Sicherheit oberste Priorität genießt.

### 3. Israel heute

In Israel leben heute 7,6 Millionen Menschen. 80 Prozent sind Juden, 20 Prozent sind Araber, die sich zunehmend als Palästinenser verstehen. An der Tel Aviv Universität wurde mit Hilfe der Konrad Adenauer Stiftung ein Programm für jüdisch-arabische Zusammenarbeit begründet, bei dessen Einweihung erstmals ein israelischer Staatspräsident öffentlich über die Benachteiligung der arabischen Minderheit in Israel sprach. Erste Erfolge dieses Programms ermunterten die KAS, an der Ben Gurion Universität ein Förderprogramm für junge Beduinen zu installieren. Die Benachteiligung der Araber in Israel entspringt zu großen Teilen nicht einer ethnischen Diffamierung, wie von Arabern behauptet, sie ist vor allem Folge kultureller, regionaler und sicherheitspolitischer Unterschiede.

Die durchschnittliche jüdische Familie in Israel hat bei 3 Kindern durch die Bank zwei „Ernährer", da Vater und Mutter berufstätig sind. Die durchschnittliche arabische Familie kennt bei 8 Kindern nur einen „Geldverdiener". Zwei Einkommen für 5 Personen eröffnen nun mal ganz andere Möglichkeiten als ein Einkommen für 10 Personen. Die Araber wohnen mehrheitlich in den Randregionen des Nordens und Südens, während die Juden in den arbeitsintensiven Ballungsräumen zu Hause sind, dort, wo bedeutend bessere Aufstiegschancen bestehen. Da die Araber vom sehr langen Wehrdienst befreit sind, haben sie als Jugendliche einen Vorteil, der sich bei der beruflichen Karriere aber als Nachteil erweist. Der höher bezahlte Dienst in Staat und Armee bleibt ihnen verwehrt.

Dennoch: Den Arabern in Israel geht es in der Regel besser als den Menschen in den arabischen Nachbarstaaten. Es geht ihnen aber im Durchschnitt schlechter als den Juden in Israel, an denen sie sich messen. .Deswegen tritt hier ein großes Konfliktpotential zutage, das dringend entschärft werden muss. Vielleicht waren in der Vergangenheit die Anstrengungen, Juden aus aller Welt zu integrieren, so aufreibend, dass eine stärkere Integration von Arabern eine Überforderung darstellte. In der Zukunft müssen der Verbesserung der Infrastruktur, der Bildungs- und Berufschancen im arabischen Sektor höhere Priorität in der israelischen Innenpolitik eingeräumt werden, wenn inneren Verwerfungen vorgebeugt werden soll.

## 4. Die vielen Gesichter eines Landes

Meine Frau und ich haben von 1997 bis 2006 in Jerusalem gelebt, an der Nahtstelle zwischen Juden und Palästinensern. Kaum eine andere Stadt in der Welt hat so viele Gesichter. Hier leben ultraorthodoxe bis säkulare Juden, Scheichs, Mullahs, verschleierte und moderne Araberinnen, Mönche, Nonnen aus 42 christlichen Gemeinschaften, Beduinen, Drusen und viele andere. Sie alle bestimmen das Straßenbild vor allem in der Altstadt, nicht zu vergessen die Touristen aus aller Welt, die man mit Kameras und kurzen Shorts eher laut als leise an allen möglichen und unmöglichen Stellen entdecken kann oder muss. Hier begegnen sich Mittelalter und Neuzeit, begegnen sich Mercedes-Limousine und berittener Esel oder Kamel auf engstem Raum.

Man lebt eigentlich normal und doch in einer exotisch anmutenden Welt. Auf den ersten Blick genießt man ein vermeintlich friedliches Zusammen-leben, aber immer unter einem spannungsgeladenen  Dach. Denn bei näherem Hinsehen spürt man die religiösen, kulturellen, ethnischen, rassistischen und antisemitischen Spannungen und  Konflikte. Wie durch ein Brennglas kann man alle Probleme, die ansonsten auf der Welt etwas weiter verteilt sind, hier auf engstem Raum erspähen. Ein Funke genügt und aus dem eben noch friedlichen Miteinander wird plötzlich ein aggressives Gegeneinander. Nach Ausbruch der 2. Intifada zählten meine Mitarbeiter im Umkreis von 300 Metern um unser Haus 46 Bomben-attentate mit über 150 Toten und über 300 Schwerstverletzten. Wie oft entgingen meine Frau, meine Mitarbeiterinnen nur knapp dem Bombenterror. Man wurde immer von neuem geschockt, aber auch immer wieder überrascht, weil die Menschen in kurzer Zeit wieder zur Alltagsarbeit zurückkehrten. Durch Terroristen will man sich das Leben nicht fremd- bestimmen lassen.

In Jerusalem herrscht immer eine Bombenstimmung, war mir ein geläufiges, sarkastisch gemeintes Wort. Wir standen trotz der allgemein zur Schau gestellten Gelassenheit ständig unter Spannung wie alle Menschen in dieser Stadt, in diesem Land. Wir konnten überall hingehen, aber wir konnten und wollten nicht immerzu überall hingehen. Fast schien uns, als hätte uns eine innere Uhr mitgesteuert. So mieden wir zum Wochenende hin den orientalischen Mehane Yehuda Markt. Wenn dort  nach Feierabend oder am arbeitsfreien Freitag  ganze Familien einkauften und zwar zu Zeiten, die für eine Fernsehberichterstattung in Europa günstig waren, war die Gefahr am Größten. Wir mieden öffentliche Busse und zogen den PKW oder ein Taxi vor. Die Samstage nutzte ich häufig für Gespräche in Ramallah und Gaza. Wie oft rieten uns unsere palästinensischen Partner, an bestimmten Tagen, zu bestimmten Zeiten nicht die Checkpoints zu passieren. Oft erfuhren wir dann über den Rundfunk oder das Fernsehen, dass der Rat sehr berechtigt war.

Als relativ sicher empfanden wir immer die Altstadt von Jerusalem, dieser Focus der drei monotheistischen Weltreligionen, des Judentums, des Christentums und des Islam. Kein Moslem würde es je wagen, dort eine Bombe zu zünden. Selbst Saddam Hussein wagte es im Golfkrieg nicht, Raketen auf Jerusalem abzuschießen. Die Gefahr, auf engstem Raum ein moslemisches Heiligtum zu beschädigen, war zu groß. Die Ächtung durch eine Milliarde Moslems in aller Welt wäre gewiss.

Jeden Karfreitag gingen wir an die enge Wegkreuzung am Österreichischen Hospiz, dort, wo sich gerade an diesem Tag religiöse Juden, Christen und Moslems zu Tausenden begegnen. Christen aus aller Welt ziehen mit großen Kreuzen beladen singend und betend die Via Dolorosa hinauf zur Grabeskirche. Vor allem amerikanische Christen lassen, von römischen Legionären flankiert, einen Dornen-gekrönten Christusdar-steller ein riesiges Kreuz hinaufschleppen, sein Körper, seine spärliche Kleidung sind „blutgedrängt". Auspeitscher folgen ihm. Man kann über diese kinoreife Nachstellung des Leidens Christi geteilter Meinung sein, die Masse der Gläubigen, die in vielen Sprachen Rosenkranz-betend ihm folgen, rühren einen doch an. An der Wegkreuzung begegnen ihnen massenweise Moslems, die vom Freitagsgebet auf dem Tempelberg kommend, zum Damaskustor schreiten. Ja, sie gehen nicht, sie schreiten! Dazwischen huschen ultraorthodoxe Juden durch jeden kleinen Zwischen-raum, mitten durch Christen- und Moslemreihen hindurch, auf ihrem Weg von oder zur Klagemauer. Unter schusssicheren Westen schwitzen die am Rande stehenden israelischen Polizisten und Soldaten vor sich hin, froh, nicht eingreifen zu müssen. Garantiert träumen sie vom Ende ihrer Schicht, fernab jeden religiösen Gefühls. Und fast ratlos fragt man sich in dieser unwirklich wirkenden realen Welt Jerusalems: Warum glauben sie eigentlich alle an einen Gott, wenn doch so viele glauben, es sei nur ihr Gott und dieser ihr Gott sei der allein Richtige?

Oft wurden wir gefragt, was für uns denn das Schönste an dieser einmaligen Stadt Jerusalem sei, dieser Stadt des Friedens, wie der Name sagt, die aber immer Objekt der Begierlichkeit vieler Völker und Religionen war. Immerhin können erst seit der Eroberung Ostjerusalems durch Israel im Jahre 1967 Juden, Christen und Moslems zeitgleich ihre heiligen Stätten besuchen. Man muss vom Ölberg den Sonnenuntergang über den zu Füßen thronenden Türmen und Zinnen der Altstadt erlebt haben. Man muss die Menschen in diesem Schmelztiegel, in all' ihrer religiösen, kulturellen und traditionellen Unterschiedlichkeit, in ihrem Kampf um Selbstbehauptung, aber auch mit ihrer Sehnsucht nach einem besseren und friedlicheren Leben verstehen lernen, dann wird man diese Stadt und ihre Menschen lieben können. Trotz Gewalt und Terror durch ewig Gestrige ist das Zusammenleben so unterschiedlicher Menschen auf engstem Raum doch auch ein Hoffnungszeichen. Oft dachten wir, was nach der Shoah zwischen Juden und Deutschen möglich wurde, müsste doch auch zwischen Juden und Arabern möglich werden.

## 5. Israel braucht Frieden

Die Geschichte des Nahen Ostens ist nicht nur seit Gründung des Staates Israel eine Geschichte verpasster Möglichkeiten. Wären die arabischen Staaten 1948 auf den Teilungsplan der UNO eingegangen, Israel und ein Staat Palästina hätten nebeneinander entstehen können. Osloer Friedens-prozess, Camp David II und zahlreiche weitere Friedensinitiativen fingen gut an und endeten immer wieder in Gewalt.

Wir hatten mit einem israelisch-palästinensischen Partner über neun Jahre Arbeitsgruppen mit wichtigen Vertretern beider Seiten betreut, die ohne Presse und jeden öffentlichen Druck selbst in Zeiten offener Gewalt praktische Lösungsvorschläge erarbeitet und in beide Regierungen eingespeist haben. Zahlreiche, vor allem auch humanitäre Erfolge, Verbesserungen für das Leben auf beiden Seiten konnten erzielt werden. Letztlich scheiterten alle Ansätze für eine dauerhafte Lösung des Gesamtproblems aber, sobald sie das Licht der Öffentlichkeit erblickten. Das Hauptproblem lag in einem latenten Misstrauen in die Verlässlichkeit der anderen Seite. Oft wurde Nachgeben als Schwäche und zugleich Ermunterung zu neuer Gewalt verstanden. Israel hat sich im Jahre 2000 aus dem Libanon zurückgezogen. Die Folge war die vom Iran und Syrien betriebene Aufrüstung der Hisbollah. Israel hat sich 2005 aus dem Gazastreifen zurückgezogen. Die Folge war der innerpalästinensische Bürgerkrieg und der Dauer-Raketenbeschuss des südlichen Israel.

Auf der anderen Seite war der Glaube, Israel könne seine Sicherheit durch den Bau von Siedlungen auf palästinensischem Gebiet verbessern, eine große Illusion. Sicherheit kann nur durch Frieden, Frieden kann nur durch Verhandlungen und Verhandlungen können nur durch Verzichte auf beiden Seiten erfolgreich gestaltet werden.

## 6. *Shalom, shalom wä ein shalom!* Frieden, Frieden und kein Frieden!

Frieden zwischen Israelis und Palästinensern wird es in absehbarer Zeit nicht geben. Dafür sind die Gräben des Hasses zu tief gefurcht. Ein Modus vivendi auf der Basis zweier Staaten nebeneinander ohne Gewalt und durch internationale Garantien abgesichert, ist aber gestaltbar.

Ein erster Schritt muss in einer fairen und wahrheitsgetreuen Bewertung der Ursachen des Nahostkonfliktes erfolgen. Israel, die einzige Demo-kratie im Nahen Osten, ist nicht der Grund für den Kampf des wachsenden islamischen Fundamentalismus gegen das Lebensmodell der westlichen Demokratie, gegen die westlichen Demokratien. Israel ist bei all' seiner Mitverantwortung für das Scheitern von Friedensinitiativen in der Vergangenheit heute vor allem Opfer dieses Kampfes der „Islamisten" gegen den Rest der Welt. Selbst die arabischen Verbündeten der westlichen Welt sind längst Opfer des Bombenterrors. Israel ist anders. Israel will in Frieden und Sicherheit leben. Der Iran, Syrien, Hamas und Hisbollah haben andere Ziele: Sie wollen Israel zerstören. Den Extremisten Grenzen setzen, Freiraum für einen palästinensischen Staat neben Israel schaffen und einen fairen Ausgleich zwischen Israelis und Palästinensern gestalten, ist Aufgabe der inter-nationalen Staatenwelt und nicht zuletzt auch im Interesse Israels.

## 7. Israel hat Zukunft

Ob die biblische Landverheißung den Juden den Staat Israel als „ewigen Besitz" garantiert, weiß ich nicht, glauben würde ich es sehr gerne. Als ehemaliger Politiker orientiere ich mich allerdings lieber an politischen Fakten.

Israel wird überleben. Das erscheint zunächst auch als eine Frage des Glaubens, aber eines Glaubens, der sich an Realitäten festmachen lässt.

1. Die Gründung des Staates Israel zum Ende des britischen Mandates über Palästina im Jahre 1948 gibt diesem Staat seine völkerrechtliche Legitimation, an der es nichts zu deuten gibt.

2. Israel hat sich als demokratischer Rechtsstaat über mehr als 6 Jahrzehnte bewährt und stabilisiert.

3. Israel ist mental und real stark genug, um sich gegen seine arabischen Nachbarn, die heute nicht einmal mehr in ihrer Gegnerschaft zu Israel einig sind, behaupten zu können.

4. Würde die Weltgemeinschaft es zulassen, dass Israel zerstört wird, würde sie die Zerstörung der politischen Ordnungen in weiten Teilen Asiens und Afrikas, die im 19. und 20. Jahrhundert teilweise künstlich geschaffen wurden, in Kauf nehmen. Das kann und darf sie nicht zulassen.

5. Auch die arabische Welt wird sich auf Dauer dem Zug in die moderne, d. h. demokratische und pluralistische Welt nicht verschließen können.

Israel wird es auch in Zukunft nicht leicht haben. Israel wird aber überleben und dies nicht einmal so schlecht.

# Das „Kairos-Palästina-Dokument". Gedankenanstöße unter besonderer Berücksichtigung der Landfrage

JOHANNES GERLOFF

Das „Kairos-Palästina-Dokument" (KPD)[1] wurde am 11. Dezember 2009 als „A word of faith, hope and love from the heart of Palestinian suffering" veröffentlicht. Unter der Überschrift „A Moment of Truth" ist das „Kairos Palestine" „the Christian Palestinians' word to the world about what is happening in Palestine" und „requests the international community to stand by the Palestinian people" (Seite 3). Die arabische[2] und die englische Fassung[3] des KPD gelten als von den Verfassern offiziell autorisiert.

## Verfasserschaft ...

Als Autoren werden genannt:
- „Seine Eminenz", der griechisch-orthodoxe Erzbischof Atallah Hanna,
- „Seine Seligkeit", der lateinische Patriarch a.D. Michel Sabbah,
- Reverend Dr. Jamal Khader, Dekan der Fakultät für Sozialwissenschaften an der Uni- versität Bethlehem,
- Reverend Dr. Rafiq Khoury, Vikar am lateinischen Patriarchat in Jerusalem,
- Pfarrer Dr. Mitri Raheb von der evanglisch-lutherischen Weihnachtskirche in Bethlehem,
- Reverend Dr. Naim Ateek von der anglikanischen Kirche,

---

[1]  Der Text kann im Internet auf Deutsch unter http://www.oikoumene.org/de/ dokumentation/documents/other-ecumenical-bodies/kairos-palaestina-dokument.html oder http://www.kairospalestine.ps/sites/default/Documents/ German.pdf eingesehen werden. Weiterhin findet sich das KPD im Internet auf Arabisch, Bulgarisch, Tschechisch, Holländisch, Englisch, Französisch, Finnisch, Italienisch, Japanisch, Koreanisch, Norwegisch, Spanisch und Schwedisch: http://www.kairospalestine.ps/ ?q=content/document. Gedruckt ist das KPD erschienen unter Rainer Zimmer-Winkel (Herausgeber), „Kairos Palästina – Die Stunde der Wahrheit: Ein Wort des Glaubens und der Hoffnung aus der Mitte des Leidens der Palästinenser", Broschüre: 36 Seiten, Verlag AphorismA, 2. überarbeitete und erweiterte Aufl., Berlin 2010 oder auch in einer „Arbeitshilfe zum ‚Kairos-Dokument' der Christen und Christinnen in Palästina: Die Stunde der Wahrheit – Ein Wort des Glaubens, der Hoffnung und der Liebe aus der Mitte des Leidens der Palästinenser und Palästinenserinnen", IMPULSE ZUM GESPRÄCH – Nr. 2, (Herausgeber: ACK in Baden-Württemberg), 7-20, künftig kurz „ACK-BW-Arbeitshilfe" genannt.

[2]  http://www.kairospalestine.ps/sites/default/Documents/Arabic.pdf.

[3]  http://www.kairospalestine.ps/sites/default/Documents/English.pdf.

- der akademische Dekan des freikirchlichen Bethlehem Bible College, Reverend Dr. Yohana Katanacho,
sowie
- Reverend Fadi Diab,
- Dr. Geries Khoury,
- Fräulein Cedar Duaybis,
- Fräulein Nora Kort,
- Fräulein Lucy Thaljieh,
- Herr Nidal Abu Zuluf,
- Herr Yusef Daher, der das Jerusalemer Büro des Ökumenischen Rates der Kirchen (ÖRK/WCC) leitet,
- und Herr Rifat Odeh Kassis als Koordinator.[4]

Einige dieser Persönlichkeiten „are fairly well known as long-term agitators on behalf of Palestinian political aims and echoes of their familiar views are easily discerned in the document", bemerkt der Jerusalemer Neutestamentler und Philosoph Malcolm Frederick Lowe.[5]

Die vielfältige kirchliche Mitgliedschaft des Autorenteams will offensichtlich implizieren, es repräsentiere eine überwältigende Mehrheit der palästinensischen Christenheit, durch das gesamte Spektrum von orthodox über römisch-katholisch, anglikanisch und lutherisch bis hin zu freikirchlich-evangelikal. Verbreitet wurde das Papier mit einer Einführung nahöstlicher Bischöfe[6] und erweckte so den Eindruck, als stünde hinter ihm eine ganze Reihe von Kirchenführern aus dem Heiligen Land.

Lowe[7] ist jedoch überzeugt, dass die Kirchenleiter sich mit ihrem Statement diplomatisch distanzieren und die Unterzeichner auffordern wollten, sich um ihre Gemeinden anstatt um Politik kümmern. Abgesehen vom lutherischen Bi-

---

[4]  http://kairospalestine.ps/?q=node/2.
[5]  The Palestinian "Kairos" Document: A Behind-the-Scenes Analysis: http://www.neweng lishreview.org/custpage.cfm/frm/60512/sec_id/60512.
[6]  http://www.kairospalestine.ps/sites/default/Documents/English.pdf.
[7]  Lowe, a.a.O. Vergleiche dazu auch die darauf folgende Diskussion mit dem Koordinator des KPD, Rifat Odeh Kassis:
   1) Malcolm F. Lowe, "The World Council of Churches: What Does It Really Care about Palestinian Christians?" (Hudson New York, March 10, 2011 at 11:00 am): http://www.hudson-ny.org/1951/world-council-of-churches-palestinian-christians.
   2) Rifat Odeh Kassis, "Tunnel Vision: A Response to Malcolm F. Lowe" (The Alternative Information Center, Palestine/Israel, Wednesday, 16 March 2011 10:43): http://www.alternativenews.org/english/index.php/topics/news/3417-tunnel-vision-a-response-to-malcolm-f-lowe.
   3) Malcolm Lowe, "World Council of Churches Finds a "Champion" Who Confirms What He Tries To Contradict" (Hudson New York, April 5, 2011 at 4:30 am): http://www.hudson-ny.org/2014/world-council-of-churches-champion.

schof Munib Younan war kein anerkannter Leiter einer kirchlichen Gemeinschaft in Jerusalem an der Verfassung des Papiers beteiligt. Und Younan, der
Ende Juli 2010 in Stuttgart zum Präsidenten des Lutherischen Weltbundes gewählt wurde, hat seine anfänglich geleistete Unterschrift mittlerweile wieder
zurückgezogen.

Auch der lutherische Pfarrer von Beit Jalla, Jadallah Shihadeh, schreibt auf
der Internetseite seiner Gemeinde von lediglich einer „Gruppe palästinensischer
Christen und Christinnen aus mehreren Kirchen und kirchlichen Organisationen", die hinter dem KPD stehen.[8] Der Custos im Heiligen Land, Franziskaner-
pater Pierbattista Pizzaballa, dementierte die offizielle kirchliche Unterstützung
für das KPD ausdrücklich.[9] Beobachter vor Ort sollen berichtet haben, es sei
„wie sauer Bier angeboten worden und traf nur auf Ablehnung."[10]

## ... und Unterstützung

Trotzdem haben das KPD hochrangige palästinensische Christen unterzeichnet,
etwa

* Bernard Sabella von der Universität Bethlehem,
* die palästinensische Tourismusministerin Khouloud Daibes,
* Alex Awad vom Bethlehem Bible College und sein Neffe
* Sami Awad vom Holy Land Trust,

aber auch eine ganze Reihe palästinensischer Parlamentarier.[11] Pfarrer Shihadeh, Gründer und Leiter der Abrahams Herberge in Beit Jalla, findet das KPD
„sehr gut" und steht „voll und ganz dahinter!" Drei Arbeitssitzungen für die
Ausarbeitung des KPD fanden in der Abrahams Herberge statt.[12]

Der Generalsekretär des Ökumenischen Rates der Kirchen (ÖRK/WCC),
Rev. Dr. Samuel Koba, preist das KPD als „the fresh basis and reference point
in this renewed struggle for justice" und hält es für „inevitable, that the Kairos
document is affirmed and its implications be actively pursued in the particular
contexts that member churches of the WCC are located in".[13]

---

[8] http://abrahamsherberge-ev.de/aktuell/?s=kairos.

[9] GIACOMO GALEAZZI, "Israele apartheid", La Stampa vom 19. Oktober 2010:
http://www.lastampa.it/_web/cmstp/tmplrubriche/giornalisti/grubrica.asp?ID_blog=242&I
D_articolo=2812&ID_sezione=&sezione=.

[10] Stefan Meißner, „Das sogenannte „Kairos-Dokument" der Christen in Palästina. Versuch
einer differenzierten Würdigung" (Arbeitskreis Kirche und Judentum der Evangelischen
Kirche der Pfalz): http://www.imdialog.org/bp2010/02/kairos_meissner.doc.

[11] http://kairospalestine.ps/?q=node/7.

[12] http://abrahamsherberge-ev.de/aktuell/?s=kairos.

[13] "WCC general secretary applauds church support for the 'Kairos Palestine' document," in
the Palestine Israel Ecumenical Forum (21.12.09): http://www.oikoumene.org/program

Auf seiner offiziellen Webseite www.oikoumene.org stellt sich der ÖRK als „weltweite Gemeinschaft von 349 Kirchen auf der Suche nach Einheit in gemeinsamem Zeugnis und christlichem Dienst" vor. Sprecher dieser Kirchengemeinschaft sind in der Vergangenheit bereits durch einseitige Positionierung gegen Israel aufgefallen. Der Pfarrer für das Gespräch zwischen Christen und Juden der Evangelischen Landeskirche in Württemberg, Dr. Michael Volkmann, bemerkte im Dezember 2006 auf einer Tagung in Bad Boll: „Das Thema Staat Israel wurde im ÖRK immer mehr politisiert, zunehmend in einer Israel kritischen bis feindseligen Weise. Die Folge: In den letzten vierzig Jahren kamen aus Genf keine Weg weisenden theologischen Erklärungen mehr zum christlich-jüdischen Verhältnis".[14] Der ÖRK hat die Übersetzung und Verbreitung des KPD übernommen und unterstützt es ausdrücklich.

Auch in Deutschland fand das Papier spontan ein positives Echo. Oberkirchenrat Jens Nieper vom Kirchenamt der Evangelischen Kirche in Deutschland (EKD) bezeichnete es als einen „Aufruf, der zur Bewegung werden will".[15] Der Berliner Bischof Dr. Markus Dröge erklärte vor der Synode seiner Landeskirche, dass er das KPD für ein „beachtliches Beispiel, die Versöhnung zu bezeugen" halte, wenn man auch „die politischen Konsequenzen als Christen in Deutschland wohl kaum unterstützen" könne.[16] Darüber hinaus sind mir im Laufe meiner Recherchen noch folgende Organisationen und Einzelpersonen im deutschsprachigen Raum über den Weg gelaufen, die sich hinter das Dokument stellen – wobei diese Liste keinerlei Anspruch auf Vollständigkeit erhebt:

* die Katholische Kirche, Stuttgart-Mitte, Königstraße 7
* der württembergische Alt-Landesbischof D. Eberhardt Renz
* Pax Christi, Internationale Katholische Friedensbewegung, deutsche Sektion[17]
* die Arbeitsgemeinschaft Christlicher Kirchen in Baden-Württemberg (ACK- BW)[18], die eine Arbeitshilfe zum KPD herausgegeben hat[19]

---

mes/public-witness-addressing-power-affirming-peace/churches-in-the-middleeast/pief/news-events/a/article/7487/wcc-general-secretary-app-2.html.

[14] Michael Volkmann, „Zionismus und Staat Israel im christlich-jüdischen Dialog", Ein Beitrag aus der Tagung: „Auf zum letzten Gefecht? Christlicher Zionismus auf dem Vormarsch" Bad Boll, 8. - 10. Dezember 2006, Tagungsnummer: 640806, Seite 4, Online-Texte der Evangelischen Akademie Bad Boll: http://www.ev-akademie-boll.de/filead min/res/otg/640806-Volkmann.pdf.

[15] 11. Anregungen und Hinweise zur Weiterarbeit, Wir haben mehr als nur einen Text erhalten, Gedanken zur Weiterarbeit an „Die Stunde der Wahrheit" von Jens Nieper, in der ACK-BW-Arbeitshilfe, 49.

[16] Rolf Schieder, „EKD regt Diskussion über Wirtschaftsboykott Israels an", Kirche und Israel. Neukirchener Theologische Zeitschrift" Heft 2/2010, 191. Dann noch einmal im Rheinischen Merkur Nr. 43 vom 28.10.2010 in dem Artikel „Israel, Herd des Bösen?": http://www.merkur.de/2010_43_Israel__Herd_des.45640.0.html?&no_cache=1.

[17] http://www.paxchristi-freiburg.de/html/kairos_dokument662.html.

- das Evangelische Missionswerk in Südwestdeutschland (EMS)
- Pro Ökumene – Initiative in Württemberg
- das Lebenshaus Schwäbische Alb
- Ohne Rüstung Leben – Ökumenische Initiative (ORL)
- Internationaler Versöhnungsbund - Deutscher Zweig[20]
- der Jerusalemsverein[21] des Berliner Missionswerks, dessen 1. Vorsitzender, Hans-Jürgen Abromeit, Bischof der Pommerschen Landeskirche ist
- Friends of Sabeel – Germany
- die Zeitschrift SEMIT (Nr. 1/2010) des jüdischen Israelhassers Abraham Melzer
- die „Evangelischen Aspekte", Zeitschrift der Evangelischen Akademikerschaft in Deutschland, stellt das KPD in ihrer Ausgabe 2/10 vor[22]
- der Evangelische Oberkirchenrat Augsburger und Helvetischen Bekenntnisses in Österreich[23]
- das Hendrik-Kraemer-Haus in Berlin und
- das EAPPI-Netzwerk[24]

---

[18] Vergleiche die Broschüre „Die Stunde der Wahrheit. Ein Wort des Glaubens, der Hoffnung und der Liebe aus der Mitte des Leidens. Kairos Dokument der Palästinenser und Palästinenserinnen. Überreicht durch Arbeitsgemeinschaft Christlicher Kirchen in Baden-Württemberg." Herausgegeben von der Arbeitsgemeinschaft Christlicher Kirchen in Baden-Württemberg, Stafflenbergstraße 46, 70184 Stuttgart, Telefon 0711/243114, Fax 0711/2361436, ackbw@t-online.de, www.ack-bw.de, Februar 2010.

[19] ACK-BW-Arbeitshilfe.

[20] All diese Personen und Organisationen werden auf der Einladung zu einer Veranstaltung zur Vorstellung des KPD am 23. Juli 2010 um 19.00 Uhr in Stuttgart genannt, die beispielsweise unter http://www.lebenshaus-alb.de/magazin/aktionen/006390.html einsehbar ist.

[21] http://www.jerusalemsverein.de/. Siehe da besonders das Heft 1/2010 (http://www.berliner-missionswerk.de/uploads/tx_bmwpublications/ILB_01_10.pdf), in dem sich Bischof Martin Schindehütte, der Vizepräsident des Kirchenamtes der EKD, Leiter der Hauptabteilung „Ökumene und Auslandsarbeit" und Leiter des Amtes der Union Evangelischer Kirchen in einer Meditation auf den Seiten 4-7 unter anderem zum KPD äußert. Auf den Seiten 20 und 21 stellt Abromeit unter der Überschrift „Die Wahrheit über den Israel-Palästina-Konflikt" das KPD vor.

[22] http://www.evangelischeakademiker.de/fileadmin/user_upload/evangelische_aspekte/evasp2010/evasp1002/evasp1002p24to29.pdf.

[23] Siehe die „Stellungnahme des Evangelischen Oberkirchenrates A.u.H.B. in Österreich zum Kairos Palästina Dokument „Die Stunde der Wahrheit" (Wien, 8. Juni 2010): http://www.evang.at/fileadmin/evang.at/doc_reden/100608_okr_a_moment_of_truth.pdf.

[24] Siehe „Kairos Palästina - Die Stunde der Wahrheit. Ein Wort des Glaubens, der Hoffnung und der Liebe aus der Mitte des Leidens der Palästinenser und Palästinenserinnen. Anregungen für Gemeinden und Gruppen zum Studium des Dokumentes" Eine Arbeitshilfe aus dem Hendrik-Kraemer-Haus, Berlin, November 2010: http://hendrik-kraemer-haus.de/Doku/101127%20Arbeitshilfe%20Kairos.pdf.

- die katholische Arbeitsgemeinschaft für Entwicklungshilfe e.V. (AGEH), Köln, die im April 2011 eine Vollzeit-Stelle für einen „Advocacy Officer für die Kairos Palestine Bewegung (Israel/Palästina) ausgeschrieben hat.[25]

## Der Bezug zu Südafrika

Ausdrücklich beziehen sich die Verfasser des Kairos-Palästina Dokuments (KPD) auf einen Appell südafrikanischer Kirchen: „We hope also that it will be welcomed positively and will receive strong support, as was the South Africa Kairos document launched in 1985, which, at that time proved to be a tool in the struggle against oppression and occupation".[26]

Anfang der 1990er Jahre wurde in Südafrika das Apartheidsystem aufgelöst – nachdem es zuvor erfolgreich diskreditiert und delegitimiert worden war. Ähnlich wie Südafrika vor drei Jahrzehnten soll heute der jüdische Staat Israel von Rassenhass, Diskriminierung und Brutalität geprägt sein. So wie einst die weiße Minderheit Südafrikas die schwarze Bevölkerungsmehrheit unterjochte, – ideologisch getrieben und besessen von einem Gefühl der rassischen Überlegenheit, unterstützt von Polizei, Militär und Rechtsprechung – sollen heute die Juden Israels durch ihren Staat das palästinensische Volk unterdrücken. Das wird durch den Namen „Kairos Palästina Dokuments" (KPD) impliziert.

„Wir steuern auf das schlimmste Apartheidsystem der Welt zu", zitiert der Arbeitskreis christlicher Kirchen (ACK) in Baden-Württemberg den Bethlehemer Pfarrer Mitri Raheb, der dann noch provozierend hinzufügt: „Kann die internationale Gemeinschaft das zulassen?"[27] Oberkirchenrat Nieper konstatiert aus Hannover das Scheitern des politischen Friedensprozesses ebenso wie das Scheitern des bewaffneten Kampfes. Das KPD solle nun, so der Leiter des EKD-Referats Naher und Mittlerer Osten/Kirchliche Weltbünde, „ein neuer Versuch" sein, „mit der israelischen Besatzung in Gegenwart und Zukunft umzugehen."[28]

## 1. Zum Inhalt des „Kairos Palästina Dokuments" (KPD)

Nach einer „Einführung" und Schilderung der „Realität vor Ort" (1.) ist das KPD theologisch in die Abschnitte Glaube (2.), Hoffnung (3.) und Liebe (4.) gegliedert. Im 2. Abschnitt wird der Glaube „in a good and just God, who loves

---

[25]  http://www.epojobs.de/index.php?option=com_content&view=article&id=11286:advo-cacy-officer-fuer-die-kairos-palestine-bewegung-palaestinaisrael&catid=34:chronologisch&Itemid=53.

[26]  http://kairospalestine.ps/?q=node/2 und dann im KPD selbst in 4.2.6.

[27]  ACK-BW-Arbeitshilfe, 2.

[28]  Jens Nieper, Gedanken zur Weiterarbeit an „Die Stunde der Wahrheit", in der ACK-BW-Arbeitshilfe, 49.

each one of his creatures" (2.1) bekannt, eine hermeneutische Weichenstellung erklärt („How do we understand the word of God?" [2.2]) und die Beziehung der Palästinenser zu ihrem Land („Our land has a universal mission" [2.3]) konstatiert. Abschnitt 3 bringt die Hoffnung – „Despite the lack of even a glimmer of positive expectation" (3.1) – auf eine politische Lösung des Nahostkonflikts zu Gunsten der palästinensischen Nationalerwartungen zum Ausdruck. Unter der Überschrift „Liebe" (4.) wird ein Recht der Palästinenser auf Widerstand gegen die israelische Besatzung postuliert und quasi-theologisch als Imitatio Christi (cf. 4.2.4) gerechtfertigt: „this love seeks to correct the evil and stop the aggression" (4.2.1). Nach Aufrufen „to our brothers and sisters" (5.), „to the Churches of the world" (6.), „to the international community" (7.), an „Jewish and Muslim religious leaders" (8.), sowie „to our Palestinian people" und „to the Israelis"[29] (9.), findet der KPD-Dekalog in einem kurzen „10. Gebot" unter der Überschrift „Hope and faith in God" seinen Abschluss.

### 1.1. Polit-Propaganda in frommem Gewand

In für palästinensische Propaganda typischer Weise verkehrt das KPD Ursache und Wirkung und erhebt gleichzeitig den Vorwurf, Israel betreibe diese Verdrehung (1.4; 4.3).

Die israelische Besatzung wird als Ursache aller Notstände im Nahen Osten angeprangert: „if there were no occupation, there would be no resistance" (1.4). Malcolm Lowe meint dazu lakonisch: „The authors know that this is a lie. They know that organizations such as Hamas, which command mass support among the Palestinian population, are sworn to continue that 'resistance' as long as the State of Israel exists."[30] Trotzdem bezeichnet das KPD palästinensischen Terror als legitimen Widerstand gegen die israelische Besatzung. Israel nutze den bewaffneten Widerstand „as a pretext to accuse the Palestinians of being terrorists" (1.5). Israel „twist[s] the truth of reality of the occupation by pretending that it is a battle against terrorism" (4.3). In Abschnitt 4.3 steht deshalb folgerichtig das Wort „terrorism" in Anführungszeichen. Die Welt wird dazu aufgerufen, aufzuhören, Muslime als Terroristen zu karikieren (5.4.1).

Das palästinensische Flüchtlingselend wird beklagt (1.1.6; 2.3.2) – ohne die arabische Weigerung, sich humanitär um die Flüchtlinge zu kümmern, auch nur eines Wortes zu würdigen. Unerwähnt bleibt, dass Ende der 1940er, Anfang der 1950er Jahre zwischen Israel und den arabischen Staaten de facto ein Bevölkerungsaustausch stattgefunden hat, wie zeitgleich in vielen Gegenden weltweit.

---

[29] Warum eigentlich so formuliert und nicht „an Palästinenser und Israelis" oder „das palästinensische und israelische Volk" oder gar „an die Palästinenser" und „das Volk Israel"?!?? – Allein der Sprachgebrauch des KPD offenbart Bände im Blick auf den ideologischen Hintergrund und die Motivation der Verfasser.

[30] Lowe, Behind-the-Scenes Analysis.

Auch die Weigerung der arabischen Welt, die UNO-Resolution 181 vom 29.11.1947 anzuerkennen, und ihre Angriffskriege mit dem erklärten Willen, den jüdischen Staat zu vernichten, sollte eigentlich in einem derartigen Zusammenhang eine Rolle spielen. Die „Trennmauer" wird beanstandet (1.1.1; 1.1.8) – ohne auch nur einen Gedanken daran zu verlieren, dass sie vielleicht eine Folge palästinensischen Terrors gegen Israel sein könnte. Die Gaza-Blockade wird angeprangert – ohne deren Ursache, die Entführung des israelischen Soldaten Gilad Schalit und den ständigen Raketenbeschuss israelischer Städte und Dörfer, zu betrachten.

„Mit der allgegenwärtigen Terrorgefahr hängt es auch zusammen, wenn Israel immer wieder den Zugang zu den heiligen Stätten der Palästinenser einschränkt", kommentiert der pfälzische Pfarrer Stefan Meißner die Klage, Israel vergehe sich gegen das Recht auf freie Religionsausübung: „Wer dies beklagt (1.1.5), muss sich auch die Frage gefallen lassen, wie es über Jahrzehnte hinweg mit den heiligen Stätten der Juden gehalten wurde. Der komplette Ostteil Jerusalems mit der Klagemauer, einem Überbleibsel des Herodianischen Tempels, war nach 1948 für Juden bis zur Rückeroberung völlig unzugänglich. Wer hat sich damals für die Religionsfreiheit eingesetzt? Wer protestiert heute dagegen, wenn jüdische Heiligtümer wie etwa das Grab des Patriarchen Josef bei Nablus von fanatischen Palästinensern zerstört wird?"[31]

Ebenfalls typisch für die traditionelle palästinensische Politpropaganda sind die maßlose Übertreibung des eigenen Leidens und das Fehlen fast jeder Selbstkritik. „Die theologischen Schwächen dieses ‚Wortes der Wahrheit' [sind] offensichtlich", beobachtet der Berliner Theologieprofessor Rolf Schieder: „Es ist frappierend selbstgerecht. Ein Bekenntnis eigener Schuld fehlt. Die Opferperspektive erstickt jede Selbstkritik".[32] Und wenn dann doch ein Hauch von Selbstkritik spürbar wird, gilt diese der politischen Uneinigkeit der Palästinenser (3.2, 9.4) beziehungsweise dem eigenen Schweigen angesichts der Ungerechtigkeit und dem Leiden, für das ausschließlich die israelische Besatzung verantwortlich sein soll (5.2).[33] Tatsache ist, dass palästinensische Christen im arabischen, im islamischen und erst recht weltweiten Vergleich beispiellose Chancen, finanzielle Ressourcen und internationale Aufmerksamkeit genießen. In keinem anderen Land des Nahen Ostens ist die Zahl der Christen im vergangenen halben

---

[31]  Meißner, a.a.O.
[32]  Schieder, a.a.O., 193-194.
[33]  So beobachtet von Michael Volkmann in der Stellungnahme des Pfarrers für das Gespräch zwischen Christen und Juden der Evangelischen Landeskirche in Württemberg zu „Die Stunde der Wahrheit: Ein Wort des Glaubens, der Hoffnung und der Liebe aus der Mitte des Leidens der Palästinenser und Palästinenserinnen" (Herausgeber: Pfarramt für das Gespräch Christen-Juden DER EVANGELISCHEN LANDESKIRCHE IN WÜRTTEMBERG, Akademieweg 11, 73087 Bad Boll), Seite 4: http://www.agwege.de/filead min/mediapool/einrichtungen/E_pfarramt_christen_juden/Texte_AG_und_Elkwue/10062 5_MV_Stellungnahme_KairosPalaestinaDokument.pdf.

Jahrhundert so stark gestiegen wie in Israel. Nirgendwo in der islamischen Welt genießen Christen so große Freiheiten, wie unter israelischer Besatzung.

Das KPD (und seine Befürworter) suggerieren, beim Nahostkonflikt gehe es um eine Auseinandersetzung zwischen Palästinensern und Israelis, Muslimen und Juden, um ein Rassenproblem, vergleichbar dem Apartheidsystem in Südafrika. So demonstriert etwa die Arbeitsgemeinschaft Christlicher Kirchen in Baden-Württemberg (ACK- BW) ihre politische Korrektheit und Äquidistanz zu den beiden Konfliktparteien, indem sie zur Aufarbeitung neben dem KPD-Mitverfasser Jamal Khader aus Bethlehem den „jüdischen" – *sic!* mehrfach, als gäbe es auch „christliche" oder „muslimische"?! – Rabbiner Dr. Jeremy Milgrom aus Berlin/Jerusalem einlädt.[34]

Doch die Realität ist eine andere. Warum wird von den engagierten Gegnern der israelischen Besatzungspolitik verschwiegen, weshalb die Palästinensische Autonomiebehörde für Kollaboration mit Israel oder Landverkauf an Nichtmuslime mit der Todesstrafe drohen muss – und diese Drohung auch schon wahr gemacht hat?! Warum werden die unzähligen Muslime, Christen, Palästinenser, Drusen, Tscherkessen und arabischen Israelis einfach vom Tisch gewischt, die sich mit Leib und Leben freiwillig für das Wohl des jüdischen Staates Israel einsetzen – etwa durch den Dienst in der israelischen Armee?! Warum wird verschwiegen, dass es Juden gibt, die den Staat Israel leidenschaftlich hassen und sein Existenzrecht mit allen nur erdenklichen politischen, historischen, sozialen oder theologischen Argumenten bestreiten?

Es soll hier nicht darum gehen, jede Kritik an Israel, seiner Gesellschaft oder seiner Regierung abzuschmettern. Es gibt vieles in diesem Land, das kritikwürdig ist und gerade Freunde Israels haben die Pflicht kompetent und realitätsnah auf wunde Punkte hinzuweisen. Allerdings kann es nicht angehen, am Splitter im Auge des jüdischen Bruders herum pulen zu wollen, ohne dabei den Balken im Auge des palästinensischen Freundes erkennen oder gar das Brett vor dem eigenen Kopf eingestehen zu können. Wenn dann noch so schwere theologische Geschütze, wie das Trio „Glaube, Hoffnung, Liebe" des Apostels Paulus im Gewand eines Dekalogs aufs politische Parkett gefahren werden, sei äußerste Vorsicht vor zu schneller Solidarisierung geboten. Malcolm Lowe liegt nicht falsch, wenn er den Anklang an 1. Korinther 13 als "degradation of Paul's conception for Palestinian political purposes" beanstandet und ironisch bemerkt, dies sei "reminiscent of George Orwell's 1984, in which the Ministry of Peace conducts permanent war, the Ministry of Love operates a police state and the Ministry of Truth deals in propaganda."[35]

[34] Siehe die Beiträge in der ACK-BW-Arbeitshilfe.
[35] Lowe, Behind-the-Scenes Analysis.

## 1.2. Ein prophetischer Anspruch ...

Wichtig ist in diesem Zusammenhang die Beobachtung, dass die Verfasser des KPD ihre Meinung nicht etwa in angemessener Bescheidenheit als eine Perspektive in einem komplizierten Konflikt zur Diskussion stellen. Sie erheben geradezu fundamentalistisch den prophetischen Anspruch, die Stimme Gottes in Gegenwart und Zukunft zu tragen: „Our Church is a Church of people who pray and serve. This prayer and service is prophetic, bearing the voice of God in the present and future" (3.4). Diese palästinensischen Christen beanspruchen für sich selbst: „We meditate upon and interpret Scripture just as Jesus Christ did" (2.2.1). Die formelle Einteilung in 10 Punkte als Anspielung auf den Dekalog lässt sich in diesem Kontext nur schwer als Zufall abtun. Sie unterstreicht ebenso wie die Dreiteilung unter „Glaube – Hoffnung – Liebe" einen Autoritätsanspruch.

Der württembergische Pfarrer Volkmann bemerkt vollkommen richtig: „Wenn auf den prophetischen Auftrag der Kirche hingewiesen wird (3-4-1), erscheint es notwendig darauf hinzuweisen, dass die Propheten Israels in aller Regel selbstkritisch gewirkt und die eigene Führung und das eigene Volk zur Umkehr gerufen haben."[36] Während auf israelischer und jüdischer Seite diese Zielrichtung der Kritik so ausgeprägt ist, dass manche pauschal und emotional geäußerte Worte antisemitisch anmuten, werden sie von Nichtjuden unreflektiert wiederholt, der kritische Blick in den Spiegel auf palästinensischer Seite fehlt fast vollständig.

## 1.3. ... und eine konkrete Handlungsanweisung

Unter diesem Vorzeichen ruft das KPD nun christliche Gemeinden weltweit zu Boykottmaßnahmen auf. Dabei wird der Boykottaufruf gegen „everything produced by the occupation" (4.2.6) innerhalb des Papiers zu einer Forderung „of economic sanctions and boycott to be applied against Israel" (7) ganz allgemein ausgeweitet. Es ist also nicht eine Verhandlungslösung, auf die die Autoren setzen, sondern Sanktionen, Boykott und Zwang gegenüber Israel.[37]
Stefan Meißner sucht in seiner Analyse des KPD offensichtlich nach positiven Anknüpfungspunkten und einer Grundlage für ein künftiges Gespräch mit der palästinensischen Kirche. Er würdigt

- den „Appell an die Muslime, ‚dem Fanatismus und Extremismus abzuschwören' (5-4-1),
- die Aufforderung an alle Beteiligten zum interreligiösen Dialog (3-3-2),
- [den] Ansatz, ‚in jedem seiner Geschöpfe das Antlitz Gottes zu sehen' (9-1),

---

[36] Volkmann, Stellungnahme, 4.
[37] Volkmann, Stellungnahme, 6.

- die Forderung von Bildungsprogrammen (9-2),
- [den] Einsatz für Gleichberechtigung und Pluralismus (9-3)"

als „eine Reihe guter und wichtiger Ansatzpunkte", die „verstärkt zu werden" verdienen. Inwiefern diese Aussagen im israelischen Kontext als heldenhafte Forderungen anzusehen sind oder – angesichts ihrer Selbstverständlichkeit einerseits und der Dämonisierung Israels im KPD andererseits – nichts weiter sind, als eine Anbiederung an eine sich liberal wähnenden westliche Sympathisantenschaft, soll dahingestellt bleiben.

Bei der Boykottforderung scheint dem Pfälzer Pfarrer dann aber doch der Gedulds- und Verständnisfaden zu reißen. Er schreibt: „einmal davon abgesehen, dass Israel eine parlamentarische Demokratie mit weithin funktionierenden rechtsstaatlichen Institutionen und kein Regime von Rassefanatikern ist, ist es eine nicht zu verzeihende politische Instinktlosigkeit, Menschen in Deutschland dazu aufzufordern, keine Waren aus Israel mehr zu kaufen. Schon im April 1933 hieß es: ‚Deutsche, kauft nicht bei Juden!'"[38] Ob es instinktvoller ist, dies mit Nicht-Deutschen zu tun, möchte ich ebenfalls nicht kommentieren.

## 2. Zur „Theologie des Landes" im KPD

Auf den ersten Blick macht das KPD klare theologische und politische Aussagen unter dem Gesichtspunkt der Landfrage.

Die palästinensischen Christen sprechen von „our country" (Introduction, 2.2), „our land"[39] oder „our own land" (2.2.2), wobei sie ihre Verbindung zu dem umstrittenen Landstrich zwischen Mittelmeer und Jordan auf eine Ebene heben, die Ideologie und Theologie ausdrücklich übersteigt: „Our connectedness to this land is a natural right... It is a matter of life and death..." (2.3.4). Später wird erklärt: „Our land is God's land" (2.3.1), wobei dem unmittelbar hinzugefügt wird: „as is the case with all countries in the world". Aus der biblisch begründbaren Aussage, das Land gehöre Gott, schließt das KPD: „therefore it must be a land of reconciliation, peace and love" (2.3.1) – ohne dies biblisch zu begründen. Die Heiligkeit des Landes Israel wird betont: „It is holy inasmuch as God is present in it, for God alone is holy and sanctifier" (2.3.1).

Dieses Land ist Ursprung des Wortes Gottes an die Menschheit: „We believe that God has spoken to humanity, here in our country: *"Long ago God spoke to our ancestors in many and various ways by the prophets, but in these last days God has spoken to us by a Son, whom God appointed heir of all things, through whom he also created the worlds"* (Heb. 1:1-2)" (2.2). Bemerkenswert ist, dass bei dieser Aussage zwischen der Menschheit („humanity") und den Palästinen-

---

[38] A.a.O.
[39] 1.1.2; 2.3; 2.3.1; 2.3.2; 2.3.4; 3.3; 3.4; 4.2.4; 5.4; 10.

sern („our country") praktisch kein Platz mehr bleibt für eine Sonderstellung des jüdischen Volkes – wobei ironischerweise die Aussage mit den ersten beiden Versen des neutestamentlichen Buches belegt wird, das als einziges schon von seiner Bezeichnung her ausdrücklich an das jüdische Volk gerichtet ist. Auch die eigenartige Wortwahl von „Our Lord Jesus Christ"[40] scheint den „König Israels" im Konflikt zwischen Palästinensern und Israelis auf die arabische Seite ziehen zu wollen.

Michael Volkmann beobachtet: „Das Dokument relativiert theologische Aussagen über Gottes besondere Beziehung zu Israel mit dem Hinweis, Jesus habe ‚eine neue Lehre' bezüglich der ‚Themen wie die Verheißungen, die Erwählung, das Volk Gottes und das Land' gebracht (2-2-2). Es thematisiert die universale Bedeutung des Wortes Gottes (2-2) und ‚unseres Landes' (2-3), aber keine spezifische Gnadengaben Israels."[41] Stefan Meißner zeigt als problematisch an, wenn im KPD das „Land Israel" einfach zum „Erdkreis" nivelliert wird.[42] Tatsächlich fordert das KPD „die Auflösung des jüdischen Charakters des Staates Israel. Diese Forderung geht einher mit einer Theologie, in der die Besonderheit des Gottesverhältnisses Israels universalistisch aufgelöst wird."[43]

Als Palästinenser sehen die Verfasser des KPD eine von Gott gegebene Aufgabe – gewissermaßen einen Schöpfungsauftrag – in ihrem Land: „It is the duty of those of us who live here, to respect the will of God for this land" (2.3.1). „[I]n this land in particular, [...] God created us not so that we might engage in strife and conflict but rather that we might come and know and love one another, and together build up the land in love and mutual respect" (2.1). „Es werden die das Land besitzen, die Frieden stiften. Friedensstifter sind Gottes Kinder", wird Jamal Khader als Einleitung für die Arbeitshilfe des ACK-BW zum KPD zitiert.[44] Die seit Jahrtausenden so heiß umkämpfte Landbrücke zwischen drei Kontinenten hat aus palästinensischer Sicht einen einzigartigen Auftrag: „[O]ur land has a universal mission. In this universality, the meaning of the promises, of the land, of the election, of the people of God open up to include all of humanity, starting from all the peoples of this land" (2.3). Was diese „universal mission" dann aber tatsächlich ist, bleibt im KPD offen.

Dieses Land ist „under the Israeli occupation"[45], das heißt, der erklärterweise jüdische Staat Israel, seine Bewohner und seine Armee sind in diesem Land illegitim. An keiner Stelle anerkennt das KPD das Existenzrecht eines jüdischen Staates Israel, etwa „in den Grenzen von 1967". Stattdessen wird angeprangert: „Israeli settlements ravage our land in the name of God and in the name of force,

---

[40]  2.1.1; 2.2.2; 3.4.1; 4.1; 4.2; 4.2.4.
[41]  Volkmann, Stellungnahme, 4-5.
[42]  A.a.O.
[43]  Volkmann, Stellungnahme, 6.
[44]  ACK-BW-Arbeitshilfe, 2.
[45]  Introduction, 1; vergleiche 1.4; 2.3.4; 3.1.

controlling our natural resources, including water and agricultural land, thus depriving hundreds of thousands of Palestinians, and constituting an obstacle to any political solution" (1.1.2). Der aktuelle Zustand wird beschrieben: „the evil of hate and of death [...] persist in our land" (10) und erklärt: „the Israeli occupation of Palestinian land is a sin against God and humanity because it deprives the Palestinians of their basic human rights, bestowed by God" (2.5).

Diese Qualifizierung der israelischen Besatzung palästinensischen Landes als Sünde gegen Gott und die Menschheit ist eine der Kernaussagen des KPD. Der offizielle Internetauftritt www.kairospalestine.ps steht unter der Überschrift „Kairos Palestine. A Moment of Truth". Am Fuß der Seite wird der Fokus des KPD in dem Kernsatz zusammengefasst: „In this historic document, we Palestinian Christians declare that the military occupation of our land is a sin against God and humanity." Damit wird der politische Konflikt in eine religiöse Sphäre erhoben, die theologisch erklärt und bewertet werden will. Zwar wird die Tatsache, dass Juden im Lande leben, mehr oder weniger akzeptiert. An manchen Stellen kann man mit etwas gutem Willen gar versöhnliche Untertöne heraushören. Aber ein Selbstbestimmungsrecht des jüdischen Volkes im Land seiner Väter findet im KPD keinen Anklang, geschweige denn Verständnis. Dass Jüdisch-Sein nicht nur Religion oder Kultur ist, sondern auch eine ethnische Zugehörigkeit darstellt, wird vom KPD vollständig übersehen, vielleicht gar bewusst geleugnet. Auf dem Hintergrund einer Jahrhunderte dauernden Unterdrückung von Juden in arabischen Ländern, die sich nicht selten in Pogromen entlud und ideologisch-religiös von einem Islam gerechtfertigt wird, der die Leute des Buches als „Dhimmi", so genannte „Schutzbefohlene" sieht[46], spricht das Fehlen einer eindeutigen Aussage zu diesem Sachverhalt Bände.

Es ist eine bemerkenswerte Beobachtung von Professor Schieder, dass die Verfasser des KPD eine präzise Definition, was unter „Besatzung" zu verstehen ist, zu vermeiden scheinen: „Fordern sie lediglich den Rückzug Israel hinter die Grenzen vor 1967? Oder lehnen sie eine Zwei-Staaten-Lösung ab und streben einen palästinensischen Staat mit einer jüdischen Minderheit an? Im Papier ist von zwei Staaten nicht die Rede."[47] Sabeel, die Organisation des KPD-Mitverfassers Naim Ateek, wirbt weltweit dafür, dass die Zweistaatenlösung nicht umsetzbar und Gerechtigkeit nur erreichbar sei, wenn der jüdische Staat Israel in einem einzigen binationalen Staat mit arabischer Mehrheit aufgehe.[48] Diese Perspektive findet offensichtlich einen Nachhall in Abschnitt 9.3, wo die KPD-Autoren davor warnen, den Staat zu einem religiösen Staat zu machen, sei der nun jüdisch oder islamisch.

---

[46] Vergleiche zu diesem Themenbereich Bat Ye'or, Der Niedergang des orientalischen Christentums unter dem Islam. 7. – 20. Jahrhundert, Gräfelfing 2002, ursprünglich auf Französisch: Bat Ye'or, Les Chrétienté D'Orient Entre Jihad Et Dhimmitude, Paris 1991.

[47] Schieder, a.a.O., 191.

[48] Lowe, A Behind-the-Scenes Analysis.

Palästinenser haben laut KPD die „duty to liberate [the land] from the evil of injustice and war" (2.3.1) und dabei offensichtlich auch ein Recht auf gewaltsamen Widerstand (1.5). Widerstand wird als praktischer Ausdruck des Liebesgebots Jesu behauptet (4.2; 4.2.5): „this love seeks to correct the evil and stop the aggression". Und: „Christian love invites us to resist","the Israeli occupation" (4.2.1).

Lobenswert wäre in diesem Zusammenhang der Satz: „We do not resist with death but rather through respect of life" (4.2.5) – wenn er allein stehen bliebe. Allerdings folgt ihm unmittelbar die Aussage: „We respect and have a high esteem for all those who have given their life for our nation. And we affirm that every citizen must be ready to defend his or her life, freedom and land." Angesichts der Tatsache, dass eine der blutrünstigsten palästinensischen Terrororganisationen, die PFLP, die bis heute die Abkommen von Oslo nicht anerkennen will, unter einem starken christlichen Einfluss steht, wird der lobenswerte Teil der Aussage in diesem Abschnitt praktisch hinfällig.

Den „israelischen Besatzern" wird eine ethnische Säuberung Jerusalems vorgeworfen: „Jerusalem continues to be emptied of its Palestinian citizens, Christians and Muslims" (1.1.8). Suggeriert wird, die nichtjüdischen und vor allem palästinensischen Einwohner des Landes seien aus Sicht der israelischen Besatzer, der hinter ihnen stehenden jüdischen Theologen und vor allem christlich-fundamentalistischer Theologen illegitim in diesem Land.

Diesen nicht näher benannten Theologen wird vorgeworfen, das Wort Gottes in „letters of stone" zu verwandeln und so die Liebe Gottes zu pervertieren. Zitat: „This is precisely the error in fundamentalist Biblical interpretation that brings us death and destruction when the word of God is petrified and transmitted from generation to generation as a dead letter. This dead letter is used as a weapon in our present history in order to deprive us of our rights in our own land" (2.2.2). Ohne Quellenangaben wird unterstellt: „[W]e know that certain theologians in the West try to attach a biblical and theological legitimacy to the infringement of our rights. Thus, the promises, according to their interpretation, have become a menace to our very existence. The "good news" in the Gospel itself has become "a harbinger of death" for us. We call on these theologians to deepen their reflection on the Word of God and to rectify their interpretations so that they might see in the Word of God a source of life for all peoples" (2.3.3). Und: „[D]efining us as enemies only because we declare that we want to live as free people in our land" (2.3.4). Somit werden westliche Theologen für das Leiden der palästinensischen Christen verantwortlich gemacht: „[A]s Christian Palestinians we suffer from the wrong interpretation of some theologians" (2.3.4).

Eine „fundamentalistische" Schriftauslegung müsste aber zu dem Schluss kommen, dass der nichtjüdische „Fremdling" im Alten Testament „rechtlich praktisch auf derselben Stufe [stand] wie der Israelit (Lev 24,22), und in Hesekiels Vision vom messianischen Zeitalter teilt er sogar das Erbe Israels (Hes

47,22f).«[49] Für eine fruchtbare Diskussion wäre in jedem Falle hilfreich, derartige Pauschalangriffe, die jeder nach eigener Fasson auszulegen vermag, zu unterlassen, und stattdessen gezielt und differenziert andere theologische Meinungen anzugreifen. Übrigens: Die Behauptung von „clear declarations of the occupation authorities that refuse our existence" (4.2.4) ist meinen Informationen zufolge eine glatte Lüge. Mich würde sehr interessieren, wann und mit welchem Wortlaut die israelischen Behörden das Existenzrecht von Arabern in Israel oder den Palästinensischen Gebieten grundsätzlich bestritten hätten.

## 3. Ein zweiter Blick

Auf den ersten Blick erscheinen die Aussagen des KPD also klar. Doch bei näherer Betrachtung ist vieles in diesem Dokument und seinem Umfeld so verzerrt und verschwommen formuliert, dass man sich am liebsten gar nicht damit befassen möchte. Mancherorts widerspricht ein Satz seinem unmittelbaren Nachfolger, wenn etwa in 2.3 formuliert wird: „In light of the teachings of the Holy Bible, the promise of the land has never been a political programme", worauf folgt: „It was the initiation of the fulfilment of the Kingdom of God on earth". Wenn es um Gottes Reich auf Erden geht, dann ist die Landverheißung zumindest ein geistliches Versprechen mit politischen Implikationen, das heißt, Politiker und ihre Klientel werden von einer Realisierung dieses Versprechens unmittelbar betroffen. Ganz anders hätte es geklungen, wenn sich das KPD an dieser Stelle im zweiten Satz an Jesus angeschlossen hätte, dessen „Reich" zumindest zur Zeit des Pontius Pilatus „nicht von dieser Welt" war (Johannes 18,36).

An anderer Stelle bemüht das KPD dann doch noch das Jesus-Wort aus Johannes 18 und meint: „Our Church points to the Kingdom, which cannot be tied to any earthly kingdom" (3.4.3). Wobei sich dann unvermeidlich die Frage aufdrängt: Wenn die Zielrichtung der Kirche kein irdisches Reich ist, warum konzentriert man sich dann als palästinensischer Christ nicht überhaupt auf das transzendente Reich Christi und überlässt Juden und Muslimen den Streit um die immanenten Immobilien? Warum ist dann die Landfrage für palästinensische Christen „eine Frage von Leben und Tod" (2.3.4)?

Die Autoren bekennen, „religion cannot favour or support any unjust political regime, but must rather promote justice, truth and human dignity" (3.4.3), verschweigen dann aber, dass „Gerechtigkeit" und „Wahrheit" keine absoluten Werte sind, sondern immer eine Frage des Maßstabs. Hinzu kommt noch, dass „Gerechtigkeit" im Kontext des Nahostkonflikts – wie jeder, der sich etwas da-

---

[49] H.M. Carson, „Fremder/Fremdling" in Helmut Burkhardt, Fritz Grünzweig, Fritz Laubach, Gerhard Maier (Herausgeber), Das große Bibellexikon, Band 1, Wuppertal/Giessen 1987, 390.

mit beschäftigt hat, weiß – ein Synonym für „palästinensische Interessen" ist. Der Satz „It is in this divine presence that we shall do what we can until justice is achieved in this land" (3.4.4) macht den Widerspruch nicht kleiner. Unklar bleibt, was die Verfasser des KPD damit meinen, wenn sie sich dafür aussprechen „to set in place a new land in this land of God" (9.5). Es ist eine Sache, mit dem Seher Johannes „einen neuen Himmel und eine neue Erde" (Offenbarung 21,1) zu erwarten – wie das im letzten Satz des KPD anklingt: „We will see here "a new land" and "a new human being", capable of rising up in the spirit to love each one of his or her brothers and sisters" (10). Eine andere Sache ist es, eine solche Utopie durch aktiven Widerstand oder Boykottmaßnahmen erzwingen zu wollen.

Unklar bleibt auch, ob die verwischten Konturen vieler Aussagen und ihrer politischen und theologischen Implikationen ein Ergebnis der Unfähigkeit der Verfasser des KPD oder bewusste propagandistische Taktik sind. Dr. Jamal Khader, Dekan der Fakultät für Sozialwissenschaften der Universität Bethlehem und Mitverfasser des KPD, erklärte bei einer Fachtagung des ACK Baden Württemberg am 25. März 2010 in Kloster Kirchberg die Vorentscheidungen der Verfasser des Dokuments:

1. Wir sind keine Politiker, und wir geben nicht vor, einen politischen Plan zu präsentieren, um den Konflikt zu lösen. Das Dokument ist keine politische Erklärung; wir reden nicht über politische Lösungen; es ist Sache der Politiker, darüber zu entscheiden, selbst wenn wir an eine Zwei-Staaten-Lösung glauben, um in Frieden zusammen zu leben.

2. Wir haben eine historische Analyse des Konflikts vermieden. Die Gegenwart ist der entscheidende Moment, um vorwärts zu kommen, und die Zukunft ist eine Herausforderung. Entweder wir leben alle in Gerechtigkeit, Frieden und Sicherheit oder wir haben einen endlosen Konflikt und mehr Leid für beide Völker.

3. Wir bieten keine theologische Auslegung der Bibel an, etwa zu den Landverheißungen im Alten Testament. Wir versuchen sie zu verstehen durch unseren Glauben an Jesus Christus, der die Erfüllung der Heiligen Schrift ist, und der uns Moses und die Propheten erklärt, wie er es bei den zwei Jüngern von Emmaus tat. Also ist das Dokument kein theologisches Dokument, so dass Sie keine Theologie des Landes oder der Verheißungen darin finden werden.[50]

4. Wenn die Verfasser tatsächlich keine politischen Aussagen machen, eine historische Analyse bewusst vermieden und keine theologische Auslegung der Bibel bieten wollten, wie ist dann die Aussage „We have studied our vocation and have come to know it better in the midst of suffering and

---

[50] Jamal Khader, „5. Einführung in das Kairos-Dokument durch den Mitverfasser" (vorgetragen bei der ACK-Fachtagung am 25.3.2010 in Kloster Kirchberg), in der ACK-BW-Arbeitshilfe, 26.

pain" (3.4.5) zu verstehen? Wie kann man die Berufung der Kirche ohne Theologie erklären, das Leiden und den Schmerz im Nahostkonflikt ohne Geschichte verstehen, und seine Lösung in politischer Abstinenz oder gar Ignoranz anpacken wollen?

Das KPD äußert sich sehr profiliert zu politischen Problemen – ob das die Verfasser wahrhaben wollen oder nicht. Dass sie eine historische Analyse vermieden haben, würde ich ihnen zum Vorwurf machen, gerade weil sie theologisch geladene Aussagen in die aktuelle Tagespolitik hinein wagen. Anders ist die Verwendung des Begriffes „Sünde" im Zusammenhang mit „israelischer Besatzung" nicht verstehbar. Sollte dies alles tatsächlich bewusst geschehen sein – was man bei den relativ hohen akademischen Referenzen und damit verbundenen Ansprüchen einer ganzen Reihe von KPD-Verfassern eigentlich annehmen sollte – kann man das „Kairos Palästina Dokument" angesichts der gespannten Lage in Nahost und der vielen Menschenleben, die dieser Konflikt schon geprägt und zerstört hat, nur als verantwortungslos bezeichnen. Über die vielfache und offensichtlich unreflektierte Unterstützung, die es in den Kirchen der westlichen Welt erfährt, schweigt des Sängers Höflichkeit.

## 4. Ein Blick in den Spiegel

In mancher Hinsicht erscheinen Theologie und Denkweise des KPD als Frucht von Defiziten und Fehlentwicklungen in der Theologie des Westens. In dem für dieses Paper vorgegeben Rahmen können nur Gedankenanstöße für das weitere Gespräch gegeben werden. Dabei ist klar, dass es im Bereich der Israeltheologie, in der Frage der politischen Relevanz theologischer Aussagen, eines prophetischen Auftrags der Kirche und vor allem auch einer Theologie des Landes noch sehr viel aufzuarbeiten gibt.

### 4.1. Christus als hermeneutischer Schlüssel

„Durch Jesus Christus können wir die Verheißungen Gottes im Alten Testament verstehen, einschließlich der Landverheißungen", meint Jamal Khader.[51] Im KPD steht: „Our Lord Jesus Christ came... with *"a new teaching"* (Mk 1:27), casting a new light on the Old Testament, on the themes that relate to our Christian faith and our daily lives, themes such as the promises, the election, the people of God and the land" (2.2.2). Christus wird als hermeneutischer Schlüssel zu einem neuen Verständnis des Alten Testaments vorgestellt.

Das klingt gut, erinnert an Luthers „was Christum treibet" – entpuppt sich aber bei näherem Hinsehen als potentiell gefährliche Häresie. Wenn „Christus"

---

[51] A.a.O., 25.

der Maßstab ist, demzufolge das AT auszulegen wäre, wer bestimmt dann das Christus-Bild, das unser Verständnis des AT zu bestimmen hat? Ist die Offenbarung des Gottes Abrahams, Isaaks und Israels, die Entstehung eines Volkes, einer Sprache, Kultur, Mentalität und schließlich gar einer ganzen Bibliothek, des „תנ"ך" – unter uns Christen gemeinhin „Altes Testament" genannt – nicht umgekehrt der angemessene hermeneutische Zugang für das Reden Gottes „in diesen letzten Tagen" „durch den Sohn" (Hebräer 1,2)? Öffnet ein „Christus" als hermeneutischer Maßstab für die Auslegung des AT nicht Tür und Tor für alle möglichen (und vielleicht sogar unmöglichen) Christusvorstellungen – darunter germanische, slawische, heidnische, entjudaisierte? Oder geht es um einen „Christus", den ich erfahren habe oder in mir zu erkennen glaube? Dann sähen wir uns einer Erfahrungs- oder Erlebnistheologie gegenüber, in der jeder intellektuell verantwortliche Austausch letztendlich hinfällig würde. Wer Christus als hermeneutischen Schlüssel zum Verständnis des AT postuliert, muss sich die Gegenfrage gefallen lassen, was sich hinter dem Begriff „Christus" verbirgt und ob er hier den eigentlich vom AT her eindeutig geprägten Messiasbegriff nicht als Chiffre für irgendeine un- oder gar antibiblische Philosophie missbraucht.

Jesu Stellung zur Tora, einschließlich der Aussagen zur Erwählung Israels und der Landverheißung ist klar: „Ihr sollt nicht meinen, dass ich gekommen bin, das Gesetz oder die Propheten [das ist der „תנ"ך"] aufzulösen; ich bin nicht gekommen aufzulösen, sondern zu erfüllen. Denn wahrlich, ich sage euch: Bis Himmel und Erde vergehen, wird nicht vergehen der kleinste Buchstabe noch ein Tüpfelchen vom Gesetz, bis es alles geschieht. Wer nun eines von diesen kleinsten Geboten auflöst und lehrt die Leute so, der wird der Kleinste heißen im Himmelreich; wer es aber tut und lehrt, der wird groß heißen im Himmelreich" (Matthäus 5,17-19). Der Apostel Paulus bekannte sich zu allem, „was geschrieben steht im תנ"ך" (Apostelgeschichte 24,14) und beteuerte, nichts zu sagen, „als was der תנ"ך vorausgesagt hat" (Apostelgeschichte 26,22).

Zweifellos hätten wir als nichtjüdische Gläubige ohne Jesus Christus keinen Zugang zur Offenbarung des lebendigen Gottes bekommen. Das Auftreten „unseres Herrn Jesus Christus" ist ein entscheidender Knotenpunkt in der Geschichte, nicht nur für die Heidenvölker, sondern auch für Israel. Aber eine Hermeneutik, die alle vorangegangene Offenbarung und deren Auslegung als veraltet, versteinert oder verfälscht darstellt, ist eher islamisch als christlich, im besten Falle marcionistisch. Ein biblisches Offenbarungsverständnis sieht sich eingebunden in eine Wolke von Zeugen (Hebräer 12,1), baut auf den Grund der Apostel und Propheten (Epheser 2,20) und weiß, dass es die Schrift ist, die von Jesus zeugt (Johannes 5,39). Im Blick auf die rabbinischen Schriftausleger konnte Jesus seinen Jüngern ans Herz legen: „Auf dem Stuhl des Mose sitzen die Schriftgelehrten und Pharisäer. Alles nun, was sie euch sagen, das tut und haltet" (Matthäus 23,2-3a). Die gesamte darauf folgende Kritik von Jesus an seinen Zeit- und Glaubensgenossen, ist unter dieser Überschrift zu verstehen. Genauso wenig bedeutet das Eingebundensein in eine lebendige Tradition, die sich einer Heiligen Schrift verpflichtet weiß, auch heute, dass nicht über alles engagiert mit Herzen, Mund und Händen diskutiert werden dürfte.

Übrigens sei an dieser Stelle eingeschoben: Die vom KPD angeführte „διδαχὴ καινὴ" („neue Lehre") in Markus 1,27 bezieht sich auf das direkt folgende „κατ᾽ ἐξουσίαν" („in Vollmacht") und die Reaktion der unreinen Geister auf die Worte von Jesus – keinesfalls aber wie vom KPD behauptet auf „the promises, the election, the people of God and the land" (2.2.2).

## 4.2. Erwählung versus Universalität

Pfarrer Meißner hat Recht, wenn er im Anschluss an den pfälzischen Arbeitskreis „Kirche und Judentum" betont: „Das ‚Land' ist auch nach dem Zeugnis des Neuen Testaments bleibende Bundesgabe an Israel."[52] – um dann fortzufahren: „Das Land gehört zweifellos Jahwe, aber er hat es aus freien Stücken seinem Volk als ‚Erbteil' (hebr.: nachala) anvertraut. Die Alternative der palästinensischen Christen: ‚Land Gottes' versus ‚Land Israels' ist keine biblische Alternative."[53] Die evangelische Landeskirche in Baden betont in ihrer Antwort auf das KPD: „Das Land Gottes wird zum Erbe Israels; die Völker der Welt können nicht an diesem einen Volk vorbei bleibenden Anteil an Gottes Land gewinnen."[54] Und in der EKD-Studie „Christen und Juden III" (4.6.5) heißt es: „Die von palästinensischen Christen geforderte Universalisierung aller biblischen Aussagen über das Land (‚jedem Volk hat Gott ein Land gegeben') widerspricht der … biblischen Einsicht, dass Gott sich selbst unauflöslich an das jüdische Volk gebunden hat. Bund und Land aber gehören zusammen."[55]

Die universale Perspektive ist kein Widerspruch zur exklusiven Erwählung Israels. Abraham und seine Nachkommen wurden erwählt von vornherein mit dem Auftrag im Blick auf die „Nicht-Erwählten": „והיה ברכה" – „sei ein Segen!" Und: „ונברכו בך כל משפחת האדמה," – „in dir sollen gesegnet werden alle Familien des Erdbodens" (1. Mose 12,2f). Die Öffnung des Evangeliums für alle Völker nach Tod, Auferstehung und Himmelfahrt des Messias Jesus im Neuen Testament ist kein Widerspruch, kein Gegenpol und schon gar keine Korrektur der

---

[52] These 10, ISRAEL: STAAT – LAND – VOLK. Thesenreihe des Arbeitskreises „Kirche und Judentum" der Evangelischen Kirche der Pfalz ; Speyer 2006, auch online verfügbar: http://www.christen-und-juden.de/html/thesen.htm

[53] Meißner, a.a.O.

[54] Johannes Stockmeier, „Kairos – Zeit für Frieden in Israel und Palästina. Ein geschwisterlich kritischer Brief aus der Evangelischen Landeskirche in Baden an die Verfasserinnen und Verfasser des Kairos-Palästina-Dokuments, Dezember 2009" (Evangelische Landeskirche in Baden, Evangelischer Oberkirchenrat, Blumenstraße 1-7, 76133 Karlsruhe, AZ 16/841 vom 21. Oktober 2010): http://www.ekiba.de/download/Kairos_Palestina_Antwort_Baden20101021.pdf.

[55] Volkmann, Stellungnahme, 5.

Botschaft des so genannten Alten Testaments, sondern deren logische Konsequenz.

## 4.3. Erwählung und Heil

Nicht nur im Zusammenhang zwischen der partikulären Erwählung Israels und Gottes universalem Heilshandeln, sondern auch im Blick auf Wesen und Funktion der Erwählung scheint vieles in der Vorstellung der palästinensischen Autoren des KPD unklar und verschwommen. So sind Erwählung und Heil keinesfalls identisch – wie etwa das Beispiel des Königs Saul zeigt, der zwar erwählt war und als „משיח יהוה" („Messias des Herrn") (1. Samuel 24,6.11) bezeichnet wurde, aber trotzdem scheiterte.

Im Blick auf das auserwählte Volk hält der Apostel Paulus fest: „πᾶς Ἰσραὴλ σωθήσεται" – womit er im Einklang mit der mischnischen Tradition steht, die mit Verweis auf Jesaja 60,21 feststellt: „כל ישראל יש להם חלק לעולם הבא" – „ganz Israel hat Anteil an der kommenden Welt" (Sanhedrin 10,1),[56] um dann aber gleich einzuschränken: „ ואלו שאין להם חלק לעולם הבא האומר אין תחיית המתים מן התורה ואין תורה מן השמים ואפיקורס" – „keinen Anteil an der künftigen Welt hat, wer die Auferstehung von den Toten nicht in der Tora erkennt, wer nicht glaubt, dass die Tora vom Himmel kommt, und der Epikuräer, der Gottesleugner". Die leibliche Abstammung vom auserwählten Volk beinhaltet also weder nach neutestamentlicher Auffassung noch aus rabbinischer Sicht eine automatische Heilsgarantie.

## 5. Die Landfrage aus jüdischer Sicht

Für die Erarbeitung einer spezifisch christichen Landtheologie wäre notwendig, jüdische Aussagen zur Landfrage gründlich aufzuarbeiten und in ihrem Kontext und ihrer Konsequenz für die aktuelle Tagespolitik im Nahen Osten zu verstehen. Dabei ist vor allem auch an das Schrifttum des Rabbiners Abraham Isaak Kook (1865-1935) und seines Sohnes Zvi Yehuda Kook (1891-1982) zu denken, das im Westen kaum bekannt ist, ohne deren Prägung aber die heutigen „Gusch Emunim" und die Siedlerbewegung undenkbar sind.

Als Illustration und Gedankenanstoß mag an dieser Stelle ein Textbeispiel dienen, das grundlegend ist für die Landtheologie der national-religiösen Bewegung in Israel. Rabbi Schlomo Jitzchaki (1040-1105), kurz „Raschi" genannt, beginnt seinen Kommentar zur Schöpfungsgeschichte, der heute in keinem jüdischen Haushalt fehlt, mit den Worten:

---

[56] Alle Zitate klassischer jüdischer Literatur entnehme ich dem מאגר היהדות הממוחשב, תורה, תלמוד והלכה, פרוייקט השו"ת, אנציקלופדיה תלמודית, ריכוז כתבי תורניים, תשובות חכמי ישראל, אוניברסיטת בר-אילן (ע"ר), גירסה 18 פלוס. – Die Übersetzungen der Zitate stammen von mir.

אמר רבי יצחק לא היה צריך להתחיל [את] התורה אלא (שמות יב ב) מהחודש הזה לכם, שהיא
מצוה ראשונה שנצטוו [בה] ישראל, ומה טעם פתח בבראשית, משום (תהלים קיא ו) כח מעשיו
הגיד לעמו לתת להם נחלת גוים, שאם יאמרו אומות העולם לישראל לסטים אתם, שכבשתם
ארצות שבעה גוים, הם אומרים להם כל הארץ של הקדוש ברוך הוא היא, הוא בראה ונתנה לאשר
ישר בעיניו, ברצונו נתנו להם וברצונו נטלה מהם ונתנה לנו

*Rabbi Jitzchak fragte: Hätte die Tora nicht mit den Worten [aus 2. Mose
12,2] beginnen sollen: „Von diesem Monat an sollt ihr die Monate des Jahres
zählen", denn das ist das erste Gebot, das Israel gegeben wurde? Warum steht
zu Beginn der Tora die Schöpfungsgeschichte? – Weil [in Psalm 111,6] geschrieben steht: „Die Kraft seiner Werke hat er seinem Volk mitgeteilt, indem er
ihnen das Erbteil der Nichtjuden gibt!" Denn wenn [eines Tages] die Nationen
der Welt Israel vorwerfen: Ihr seid Räuber! Ihr habt die Länder von sieben
nichtjüdischen Völkern besetzt!, dann müssen [die Israeliten der Welt] sagen
können: Das ganze Land gehört dem Heiligen, gelobt sei Er. Er hat es geschaffen. Er gibt es, wie es aus seiner Perspektive richtig ist. Gemäß seinem Willen
hat er es ihnen gegeben. Gemäß seinem Willen hat er es ihnen genommen und
uns gegeben.*

Eine ausführliche Erörterung wäre nötig, um den Tiefgang und den faszinie-
renden prophetischen Weitblick des mittelalterlichen Rabbiners, der in Worms
und Troyes gewirkt hat, nachvollziehen zu können. Für unsere Fragestellung sei
an dieser Stelle lediglich festgehalten: Kein orthodoxer Jude hat das Recht, sich
Land zu nehmen. Das Land gehört Gott und der gibt es, wem er will. Aber gerade weil das Land Gott gehört, hat nach dieser Auffassung auch keine israelische
Regierung das Recht, Land abzugeben, das Gott ihr anvertraut hat. Landraub
durch jüdische Siedler – so er denn tatsächlich vorkommt! – ist laut Raschi genauso ein Verstoß gegen die Tora wie die Abgabe von „Land für Frieden".

Innerhalb der national-religiösen Bewegung wird in den vergangenen Jahren
diskutiert, was wichtiger sei, die „Heiligkeit des Landes" oder die „Heiligkeit
des Lebens". Eine vergleichbare Fragestellung finden wir im Neuen Testament
(Markus 2,23-28), wo die „Heiligkeit des Sabbat" und die „Heiligkeit des Lebens" einander gegenüberstehen. Jesus entscheidet in einer Weise für die „Heiligkeit des Lebens", die heute rabbinischer Konsens ist. Für national-religiöse
Juden stellt sich gegenwärtig die Frage, ob es legitim ist, Gottes Land aufzugeben, wenn dadurch Leben gerettet werden kann. Leider scheint die jüngste Geschichte zu beweisen, dass es Israel Leben kostet, wenn es Land an seine Feinde
abgibt, wie etwa der Rückzug aus dem Libanon (Mai 2000) oder die Räumung
des Gazastreifens (Spätsommer 2005). Interessant ist angesichts der aktuellen
Entwicklungen, wie die Abgabe der Sinaihalbinsel Anfang der 1980er Jahre an
Ägypten langfristig zu bewerten sein wird.

# V. HISTORISCH-THEOLOGIEGESCHICHTLICH/ SYSTEMATISCH-THEOLOGISCH

# „Why not give Palestine back to them again?"
## Das *Blackstone Memorial* (1891), ein christlicher Beitrag zum politischen Zionismus in Amerika

JAN CARSTEN SCHNURR

## Hinführung

Im Februar 1896 erschien Theodor Herzls Programmschrift *Der Judenstaat*. Erschüttert von der Dreyfus-Affäre in Frankreich, über die der Journalist und Reformjude Herzl zu berichten hatte, war er zu der Überzeugung gelangt, der Antisemitismus sei unüberwindbar tief im Denken der Völker eingewurzelt. Die Vorurteile seien zu stark und bis in die Folklore hinein spürbar, so meinte er, die Verachtung, Ausgrenzung und Verfolgung der jeweiligen jüdischen Minderheiten zu weit verbreitet. „Die Völker, bei denen Juden wohnen, sind alle samt und sonders verschämt oder unverschämt Antisemiten. [...] Unser Wohlergehen scheint etwas Aufreizendes zu enthalten [...]."[1] Herzl vertrat deshalb eine einzige These, die bereits im Buchtitel zu finden war: „Der Judenstaat ist ein Weltbedürfnis, folglich wird er entstehen."[2] Zur Lösung der „Judennot" sollte die Errichtung eines jüdischen Nationalstaates dienen, als Zufluchtsort, aber auch als „Versuchsland und Musterland" mit weltweiter Ausstrahlungskraft.[3] Zwei mögliche Gebiete hatte Herzl dafür im Blick: Argentinien oder Palästina. Wenn Palästina, dann, so überlegte er, könne man dem Sultan anbieten, als Gegenleistung den Schuldenberg des Osmanischen Reiches zu übernehmen.[4] Herzls Schrift wirkte, weil sie offenkundige Not ansprach und aus der jungen Generation stammte, weil sie mit ihrem Nationalstaatsdenken in die Zeit passte, weil sie mitreißend geschrieben war und weil sie vor allem einen konkreten Plan vorlegte, wie ein Fanal für die zionistische Bewegung, die sich bereits 1897 im ersten Zionistenkongress formierte und die ein halbes Jahrhundert später zur Gründung des Staates Israel führte.[5]

Theodor Herzl war nicht der Einzige, der im späten 19. Jahrhundert Überlegungen zu einer jüdischen Heimstatt in Palästina anstellte, wenn es sich auch nur um wenige handelte. Anlass bot insbesondere die Lage im Russischen

[1] *Theodor Herzl*, Der Judenstaat. Versuch einer modernen Lösung der Judenfrage, nach der 1. Aufl. 1896, Zürich 1988, 16, 28, 34.
[2] Ebd., 8.
[3] Ebd., 6, 107.
[4] Ebd., 39.
[5] Vgl. *Yehuda Eloni*, Zionismus in Deutschland. Von den Anfängen bis 1914, Gerlingen 1987, 74f.

Reich: Seit 1881 erlebten die zahllosen dort lebenden Juden mehrere Wellen von Pogromen und antijüdischen Gesetzen, die ihre jüdische Existenz und zum Teil ihr physisches Überleben bedrohten und Hunderttausende zur Flucht zwangen. Vor diesem Hintergrund verfasste der russische Arzt Leon Pinsker 1882 eine Schrift mit dem Titel *Autoemancipation!*, in der er das Ziel einer „nationalen Selbständigkeit" der Juden ausgab. Einige Jahre später, 1891, schrieb der Kölner Rechtsanwalt Max Isidor Bodenheimer eine Schrift mit dem Titel *Wohin mit den russischen Juden?*. Bodenheimer schlug zur Lösung des Problems die Besiedlung und technische Erschließung von Eretz Israel vor.[6]

Viele Juden, die aus Osteuropa flohen, gingen in die USA. Auch dort waren die Verfolgungen im Russischen Reich nicht unbekannt, und auch dort dachten einzelne Juden über eine jüdische Heimstatt in Palästina nach. Die größte und wichtigste frühe Diskussion über den Zionismus in den USA wurde jedoch nicht von Herzl und auch von keinem anderen Juden, sondern von einem christlichen Geschäftsmann angestoßen. Am 5. März 1891, im Erscheinungsjahr von Bodenheimers *Wohin mit den russischen Juden?*, nahm der amerikanische Präsident Benjamin Harrison die Petition *What shall be done for the Russian Jews?* entgegen. Der Autor des Dokuments, William Eugene Blackstone (1841–1935), ist heute weitgehend vergessen. Sein Engagement und seine herausragende Bedeutung für die Entstehung des US-amerikanischen Zionismus sind jedoch unbestritten.[7]

---

[6]  Vgl. ebd., 36–39, 53–60.

[7]  In den letzten Jahrzehnten sind, wenn auch nur auf Englisch, mehrere Monographien und Aufsätze bzw. Unterkapitel über Blackstones Wirken erschienen. Grundlegend – auch für diesen Aufsatz – sind *Marnin Feinstein*, American Zionism, 1884–1904, New York 1965; *Carl. F. Ehle*, Prolegomena to Christian Zionism in America: The Views of Increase Mather and William E. Blackstone concerning the Doctrine of the Restoration of Israel, New York Univ., Diss., 1977; *David A. Rausch*, Zionism within Early American Fundamentalism 1878–1918: A Convergence of Two Traditions, New York/Toronto 1979; *Yaakov Ariel*, On Behalf of Israel: American Fundamentalist Attitudes toward Jews, Judaism, and Zionism, 1865–1945, New York 1991; *ders.*, A Neglected Chapter in the History of Christian Zionism in America: William E. Blackstone and the Petition of 1916, in: Studies in Contemporary in Jewry 7 (1991), 68–85; *Victoria Clark*, Allies for Armageddon: The Rise of Christian Zionism, New Haven 2007, 73–97; *Paul Charles Merkley*, The Politics of Christian Zionism, 1891–1948, London/Portland 1998, 59–74; *Jonathan David Moorhead*, Jesus is Coming: The Life and Work of William E. Blackstone (1841–1935), Dallas Theological Seminary, Diss., 2008; *Stephen Spector*, Evangelicals and Israel: The Story of American Christian Zionism, Oxford/New York 2009. Moorheads aktuelle Dissertation stellt die bislang umfassendste Behandlung Blackstones dar und thematisiert zu gleichen Teilen dessen Prämillenniarismus, Zionismus und Missionswirken.

## 1. William E. Blackstone: Geschäftsmann, Prämillenniarist und Missionar

William E. Blackstone, 1841 in Adams im Bundesstaat New York geboren, stammte von dem berühmten englischen Juristen Sir William Blackstone ab. Sein Vater jedoch war einfacher Handwerker gewesen, und auch Blackstone selbst wurde nicht Akademiker, sondern Geschäftsmann. Diesen Beruf übte er v.a. in Chicago mit großem Erfolg aus. Seine Lebensaufgabe fand Blackstone jedoch nicht hier, sondern in christlich-missionarischer Arbeit, für die er sich ehrenamtlich einsetzte. Seit seiner christlichen Erweckung als Zehnjähriger war er engagierter Methodist und pflegte einen breiten konfessionsübergreifenden Freundeskreis. Vor allem bewegte er sich in der frühen fundamentalistischen Bewegung Amerikas, die später durch die 12-bändigen *Fundamentals* ihren Namen erhalten sollte. Blackstone kannte deren Führungsgestalten gut, darunter Arthur Pierson, den Nachfolger Spurgeons am Metropolitan Tabernacle in London, Cyrus Scofield, den späteren Herausgeber der Scofield-Studienbibel, Hudson Taylor, den Chinamissionar, und den Evangelisten Dwight L. Moody.[8] Blackstone zählte sich selbst auch zur Bewegung und gab dafür 1877, als 36-jähriger, nach einem inneren Berufungserlebnis seinen Beruf auf, um fortan vollzeitlich als Redner und Evangelist tätig zu sein. Nach Meinung seines Biographen J.D. Moorhead wurde er durch seine intensive Reisetätigkeit besonders zwischen 1897 und 1907 „one of the most prolific speakers in Bible conference history".[9] Daneben wirkte er bei der Gründung etlicher christlicher Ausbildungsstätten und Missionswerke mit, darunter auch des Moody Bible Institute. Sechs Jahre lang, von 1908 bis 1914, war er Missionar in China.

Ein zentrales Anliegen der christlich-fundamentalistischen Bewegung war eine Neuentdeckung *biblischer Endzeitprophetie*. Hierfür wurden internationale prophetische Konferenzen veranstaltet, auf denen, in bewusstem Gegensatz zu einem kulturprotestantischen, fortschrittsgläubigen Postmillenniarismus, der Prämillenniarismus[10] vertreten wurde – oft in Form des von John Nelson Darby (1800–1882) begründeten Dispensationalismus.[11] Es war Blackstone, der für diese prämillenniaristische Bewegung das bedeutendste, weil verbreitetste, Endzeitbuch schrieb: *Jesus Is Coming*, ein 1878 erstmals erschienenes Büchlein, das

---

[8]   Vgl. hierzu *David O. Beale*, In Pursuit of Purity: American Fundamentalism since 1850, Greenville 1986, bes. 26–31, 40f.

[9]   Vgl. *Moorhead*, Jesus is Coming, 19, 21.

[10]  Die Lehre von der Wiederkunft Christi vor Anbruch eines Tausendjährigen Reiches auf Erden.

[11]  Vgl. *George M. Marsden*, Fundamentalism and American Culture: The Shaping of Twentieth Century Evangelicalism 1870–1925, New York/Oxford 1980, 46, 51; *Moorhead*, Jesus is Coming, 9f. Zu Darbys dispensationalistischer Geschichtstheologie vgl. *Berthold Schwarz*, Leben im Sieg Christi. Die Bedeutung von Gesetz und Gnade für das Leben des Christen bei John Nelson Darby, Gießen 2008, 165–234.

mehrmals überarbeitet, erweitert und in 42 Sprachen übersetzt wurde, darunter 1909 auch auf Deutsch.[12] Theologisch bot der Nichttheologe Blackstone wenig Neues; er redete aber leidenschaftlich von der Wiederkunft Christi und vertrat dabei allgemeinverständlich die Grundlehren des Dispensationalismus: die Vorliebe für eine wörtliche Auslegung der Bibel, die Lehre von der Entrückung ("rapture") der Gemeinde vor der Trübsalszeit und die Wiederherstellung Israels in Palästina. Die Juden, so war Blackstone überzeugt, würden zuerst in ihr Land zurückkehren, darauf folge die Entrückung der Christen zu ihrem Herrn hin sowie, auf der Erde, die Trübsalszeit – eine Zeit mit großen Leiden für die Juden, dann aber auch einer Bekehrung der übrig gebliebenen Juden zu Christus. Danach werde Christus wiederkommen und das Tausendjährige Reich aufrichten – mit Jerusalem im Zentrum. Israel war daher nach Blackstone Gottes "Sonnenuhr" für den Ablauf der Weltgeschichte.[13]

Die Tatsache, dass zunehmend zeitgenössische Juden nach Palästina zogen, war für Blackstone ein eindeutiges "Zeichen der Zeit". Er ging nicht davon aus, dass schon vor der Entrückung Juden in Scharen Christen werden würden. Er war jedoch der Meinung, dass einige glauben (und dann auch mit entrückt werden) würden und dass die übrigen Juden, die große Masse, das Evangelium und auch die Endzeitlehre zumindest gehört haben sollten, denn direkt nach der Entrückung der Christen, zu Beginn der Großen Trübsal und noch *vor* der allgemeinen Judenbekehrung, würden 144.000 Juden Jesus anerkennen. Für eben die, so glaubte Blackstone, wäre es dann wichtig, davon bereits gehört zu haben.[14] 1887 gründete Blackstone die *Chicago Hebrew Mission*, eine Missionsgesellschaft, die sich um die immerhin 100.000 zugezogenen, oft bitter armen Juden in Chicago kümmerte, sie medizinisch und mit anderen Hilfsprogrammen versorgte und ihnen das Evangelium weitergab. Das Kennzeichen der dispensationalistischen gegenüber anderen Formen von Judenmission war, dass man den Juden nicht nahelegte, ihre jüdische Identität aufzugeben, sondern sie im Gegenteil ermutigte diese beizubehalten und auch ihre messianischen Hoffnungen für ein Reich Israel zu bewahren – nur mit dem Zusatz, dass es Jesus sein würde, der dies bei seinem zweiten Kommen erfüllen würde. Die Zeitschrift der *Chicago Hebrew Mission*, das von Blackstone herausgegebene Magazin *The Jewish Era*,

---

[12] Vgl. *Ariel*, On Behalf of Israel, 58. Zur (nur schwer einzuschätzenden) Wirkung des Buches auf die kirchlichen Kreise in Deutschland vgl. *Stephan Holthaus*, Fundamentalismus in Deutschland. Der Kampf um die Bibel im Protestantismus des 19. und 20. Jahrhunderts, Bonn ²2003, 432f. Stephan Holthaus danke ich auch für einige weiterführende Hinweise.

[13] *William E. Blackstone*, Jesus is Coming: God's Hope for a Restless World, Neudr. 3. Aufl. 1908 (1878), Grand Rapids 1989, 238f: „Israel is God's sundial. If we want to know our place in chronology, our position in the march of events, look at Israel."

[14] Vgl. *Ariel*, On Behalf of Israel, 67.

griff solche Themen auf, kommentierte aktuelle Entwicklungen und berichtete auch kritisch über Judenverfolgungen.[15]

Im Kontakt mit Juden pflegte Blackstone eine für einen Judenmissionar ungewöhnliche Offenheit des Dialogs. Nachdem er 1888/9 zusammen mit seiner Tochter Flora den Nahen Osten bereist und von dort bleibende Eindrücke mitgenommen hatte, veranstaltete er 1890 in Chicago eine zweitägige Konferenz mit mehreren hundert Teilnehmern über die „Vergangenheit, Gegenwart und Zukunft Israels". Auf dieser Konferenz waren bewusst jüdische Rabbinen und christliche Theologen gleichberechtigt als Referenten und Liturgen beteiligt.[16] Ergebnis war eine gemeinsam verabschiedete Resolution, die die Diskriminierung der Juden in Osteuropa verurteilte. Mit dieser Resolution war etwas Gemeinsames erreicht worden. Blackstone war jedoch enttäuscht, dass man zur Frage der Rückkehr der Juden nach Israel keine Einigung erzielt hatte. Einige christliche Teilnehmer hatten eine solche Rückkehr zwar im Sinne des *restorationism* bejaht, die reformjüdischen Teilnehmer hatten sich jedoch ebenso strikt dagegen verwahrt. Rabbi Emil Hirsch etwa erklärte: „We modern Jews do not wish to be restored to Palestine. We have given up hope in the coming of a political personal Messiah." Eine solche Aussage konnte Blackstone nicht zufriedenstellen.

## 2. Das *Blackstone Memorial* von 1891

Wenige Monate später, zu Beginn des Jahres 1891, d.h. fünf Jahre vor Herzls *Judenstaat*, nahm er deshalb ein weiteres, noch ambitionierteres Projekt in Angriff: das später nach ihm benannte *Blackstone Memorial* – ein Memorandum zur Lösung der gewaltigen jüdischen Probleme in Russland, adressiert an den Präsidenten der USA, den Republikaner Benjamin Harrison (Pr. 1889–1893), und an seinen Außenminister James Blaine.[17]

„What shall be done for the Russian Jews?", so die Titelfrage des *Memorial*. Blackstone vermeidet es geschickt, Russland irgendwie zu kritisieren, und stellt es als ein bloßes Faktum hin, dass Juden dort nicht mehr willkommen seien. Ihnen bleibe also nur die Emigration. Aber Emigration wohin? „But where shall 2,000,000 of such poor people go?", fragt er. Europa sei überlaufen und könne zwei Millionen Menschen an zusätzlicher Landbevölkerung nicht verkraften. Nach Amerika sei die Reise wohl zu weit und zu teuer – eine Einschätzung, die, vielleicht nicht zufällig, dem erwartbaren Unbehagen vieler Amerikaner bei dem Gedanken an eine Masseninvasion russisch-jüdischer Flüchtlinge entgegenkam. Daher sein Vorschlag: „Why not give Palestine back to them again?"

---

[15] Vgl. ebd., 65f; *Moorhead*, Jesus is Coming, 258–279.
[16] Vgl. hierzu *Ariel*, On Behalf of Israel, 69f; *Moorhead*, Jesus is Coming, 137–143.
[17] Der vollständige Text findet sich im Anhang.

Für die Forderung, den Juden Palästina zurückgeben, werden mehrere Begründungen angeführt. Erstens, eine *theologische* Begründung: „According to God's distribution of nations it is their home, an inalienable possession" – Gott habe den Juden das Land zugemessen, heißt es mit indirektem Bezug auf das Alte Testament; daher gehöre es ihnen als unveräußerlicher Besitz. Blackstones Prämillenniarismus taucht in diesem theologischen Urteil nicht auf; er wäre nicht konsensfähig gewesen. Zweitens wird eine *völkerrechtliche* bzw. *politische* Begründung gegeben: „Unsere Vorfahren, die Römer" („our Roman ancestors", so die bemerkenswerte Formulierung) hätten den Juden ihr Land grausam entrissen. Dass man in einem solchen Fall einem Volk sein Land zurückgeben könne, soll das nun angeführte zeitgeschichtliche Beispiel, der Berliner Kongress von 1878, belegen, auf dem unter Leitung Bismarcks die Balkankrise (vorläufig) gelöst und einigen slawischen Völkern auf osmanischem Territorium Autonomie zugestanden worden war. Warum nicht dasselbe für Palästina tun, das doch auch zum Osmanischen Reich gehört, aber das Land der Juden ist?, meint Blackstone: „Why shall not the powers which under the treaty of Berlin, in 1878, gave Bulgaria to the Bulgarians and Servia to the Servians now give Palestine back to the Jews?" Die zeithistorische Parallele nimmt Blackstones Forderung etwas von seiner Dramatik, die ihr durchaus zukommt. Schließlich besaß die Forderung nach „autonomy in government" (anders als die bloße Forderung nach Toleranz) für Juden auf osmanischem Territorium, auch wenn nicht von einem Nationalstaat geredet wird, eine umstürzlerische Spitze.[18] Die dritte Begründung ist *ökonomischer* Natur: Das Klima in Palästina sei, wie man höre, freundlicher geworden, und die Befähigung zur Kultivierung des Landes hätten die Juden ohnehin in hohem Maße, wie die Alte Geschichte zeige, und sie seien dazu auch bereit. Auch für die Türken sei der Verzicht auf Palästina durchaus wirtschaftlich, könnten betuchte Juden doch als Gegenleistung einen Teil der ungeheuren osmanischen Staatsschuld begleichen. Blackstone äußert also denselben Vorschlag, den fünf Jahre später auch Theodor Herzl machen sollte. Schließlich argumentiert Blackstone noch mit dem schlichten Gebot der *Mitmenschlichkeit*: „A million of exiles, by their terrible suffering, are piteously appealing to our sympathy, justice, and humanity." Neben die theologische, die völkerrechtlich-politische und die ökonomische Begründung tritt also die ethische. Den Schluss des kurzen Dokuments bildet ein Handlungsvorschlag an den Präsidenten und den Außenminister der USA, nämlich gemeinsam mit Zar Alexander III., Queen Victoria, Kaiser Wilhelm II., dem Sultan und einigen weiteren europäischen Herrschern eine internationale Konferenz zur Israelfrage zu initiieren.

Fast eindrücklicher noch als der Text des *Blackstone Memorial* waren die 413 Unterschriften, die Blackstone in Chicago, New York, Boston, Baltimore,

---

[18] So *Moorhead*, Jesus is Coming, 125, 154.

Washington und Philadelphia gesammelt hatte und die das Dokument zu einer Petition machten. Blackstone war es gelungen, eine erstaunliche Zahl von Schlüsselfiguren der amerikanischen Gesellschaft zur Unterschrift zu bewegen, darunter den Sprecher des Repräsentantenhauses Thomas B. Reed, den Bürgermeister von New York City Hugh J. Grant, den Bürgermeister von Philadelphia Edwin H. Fitler, den Kongressabgeordneten und späteren US-Präsidenten William McKinley, den Erzbischof von Baltimore James Cardinal Gibbons, den Evangelisten D.L. Moody, die Kapitalisten John D. Rockefeller und J.P. Morgan und Redakteure und Herausgeber von 93 Zeitungen und Zeitschriften des Landes. In der Literatur wird die Liste zuweilen mit einem *Who's Who* der damaligen amerikanischen Gesellschaft verglichen.[19] Zweifellos unterschrieben die meisten nicht aus theologischen, sondern aus humanitären Gründen. Zudem hatte Blackstone, wie erwähnt, auf Spezifika seiner Endzeit- und Israellehre ganz verzichtet. Allein in einem privaten, nur von ihm selbst unterzeichneten Begleitbrief an den Präsidenten und seinen Außenminister wurde er deutlicher und nannte die Möglichkeit, bei der Rückführung des alten Gottesvolkes mitzuwirken, eine seit dem Perserkönig Kyrus erstmals wieder vorhandene „privileged opportunity to further the purposes of God".[20] Auch wenn solche Gedanken in dem veröffentlichten Dokument selbst keine Rolle spielen, spricht es für die gesellschaftliche Bedeutung und die integrative Kraft des christlichen Fundamentalismus jener Zeit, dass einer seiner führenden Vertreter mit diesem Anliegen und einer zumindest teilweise biblischen Begründung in so verschiedene Milieus der amerikanischen Gesellschaft hineinwirken konnte.[21]

Der direkte politische Einfluss des *Blackstone Memorial* von 1891 war gering. Zwar nahm Präsident Harrison die Petition im Weißen Haus freundlich entgegen, auch zeigte der russische Außenminister Nikolai Karlowitsch de Giers, nachdem der amerikanische Botschafter in Russland das Gespräch mit ihm gesucht hatte, Bereitschaft zur Teilnahme an einer internationalen Konferenz. Die große Mehrheit der amerikanischen Regierungsbeamten war jedoch gegen den Vorschlag und verfolgte ihn nicht weiter.[22] Immerhin prangerte US-Präsident Harrison in seiner Kongressansprache vom 9. Dezember 1891 die russischen Judenpogrome an, was man als indirekte Bezugnahme auf das *Blackstone Memorial* deuten kann.[23] Eine internationale Konferenz zur Rückkehr der Juden nach Palästina strebte er jedoch nie an. Die Konferenz kam schon von daher nicht zustande.

[19] Ebd., 151.
[20] Vgl. ebd., 154f.
[21] Vgl. in diesem Sinne *Ariel*, On Behalf of Israel, 73, 86.
[22] Vgl. ebd., 152f, 186f.
[23] Vgl. *Feinstein*, American Zionism, 79.

## 3. Die *Memorials* von 1903 und 1916

William Blackstone gehörte freilich nicht zu den Menschen, die sich mit einem Misserfolg zufrieden geben. Immer wieder korrespondierte er in den folgenden Jahrzehnten mit amerikanischen Präsidenten, um sein Anliegen in Erinnerung zu rufen. Harrison und seinem Außenminister etwa schrieb er, ein diplomatischer Vorstoß wäre kein Bruch der Monroe-Doktrin, die die amerikanische Außenpolitik traditionell auf Nichteinmischung in europäische Konflikte festlegte, vielmehr seien gerade die USA mangels imperialen Eigeninteresses im Nahen Osten zur Vermittlerrolle prädestiniert.[24] Auch den Nachfolger Harrisons, den Demokraten Grover Cleveland (Pr. 1893–1897), erinnerte er an die einzigartige, nur mit den Tagen des Perserkönigs Kyrus vergleichbare Gelegenheit, Israel Freundlichkeit zu erweisen.[25] Nach Ansicht Blackstones war der amerikanische Präsident also eine Art moderner Kyrus, der das Volk Gottes in dessen Heimatland zurückführen sollte. Dahinter stand Blackstones Überzeugung, Gott könnte Amerika eine besondere Schutzfunktion für die Juden übertragen haben. Möglicherweise, so überlegte er 1898 in einem Aufsatz, kämen die USA sogar im Buch Jesaja vor, hieß es doch in Jesaja 18,7, ein „Volk, das weit und breit gefürchtet ist", werde Geschenke zum Berg Zion bringen – wohl Amerika, mutmaßte Blackstone.[26] Er setzte sich jedenfalls weiter auf höchster Ebene für sein Anliegen ein und organisierte sogar zwei weitere Petitionen, um das *Memorial* von 1891 zu erneuern: zuerst 1903, als sich die USA gerade für die Armenier im Osmanischen Reich stark machten. Blackstone nahm dies sowie neuerliche Judenpogrome in Russland zum Anlass, für Präsident Theodore Roosevelt (Pr. 1901–1909) einen Text zu verfassen, in dem mit ähnlichen Argumenten und mit Bezug auf das frühere *Memorial* nochmals eine internationale Konferenz zur Palästinafrage vorgeschlagen wurde. Der Text wurde von dem *Chicago Methodist Preachers Meeting* als Resolution verabschiedet und dem Präsidenten vorgelegt, erregte jedoch kein überwältigendes Aufsehen.[27]

1916, mit 75 Jahren, bereitete Blackstone zu diesem Thema dann noch einmal in großem Stil ein – inhaltlich praktisch dem von 1903 entsprechendes – *Memorial* vor und warb dafür um prominente Unterzeichner und, anders als 1891, auch um die offizielle Zustimmung von Kirchenbünden.[28] Auch diesmal las sich die Liste der Unterzeichner, die alle aus Los Angeles, Chicago, New

---

[24] Vgl. *Ariel*, On Behalf of Israel, 79.

[25] In einem Brief vom 31. Dezember 1894. Vgl. *Ehle*, Prolegomena to Christian Zionism, 267.

[26] Vgl. ebd., 275. *Ariel*, On Behalf of Israel, 60, 93 sieht in Blackstones Überzeugung von einer solchen heilsgeschichtlichen Rolle der Vereinigten Staaten dessen einzigen inhaltlich neuen Beitrag zur dispensationalistischen Endzeitlehre.

[27] Vgl. *Ariel*, On Behalf of Israel, 80f; *Moorhead*, Jesus is Coming, 190f.

[28] Der vollständige Text findet sich im Anhang.

York oder Ithaca stammten, eindrucksvoll. In einem Begleitbrief an den Präsidenten schrieb Blackstone, er hätte jede beliebige Zahl von Unterschriften für das *Memorial* bekommen können, denn die gesamte Bevölkerung stehe dahinter. Anders als frühere Präsidenten entwickelte der neue US-Präsident Woodrow Wilson (Pr. 1913–1921) 1916/7 tatsächlich Sympathien für den Zionismus. Wilson war selbst kein Prämillenniarist, er war jedoch überzeugter Presbyterianer, und es wird ihn beeindruckt haben, dass sich die Generalversammlung seiner Kirche, der Presbyterianischen Kirche der USA, Blackstones *Memorial* von 1916 offiziell zu eigen machte. Obwohl es aus politischen Gründen, die der Weltkrieg mit sich brachte, zu keiner offiziellen Übergabe der Petition kam, beschäftigte sich Wilson mehrmals inoffiziell mit dem Dokument. Als die britische Regierung den Juden nur ein Jahr später, im November 1917, in der berühmten Balfour-Deklaration die Errichtung einer nationalen Heimstätte in Palästina in Aussicht stellte, sah Wilson dies positiv und bekannte sich nach dem Ersten Weltkrieg auch öffentlich dazu. Hier kann das *Blackstone Memorial* durchaus ein Faktor gewesen sein – der vermutlich größte politische Erfolg, den Blackstone in seinem Engagement für die Wiederherstellung Israels erzielte.[29] Auch wenn die politischen Absichtserklärungen jener Jahre bekanntlich nur partiell eingelöst wurden und daher nur Zwischenschritte auf dem Weg zu einem jüdischen Staat waren, verdient dies in der Geschichtsschreibung des Zionismus mehr Beachtung als zumeist üblich. Mitunter wird es allerdings auch erwähnt. So wurde 1966 in Israel zum 75-jährigen Jubiläum des *Blackstone Memorial* ein kleiner Wald zu Ehren Blackstones angelegt.[30]

## 4. Blackstone und die amerikanische zionistische Bewegung

William E. Blackstone hatte aber nicht nur eine begrenzte Bedeutung für die amerikanische Außenpolitik, sondern mehr noch für die dortige *zionistische Bewegung*. Das *Memorial* von 1891 unterschrieben neben vielen Christen auch 17 jüdische Rabbinen, darunter, wie man vermuten konnte, orthodoxe, aber auch einzelne Reformjuden, welche gewöhnlich für Assimilation eintraten.[31] Der jüdische Historiker Yaakov Ariel sieht in der Tatsache, dass auch Rabbinen der Reformpartei, etwa Kaufman Kohler, unterschrieben, die ersten Ansätze einer

---

[29]  Vgl. *Ariel*, On Behalf of Israel, 85, 88–90, 140 Fn. 109.

[30]  Vgl. ebd., 95f; *Moorhead*, Jesus is Coming, 4f. Zu diesem Anlass, zugleich anlässlich des 18. Jahrestages der israelischen Unabhängigkeit, organisierte die Amerikanisch-Israelische Gesellschaft in den USA auch Gedächtnisfeiern für Blackstone.

[31]  Einige von ihnen unterschrieben das Dokument nur gemeinsam mit der Zusatzerklärung, dass die jahrhundertelange Nichtbetätigung von Juden in der Landwirtschaft, die im *Blackstone Memorial* auf ihre Palästinaerwartung zurückgeführt wird, mit den Berufsverboten in den Ländern der Diaspora zu erklären sei. Vgl. *Feinstein*, American Zionism, 58.

Akzeptanz des Zionismus im amerikanischen Reformjudentum.[32] Nach Meinung
des Hebraisten Marnin Feinstein rief kein Text des 19. Jahrhunderts über die
Judenfrage und Palästina einschließlich Herzls *Judenstaat* eine solche Kontroverse in der amerikanischen Presse hervor wie das *Blackstone Memorial*.[33] Viele
Zeitungen nahmen intensiv Stellung. Reformjüdische Zeitungen reagierten z.t.
sehr kritisch. Der *Jewish Messenger* meinte zum Beispiel, das Judentum habe
heute mit Palästina nichts mehr zu tun, da Gott den Juden mit der Zerstreuung in
alle Länder eine geistig-spirituelle Aufgabe jenseits von Grund und Boden übertragen habe: „God's plans and purposes are wider than soil and scripture [...]."[34]
Zudem hatten viele mitbekommen, dass Blackstone sich für christliche Judenmission einsetzte, und lehnten die Initiative schon von daher ab. Die einzige
hebräische Zeitschrift Amerikas, *HaPisga*, sah das *Blackstone Memorial* dagegen positiv. Sie beurteilte die geforderte Rückführung von Juden nach Palästina
allerdings als ein rein nationales Ereignis, das mit Religion nichts zu tun habe.
„Our object and hope in the settlement of Palestine is in no wise religious, but
strictly nationalistic", heißt es in dem entsprechenden Artikel.[35] Blackstone war
über den Säkularismus der jüdischen Zionisten nicht glücklich. Er ließ sich
durch ihn jedoch nicht abschrecken, sah er doch in diesen Entwicklungen, wie
viele andere Prämillenniaristen, zumindest den *Beginn* der Wiederherstellung
Israels, auf den die *Bekehrung* dann später noch folgen werde.[36] Festzuhalten ist
jedenfalls, dass das *Blackstone Memorial* eine intensive innerjüdische Diskussion provozierte und der amerikanischen Öffentlichkeit das Leiden der russischen
Juden ebenso wie die junge zionistische Bewegung vor Augen führte.[37]

Anders als 1891 gab es 1916 bereits eine beachtliche zionistische Bewegung
unter amerikanischen Juden. Einige ihrer Führer gaben vermutlich sogar den
Anstoß zum Zustandekommen des neuen *Memorial*, da die öffentliche Solidari-
tätsbekundung von Nichtjuden ihrer Sache besonders dienlich zu sein schien.[38]
Besonders zu nennen sind Nathan Straus (1848–1931), ein jüdischer Geschäftsmann und Philanthrop, und Louis Brandeis (1856–1941), ab 1916 Richter des
amerikanischen Supreme Court, die beide führende amerikanische Zionisten waren. Straus und Brandeis schätzten Blackstones zionistisches Engagement über-
aus und betrachteten ihn sogar als „Vater des Zionismus", weil, so schrieb
Straus am 8. Mai 1916 an Blackstone, seine Initiative dem Wirken Herzls noch

---

[32]   *Ariel*, On Behalf of Israel, 77.
[33]   *Feinstein*, American Zionism, 56.
[34]   Ebd., 72.
[35]   Ebd., 61.
[36]   Vgl. *Timothy P. Weber*, Living in the Shadow of the Second Coming: American Premil-
       lennialism, 1875–1982, Chicago/London 1987 (1979), 137.
[37]   Vgl. *Moorhead*, Jesus is Coming, 182, 185.
[38]   Vgl. ebd., 201; *Ehle*, Prolegomena to Christian Zionism, 294f.

vorausgegangen sei.[39] Eine Beeinflussung Herzls durch Blackstone sollte mit dieser Bemerkung nicht angedeutet werden, und in der Tat scheint es einen Einfluss Blackstones auf Herzl nicht gegeben zu haben.[40] Hier besteht ein Unterschied zu dem anglikanischen Philosemiten William Hechler (1845–1931), einem mit Blackstone durchaus vergleichbaren christlichen Proto-Zionisten, der 1896 als *Chaplain* an der britischen Botschaft in Wien Herzls Programmschrift las und seitdem intensiv mit diesem zusammenarbeitete.[41] Für einen engeren Austausch lagen Amerika und Europa wohl zu weit auseinander. Blackstone verfolgte jedoch aufmerksam und wohlwollend die Zionistenkongresse und sah in ihnen ein Werk Gottes.[42] Als er von Herzls Überlegungen zu möglichen Alternativen zu Palästina als Ort des Judenstaates hörte, schickte er ihm ein Exemplar des Alten Testaments mit Anstreichungen an den prophetischen Stellen, wo explizit vom Land Israel die Rede war.[43]

Das *Verhältnis* der amerikanischen Zionisten zu Blackstone war ausnehmend freundschaftlich. Dies ist durchaus bemerkenswert, waren Judenmissionare unter Juden doch gemeinhin verhasst. Blackstone kannte viele Zionisten persönlich, besuchte sie und schrieb sich mit ihnen. Auch private Angelegenheiten wie Urlaube, Krankheiten und Beziehungskonflikte kamen dabei zur Sprache.[44] Blackstone war ein warmherziger Mensch, der Brücken bauen konnte. Einem Fonds für notleidende Juden spendete er 5.000 Dollar, obwohl der Fonds rein jüdisch ohne christliche Verbindung war.[45] Ihm lagen die Juden am Herzen, und

---

[39]  „Mr Brandeis is perfectly infatuated with the work you have done along the lines of Zionism. It would have done your heart good to have heard him assert what a valuable contribution to the cause your document is. In fact he agrees with me that you are the father of Zionism, as your work antedates Herzl." Zitiert nach *Ehle*, Prolegomena to Christian Zionism, 234 Fn. 1.

[40]  Vgl. *Ariel*, On Behalf of Israel, 74.

[41]  Vgl. hierzu den lesenswerten Aufsatz von *Gerhard Gronauer*, „To love the Jews": William H. Hechler (1845–1931), der christliche Förderer des politischen Zionismus, in: Berthold Schwarz/Helge Stadelmann (Hg.), Christen, Juden und die Zukunft Israels, Frankfurt am Main 2009, 213–234. Hechler war beispielsweise am Zustandekommen der Begegnung zwischen Herzl und dem deutschen Kaiser Wilhelm II. beteiligt. Blackstone und Hechler werden in der Forschung wegen ihres unermüdlichen Einsatzes für den politischen Zionismus vor dem Hintergrund ihrer christlichen Endzeiterwartungen häufig nebeneinander gestellt; vgl. z.B. *Ehle*, Prolegomena to Christian Zionism, 233; *Moorhead*, Jesus is Coming, 6 (auf weitere Literatur verweisend). *Clark*, Allies for Armageddon, 98 weist darauf hin, dass beide von den russischen Pogromen der frühen 1880er Jahre erschüttert und zu ihrem politischen Engagement gebracht worden seien.

[42]  *Blackstone*, Jesus is Coming, 3. Aufl. 1908, 242: „It has certainly marked a wonderful innovation in the attitude of the Jews and a closer gathering of the dry bones of Ezekiel [37]."

[43]  Vgl. *Weber*, Living in the Shadow of the Second Coming, 139f.

[44]  Vgl. *Ariel*, On Behalf of Israel, 88.

[45]  Vgl. *Moorhead*, Jesus is Coming, 196.

dieser Wertschätzung wollte er Ausdruck verleihen. „Oh my Jewish friends, [...] God [...] has put an overwhelming love in my heart for you all", bekundete er bei einer Gelegenheit.[46] Ein Beispiel hierfür waren die Artikel, die er regelmäßig schrieb, um der Öffentlichkeit antisemitische Vorfälle in verschiedenen Teilen der Welt bekannt zu machen und davor zu warnen.[47] Dass Blackstone dennoch mit seinen christlichen und prämillenniaristischen Ansichten nicht hinter dem Berg hielt, störte die jüdischen Zionisten kaum.[48] Er wurde daher mehrmals als Redner auf zionistische Tagungen eingeladen und sprach dort teilweise vor mehreren Tausend Juden über die alttestamentlichen Verheißungen an Israel. Seine Vorträge waren erkennbar christlich (selbst von der Vergebung durch Jesus war die Rede), aber zugleich vorsichtig und nicht konfrontativ. Im Januar 1918 formulierte er vor einem gemischten Publikum, nicht ohne diplomatisches Geschick: „I wish all of you Gentiles were true Israelites in your religious life, and I wish all of you Jews were true Christians."[49]

Im Kontakt mit den zionistischen Juden führte Blackstones Endzeitlehre mitunter zu *kuriosen Situationen*. Blackstone hatte, anders als die meisten Dispensationalisten, Endzeitberechnungen angestellt und durch Multiplikationen und Subtraktionen biblischer Zahlen errechnet, dass im Jahr 1917 die Entrückung stattfinden werde.[50] Er machte sich daher Sorgen um seine jüdischen Freunde, denen nach seiner Überzeugung die Trübsalszeit unmittelbar bevorstand. Im April 1917 sandte er Louis Brandeis ein versiegeltes Paket mit Schriften über die Endzeit und bat ihn um den Gefallen, die Papiere versiegelt aufzubewahren und

---

[46]  *Rausch*, Zionism within Early American Fundamentalism, 268.

[47]  Vgl. *Moorhead*, Jesus is Coming, 134.

[48]  Die einzige bekannte Ausnahme war nach *Moorhead*, Jesus is Coming, 167–170 der deutsch-amerikanische Rabbiner Bernhard Felsenthal (1822–1908), der an der christlich-jüdischen Konferenz von 1890 teilgenommen und sich für das *Memorial* von 1891 eingesetzt hatte, allerdings offenbar erst in der Folgezeit von Blackstones Engagement in der *Chicago Hebrew Mission* hörte und sich daraufhin schroff von ihm abwandte. *Ariel*, On Behalf of Israel, 87f meint, den jüdischen Zionisten sei Blackstones Wunsch nach Bekehrungen von Juden zu Jesus bekannt gewesen, wenn auch möglicherweise nicht immer der Umfang seines missionarischen Engagements.

[49]  *Rausch*, Zionism within Early American Fundamentalism, 268f; vgl. *Moorhead*, Jesus is Coming, 197–200.

[50]  Zu einem späteren Zeitpunkt erwartete er die Entrückung 1926 und das zweite Kommen Christi 1933 (vgl. *Moorhead*, Jesus is Coming, 109; anders mit Blick auf 1933 jedoch anscheinend *Ehle*, Prolegomena to Christian Zionism, 277, 304). Bereits für das Jahr 1897 hatte Blackstone in den 1890er Jahren mittels Kombination von Zahlen aus Daniel 9 bedeutende Veränderungen in Jerusalem vorausgesagt. Während er 1899 konzedierte, die von ihm erhoffte Befreiung Palästinas von der osmanischen Herrschaft sei ausgeblieben, sah er seine Voraussage doch im Zusammentreten des ersten Zionistischen Weltkongresses vom 29. bis 31. August 1897 in Basel realisiert. Vgl. *Ehle*, Prolegomena to Christian Zionism, 260, 267f., 277. Nach *Moorhead*, Jesus is Coming, 112 betonte Blackstone wiederholt, seine Berechnungen seien nicht unfehlbar und nicht „dogmatisch" zu nehmen.

sie nach Eintritt der Entrückung – d.h. nach Abzug der Christen – zu lesen, um zu wissen, was in der Trübsalszeit zu tun sei. Brandeis antwortete ihm kurz, aber höflich, und bestätigte, den Umschlag sicher in seinem Safe in Boston verstaut zu haben; im Übrigen, fügte er hinzu, entwickelten sich die Dinge im Nahen Osten wie erhofft.[51] Auch seine nicht unerheblichen persönlichen Finanzen vertraute Blackstone Brandeis für den Fall der Entrückung an.[52] Als sich die offizielle Übergabe der Petition von 1916 aus außen- und innenpolitischen Gründen verzögerte, drängte Blackstone im Februar 1917 auf Eile, weil er nach der im selben Jahr anstehenden Entrückung nichts mehr für die Juden tun könne.[53] Während die Entrückung 1917 nicht eintrat, sahen Zionisten wie Blackstone in den Ereignissen des Spätjahres, der zionismusfreundlichen Balfour-Deklaration und der friedlichen Eroberung Jerusalems durch die Briten, doch ein Handeln Gottes zugunsten der Rückführung der Juden nach Palästina.[54]

## 5. Zur Bewertung des *Blackstone Memorial*

Hinsichtlich der Beurteilung von Blackstones christlichem Zionismus finden sich in der Literatur vor allem drei Haupttendenzen: Zum einen gibt es die Position, die den Zionismus als solchen ambivalent beurteilt und die Perspektive der Palästinenser mitberücksichtigt wissen will. Hier empfindet man Blackstones Initiative zwar als löblich, kritisiert aber, dass er nicht an die damaligen Bewohner Palästinas dachte, die aus diesem Grund in dem *Memorial* nicht vorkämen. Er habe, so wird argumentiert, bei seinem Vergleich mit dem Balkan übersehen, dass die Bulgaren und die Serben schon eine Mehrheit in ihrem Territorium darstellten, als ihnen gegenüber dem Osmanischen Reich zu ihrem nationalen Recht verholfen wurde, die Juden in Palästina aber nicht.[55]

---

[51]  Vgl. *Ehle*, Prolegomena to Christian Zionism, 298–300. Zu einem anderen Zeitpunkt ließ Blackstone zwölf Kisten mit hebräischen, jiddischen und arabischen Bibeln sowie Literatur über Jesus als Messias in der Felsenstadt Petra (im heutigen Jordanien) deponieren, weil er zu der Überzeugung gekommen war, dass die Juden während der Trübsalszeit dort Zuflucht suchen würden. Die Kisten trugen den Schriftzug „Hebrew and other Literature, being a gift to the Jews who will come to Petra from Palestine" (vgl. *Moorhead*, Jesus is Coming, 59f; *Ariel*, On Behalf of Israel, 59).

[52]  Vgl. *Moorhead*, Jesus is Coming, 108f.

[53]  Vgl. ebd., 205–207.

[54]  Vgl. ebd., 211f; *Rausch*, Zionism within Early American Fundamentalism, 267.

[55]  *Clark*, Allies for Armageddon, 95f. Ähnlich formuliert die ehemalige US-Außenministerin *Madeleine Albright*, The Mighty and the Almighty: Reflections on America, God, and World Affairs, New York 2007, 124: „To the frustration of future generations of diplomats, neither the Blackstone Memorial nor the Balfour declaration addressed a crucial question: how, exactly, could a Jewish state be created without prejudice to the 'civil and religious rights of existing non-Jewish communities in Palestine'?" Sie unterstreicht indes

Zweitens findet sich in der Literatur eine zionismusfreundliche Position, die zwar anerkennt, dass Blackstone hier manches anstieß, aber die Lauterkeit seiner Motive in Zweifel zieht. Im Grunde, meint man, habe er nur sein christliches Endzeitmodell durchsetzen wollen und damit etwas dem Judentum Fremdes im Blick gehabt. Vor allem einige jüdische Forscher vertreten diese Auffassung.[56] In Wahrheit sei es ihm nicht um das Wohl oder auch nur das physische Überleben der Juden gegangen, denen er vielmehr die Große Trübsal prophezeit habe, in der zwei Drittel von ihnen umkommen würden – eine schreckliche Perspektive. Der Zionismus sei von ihm instrumentalisiert worden, um für sich selbst Ermutigung und Bestätigung seiner Endzeithoffnungen zu finden: „Jesus is coming", wie der Titel seines Bestsellers sagte.[57] Einige zögern deshalb auch, von „christlichem Zionismus" zu sprechen, einem Begriff, der sich in gewisser Weise selbst ausschließe.[58]

Eine dritte Gruppe, insbesondere dezidiert christliche Historiker, nimmt die Kritik zwar auf, würdigt aber dennoch Blackstones Initiative. Diese Autoren nehmen den Zionismus mit dem Argument in Schutz, es habe damals noch kein palästinensisches Volk gegeben, dem das Land „gehören" konnte, zudem habe man damals Umverteilungen und Umsiedlungen noch nicht allgemein, wie seit den Genfer Abkommen von 1949, für völkerrechtswidrig gehalten.[59] Gegenüber dem Vorwurf, Blackstone habe den Zionismus instrumentalisiert, wird zu Recht eingewandt, es verbiete sich von selbst, Blackstone, der sein Leben lang gegen Antisemitismus gekämpft und viele jüdische Freunde gehabt habe, ein echtes Interesse am Wohlergehen der Juden abzusprechen, sah er doch gerade hierin seine Lebensaufgabe. Wenn er mit dem Kommen der Großen Trübsal rechnete, dann hieß dies keineswegs, nicht einmal ansatzweise, dass er den Juden ein solches Schicksal gewünscht hätte. Sein rastloses Wirken trägt vielmehr die Spuren aufrichtiger Sorge angesichts eines Szenarios, das er für unentrinnbar hielt.[60] Für die übrige nichtchristliche Menschheit hatte er zudem, wie Moorhead bemerkt, keine optimistischere Zukunftsschau, seine besondere Liebe galt jedoch den Nachfahren des alttestamentlichen Bundesvolkes.[61] Das Besondere an Blackstone war, dass er sich, im Gegensatz zu manchen anderen christlichen Fundamentalisten, tatsächlich für Juden einsetzte und dabei viele von ihnen zu Freunden gewann, ohne dabei seine christlichen Überzeugungen zu verstecken oder Ent-

---

zugleich ihre Überzeugung vom Existenzrecht Israels (134f), das man nur nicht mit göttlichen Verheißungen begründen dürfe (129).

[56] *Feinstein*, American Zionism, 56 deutet die Position an.

[57] *Ariel*, On Behalf of Israel, 91, 94f, 120.

[58] Ebd., 95 (mit Nennung eines weiteren Autors).

[59] Vgl. *Gronauer*, To love the Jews, 207f (mit Bezug auf Hechler).

[60] Vgl. *Weber*, Living in the Shadow of the Second Coming, 88f; *Moorhead*, Jesus is Coming, 132f.

[61] Vgl. *Moorhead*, Jesus is Coming, 224 Fn. 389, 224.

sprechendes von seinen jüdischen Freunden zu verlangen. Insofern kam es wirklich zum Dialog. Der Vorwurf der Instrumentalisierung lässt sich gegen die jüdischen ebenso wie gegen die christlichen Zionisten erheben, denn Brandeis, Straus oder auch Herzl wussten die prämillenniaristischen Überzeugungen ihrer christlichen Förderer ebenso zu nutzen, wie ihre politischen Hoffnungen in die christlichen Endzeitentwürfe passten. Vielleicht ist es am treffendsten, keines von beidem anzunehmen und mit Gerhard Gronauer von einer „Zweckgemeinschaft" oder „Symbiose" zu sprechen, da sich hier zwei unterschiedliche Interessen zu beiderseitigem Nutzen entsprachen.[62]

Blackstones Engagement hatte unübersehbare Schwächen. Unabhängig von der Frage nach der Richtigkeit oder Unrichtigkeit des Dispensationalismus, die hier nicht zu erörtern war, muss seine Bibelinterpretation an manchen Stellen spekulativ und hölzern genannt werden. Vor allem seine fehlgeschlagenen Endzeitberechnungen konnten seiner Glaubwürdigkeit nicht zuträglich sein.[63] Einmal mehr, so scheint es, zeigt sich hier, dass bei der Anwendung biblischer Landverheißungen auf aktuelle politische Entscheidungen Zurückhaltung geboten ist.[64] Gerade hier lag jedoch auch die Stärke des *Blackstone Memorial*. Blackstone war in der Lage gewesen, nicht allein biblisch-theologische oder gar spezifisch prämillenniaristische, sondern auch humanitäre, ökonomische und völkerrechtliche Gesichtspunkte anzuführen und daher konsensfähig zu sein und einen politischen Impuls zu geben. Seine unternehmerischen und sozialen Fähigkeiten in der Netzwerkbildung kamen ihm dabei zugute. Blackstone gelang es jedenfalls, aus einem christlichen Anliegen heraus mit äußerst geringen Mitteln einen kleinen Baustein zur Vorgeschichte des Staates Israel beizutragen. Bemerkenswert war seine Initiative insofern allemal.

---

[62] Vgl. *Gronauer*, To love the Jews, 208f.

[63] Blackstone ist damit ein besonders eindrückliches Beispiel für den Hang zur „historical and theological 'overassurance'", einer übergroßen Sicherheit des eigenen Urteils über den exakten Verlauf der Heilsgeschichte, die *Weber*, Living in the Shadow of the Second Coming, 243 bei manchen dispensationalistischen Prämillenniaristen beklagt.

[64] Auch unter der Voraussetzung, dass dies möglich ist, ließe sich fragen, inwieweit die Realisierung einer Gottesverheißung von Seiten des Menschen aktiv betrieben werden muss.

# Anhang

## (1.) Blackstone Memorial (1891)[65]

What shall be done for the Russian Jews? It is both unwise and useless to undertake to dictate to Russia concerning her internal affairs. The Jews have lived as foreigners in her dominions for centuries, and she fully believes that they are a burden upon her resources and prejudicial to the welfare of her peasant population, and will not allow them to remain. She is determined that they must go. Hence, like the Sephardim of Spain, these Ashkenazim must emigrate. But where shall 2,000,000 of such poor people go? Europe is crowded and has no room for more peasant population. Shall they come to America? This will be a tremendous expense, and require years.

Why not give Palestine back to them again? According to God's distribution of nations it is their home, an inalienable possession from which they were expelled by force. Under their cultivation it was a remarkably fruitful land, sustaining millions of Israelites who industrially tilled its hillsides and valleys. They were agriculturists and producers as well as a nation of great commercial importance – the center of civilization and religion.

Why shall not the powers which under the treaty of Berlin, in 1878, gave Bulgaria to the Bulgarians and Servia to the Servians now give Palestine back to the Jews? These provinces, as well as Roumania, Montenegro and Greece, were wrested from the Turks and given to their natural owners. Does not Palestine as rightfully belong to the Jews? It is said that rains are increasing, and there are many evidences that the land is recovering its ancient fertility. If they could have autonomy in government the Jews of the world would rally to transport and establish their suffering brethren in their time-honored habitation. For over seventeen centuries they have patiently waited for such a privileged opportunity. They have not become agriculturists elsewhere because they believed they were mere sojourners in the various nations, and were yet to return to Palestine and till their own land. Whatever vested rights, by possession, may have accrued to Turkey can be easily compensated, possibly by the Jews assuming an equitable portion of the national debt.

We believe this is an appropriate time for all nations, and especially the Christian nations of Europe, to show kindness to Israel. A million of exiles, by their terrible suffering, are piteously appealing to our sympathy, justice, and humanity. Let us now restore to them the land of which they were so cruelly despoiled by our Roman ancestors.

To this end we respectfully petition His Excellency Benjamin Harrison, President of the United States, and the Honorable James G. Blaine, Secretary of State, to use their good offices and influence with the Governments of their Imperial Majesties –

- Alexander III, Czar of Russia;
- Victoria, Queen of Great Britain and Empress of India;
- William II, Emperor of Germany;
- Francis Joseph, Emperor of Austro-Hungary;

---

[65]   In: *Ariel*, On Behalf of Israel, 70–72.

- Abdul Hamid II, Sultan of Turkey;
- His Royal Majesty, Humbert, King of Italy;
- Her Royal Majesty Marie Christiana, Queen Regent of Spain;

and the Government of the Republic of France and with the Governments of Belgium, Holland, Denmark, Sweden, Portugal, Roumania, Servia, Bulgaria, and Greece. To secure the holding at an early date, of an international conference to consider the condition of the Israelites and their claims to Palestine as their ancient home, and to promote, in all other just and proper ways, the alleviation of their suffering condition.

## (2.) Blackstone Memorial (1916)[66]

WHEREAS the civilized world seeks some feasible method of relieving the persecuted Jews, and

WHEREAS we recognize the difficulty of harmonizing the widely divergent races of the multitudinous population of Russia and other nations, and

WHEREAS the governments of these nations should properly resent any foreign interference with their internal affairs, and

WHEREAS each of many nations can consistently point to the others as evidence that the Jews are not in its dominion alone, oppressed and slaughtered, and

WHEREAS the Jewish question is worldwide and demands an international remedy, and

WHEREAS the environment of the Jews is so fraught with alarming danger in many quarters of the world that humanity and the Golden Rule demand speedy action, and

WHEREAS the Jews, when expelled from Spain, were given an asylum in Turkey and have, since then, until the breaking out of the present unprecedented war, received such comparatively kind treatment in the Sultan's dominions as to give assurance that some satisfactory arrangement can now be made for their permanent resettlement in Palestine, and

WHEREAS a Memorial, copy of which is attached hereto, was presented by Mr. Wm. E. Blackstone in 1891 to Hon. Benjamin Harrison then President of the United States entitled 'What shall be done for the Russian Jews' in which it was prayed that the good offices of this Government might be used to intercede with the Governments of Europe for an international conference to consider the condition of the Jews and their right to a home in Palestine, and

WHEREAS the remarkable endorsement of the Memorial by eminent statesmen, clergymen, philanthropists, financiers, the religious and secular press of our Country, as well as our most prominent Jewish citizens, cannot fail to emphasize the wisdom of the plan proposed, and

WHEREAS the records of the State Department at Washington since the presentation of said Memorial evidence the development of a remarkable benign activity on the part of our Government in behalf of the Jews, and

WHEREAS we deem the imminent outcome of the present sad and destructive war a most opportune time for calling such a conference of the Powers,

---

[66] In: *Ariel*, A Neglected Chapter in the History of Christian Zionism, 80f.

NOW THEREFORE, we the undersigned, representative individuals, societies, organizations and public officers in the United States, most respectfully commend the Memorial aforesaid and the attached letter of presentation and document attached, pertaining thereto, to the Honorable Woodrow Wilson, President of the United States and officers of our government, for consideration of the action therein prayed and such measures as may be deemed wise and best for the permanent relief of the Jews.

# Wege, Holzwege und Abwege im Umgang mit den Landverheißungen[1]

NOTGER SLENCZKA

## 0. Einleitung und Gliederung

Die Frage danach, welcher theologische Stellenwert den alttestamentlichen Landverheißungen zukommt, und die damit verbundene Frage, welchen theologischen Stellenwert die Wiedererrichtung eines explizit jüdischen Staates auf dem geographischen Gebiet des Staates Israel hat, ist gerade in den kirchlichen Kreisen, denen die Neubestimmung des Verhältnisses von Kirche und Judentum am Herzen liegt, in höchstem Maße umstritten. Während beispielsweise die einschlägige Erklärung der Leuenberger Kirchengemeinschaft von 2001 das Thema des Landes ganz ausklammert[2], bemühen sich die Studien 'Christen und Juden II' und '- III', einer 'doppelten Solidarität'[3] – der gegenüber dem Judentum und derjenigen gegenüber den (zu einem kleinen Teil auch christlichen) Palästinensern – gerecht zu werden: sie nehmen den Zusammenhang zwischen Bund, Erwählung und Land aus den alttestamentlichen Schriften auf[4], das heißt: die Feststellung, der Bund Gottes mit Israel und die Erwählung Israels bestehe fort, sei nicht ohne die Feststellung der Fortgeltung der Landverheißung möglich. Auf der anderen Seite verweisen sie auf die enge Verbindung von Landbesitz und ethischer Verpflichtung gerade gegenüber den landsässigen Fremden und unterstellen den Landbesitz somit Kriterien, auf die der gegenwärtige Staat in seinem

---

[1] Diesem Beitrag liegt eine Ausarbeitung zugrunde, die ich für den Gemeinsamen Ausschuß Kirche und Judentum der EKD, VELKD und UEK erstellt habe als Beitrag zu der von diesem Ausschuß erarbeiteten Studie zum Thema 'Land und Staat Israel', jetzt erschienen als: Gelobtes Land? Land und Staat Israel in der Diskussion, hg. im Auftrag der EKD, der UEK und der VELKD, Gütersloh 2012. Die am Schluß dieses Beitrags bezogene Position war im Ausschuß nur mit Einschränkungen mehrheitsfähig – aber das ist das Wesen der Mitarbeit in solchen Ausschüssen: Daß die eigene Position sich in einem konsensuellen Verfahren bewährt oder nicht oder nur teilweise bewährt. Das ändert zuweilen nichts daran, daß man die eigene Position dennoch weiterhin für überzeugend hält – und dann teilt man sie eben anderweitig – etwa in diesem Beitrag mit. Er ist übrigens in Gießen auf eine ähnlich ausgerichtete Kritik wie im Ausschuß gestoßen.

[2] Helmut Schwier im Auftrag der Leuenberger Kirchengemeinschaft (Hg.), Kirche und Israel. Ein Beitrag der reformatorischen Kirchen Europas zum Verhältnis von Christen und Juden, LT 6, Frankfurt 2001, hier nur Teil 3. 1.1.3. (75f).

[3] Kirchenamt der EKD im Auftrag des Rates der EKD (Hg.), Christen und Juden I-III, Gütersloh 2002; vgl. hier Christen und Juden III [2000], 4.6.2. (188-195), vgl. II (1991), 2.4. (66).

[4] Ebd. 4.6.3. (hier bes. 191-194).

Verhalten gegenüber den Palästinensern ansprechbar sein müsse.[5] Schließlich unterscheiden sie zwischen der prinzipiellen Zusage des Landes und der institutionellen Form des gegenwärtigen Staates und seiner Politik: es sei durchaus legitim, diese zu kritisieren, sofern die Kritik nicht das Existenzrecht dieses Staates in Frage stelle.[6]

Ich will im folgenden nicht auf die Verortung einer Theologie des Landes Israel in der gegenwärtigen dogmatischen Diskussion seit den 70er Jahren fokussieren[7], sondern den Umgang mit diesem Thema in der dogmatischen Diskussion im 19. und in der ersten Hälfte des 20. Jh.s einbeziehen. Es ist dabei aber auch völlig klar, daß es nicht darum gehen kann, einen auch nur annähernd vollständigen Überblick auch nur über die rezenten Dogmatiken zu geben. Ich werde daher als Beispiel die in je unterschiedlicher Weise von der Erweckungsbewegung geprägten Dogmatiken von Johann Tobias Beck und Franz Herrmann Reinhold von Frank heranziehen, zweitens die landtheologische Grundoption des theologischen Liberalismus und drittens die Dogmatik von Friedrich-Wilhelm Marquardt auswählen (1.); in einem zweiten Teil (2.) werde ich dann Grundkriterien einer an den reformatorischen Grundeinsichten orientierten Theologie des Landes benennen und kurz und thesenartig die Linien einer christlichen Stellungnahme zum Land und Staat Israel bezeichnen.

## 1. Der Ort der Israellehre in ausgewählten protestantischen Traditionssträngen

Ich werde diesen Überblick unter die noch einmal den Fokus verengende Frage stellen, an welchem Ort die Dogmatiken auf diese Themen zu sprechen kommen – daraus ergeben sich dann zugleich die theologischen Leitideen, denen einen theologische Bewertung des Landes Israel jeweils folgt. Nach meinem Eindruck gibt es in der Zeit vor 1945 zwei Orte, an denen das Thema des Landes Israel verhandelt wird, nämlich die Eschatologie einerseits und die Christologie – genauer: die Bestimmung des Verhältnisses der Verkündigung Jesu zum zeitgenössischen Judentum andererseits. Wenn man sich damit beschäftigt, wird man zugleich auf die Problematik geführt, die sich mit dem Thema des Landes als

---

[5]   Ebd. 4.6.3. (hier 191f).

[6]   Christen und Juden II (1991), 3.1.5. (bes. 103).

[7]   Zu den kirchlichen Stellungnahmen bis 1952: Siegfried Hermle, Evangelische Kirche und Judentum – Stationen nach 1945, Göttingen 1990; vgl. die beiden Bände mit Dokumenten: Rolf Rendtorff u.a. (Hgg.), Die Kirchen und das Judentum: Dokumente von 1945-1985, Paderborn / Münster 1988; Hans Hermann Henrix (Hg.), Die Kirchen und das Judentum II: Dokumente von 1986-2001, Paderborn / Münster 2002; Peter v.d. Osten-Sacken, Perspektiven und Ziele im christlich-jüdischen Verhältnis am Beispiel der Geschichte des Instituts Kirche und Judentum (1960-2010), in: Markus Witte u.a. (Hgg.), Mazel Tov. Interdisziplinäre Beiträge zum Verhältnis von Christentum und Judentum, Leipzig 2012.

geographischer bzw. politischer Kategorie im Raum der Theologie insgesamt verbindet.

## 1.1. Die Auszeichnung des Landes Israel in der Eschatologie des Biblizismus

### 1.1.1. Johann Tobias Beck

Ich setze ein mit Johann Tobias Beck (1804-1878), der in seinen postum edierten Vorlesungen über die christliche Glaubenslehre[8] im Rahmen der Eschatologie auf das Volk Israel und auf das Heilige Land zu sprechen kommt. Er vertritt insgesamt ein millennaristisches Konzept, das sich in seinen Versuch einfügt, in einen heilsgeschichtlichen Entwurf alle Aussagen der Schrift zu einem widerspruchsfreien Ganzen zu integrieren. Am Ende der Zeiten, so Beck, kommt es zur Errichtung eines 'christokratischen' Reiches, das die heilsgeschichtlich dem Heiligen Geist zugeordnete Zeit der Kirche ablöst und der endgültigen Vernichtung des Bösen und der abschließenden Vollendung des Reiches des Vaters vorausgeht. Die Ausführungen zur 1000jährigen Christokratie schließt Beck ab mit einem 'Zusatz', den er mit 'Ueber die Stellung des jüdischen Landes und Volkes in der Christokratie' überschreibt[9] und in dem er die biblische Rede vom himmlischen Jerusalem einerseits und die Auszeichnung des geographischen Jerusalem bzw. des Landes Israel andererseits ebenso miteinander vermittelt wie die Rede vom geistlichen und vom leiblichen Israel:

> „Als Priesterkönigthum von höherer, geistig-leiblicher Natur umgiebt die auserwählte Gemeinde den Herrn unmittelbar in seiner Lichtregion ... in dem von ihm zur Reichsresidenz erwählten Planetenhimmel und stellt so im *vollendeten Sinn das Zion und Jerusalem* der alten Theokratie dar. Unter den bekehrten Völkern aber *auf Erden* bildet das *bekehrte Israel* das Centralvolk, mit seinem König die Suprematie einnehmend. ... Lange Zeit ohne König, werden die Kinder Israel nach ihrer Bekehrung ihren König David suchen ... Ebenso wird auch das *israelitische Land* ausgezeichnet als Erstlingsland, an welchem die neue göttliche Segnung der irdischen Natur sich zuerst und im stärksten Maße vollzieht; es bildet das Centralland in der Ländermasse, das aus seiner alten Gestalt durch tellurisch-klimatische Veränderungen umgewandelt wird zu einem Eden, wie denn in Folge der Purificirung und Regenerirung der Planetenregion, die durch Ausscheidung der Mächte der Finsternis vollzogen wird, auch eine gesteigerte Lichtentwicklung und damit gesteigerte Production der Erde vermittelt ist."[10]

Es ist ganz deutlich, daß Beck diese Bekehrung Israels und diese heilsgeschichtliche Rolle des Landes nicht als ein historisches Ereignis betrachtet, das etwa mit der Errichtung des Staates von 1948 identifiziert werden könnte; vielmehr handelt es sich um ein Ereignis, das eine vollständige Wandlung aller histori-

---

[8]  Johann Tobias Beck, Vorlesungen über christl. Glaubenslehre, 2 Bde., 1886/8.
[9]  Ebd. II,722.
[10]  Ebd. II,722f.

schen und politischen und auch natürlichen Verhältnisse voraussetzt, die er in den Katastrophen der Apokalypse beschrieben findet. Von daher ließe sich zunächst in ein solches Konzept eine offenbar vor dem Eintritt der apokalyptischen Katastrophen liegende Wiederherstellung eines jüdischen Staates schwer integrieren; Handhaben für ein religiöses Interesse an einem gegenwärtigen geographischen Raum und einem in der Gegenwart zu realisierenden jüdischen Staat gibt es bei Beck nicht.

### 1.1.2. Franz Hermann Reinhold von Frank

Damit nicht der Eindruck entsteht, diese Bezugnahme auf das Land Israel und das Volk Israel sei begrenzt auf die vom Pietismus geprägte Lehrtradition, stelle ich daneben die in den üblichen Kategorisierungen dem lutherischen Konfessionalismus zugerechnete Erlanger Schule;[11] hier wird man selbstverständlich bei von Hofmann, bei Thomasius und bei Franz Delitzsch fündig, aber eben auch bei Franz Herrmann Reinhold von Frank (1827-1894): Auch er vertritt im dritten Teil seines Systems der christlichen Wahrheit eine millenniaristische Position, die die Wiederherstellung des – freilich angesichts der Wiederkunft Christi zum Glauben an Christus gelangenden – Königreichs Israels – einschließt. Die Position v. Franks ist darum über die Becks hinaus interessant, weil er diese Aufstellungen als hermeneutischen Schlüssel zur Deutung des zeitgenössischen Judentums betrachtet: Er weist darauf hin, daß die bei Paulus in Aussicht gestellte Bekehrung Israels so beschrieben werde, daß sie nicht auf dem Wege der individuellen Bekehrung erfolgen werde; und hier stellt er fest, daß die "wunderbare Aufbewahrung dieses Volkes in der Zerstreuung und trotz derselben ... jener Voraussage zur Bestätigung" dient.[12] Mit dieser heilsgeschichtlichen Erwartung ist also eine positive Bewertung des gegenwärtigen Judentums verbunden, und zwar ausdrücklich des gegenwärtigen Judentums ungeachtet seiner Ablehnung der Christusbotschaft; und an dieser Stelle hätte vermutlich auch eine positive Bewertung der Wiedererrichtung eines jüdischen Staatswesens im 'Heiligen Land' ihren Platz.

### 1.1.3. Voraussetzungen

Das ist also der eine Ort, an dem eine positive Bezugnahme auf das Land Israel und auf die Erwartung einer Wiederherstellung einer auch politischen Heimstatt erfolgt: Die Eschatologie. Die Voraussetzung dieser Positionen ist natürlich ein strikter Biblizismus, den Beck auf jeden Fall vertritt; es sind diese Ursprünge,

---

[11]   Zur Erlanger Schule und zu v. Frank vgl.: Notger Slenczka, Der Glaube und sein Grund, Göttingen 1998.

[12]   Franz Hermann Reinhold von Frank, System der christlichen Wahrheit, Leipzig, 3. Aufl., 1894, II, 484.

die im Hintergrund der Bemühungen um die Judenmission im erwecklichen und pietistischen Flügel des Protestantismus stehen; und auch im heutigen pietistisch oder erwecklich geprägten Protestantismus kommt es unter dem Vorzeichen einer biblizistischen Hermeneutik zu – freilich auch innerhalb der evangelikalen Bewegung umstrittenen – Versuchen, die Staatsgründung von 1948 heilsgeschichtlich zu deuten.

## 1.2. Der liberale Protestantismus

### 1.2.1. Überleitung: Ein Selbsteinwand v. Franks

V. Frank ist außerdem darum interessant, weil er sich in einer kurzen Passage seiner Ausführungen zu Israel kurz mit dem zentralen Einwand des liberalen Flügels des Protestantismus gegen diese Gestalt der Israel-Theologie auseinandersetzt, der sich damals nicht oder nicht nur gegen den unkritischen Umgang der von der Erweckung geprägten Theologen mit der Schrift wendete, sondern in erster Linie ein anderes sehr bedenkenswertes theologisches Argument vorbrachte: V. Frank verweist nämlich auf

> „jene wirklichen Schwierigkeiten …, daß hier einem durch gemeinsame *natürliche* Abstammung verbundenen *Volke*, wenns auch nur eine Auswahl und ein Rest dieses Volkes ist, eine so hohe, so außerordentliche Verheißung gegeben wird. Denn sonst gilt doch das paulinische Wort: hier ist nicht Jude noch Grieche, nicht Knecht noch Freier, nicht Mann noch Weib … Die Völkerunterschiede fallen dahin in dem Reiche Gottes, wenngleich die besondere Begabung des natürlichen Menschen, darum auch der natürlichen Völker erhalten bleiben wird."[13]

V. Frank weist in der Folge darauf hin, daß sich im Falle Israels der natürliche Zusammenhang des Volkes Israel aus der göttlichen Gnadenverheißung ergebe und durch sie begründet und begrenzt sei. Aber hier klingt ein Argument an, das auf den zweiten Ort verweist, an dem das Thema des Landes in der protestantischen Theologie verhandelt wird, nämlich die Deutung des Verhältnisses der Verkündigung Jesu bzw. der frühen Christenheit zu ihren traditionsgeschichtlichen Voraussetzungen.

### 1.2.2. Reich Gottes und natürliche Ordnung

Daß die Verkündigung Jesu dem Gedankengut des zeitgenössischen Judentums verpflichtet ist, ist in den Spielarten des liberalen Protestantismus völlig unstrittig; allerdings betrachten diese Theologen eben als das Spezifische der Verkündigung Jesu die Ablösung der Rede vom Reich Gottes von allen politisch-partikularen Implikationen: Jesus und die Verkündigung der Kirche verkündigen die bedingungslose Zuwendung Gottes zum Menschen und die Bedingungslo-

---

[13] Ebd. II, 487; kursiv N.Sl.

sigkeit der Zugehörigkeit zum Reich Gottes; damit sei die Zugehörigkeit zum Reich Gottes nicht mehr gebunden an partikulare Voraussetzungen wie die Zugehörigkeit zu einem Volk oder die Bezugnahme auf ein bestimmtes geographisches Gebiet oder die politische Instanz eines durch sein Königtum definierten Staates. Damit vollzieht sich, so Albrecht Ritschl, dem ich hier folge, nicht etwa ein radikaler Bruch mit der israelischen Religion, sondern es tritt auseinander, was dort bereits in einer sehr spannungsvollen Einheit stand: Neben der politischen Einheit des Volkes Israel unter einem König stand immer die prophetische Kritik, die von einer Gemeinschaft mit Gott sprach, die an nicht an spezifische politische, geographische oder ethnische Kriterien gebunden ist, sondern an allen Menschen geltende sittliche Kriterien, insbesondere an ein Verhältnis dem Nächsten gegenüber:

> „Der christliche Gedanke der Königsherrschaft Gottes, welcher das Reich Gottes als die Gesamtheit der durch gerechtes Handeln verbundenen Untertanen entspricht, ist aus den gleichnamigen Gedanken der israelitischen Religion entsprungen … Der christliche Sinn des Gedankens überschreitet dessen alttestamentliche Form insofern, als die sittliche Abzweckung der Gottesherrschaft von der Vermischung mit den politischen und den zeremoniellen Bedingungen frei gestellt wird, in denen der alttestamentliche Gedanke und die jüdische Hoffnung befangen blieb."[14]

Also die These: Die im Alten Testament auf das partikulare Volk Israel beschränkte Zugehörigkeit zu Gott bzw. zum Reich Gottes wird bei Jesus und seinen Jüngern entschränkt und universalisiert; und die im zeitgenössischen Judentum an politische Erwartungen geknüpften Vorstellung des Gottesreiches wird bei Jesus und seinen Jüngern spiritualisiert – das ist ein in den Dogmatiken des 19. Jh.s weit verbreitetes Motiv.[15]

Als Beleg verweisen Ritschl und andere auf die in der Tat die Verkündigung Jesu bestimmende Universalisierung des Liebesgebotes: Das Gebot der Liebe ist an keine Grenzen der Volkszugehörigkeit mehr gebunden, sondern die dem Christen aufgegebene Liebe transzendiert alle natürlichen Grenzen, indem sie sich sogar auf den Feind erstreckt. Diese Liebe ist nach Ritschl eben das Grundgesetz des Reiches Gottes; es besagt, daß der Lebensvollzug des Christen nicht selbstsüchtig, sondern vom Interesse des anderen bestimmt ist: Das Reich Gottes ist die Vergemeinschaftung aller Menschen ungeachtet ihrer Unterschiede aus dem Motiv der Liebe:

> „Das Reich Gottes, welches … die geistige und sittliche Aufgabe der in der christlichen Gemeinde versammelten Menschheit darstellt, ist *übernatürlich*, sofern in ihm die sittlichen Gemeinschaftsformen (Ehe, Familie, Beruf, Privat- und öffentliches Recht oder Staat) überboten werden, welche durch die natürliche Ausstattung der Menschen (Geschlechtsunterschied, Abstammung, Stand, Volkstum) bedingt sind, und deshalb auch Anlässe zur Selbstsucht darbieten. Das Reich Gottes, auch als

---

[14]    Albrecht Ritschl, Unterricht in der christlichen Religion, 1875 [1. Aufl.!], § 7.
[15]    Vgl. dazu auch Albrecht Ritschl, Art. Reich Gottes, RE, 2. Aufl., Bd. 12, 599-606.

gegenwärtiges Erzeugnis des Handelns aus dem Beweggrund der allgemeinen Liebe, also wie es in der Welt zustande kommt, ist *überweltlich*, sofern man unter Welt den Zusammenhang alles natürlichen, natürlich bedingten und geteilten Daseins versteht."[16]

Das impliziert nun eine Relativierung aller 'natürlichen' Differenzierungen und Ordnungen des Menschseins wie die Volkszugehörigkeit, die Zugehörigkeit zu einem bestimmten Land oder zu bestimmten Ständen etc. Gegenstand der Liebe ist der andere nicht aufgrund der Zugehörigkeit zu einer dieser Ordnungen, sondern als Mensch; Zweck des Handelns eines Christen ist nicht je eine dieser Ordnungen, nicht die des Staates und auch nicht ein bestimmtes Land, sondern Zweck des Handelns ist die jede natürliche Ordnung übersteigende Menschheitsgemeinschaft als Gemeinschaft zwischen Personen.

Allerdings zielt das nicht auf eine Vergleichgültigung der natürlichen Gliederung der Menschheit in Staaten oder, wenn man den Ausdruck verwenden will: Völker, und auch nicht auf eine Vergleichgültigung der Unterschiedlichkeit der Menschen nach Alter, Stand, Beruf ab: Denn es gibt diese Menschheitsgemeinschaft des Reiches Gottes nicht an sich, sondern immer nur in einer bestimmten, historisch kontingenten Situation: "Man kann die Menschheit nicht im allgemeinen lieben, sondern nur vermittelst einzelner Exemplare" (G. Wenz), d.h. in bestimmten geschichtlichen Situationen und unter Berücksichtigung der Gliederung der Menschheit in Sozialzusammenhänge. Ich bin also nicht einerseits Christ und auf die Menschheit bezogen, und andererseits Ehemann, Familienvater, Angehöriger eines Berufs, wohnhaft in einem Land, sondern Christ bin ich in allen diesen konkreten Beziehungen – als Vater, Staatsangehöriger, Berufstätiger; und das heißt: In jeweils diesen Konkretionen – Ritschl spricht im Anschluß an Luther vom weltlichen 'Beruf' – soll sich das selbstlos am anderen interessierte Handeln verwirklichen. Ihre Grenze haben die natürlichen Gegebenheiten – Geschlechtlichkeit; natürliche Solidargemeinschaft; gemeinsame Abstammung – und die daran sich knüpfenden Ordnungen – der Staat; die Familie; die Ehe; das Volk – an dieser Bedingung: daß sie als Mittel dem Zweck der Vergemeinschaftung *aller* Menschen aus dem Motiv der Liebe zugeordnet sind. Das heißt: Das Handeln der Christen in diesen Ordnungen ist nicht motiviert und geleitet durch den Egoismus partikularer natürlicher Gemeinschaften, sondern das Handeln der Christen orientiert sich an diesen Ordnungen und gewinnt aus ihnen ihre konkrete Form, zielt aber ab auf das Ganze der Menschheit und ist in diesem Sinne selbstlos: Es ist nicht orientiert am Individuum, verabsolutiert aber eben auch nicht die Partikualität von Gruppeninteressen. Aber eben darin haben diese partikularen Ordnungen auch ihr begrenztes Recht: Ohne daß ein Mensch in konkreten Anforderungsverhältnissen zu anderen steht – als Vater, Mutter, Arbeitnehmer, Angehöriger eines bestimmten Volkes / Staates etc. – ist ein inhaltlich *bestimmtes* selbstloses Handeln nicht möglich. Die Liebe gewinnt durch

---

[16] Ritschl, Unterricht, § 8.

diese natürlichen Ordnungen ihre konkrete Gestalt, und sie (die Liebe) begrenzt das Recht dieser Ordnungen.[17]

In den Strukturen des bestimmten Berufs tätig zu sein aus dem Motiv der Liebe – das ist nach Ritschl die Aufgabe des Christen als Angehörigen des Reiches Gottes.

### 1.2.3. Israeltheologische Implikationen

Das impliziert nun eine radikale Säkularisierung aller natürlichen Ordnungen wie Ehe, Familie, Nation, Volk etc., und natürlich auch des geographischen Ortes. Diese natürlichen Gegebenheiten markieren wechselseitige Verpflichtungszusammenhänge und Aufgaben, durch deren Erfüllung Menschen einander zugewiesen sind und sind die konkreten Gestalten des Handelns aus dem Motiv der Liebe; nach dem Willen Gottes, wenn man davon sprechen will, sind aber diese natürlichen Ordnungen ausschließlich Mittel zum Zweck des Reiches Gottes: der universalen Menschheitsgemeinschaft als Liebesgemeinschaft aller Menschen. Und entsprechend ist der Zweck des Handelns Gottes auch nicht das Volk Israel oder dessen Existenz in einem bestimmten geographischen Raum, sondern auch dieses Volk kann höchstens als ein Moment einer heilsgeschichtlichen Bewegung in Betracht kommen, die auf die ganze Menschheit zielt.

Das bedeutet zweitens, daß es keine theologische Auszeichnung bestimmter natürlicher Gegebenheiten – Volk, Land, Familie, Staat – vor anderen gibt. Das Reich Gottes ist als Personengemeinschaft an keine natürliche Bedingung gebunden; es verwirklicht sich in allen natürlichen Situationen und weist alle natürlichen Kontexte über sich selbst hinaus auf das Ganze der in Liebe verbundenen Menschheit, dem sie zu dienen haben.

### 1.3. Ein extremes Beispiel einer theologischen begründeten positiven Stellungnahme zum Staat Israel

Ich komme damit nun zu einem neueren dogmatischen Entwurf, der wie kaum ein anderer vor ihm bestimmt ist von dem Versuch, nicht nur dem Volk Israel, sondern der Landverheißung und dem Land Israel einen theologischen Ort zuzuweisen – ich meine natürlich die Eschatologie Friedrich Wilhelm Marquardts. Es geht dabei, das sage ich vorbeugend, nicht darum, diesen Entwurf zu kritisieren – das habe ich anderweitig getan[18]; es geht auch nicht darum, durch den Rekurs auf eine Extremposition (denn darum handelt es sich!) das Anliegen einer positiven Bewertung des Landes Israel insgesamt zu diskreditieren. Sondern genauso, wie die vorher berührten Positionen exemplarischen Charakter hatten und

---

[17]  Ritschl, Unterricht §§ 26-33 und 57.
[18]  Notger Slenczka, Theologie im Gespräch mit dem Judentum. Zur Dogmatik F.-W. Marquardts, in: ThLZ 123 (1998) 1161-1176.

für bestimmte Problemstellungen und –konstellationen standen, so sollen anhand der Position Marquardts Probleme markiert werden, die sich stellen, wenn man eine theologische Relevanz des Landes und des Staates Israel behaupten will.

## 1.3.1. Grundthese Marquardts: Israel und das Land als Medium der Gottesgegenwart

Die Grundthese Marquardts: der Bundesschluß Gottes mit Israel hat die Pointe, daß das Verhältnis zu Gott zugleich ein Verhältnis zu diesem kontingenten Volk Israel einschließt, und zwar darum, weil der Bundesschluß mit Israel besagt, daß Gott sich durch sein Verhältnis zu diesem Volk definiert:

> „Christen, Muslime und die Menschheit insgesamt haben versucht, zum *Gott* Israels in Verhältnis *an Israel vorbei* zu finden; sie versuchen es noch heute, lösen ihn von seinem Volk, bestreiten ihm seine Bindung, zumal seine tiefe Gebundenheit an dieses Volk, leugnen die Gott-Jüdische Symbiose ... Sie wollen Gott humanisieren, entnationalisieren, ihn schlicht: entbinden aus seinem Bund. Sie erklären diese Bindung nur als Ausbund der 'jüdischen Religion', die keinen Nichtjuden verpflichten könne, pochen auf ihre eigene Unmittelbarkeit zu Gott."[19]

Das bedeutet, daß dem letztlich in der reformatorischen Rechtfertigungsbotschaft fundierten Anliegen einer Gleichheit aller Menschen vor Gott, das im Hintergrund der Position Ritschls zu identifizieren ist, hier von vornherein widersprochen wird. Und diese Selbstbindung Gottes an das kontingente Volk ist eben vermittelt durch das ebenso kontingente Medium der Landverheißung:

> „Zur welt-politischen Dimension der Mission Israels [als Zeuge Gottes] gehört nun erst recht jene Unangepaßtheit des ihm verbundenen Gottes, die darin besteht, daß er mit seinem Volk *im anstößigsten Sinne real-politisch* kommuniziert: Er verheißt dieser bodenlosen Menschengruppe ein Stück ihm *ursprünglich fremden Landes*, erwählt es ihr zu und macht es über Jahrtausende hin zum kritischen Medium ihrer gegenseitigen Beziehung."[20]

Damit wird erkennbar, daß in der Tat die religiöse und theologische Auszeichnung von Volk und Land so erfolgt, daß beides als Medium der Gottesbegegnung ausgewiesen wird: Israel ist für die ganze Welt, auch für die Heiden, der Ort und das Medium der Gegenwart Gottes in der Welt; und durch Israel ist das Land – wie sich noch zeigen wird – das Medium der primären Präsenz Gottes.

---

[19] Friedrich-Wilhelm Marquardt, Was dürfen wir hoffen, wenn wir hoffen dürften? 3 Bde, II 1994, 182.
[20] Ebd. II,187.

## 1.3.2. Die 'bleibende Aktualität' der Landverheißung und der Landnahmeberichte

Marquardt wendet sich nun ausdrücklich gegen jede Spiritualisierung der Landverheißung; und er wendet sich ebenso gegen eine Historisierung dieser Landverheißung und ist der Meinung, daß die Landverheißung und die Enterbung der ursprünglichen Bevölkerung eine 'bleibende Aktualität' hat:

> „Wir beginnen auch hier mit etwas uns besonders Fremdem, ja Ärgerlichen: Gott bestimmt die Landverheißung zu einer *bleibenden Aktualität*. Der Anspruch ihrer biblischen Bezeugung verhindert konsequent, sie als antiken Stoff abzuwerten, der in der weiteren Entwicklung des menschlichen Bewußtseins über seine früheren Standards hinaus längst überholt worden ist."[21]

Das biblische Zeugnis – ausdrücklich – ist der Grund und Ursprung der Einsicht in die gegenwärtige Bedeutung des Landes – und damit eben die Erzählungen von der Landverheißung und Landnahme.

Entsprechend parallelisiert Marquardt im ausdrücklichen Wissen um die Anstößigkeit die wirklich haarsträubenden Berichte von der Landnahme mit der gegenwärtigen Situation mit dem Ziel, zu zeigen, daß sich die Landnahme damals wie heute nach Gottes Willen durch die 'Enterbung' der Ureinwohner und durch den Heiligen Krieg vollzieht; er versucht aber seinen politisch korrekten gegenwärtigen Lesern zu zeigen, daß die Landnahme die Tora des Landes und auch das Recht des Krieges Instanzen einer Kritik am Verhalten des Volkes Israel in sich schließt, und daß das Fehlverhalten des Volkes auch gegenüber den enterbten Beisassen Gegenwirkungen Gottes aus sich heraussetzt. Zugleich aber schließt diese Tora, wie gesagt, eben das Recht und die Pflicht zum Krieg um das Land ein – und Marquardt rechtfertigt diese von Gott selbst gebotene kriegerische Landnahme damit, daß Gott mit dem Israel zugewiesenen Land einen Raum etabliert, in dem Lebensgestaltung nach Gottes Willen möglich sei und eben nicht die Vergöttlichung der natürlichen Kräfte herrscht, die das Heidentum kennzeichnet:

> „Die biblische Landverheißung zielt auf einen Freiraum für eine Lebensgestaltung nach Gottes Willen. Sie ist aber gleichbedeutend damit, daß Gott selbst nach Platz begehrt in der Menschheit: Raum seiner Einwohnung, seines Zeltens in unserer Mitte (Joh 1,14). Die Landgabe an Israel dient aber der Wegbereitung seines eschatologischen Einzugs in die ganze Welt, alle ihre Länder und Völker. Das führt zu schmerzenden Wehen, denn Gott wählt damit das widersprüchliche Medium der Weltgeschichte, in dem Völker und Reiche gegeneinander toben. Wo es auch ohne Blutvergießen nicht abgeht."[22]

Das Land ist also ausgezeichnet als Ort und Medium der Selbstvermittlung Gottes an die Welt. Dieser Zweck der Landnahme bindet nun auch Israel und seinen

---

[21]  Ebd. II,207.
[22]  Ebd. II,259.

Lebensvollzug im Land – unter der in den biblischen Texten immer wiederholten Drohung der Vertreibung aus dem Land – an den Gotteswillen.

### 1.3.3. Der Auftrag für die Christen

Marquardt weist nun darauf hin, daß dieser Wille Gottes, Israel und damit sich selbst einen Raum zu schaffen, in dem und von dem aus das Reich Gottes auf Erden werden könne, den Widerspruch der Völker findet. Marquardt kommt es nun darauf an, den Christen eine Lektüre der Schrift zur Pflicht zu machen, die die alttestamentlichen Landnahmeberichte nicht nur als Berichte von historischen Ereignissen ansieht, sondern sie auf das historische Geschehen der Rückkehr der Juden in das Land Israel und der Staatsgründung bezieht, darin die Selbstdeutung des gegenwärtigen Judentums nachvollziehend und ihm recht gebend:

> „Die Juden wollen mit Gott und dem Land gar nicht allein, an-und-für-sich, apart sein; sie wissen, *wozu* sie in diesen Bund gebunden sind. Sie rufen nach uns Gojim, ob da nicht wenigstens einer wäre, der sie in dieser Beziehung bestätigen könnte, indem er *Gott* in dieser Beziehung bestätigt und bezeugt. Christen sind dafür die Richtigen – wenn sei die Tora nicht aus ihrer Schrift streichen oder umdeuten, sondern aus Gesetz, Propheten und Schriften ebenso leben wie aus dem Evangelium Jesu. ... [sie ] können ... auf den Ruf des Glaubens Israels antworten mit dem Bekenntnis ihres Glaubens. Sie können dann zu ersten Außenzeugen für ein 'recht so' werden ... als erste Anwälte eines kommenden consensus gentium in Bezug auf den Dreibund Gott-Israel-Land können sie wirken, ja dazu sind sie – so wie wir Christsein zu verstehen meinen – berufen."[23]

Marquardt grenzt diese Erkenntnis der theologischen Notwendigkeit strikt gegen eine politische Legitimation auf theologischer Basis ab. Dies Bekenntnis zum Recht Israels auf das Land sei ein Glaubensbekenntnis, nicht eine theologische Legitimation der Landansprüche. Wenn ich Marquardt recht verstehe, dann will er damit sagen, daß dieses Bekenntnis ein Bekenntnis zu Gottes Selbstbindung an dieses Volk und seine Landverheißung sei – nicht aber ein politisches Bekenntnis zum Staat Israel. Es ist das Bekenntnis zu Gott, das in dem 'recht so' zu Israel Gestalt gewinnt, nicht das theologische Befürworten eines vom Gottesverhältnis abgelösten Staates. Es ist vor allem das 'recht so', das eine Landverheißung bejaht, die – so Marquardt – ihre eigene Kritik in sich trägt. Das ist allerdings eine lectio in optimam partem einer Position, deren Probleme völlig unübersehbar sind und sich geradezu aufdrängen, wenn man etwa den mit 'Krieg ums Land' überschriebenen Abschnitt oder seinen Entwurf einer 'Palästinensischen Befreiungstheologie' liest, in der er den arabischen Christen das 'Leiden, Leiden; Kreuz, Kreuz' zur Verhaltensempfehlung gibt, das Luther den Bauern als Empfehlung für ihr Verhalten gegenüber der Obrigkeit mitgegeben hatte.

---

[23] Ebd. II,273.

## 2. Das Problem des Protestantismus mit dem ‚Land'

Ich komme nun, wie angekündigt, zur Frage nach den Basiskriterien, denen eine protestantische Theologie des Landes folgen wird; es kommt mir dabei darauf an, zu zeigen, daß die Reserve des klassischen Protestantismus gegenüber einer Rede vom 'Heiligen Land' oder von 'Heiligen Stätten' theologisch motiviert ist und ihren Ursprung nicht etwa in irgendwelchen antijudaistischen Präjudizien hat; ich setze sehr grundsätzlich ein:

### 2.1. Grundlagen

Alle reformatorischen Positionen sind darin miteinander einig, daß die Theologie nichts anderes tut als die Kommunikation Gottes mit dem Menschen nachzuzeichnen, und zwar nicht als Nachzeichnung einer in der Vergangenheit liegenden Begegnung, sondern als Nachzeichnung einer aktuellen oder wenigstens aktualisierbaren Erfahrung. Theologie nach reformatorischem Verständnis ist nicht Orientierung über Gott und sein vergangenes Handeln, sondern immer Einweisung in die aktuelle Situation der Gottesbegegnung; exemplarisch sei hier an die Konzentration aller theologischen Aussagen auf den Zusammenhang von promissio und fides erinnert, die Luther in De captivitate vornimmt, oder an die entsprechende Einweisungsfunktion, die die Katechismen haben.

Das heißt: natürliche Gegebenheiten sind dann theologisch bzw. religiös relevant, wenn sie n dieser Kommunikation eine Funktion haben. Das gilt übrigens auch für den römischen Katholizismus – 'heilig' sind Orte und Dinge, in denen Gott oder etwas von ihm Ausgehendes gegenwärtig ist und empfangen werden kann: Die Gnade, vorgestellt als eine Art Fluidum, das sich durch körperlichen Kontakt der Seele mitteilt.

Es gehört nun aber zu den Grundentscheidungen des Protestantismus, mit dieser Art der Vergegenständlichung des göttlichen Heils zu brechen; grundsätzlich hat Gottes Gegenwart den Charakter der sprachlichen oder sprachähnlichen (durch sinnvolle Zeichen vermittelten) Kommunikation, den Charakter also des Wortes, dem der Mensch im Glauben entspricht. 'Heilig' sind Dinge, Orte oder Personen als Mittler oder Medien einer derartigen Kommunikation, und zwar nur im aktuellen Moment dieser Kommunikation; abgesehen von diesem Kommunikationskontext sind diese Dinge und Personen schlichte natürliche Gegebenheiten. Man kann sich das naheliegenderweise anhand des protestantischen Verständnisses der Heiligkeit des Taufwassers oder der Realpräsenz deutlich machen: in usu, das heißt: in der aktuellen Kommunikationssituation, ist das Wasser und ist das Brot 'heilig', nicht aber so, daß da eine heilige und heiligmachende Gnade präsent wäre; 'heilig' sind die Elemente von Brot und Wein also insofern und darum, weil ein Mensch hier die Selbstzusage Gottes erfährt und im Glauben ergreifen kann.

## 2.2. Heiligkeit des Landes?

Die Auszeichnung eines Landes oder einer sonstigen Entität als 'heilig' würde bedeuten, daß diese Entitäten regelmäßig die Funktion von Medien einer Begegnung mit Gott haben. Ich habe zu zeigen versucht, daß Marquardt genau dies einlöst. Auch nach römisch-katholischem Verständnis ist das unschwer möglich: Das Land, die eucharistischen Elemente, das Salböl etc.pp. sind heilig, weil und wenn sie in Kontakt gekommen sind mit Trägern der Heiligkeit; im Anwendungsfall: die Heiligkeit des Landes hängt daran, daß es der Ort der leibhaften Gegenwart Christi (und der Patriarchen, Propheten und Apostel) war.

Nach klassischem protestantischem Verständnis allerdings ist der Nachvollzug dieses Gedankens darum ausgesprochen schwierig, weil zum einen die Begegnung mit Gott christologisch konzentriert ist; das zentrale Medium der Gottesbegegnung ist die Person Jesu von Nazareth, die schon auf der Ebene des NT alle übrigen, ihrem Erscheinen vorausgehenden Medien (Land, Tempel) in sich aufgenommen hat: Sie haben nach den meisten neutestamentlichen Schriften nur die Funktion eines prophetischen Verweises auf Christus. Nach klassischem lutherischem Verständnis hat Jesus zudem nur bestimmte Medien seiner heilvollen Selbstgabe hinterlassen hat, nämlich das Wort und die Sakramente. Das heißt: Wer ernsthaft etwa von einer theologischen Auszeichnung eines 'Heiligen' Landes sprechen wollte, der müßte nach reformatorischem Verständnis dies Land als Ort aktueller, christologisch vermittelter Kommunikation mit Gott (und somit als Sakrament) ausweisen können und zeigen können, daß und inwiefern dieses Land als Medium der Gottesbegegnung eingesetzt ist. Das kann man versuchen – aber man hat doch einen hohen Begründungsbedarf, wenn man das wirklich will, und man zahlt einen hohen Preis, wenn man das tut – siehe die Position Marquardts.

## 2.3. Heiligkeit natürlicher Gegebenheiten?

Das bedeutet nicht, daß es dergleichen wie eine religiöse Auszeichnung eines (nicht des biblischen) Landes oder sonstiger natürlicher Gegebenheiten im Protestantismus nicht gegeben hätte; beispielsweise gibt das auch bei Luther – die Eltern sind ihren Kindern, die Eheleute einander wechselseitig Medien der Begegnung mit der Güte und vor allem mit dem Gebot Gottes; auch eine Obrigkeit oder die geographischen Gegebenheiten eines Landes können der Ort der Erfahrung der Güte oder des Zornes Gottes und insofern des Willens Gottes sein. Aber das gilt – erstens – für schlechterdings alle Eltern, Länder und Obrigkeiten; diese religiösen Auszeichnungen sind partikular und lassen die Behauptung, es gebe ein Land, das für *alle* Christen mit dem Charakter der Heiligkeit ausgezeichnet wäre, nicht ohne weiteres zu: Jedem Menschen sind jeweils seine Eltern, ist sein Ehepartner, sind seine Kinder, entsprechend jeweils seine Obrigkeit und sein Land der Ort einer von Zeit zu Zeit sehr unterschiedlichen Erfahrung der Güte, des Zornes, des Willens Gottes; kein Land und keine Situation ist diesbezüglich vor anderen ausgezeichnet.

Und zweitens handelt es sich bei diesen Gegebenheiten nicht um Medien, in denen Heil geschaffen wird in dem Sinne, daß der bedingungslose Zuspruch der Gnade auf Glauben hin erfahren wird, sondern um Medien der Erfahrung des Willens Gottes, dem der Mensch in seinem Verhalten zu entsprechen hat. Im Unterschied zu der in Wort und Sakrament vermittelten Begegnung mit Gott haben die genannten Gegebenheiten – Eltern, Kinder, Ehepartner, Kollegen, eine Obrigkeit, ein Land – ihren Ort in der Ethik; es geht dort um die Erfahrung, daß wir in diesen Gegebenheiten gefordert und verpflichtet sind.

Dieses Grundmotiv – daß das Prädikat der Heiligkeit nur solchen Sachverhalten zukommt, die eine Funktion in der heilschaffenden Begegnung Gottes mit dem Menschen haben – begrenzt die Möglichkeit für eine religiös emphatische Deutung geographischer Gegebenheiten überhaupt und des sog. Heiligen Landes im besonderen und dürfte einer der Hauptgründe für die Zurückhaltung der protestantischen Dogmatiken gegenüber dem Gedanken eines 'Heiligen Landes' sein.

# 3. Grundlinien der Verhältnisbestimmung

## 3.1. Zusammenfassung

Es gibt abgesehen vom durch den Heiligen Geist geschenkten Glauben keine natürliche Ausstattung des Menschen, die ihn vor Gott von vornherein zum Gegenüber des Bundes macht – auch nicht die Zugehörigkeit zu einem bestimmten Volk (sola fide); dem entspricht die paulinische und reformatorische Behauptung, daß auch der mit Abraham geschlossene Bund ein Bund des Glaubens an Christus war. Es gibt abgesehen von der Person Jesu (solus Christus) und den in der Schrift begründeten Medien (sola scriptura) keine Auszeichnung natürlicher Gegebenheiten als Mittel der Gottesbegegnung – sei dies nun ein bestimmtes Land oder seien dies dem Anspruch nach heilige Handlungen, Gegenstände oder Personen.

Wo Eltern, die Obrigkeit, ein Staatswesen oder ein Volk als von Gott gegeben bezeichnet werden, da handelt es sich eben auch nicht um Elemente, die eine heilvolle Gottesbeziehung vermitteln, sondern um Strukturen, in denen sich eine konkrete Verpflichtung für den Christen manifestiert. Das bedeutet, daß ein besonderes Verhältnis der gegenwärtigen Christenheit gegenüber dem Land und dem Staat Israel nach reformatorischem Verständnis nicht auf religiöse oder theologische Prärogativen dieses Staates oder Landes begründet werden, sondern ausschließlich als ethische Verpflichtung der Christenheit ausgewiesen werden kann. Das heißt: Es muß gezeigt werden, daß, warum und wie die gegenwärtige Situation – auch auf dem Hintergrund ihrer Geschichte – so verfaßt ist, daß das Eintreten für das Existenzrecht Israels eine ethische Verpflichtung darstellt, die auch für Christen unentrinnbar und somit ein göttliches Gebot ist.

Diese ethische Verpflichtung muß dabei so verstanden sein, daß sie unterscheidet zwischen der Bindung der Kirche an das Volk Israel und der Verpflichtung zum Eintreten für das Staatswesen Israel. Es wäre ausgesprochen kontraproduktiv, beides engstens zu verbinden. Ein Jude oder eine Jüdin kann, muß aber nicht Bürger jenes Staatswesens sein, sondern ist in aller Selbstverständlichkeit Bürger und Bürgerin des Staates, in dem er oder sie jeweils lebt.

## 3.2. Folgerungen

Ein besonderes Verhältnis der Christen zum Staat Israel und zum Anspruch des Judentums auf das Land der Verheißung ist allein als ethische Verpflichtung und nicht mit einer besonderen gegenständlichen Qualität des Landes oder dieses Staates zu begründen. Das wiederum bedeutet:

1. Der Einsatz von Christen für das Existenzrecht Israels ist nicht zu begründen unter Rekurs auf biblische Verheißungen, die dem Land oder gar dem aktuellen Staat gelten. Daß der gegenwärtige jüdische Staat ein Gegenstand des politischen Engagements und der Fürsprache von Christen ist und sein muß, begründet sich nicht durch irgendeine Heiligkeit dieses Landes und auch nicht einfach unter Rekurs auf die biblisch überlieferten Verheißungen an Abraham oder David, sondern allein im Blick auf die leidvolle Geschichte, die das Judentum in der Zeit der Diaspora – bis hin zum sog. Holocaust – gerade auch auf der Basis religiös motivierter antijudaistischer Ressentiments erfahren hat. Die Einsicht, daß der faktisch existierende Staat ein Mittel zur Eingrenzung dieser Leidensgeschichte ist, ist ein hinreichender Verpflichtungsgrund für ein Eintreten von Christen für diesen Staat. Dieser Verpflichtungsgrund ist nicht spezifisch christlich motiviert und hat daher zugleich Anspruch auf Verbindlichkeit für alle Menschen guten Willens hat.

2. Dabei kann Christen in einer besonderen geschichtlichen Situation die Aufgabe zuwachsen, in besonderer Weise zum Fürsprecher dieses Staatswesens zu werden und sich an diesem Punkt in besonderer Weise verpflichtet zu wissen; das dürfte absehbar für die in Deutschland lebenden Christen der Fall sein, die aufgrund der auf den Deutschen liegenden historischen Schuld des Holocaust sich zu besonderem Engagement berufen wissen sollten.

3. Diese Feststellung einer ethischen Verbindlichkeit des Einsatzes für ein Existenzrecht Israels in sicheren Grenzen schließt zugleich ein, daß es keine

notwendige Verbindung zwischen dem Judesein und der Zugehörigkeit zu diesem Gemeinwesen des jüdischen Staates gibt. Juden sind im ethischen Sinne Bürger der Staaten, in denen sie leben, und nicht automatisch Israelis.

4. Das Engagement von Christen für einen Staat, der ein Gegenmittel zur jahrtausendelangen Verfolgung und Unterdrückung des Judentums darstellt, hat seine Kriterien in den allgemeinen Grundlagen einer christlichen (resp. christlich übernommenen) Staatsethik und schließt die Möglichkeit einer von dieser Staatsethik geleiteten Kritik der Verfaßtheit und kritische Anfragen an die Tagespolitik dieses (wie jedes anderen) Staatswesens ein. Das impliziert auch: Wo Christen aus einer besonderen historischen Verantwortung heraus sich zu einem besonderen Einsatz für den gegenwärtigen Staat Israel berufen wissen, müssen sie sich zugleich zu einer Verantwortung der kritischen Begleitung dieses Staatswesens berufen wissen.

# Ja und Amen in Christus (2Kor 1,20).
## Theologische Gedanken zur Erfüllung von alttestamentlichen Verheißungen am Beispiel der Landbesitzverheißung für Israel

BERTHOLD SCHWARZ

## Hinführung

Es „ist das Eigentümliche des jüdischen Volkes, daß es eine weit zurückliegende Vergangenheit immer wieder zu lebendiger Aktualität erweckt. Auch das Neue Testament ist (…) ein unverkennbares Dokument jüdischen Glaubens. Als ein Zeichen des Widerspruchs zu mancherlei theologischen Behauptungen erscheint immer wieder das jüdische Volk und zwar nicht nur in seinem Denken (…), sondern auch in seiner schier unwahrscheinlichen und überraschenden Existenz im Lande Israel. Diese stellt immer wieder eine der fundamentalsten Fragen an das Christentum, nämlich die nach seiner eigenen Wahrhaftigkeit und seinem Zweck in dieser Welt." So beschrieb bereits 1970 Antonius C. Ramselaar, ehemaliger Vorsitzender des „Katholieke raad voor Israel" in Utrecht, die Problemstellung in der Frage nach der Bedeutung des Landes Israel „in der Wechselbeziehung von Theologie und Kultur".[1] Damit wird u.a. angedeutet, welcher Aufgabe sich die christliche Theologie – neben ihrem Hauptauftrag[2] – auch zu stellen hat, nämlich der Klärung der dogmatischen Verhältnisbestimmung von Israel/ Juden(-tum) und Ekklesia/ Christen(-tum), bis in Detailfragen der biblischen Landverheißung hinein.[3]

---

[1]  Antonius C. Ramselaar, Das Land Israel in der Wechselbeziehung von Theologie und Kultur, in: W. P. Eckert/ N. P. Levinson/ M. Stöhr (Hg.), Jüdisches Volk – gelobtes Land. Die biblischen Landverheißungen als Problem des jüdischen Selbstverständnisses und der christlichen Theologie, München 1970, 219-240, hier 220.

[2]  Als ‚Hauptauftrag' wird hier *in nuce* das evangelische Zeugnis zur Ehre Gottes vom gekreuzigten und auferstandenen Jesus Christus als zur Weltherrschaft erhöhtem Herrn und Erlöser der Welt verstanden. Es ist das Evangelium (bzw. die frohe Botschaft), das ‚Gottesfeinde' (Röm 5,8-10) durch den Glauben rechtfertigt, versöhnt und heiligt (vgl. Röm 1,16; 3,9-26; 4,25; 5,6-11; Gal 5,16-26; 1Kor 1,30 u.a.) – gewirkt durch das verkündigte Wort in der Kraft des Heiligen Geistes. Darauf bezogen ist theologisch zu klären, ob nicht doch auch und dann ggf. wie die alttestamentlichen Verheißungen Gottes an Abraham und die ‚Väter' (1Mose 12,1-3 u.ö.) und über diese für sein Volk Israel – inklusive der Landverheißung – das Wesentliche des Evangeliums Christi berühren.

[3]  Siehe dazu u.a. auch meine Aufsätze: „Israelogie als Bindeglied innerhalb der Loci Theologici. Ein dogmatischer Entwurf", in: B. Schwarz/ H. Stadelmann (Hg.), Christen, Juden und die Zukunft Israels, EDIS 1, Frankfurt et al. 2009, 235-333; außerdem: „Israeltheologien unter der Lupe", in: C. Herrmann (Hg.), Wahrheit und Erfahrung – Themenbuch Sys-

Insgesamt liefert der Aufsatzsammelband „Jüdisches Volk – gelobtes Land",
in dem Ramselaars Beitrag abgedruckt wurde, eine beachtliche Fülle und Dichte
an wertvollen Gedanken zur theologischen Verhältnisbestimmung zwischen Juden und Christen und darin auch zur Landbesitzfrage. Man wünschte sich, die
von Martin Stöhr und anderen christlichen und jüdischen Autoren angestoßene
theologische Forschung hätte bis heute im Kontext der christlichen Dogmatik –
selbstverständlich im Für und Wider – weitere Kreise gezogen und mehr Einfluss gewonnen, als sie es tatsächlich getan hat.[4]

Die christlich-dogmatische Wahrnehmung von Israel, vom Judentum im Allgemeinen oder der Landverheißung für Israel im Speziellen in diesem vorliegenden Beitrag will weder (politisch) dem gegenwärtig existierenden jüdischen
Staat Israel samt seiner Regierung eine Pauschalbilligung zugestehen, noch
(theologisch) ein unantastbares, ‚heiliges' Volk Gottes, mit ‚heiligem Land' mit
‚heiliger' Geographie samt völkerrechtlich einklagbaren Landesgrenzen begründen. Ein christlich-dogmatischer Überbau als Freibrief für die Politik des gegenwärtigen Staates Israel oder für befremdliche Erfüllungserwartungen von
Prophetenworten im gegenwärtigen Nahostkonflikt verkäme zur Ideologie, die
vermieden werden muss.

---

tematische Theologie, Bd. 3: Heiliger Geist, Kirche, Sakramente, Neuschöpfung, STM 18,
Wuppertal 2006, 440-460.

[4]  Vgl. dazu u.a. Martin Stöhr (Hg.), Lernen in Jerusalem – Lernen mit Israel. Anstöße zur
Erneuerung in Theologie und Kirche, VIKJ 20, Berlin 1993. Auch Peter von der Osten-
Sacken, Hrsg. der Reihe VIKJ, Friedrich-Wilhelm Marquardt (umfangreiche Publikationsliste zur Israelthematik), Wolfgang Kraus (umfangreiche Publikationsliste zur Israelthematik) oder Bertold Klappert (Miterben der Verheißung. Beiträge zum jüdisch-
christlichen Dialog, NBST 25, Neukirchen-Vluyn 2000 u.v.a.) haben Weiterführendes im
Blick auf die Beziehung zwischen Kirche und Judentum publiziert und herausgegeben,
das positiv zu würdigen ist, wenn auch gewisse christologische, soteriologisch-
theologische, missiologische und eschatologische Entscheidungen und ‚Lehrsätzen' aus
deren Federn diskussionswürdig bleiben oder sogar begründet abgelehnt werden müssen.
Doch steht das jetzt hier nicht zur Debatte. – Während die EKD-Schriften „Christen und
Juden I-III. Die Studien der Evangelischen Kirchen in Deutschland 1975-2000", hg. v.
Kirchenamt der EKD, Gütersloh 2002 noch wertvolle Impulse zur Diskussion lieferten,
muss die EKD-Orientierung „Gelobtes Land? Land und Staat Israel in der Diskussion. Eine Orientierungshilfe", hrsg. im Auftrag der Evangelischen Kirche in Deutschland, Gü-
tersloh 2012 weitgehend als theologisch ‚unfertig' bezeichnet werden. Fazit: Echte Orientierung tut weiterhin not. Es mangelt insgesamt an einer systematisch-theologischen, biblisch verantworteten christlichen Lehre von der ‚Landverheißung Gottes für Israel', die
Formen einer nicht gerechtfertigten, reflexartigen Spiritualisierung, Metaphorisierung und
Universalisierung derselben sachgerecht begründet vermeidet, die verkappte doketische
Theologumena im Blick auf die Erfüllung von biblischen Prophetenworten entlarvt und
die zu beidem plausible Alternativlösungen aufzuzeigen vermag.

Außerdem geht es – und das wird gelegentlich unter Theologinnen und Theologen sowie kirchlichen Funktionären viel zu wenig beachtet – „nicht nur um eine Theologie Gottes nach Auschwitz, sondern auch um die Erkenntnis, daß das Land Israel eine theologische Problematik beinhaltet, die weit über die Frage hinausgeht, ob und wieweit Prophetenworte erfüllt sind".[5] Denn „[d]ie Frage nach der jüdischen Identität bleibt ein brennendes geistliches Problem. Das Land Israel ist die Verkörperung davon. Dies jüdische Verständnis des Landes Israel trifft auch den Kern der christlichen Theologie".[6]

Dieser Beitrag[7] will sich – *pars pro toto* – auf einen kleinen Ausschnitt des Themenfeldes ‚Alttestamentliche Verheißungen für Israel dogmatisch bewertet' konzentrieren. Dabei soll zum Einstieg die Tragweite des Problems angedeutet werden, wie es sich im Jude-Sein Jesu sowie in der paulinischen These der Ja-und-Amen-Verheißungserfüllung in Christus (2Kor 1,20) darstellt (Abschnitte 1. und 2.). Anschließend sollen verschiedene Blickwinkel zur Hermeneutik und Deutung des Alten Testament für die Dogmatik sowie zu jüdischen Erwartungen im Neuen Testament den Horizont für die Lehrbildung erweitern (Abschnitte 3. und 4.). Unter 5. und 6. werden Aspekte der paulinischen Israellehre sowie Lösungsansätze der alttestamentlichen Verheißungszusagen in Christus präsentiert, bevor Abschnitt 7. in einen vorläufigen Ausblick mit friedensethischen Impulsen einmündet. Das Referat wird insgesamt mehr den Charakter einer Problemanzeige tragen als den einer systematisch vorgetragenen Lösung.

## 1. *Cur Deus homo judaeus* – warum Gott jüdischer Mensch wurde

„Jesus von Nazareth war durch und durch Jude. Zwar stammte er aus Galiläa, wo eine jüdisch-nichtjüdische Mischbevölkerung lebte, aber auch das war noch Israel-Land."[8] Das Neue Testament ist im Blick auf Israel durchdrungen vom Zusammenklang von Gott, Volk, Gerichtsworten, Heilshoffnungen, Tora, Jerusalem und Land, wie auch zuvor das sog. Alte Testament, die hebräische Bibel. Insbesondere der Landbesitz als alttestamentliche Konzeption zählte als „Gabe

---

[5] A. C. Ramselaar, a.a.O., 220.

[6] Ebd., 225. Hinsichtlich der Zusammenschau der Thesen, Diagnosen, Schlussfolgerungen und Lösungsansätze in Ramselaars Aufsatz ist zu beachten, dass dieser Beitrag Ramselaars Urteile nicht immer bzw. nicht uneingeschränkt teilt.

[7] Die Untersuchungen von Katherine E. Wolff, ‚Geh in das Land, das ich Dir zeigen werde…'. Das Land Israel in der frühen rabbinischen Tradition und im Neuen Testament, Europäische Hochschulschriften (EHS) Reihe XXIII, Bd. 340, Frankfurt et al. 1989 und von Jacobus Cornelius de Vos, Heiliges Land und Nähe Gottes. Wandlungen alttestamentlicher Landvorstellungen in frühjüdischen und neutestamentlichen Schriften, FRLANT 244, Göttingen 2012 bieten nützliche Orientierung an, auf die auch dieses Referat zurückgreift.

[8] Friedrich-Wilhelm Marquardt, Die Juden und ihr Land, 2. Aufl., Gütersloh 1978, 83.

des erwählenden Gottes an das erwählte Volk"[9], wenn auch stets das Land „samt seinen Bewohnern Gottes Eigentum" blieb.[10] Allerdings sind die „in der Tora vorausgesetzten Eigentumsverhältnisse nicht nur Beschreibung historischer Fakten, sondern auch theologische Position, auch und gerade dann, wenn sie in nachexilischer Zeit nicht realisierbar waren."[11] Diese Bemerkung von W. Kraus dürfte gerade auch für die unterschiedlichen Arten des Judentums zur Zeit Jesu bedeutsam gewesen sein.[12]

Jesus wurde im ‚jüdischen Land' geboren (Mt 2,1). In Galiläa, Judäa und Jerusalem lebte und wirkte er.[13] Auf diesem relativ unbedeutenden Flecken Erde ‚kam – sozusagen – Gott zur Welt'.[14] „Jesus gehört ins Judentum", resümiert kurz und bündig der Heidelberger Neutestamentler Gerd Theißen das Ergebnis historisch-kritischer Jesusforschung.[15] Und: „Historisch ist in den Quellen das, was sich als Auswirkung Jesu begreifen lässt und gleichzeitig nur in einem jüdi-

---

[9]  Vgl. dazu beispielsweise Gerhard von Rad: Verheißenes Land und Jahwes Land, in: Gesammelte Studien zum Alten Testament, ThB 8, München 1958, 87-100; ders., Theologie des Alten Testamens, Bd. 1: Die Theologie der geschichtlichen Überlieferungen Israels, 6. Aufl., München 1969, 309-317; H. Wildberger, Israel und sein Land, in: EvTh 16 (1956), 404-422; R. Rendtorff, Das Land im Wandel der alttestamentlichen Geschichte, in: W. P. Eckert/ N. P. Levinson/ M. Stöhr (Hg.), Jüdisches Volk – gelobtes Land. Die biblischen Landverheißungen als Problem des jüdischen Selbstverständnisses und der christlichen Theologie, München 1970, 153-168; vgl. Walther Zimmerli, Grundriß der alttestamentlichen Theologie, 5. Aufl., Stuttgart/ Berlin/ Köln/ Mainz 1985, 53-58; Horst Dietrich Preuß, Theologie des Alten Testaments I, Stuttgart et al. 1991; außerdem K. E. Wolff: „Geh in das Land" und J. C. de Vos, Heiliges Land und Nähe Gottes, s. Anm. 7.

[10]  H. D. Preuß, Theologie des AT, ebd., 132.

[11]  Wolfgang Kraus, ‚Eretz Jisrael'. Die territoriale Dimension in der jüdischen Tradition als Anfrage an die christliche Theologie, in: M. Karrer/ W. Kraus/ O. Merk (Hg.), Kirche und Volk Gottes. Festschrift für Jürgen Roloff zum 70. Geburtstag, Neukirchen-Vluyn 2000, 19-41, hier 20.

[12]  Kraus fasst summarisch drei „konkurrierende Konzeptionen bezüglich des Landes" in nachexilischer Zeit (ebd., 20f.) und im antiken Judentum nach 70. n. Chr. (ebd., 30f.) zusammen, die auch für das Verständnis des Judentums, in dem Jesus lebte, nützlich sind.

[13]  Jürgen Roloff: Einführung in das Neue Testament, Stuttgart 2000, 26-41. Eine theologisch alternative Deutung, vgl. F. F. Bruce, Zeitgeschichte des Neuen Testaments, Teil 1: Von Babylon bis Golgatha, Wuppertal 1986, 168-200 u.ö. Vgl. außerdem weiterführend Darrell L. Bock/ Robert L. Webb (ed.), Key Events in the Life of the Historical Jesus. A Collaborative Exploration of Context and Coherence, Grand Rapids/ Cambridge 2009.

[14]  Im Sinne der theologischen Deutung von z.B.: „Ἐν ἀρχῇ ἦν ὁ λόγος, ... καὶ θεὸς ἦν ὁ λόγος (...) Καὶ ὁ λόγος σὰρξ ἐγένετο καὶ ἐσκήνωσεν ἐν ἡμῖν, καὶ ἐθεασάμεθα τὴν δόξαν αὐτοῦ, δόξαν ὡς μονογενοῦς παρὰ πατρός, πλήρης χάριτος καὶ ἀληθείας" (Joh 1,1.14).

[15]  Gerd Theißen, Jesus im Judentum. Drei Versuche einer Ortsbestimmung, in: ders., Jesus als historische Gestalt. Beiträge zur Jesusforschung. Zum 60. Geburtstag von Gerd Theißen hg. v. Annette Merz, Göttingen 2003, 35-56, hier 35, v.a. dort auch die Anm. 2 bis 12. Einführende Überlegungen zur Art des Judeseins Jesu, siehe bei Peter Pilhofer, Das Neue Testament und seine Zeit. Eine Einführung, Tübingen 2010, 34-47.

schen Kontext entstanden sein kann."[16] Auch deshalb sind Christen dazu eingeladen, darüber nachdenken, warum Gott es wohlgefallen hat, „jüdischer Mensch" zu werden: *Cur Deus homo judaeus?*[17]

Volk und Land waren für Jesus als Juden wichtig als Umgebung, Lebensraum und Inhalt seiner Wirksamkeit.[18] Schon sein hebräisch-aramäischer Vorname *Jehoschua* (עשוהי) mit seinen Kurzformen *Jeschua* oder *Jeschu* deutet dies an.[19] ‚Jesus' (nach einer latinisierten Form von Jeschua) konnte als ‚Josua' verstanden werden, in Erinnerung an den Nachfolger des Mose und Anführer der Israeliten, der die zwölf Stämme Israels in das Land der Verheißung führte und dessen Namen in der griechischen Übersetzung des Tanach, der Septuaginta, mit ‚Jesus' (Ἰησοῦς) wiedergegeben wird.[20]

Die Inschrift über Jesu Kreuz ‚Der König der Juden', die die Schuld des Verurteilten angab, zeigte den Messiasanspruch Jesu an, „der nach römischer

---

[16]  So zu lesen bei Gerd Theißen/ Annette Merz, Der historische Jesus. Ein Lehrbuch. Göttingen 2001, 117; ähnlich siehe u.a. bei Wolfgang Stegemann: Jesus und seine Zeit. Stuttgart 2010, 148; Peter Stuhlmacher, Biblische Theologie des Neuen Testaments, Bd. 1: Grundlegung. Von Jesus zu Paulus, Göttingen 2005, 42; Oda Wischmeyer, Hermeneutik des Neuen Testaments: ein Lehrbuch, Tübingen 2004, 108.

[17]  In sprachlicher Anlehnung an die persönliche Bemerkung Franz Mußners in „Jesus von Nazareth im Umfeld Israels und der Urkirche", WUNT 111, Tübingen 1999, 349: „Bei diesem Lernprozeß entdeckte ich den Juden Jesus, was mich auch zu der Überzeugung führte, dass die christologische Formel von Chalcedon „vere Deus – vere homo" ergänzungsbedürftig sei, in dem Sinn: vere Deus – vere homo judaeus."

[18]  Innerhalb der neutestamentlichen Forschung gilt es, die methodische Frage zu klären, welche Kriterien es gibt, die „echte Jesuworte" von späterer Traditionsbildung zu unterscheiden helfen. Wrede, Bultmann, Theißen u.v.a. legen im deutschsprachigen Raum die Grundlage dafür, in vieler Hinsicht im Urteil unsicher zu bleiben. Es ist daher oft von der ‚Theologie des Evangelisten' die Rede statt von der ‚Botschaft Jesu'. Die angelsächsische und nord-amerikanische neutetstamentliche Forschungen gehen teilweise andere Wege und kommen zu alternativen Urteilen und Schlußfolgerungen, die nachdenkenswert sind, vgl. Richard Bauckham, Darrell L. Bock, Howard I. Marshall, F. F. Bruce u.v.a.

[19]  Vgl. Art. Ἰησοῦς, in: ThWNT III (1957), 284-294.

[20]  Inhaltliche Aspekte und Erträge des THWNT-Artikels zum Art. Ἰησοῦς wurden (mit Ergänzungen) sachgerecht zusammengefasst im Wikipedia Art. „Jesus (Name)". Dort heißt es: „Der Vorname *Jehoschua* bzw. *Jeschua* war im ersten Jahrhundert unter Juden weit verbreitet. Er wird u.a. in den Schriften des jüdischen Historikers Flavius Josephus oft genannt. Danach hießen allein vier Hohepriester zwischen 37 v. bis 70 n. Chr. sowie 13 palästinische Juden, meist Aufständische wie die Zeloten, *Jeschua*. Erst in Reaktion auf das Christentum, das diesen Namen für Jesus Christus reservierte, nannten Juden ihre Söhne nur noch selten so. (…) Erst die lateinische Bibelübersetzung des Hieronymus unterschied *Josua* (Altes Testament) von *Jesus* (Neues Testament)", http://de.wikipedia.org/wiki/ Jesus_%28Name%29 (zuletzt aufgerufen am 12.07.2013).

Rechtsauffassung Rebellion" bedeutete „und deshalb mit dem Tod am Kreuz zu ahnden war."[21]

Insbesondere die Kritik Jesu an Städten oder am Tempel, seine Klage- und Drohworte, seine Verkündigung der nahen Gottesherrschaft demonstrieren die Bindung und Zuwendung zu diesem Volk und Land, eine Zuwendung, die er auch seinen Jünger vermittelte: [Geht] „nicht auf der Straße der Heiden" (Mt 10,5).[22] Oder wie O. Betz es ausdrückt: „Israel war der Adressat der Botschaft Jesu, und zwar nur Israel, aber das ganze Israel."[23] Damit meint Betz sowohl das ‚Volk', als auch das ‚Land' Israel als Jesu Wirkungsfeld.[24] In Jerusalem schließlich berichten jüdische Anhänger Jesu von der Auferstehung des zuvor Gekreuzigten und von verschiedenen Begegnungen mit diesem auferstandenen Jesus (1Kor 15,4-8) sowie von Jesu Himmelfahrt am Ölberg (Apg 1,9.12 u.ö.).

Weiterführend hat Bernd Kollmann am Beispiel der jüdischen Gleichniserzählungen aufgezeigt, wie Jesus diese ganz offensichtlich aufgenommen hat.[25] Das Ergebnis seiner Untersuchung ist, dass rabbinische und jesuanische Gleichniserzählungen inhaltlich nicht so sehr voneinander unterschieden gewesen seien, wie es das oft gezeichnete, aber eher verzerrte Bild jüdischer Religiösität zur Zeit Jesu behauptet. Es fällt auf, so Kollmann, „[d]ass die großen theologischen Themen einzelner neutestamentlicher Gleichnisse wie die unermessliche Güte Gottes gegenüber Sündern und seine uneingeschränkte Bereitschaft, umkehrwilligen Menschen Vergebung zu gewähren, kein Proprium Jesu sind, sondern in rabbinischen Gleichnissen ihr Entsprechung haben. (…) Jesus hat (…) die Kunst des Gleichniserzählens nicht neu erfunden, aber im Rahmen seines Werbens für die Gottesherrschaft doch zu (…) selten erreichter Blüte gebracht. Um dies festzustellen, bedarf es allerdings weder einer verzerrten Darstellung jüdischer Frömmigkeit noch einer durch nichts gerechtfertigten Abwertung rabbinischer Erzählkunst."[26]

---

[21] Otto Betz, Israel bei Jesus und im Neuen Testament, in: W. P. Eckert/ N. P. Levinson/ M. Stöhr (Hg.), Jüdisches Volk – gelobtes Land. Die biblischen Landverheißungen als Problem des jüdischen Selbstverständnisses und der christlichen Theologie, München 1970, 275-289, hier 279-280. Mit Betz gegen die Vertreter, die Jesu Messiasanspruch als nicht originär jesuanisch, sondern als spätere Gemeindebildung deuten, ebd., 280.

[22] Vgl. dazu u.a. Martin Hengel, Judentum und Hellenismus. Studien zu ihrer Begegnung unter besonderer Berücksichtigung Palästinas bis zur Mitte des 2. Jh.´s v. Chr., WUNT 10, 3., durchges. Aufl., Tübingen 1988. Und weiter: Martin Hengel/ Anna Maria Schwemer: Jesus und das Judentum, Bd. 1 (von 4) Geschichte des frühen Judentums, Tübingen 2007f.

[23] O. Betz, a.a.O., 280f.

[24] Ebd., 281.

[25] Bernd Kollmann, Jesus als jüdischer Gleichnisdichter, in: NTS 50/4 (2004), 457-475. Vgl. dazu Joachim Jeremias: Neutestamentliche Theologie. Erster Teil: Die Verkündigung Jesu, Gütersloh 1971, 14-44: Kap. § 1 Die aramäische Grundlage der Jesuslogien der Synoptiker und § 2 und § 3 zur „Redeweise" und zu den Kennzeichen der „ipsissima vox" Jesu.

[26] B. Kollmann, ebd., 474f.

Es wird nicht explizit von Jesus berichtet, dass er die Landverheißung oder andere Verheißungen für Israel außer Kraft gesetzt habe, die für das Judentum von zentraler Bedeutung waren. Allerdings fehlt in Jesu Verkündigung ebenfalls eine bewusste Bestätigung der Landverheißung für Israel.[27]

Wahrnehmen kann man, dass Jesus ganz offensichtlich die Verheißungen an Abraham bzw. an die ‚Väter‘ (vgl. den indirekt implizierten Hinweis in Mt 1,1-11; 8,11 u.ö.), wie die zu seiner Zeit vorhandene Hebräische Bibel insgesamt (vgl. Lk 24,27.44 u.ö.), nicht in Frage gestellt hat. Vielmehr hat er sie gewissermaßen für sein Reden und Wirken in Israel vorausgesetzt.[28] Wo allerdings Erwartungen „seinem messianischen Dienst und der eschatologischen Gehorsamsforderung im Wege standen, wurden sie überholt."[29]

Für Jesus gelten die Eckpfeiler der jüdischen Gottesbeziehung, wie der Bund, das Land und die Heilsgeschichte Gottes mit seinem auserwählten Volk Israel, als Voraussetzung und als Sitz seines Wirkens.[30] Die Landverheißung gehört offensichtlich zu diesen Voraussetzungen, auf die Jesus indirekt eschatologisch Bezug nimmt (vgl. z.B. die Hinweise in Mt 19,18. u. 28.29, die von einer endzeitlichen Wiederherstellung des Zwölfstämmeverbundes im Land Israel sprechen), wie auch der ‚Bund Gottes mit Israel‘, der in den Abendmahlsworten (z.B. Lk 22,17-20) in Verbindung mit Verheißungen des „Neuen Bundes für Is-

---

[27]  Sieht man einmal von Apg 1,6-7 (in Verbindung mit Lk 24,21) ab, wo der Auferstandene in seiner Antwort an die Jünger die Frage nach der Aufrichtung des „Reiches für Israel" übergeht, Verse, die eine nach alttestamentlichem Prophetenwort (davidische) Königherrschaft avisieren, die das Land mit einschließt. Vgl. dazu Richard Bauckham, Die Wiederherstellung Israels nach dem Lukas-Evangelium und der Apostelgeschichte, in: B. Schwarz/ H. Stadelmann (Hg.), Christen, Juden und die Zukunft Israels, EDIS 1, Frankfurt a.M. 2009, 3-54. Siehe auch Ludger Schenke: Die Botschaft vom kommenden ‚Reich Gottes‘, in: Ludger Schenke (Hg.), Jesus von Nazaret – Spuren und Konturen, Stuttgart 2004, 106-147.

[28]  Vgl. dazu O. Betz, a.a.O., 281: „Israel war sein [Jesu, Anm. d. Verf.] Wirkungsfeld", und S. 283: „Jesus forderte ganz Israel, weil er sich als den Messias verstand; diesem Messiasanspruch hat sein Volk widersprochen." Ähnlich Martin Hengel, der bekantlich den irdischen Jesus als „messiansichen Lehrer der Weisheit" bezeichnete, vgl. P. Stuhlmacher, Biblische Theologie, a.a.O., 43.

[29]  O. Betz, a.a.O., 285. Vgl aber im Blick auf das „Un-Jüdische" in Jesu Verhalten folgende (notwendige) Kritik bei Ferdinand Hahn, Methodologische Überlegungen zur Rückfrage nach Jesus, in: K. Kertelge (Hg.), Rückfrage nach Jesus. Zur Methodik und Bedeutung der Frage nach dem historischen Jesus, QD 63, Freiburg u.a.: Herder 1974, 11-77: „An Jesu provokatorischem Verhalten am Sabbat, an seiner Ignorierung der rituellen Reinheitsforderungen, an seinem Verhalten gegenüber der (sie!) aufgrund von Gesetzesbestimmungen aus der Gemeinschaft ausgeschlossenen Kranken, an seiner Gemeinschaft mit denen, die das Gesetz nicht beachteten, zeigt sich, daß er nicht bereit war, als Jude jüdisch zu leben im Sinne des damaligen jüdischen Selbstverständnisses, gleich welcher Schattierung" (hier 43).

[30]  Vgl. F. F. Bruce, Zeitgeschichte, a.a.O., 174-183.

rael" (Jer 31,31ff. u.a.) indirekt anklingt, der nun aber dort letztlich die ‚glaubende' Menschheit adressiert – inklusive der gläubig gewordenen Heiden (vgl. 1Kor 11,23-26) – nicht mehr nur Israel.

Solche Wahrnehmungen haben Konsequenzen, auch und insbesondere für die theologische Arbeit am Neuen Testament und der christlichen Lehrbildung, die – zumindest teilweise – M. Stöhrs Empfehlung, einen „zweifachen Sitz im Leben" von Schriftaussagen anzunehmen, verständlich sein lässt: „Weil die Hebräische Bibel die Bibel Jesu und der Apostel war, gehört zu jeder exegetischen Arbeit am Neuen Testament die Aufarbeitung der gesamtbiblischen Bezüge. Konkret: Das Neue Testament kann von vielen z.B. sozial-ethischen und politischen Dimensionen des biblischen Glaubens schweigen, weil diese Dimensionen als selbstverständlich bekannt vorausgesetzt waren."[31] Dabei geht es letztlich auch um Fragen der innerbiblischer Kontinuität und Diskontinuität vom Alten zum Neuen Testament, auch um die theologischen Begründungsmöglichkeiten und -grenzen einer Dichotomie von Israel und Kirche.[32]

Es ist nachdenkenswert, wie Texte des Neuen Testaments in der Sprache der „Entterritorialisierung"[33], der „Spiritualisierung bzw. der Universalisierung" und der „Typologisierung bzw. der Metaphorisierung"[34] des Landbesitzes für Israels, des Tempelheiligtums und der Stadt Jerusalem aufgrund der Ausrichtung auf Jesus die materiale Basis doch nicht gänzlich aufgeben, sondern auch zurückverweisen auf das Verhaftetsein im Irdischen, nicht primär für die ‚Gemeinde Jesu' (die diese Bezüge theologisch begründet nicht wirklich nötig hat – vgl. dazu Hebr 3,1.11ff.; 11,9-16 u.ö.), aber doch im Blick auf das Volk Israel, in dem Jesus seinen (zunächst partikularen) messianischen Auftrag wahrnimmt. Wolfgang Wirth liefert diesbezüglich eine nachdenkenswerte Beobachtung: „Es ist auffällig, daß in den prophetischen Droh- und Gerichtsworten Jesu zwar von

---

[31]  Martin Stöhr, Die Auslegung des Neuen Testaments und der zweifache ‚Sitz im Leben', in: ders.: Dreinreden. Essays – Vorträge – Thesen – Meditationen, hg. v. Klaus Müller und Alfred Wittstock, Wuppertal 1997, 362. Vgl. EKD-Text „Juden und Christen III. Schritte der Erneuerung im Verhältnis zum Judentum", Kap. 4.6 ‚Israel – Land und Staat'.

[32]  Vgl. die aufschlußreiche und weiterführende Aufsatzsammlung in John S. Feinberg (Hg.), Continuity and Discontinuity. Perspectives on the Relationship between the Old and New Testament. Essays in Honor of S. Lewis Johnson, Jr., Westchester (IL) 1988.

[33]  J. C. de Vos, Heiliges Land, a.a.O., 115. Eine der nach wie vor grundlegenden Studien zur Landfrage im NT ist die von William Davies, The Gospel and the Land. Early Christianity and Jewish Territorial Doctrine, Berkeley 1974 (Ergebnis: Transzendierung des Landes, tw. in Anlehnung an frühjüdische Schriften; Bezüge zu 'Realien' nur über die Person Jesu), wenn auch die Arbeiten von J. C. de Vos, K. E. Wolff u.a. die Ergebnisse von Davies teilweise modifizieren

[34]  J. C. de Vos, ebd., 111-112. Siehe auch: Frank-Lothar Hossfeld, Die Metaphorisierung der Beziehung Israels zum Heiligen Land im Frühjudentum und Christentum, in: F. Hahn/ F.-L. Hossfeld/ H. Jorissen/ A. Neuwirth (Hg.), Zion – Ort der Begegnung. Festschrift für Laurentius Klein zur Vollendung des 65. Lebensjahres, BBB 90, Bodenheim 1993, 19-33.

der Verwerfung führender Schichten, in den Apokalypsen von Kriegen, die das Land überziehen werden, und von der Zerstörung Jerusalems die Rede ist, nie aber die Existenz des Gottesvolkes Israel aufgehoben und nie der endgültige Verlust des Landes erwähnt wird."[35] Und er resümiert davon abgeleitet: „Das ist das deutlichste Zeichen dafür, daß eine Annulierung der göttlichen Verheißung überhaupt nicht in Frage kommt."[36] Die Auslegung von Apg 7,2f., einer Passage der Stephanusrede, die die Landverheißung Abrahams für die Nachkommen des Volkes Israel in Erinnerung ruft, hat deshalb auch „zunächst keinen anderen Sinn, als den Einsatz der Erwählungsgeschichte festzuhalten"[37], der nach der gegebenen Verheißung irdisch-materielle Bestandteile enthält.

Ein weitere Wahrnehmung: Katherine E. Wolff deutet die dritte Versuchung Jesu durch den Teufel (Mt 4,12-17) in Analogie und Korrelation zum Sehen des verheißenen Landes durch Mose (ohne jedoch hineinzugelangen), so dass die Versuchungen ihn (im Unterschied zu Mose) nach vierzig Tagen in der Wüste schließlich ins Land einziehen lassen. „Die Basis der Universalität Jesu ist die Partikularität dieses Landes, und so beginnt er sein Wirken in Galiläa, dort, wohin er als Kind gekommen war und wo er vor seinem öffentlichen Auftreten gelebt hat."[38] Eine auf den Sohn Gottes bezogene personifizierte ‚Landnahme‘ wird möglicherweise auch in Mt 2,13-23 angedeutet (Flucht, Auszug aus Ägypten usw.).[39]

Nähme man nun noch die irdisch orientierte Zionstheologie (vgl. z.B. Jes 59,20 und Röm 11,27 u.a.), die für jüdisches Denken zentrale Bedeutung der Stadt Jerusalem oder die des Tempels (Lk 2,22f.. 41f.) usw. hinzu, würde man feststellen, dass der „Messias" für Israel weitgehend auch so gekommen ist, wie es für Israel immer schon vorhergesagt und geglaubt wurde, wenn auch das Evangelium schließlich im Ja zu den Heiden, die zum Glauben an den Messias-Christus eingeladen sind (vgl. Lk 22,17-20, „Neuer Bund" im Blut Jesu; vgl. Apg 15,14 u.ö.) über Israel, Jerusalem und den Tempel hinausgreift und bis ‚Rom‘ ausgeweitet wird (ja sogar „... bis an das Ende der Erde", Apg. 1,8).[40]

---

[35] Wolfgang Wirth, Die Bedeutung der biblischen Landverheißung für die Christen, in: W. Eckert/ N. P. Levinson/ M. Stöhr (Hg.), Jüdisches Volk – gelobtes Land, München 1970, 312-321 (hier: 314).

[36] Ebd., 314-315.

[37] Ebd.

[38] K. E. Wolff, a.a.O., 268f.

[39] Vgl. beispielsweise dazu Julius Schniewind, Das Evangelium nach Matthäus. Mit Einleitung. Die Entstehung und der Wortlaut des Neuen Testaments v. H. Strathmann, NTD 1,1, 1. bis 3. Aufl. Göttingen 1937, 19: „Die Mose-Zeit soll der Messias-Zeit entsprechen: das ist eine Erwartung, die im damaligen Judentum lebendig war."

[40] Vgl. die Analyse neutestamentlicher Bezugnahmen zum Wortfeld ‚Land‘ bei K. E. Wolff, a.a.O., 248-350. Siehe auch Roland Deines, Die Bedeutung des Landes Israel in christlicher Perspektive, in: Judaica 62 (2006), 309-330.

## 2. Das Problem: die alttestamentlichen Verheißungen an Israel werden bzw. sind in Christus „erfüllt"

In unterschiedlicher Intensität und mit unterschiedlicher Begründung argumentieren Christen seit der Zeit der frühen Kirche, dass der in den Heiligen Schriften erwähnte ursprüngliche Verheißungsempfänger Israel mit dem Kommen Jesu durch die Kirche abgelöst bzw. ersetzt worden sei.[41] Dies wurde durch Aussagen in apostolischer Autorität, wie beispielsweise 2Kor 1,20, als Schriftbeweis legitimiert. Diese Stelle soll hier im Referat lediglich als gedankliche Zusammenfassung einer Fülle von Schriftbelegen samt Deutungen aus der Vergangenheit und Gegenwart dienen[42], sozusagen als Leitfaden für die These, wieso beispielsweise die Landverheißung keine konkrete materielle Erfüllung mehr zu erwarten habe.

Der Apostel Paulus schreibt an die Gemeinde in Korinth: „Denn so viele Verheißungen Gottes es gibt, in ihm ist das Ja, deshalb auch durch ihn das Amen, Gott zur Ehre durch uns" (2Kor 1,20). „So viele Verheißungen Gottes es nun gibt" – so deutet der Wortlaut an – einschließlich der Abrahamverheißungen, einschließlich der Nachkommen- und Landverheißung, sowie anderer in prophetischer Weissagung gegebene Verheißungen (z.B. 2Sam 7,12-16 u.ö.) – sie alle hätten in Christus das Ja der Erfüllung und damit vollendete Gültigkeit erhalten, sie wären quasi in ihm und mit seinem Kommen ‚erfüllt', sie hätten somit ihre Zeit, für Israel bedeutsam zu sein, gehabt. So lautet eine christlich-populäre Deutungsvariante, die – würde sie zutreffen – ohne Zweifel gravierende dogmatische und israel-theologische Konsequenzen nach sich zöge.

Nachdem Christus gekommen sei, bedeute beispielsweise im Blick auf die Landverheißung – auch in Ergänzung zu ähnlichen Hinweisen anderer neutestamentlicher Aussagen –, dass die ganze Welt Stätte von Gottes Heil geworden sei und dass die Propheten mit ihren Erwartungen auf Rückkehr und Wiederherstellung darauf hinwiesen, dass z.B. „Heiden" nun auch in das „Neue Volk Israel" der Christusgläubigen aufgenommen würden.[43] Auf diese Weise würden alle Verheißungen des Alten Testaments, die ursprünglich an Israel gerichtet waren,

---

[41]  Vgl. u.a. Michael J. Vlach, The Church as a Replacement of Israel. An Analysis of Supersessionism, EDIS 2, Frankfurt et al. 2009; Rinaldo Diprose, Israel aus der Sicht der Gemeinde, dte. Übers. aus dem Italienischen v. R. Gütting, Hammerbrücke 2001.

[42]  Vgl. u.a. Bertold Klappert, Israel und die Kirche. Erwägungen zur Israellehre Karl Barths, Theologische Existenz 207, München 1980, dort die skizzierten „Modelle der Verhältnisbestimmung von Israel und Kirche", 14-37. Siehe auch Berthold Schwarz, Israeltheologien unter der Lupe, in: C. Herrmann (Hg.), Wahrheit und Erfahrung – Themenbuch zur Systematischen Theologie, Bd. 3: Heiliger Geist, Kirche, Sakramente, Neuschöpfung, STM 18, Wuppertal 2006, 440-460.

[43]  B. Klappert: Israel, ebd. Vgl. Carsten Peter Thiede/ Urs Stingelin, Die Wurzeln des Antisemitismus, Judenfeindschaft in der Antike, im frühen Christentum und im Koran, Basel 2002, 121-159.

in Christus für die an Jesus Christus gläubig gewordenen Juden und Heiden erfüllt (Stichworte: Universalisierung - Metaphorisierung – Spiritualisierung).

Nun scheint es in der Tat so zu sein, von unterschiedlichen Forschungsergebnissen bestätigt, dass die Autoren des Neuen Testaments gelegentlich den Prozess fortführen, der bereits teilweise in alttestamentlicher Zeit, teilweise im zwischentestamentarischen Judentum (2. Tempelperiode) begann, der gelegentlich die Verbindung von Volk und Land auflöste oder der das ‚Heilige Land' universalistisch entterritorialisiert (‚die gesamte bewohnbare Welt') betrachten konnte (vgl. jüdisch-apokalyptische Texte, wie das Henochbuch, oder siehe im Jubiläenbuch), wenn auch die irdischen Bezüge dabei nicht völlig verloren gegangen sind.[44]

Es ist außerdem kaum zu übersehen (damit auch ekklessiologisch bedeutsam), dass neutestamentliche Texte als Basis für die frühchristliche Lehrbildung aufgrund des erlösenden Christusglaubens insbesondere am himmlischen, nicht am irdischen Jerusalem interessiert sind (vgl. Hebr 13,14; Phil 3,20; Kol 3,1-4 u.v.a.), dass Heilige Orte, das Land, die heilige Stadt Jerusalem und der Tempel als Orte des „Gottesdienstes" völlig an Bedeutung verlieren bzw. neu konzipiert gedacht werden (Joh. 4,24; 1Kor 3,16.17; 6,19; Joh 2,19-21; 2Kor 5,1f.; Phil 3,20; Hebr 4,14-16; 8,1ff. u.v.a.) oder sogar ganz verschwinden (Offb 21,22), wenn auch zugleich (komplementär?) der heilsgeschichtliche Bezug der ‚Gemeinde Jesu' zum irdischen Volk der Juden ausdrücklich bestehen bleibt (vgl. Joh 4,22; Röm 11,11-15).

Diese Wahrnehmung sollte nun aber nicht dazu führen, „alle irdischen Landverheißungen als heilsgeschichtlichen Anachronismus" zu deuten, wie Knut Backhaus u.a. es tut, weil angeblich der „christologisch fundierte Heilsuniversalismus nicht revoziert werden" könne, „ohne dass die Basis des Christentums selbst zur Disposition" stünde.[45] Solch ein Vorgehen wäre zu dem analog, wollte man das Verhältnis von ‚Glaube und Werke' allein am Jakobusbrief messen, ohne dabei die Evangelien und die paulinischen Briefe zu konsultieren.

Mit W. Kraus, der sich dabei auf F.-L. Hossfelds Thesen bezieht[46], lässt sich in dieser Debatte zur Orientierung Folgendes festhalten: „Eine Analyse der alt. Texte zeigt, daß im Kontext der Metaphorisierung der Beziehung Israels zum Land, die schon im Alten Testament begegnet, das Land zu einem Heilsgut wird, das ‚den territorialen Rahmen sprengt, sich auf die bewohnte Erde ausweitet und zugleich zum Angeld bzw. Ansatz für eine Gottesgemeinschaft wird, die weiter

---

[44]  Vgl. dazu u.a. J. C. de Vos, Heiliges Land, 45-86, Kap. 2 „Idealisierungen des Landes Israel in frühjüdischen Schriften" und 101-198, Kap. 4. „Ersetzungen alttestamentlicher Landvorstellungen im Neuen Testament". Vgl. auch – teilweise mit anderen Schlußfolgerungen – W. Kraus, ‚Eretz Jisrael', a.a.O., 19-41.

[45]  Knut Backhaus, Das Land der Verheißung. Die Heimat der Glaubenden im Hebräerbrief, in: New Testament Studies XLVII (2001), 187.

[46]  F.-L. Hossfeld, Metaphorisierung, a.a.O., 19-33.

reicht als die individuelle Lebenszeit und besondere Intensität erlangt. Die *Gottesgemeinschaft* ist das Erste und Letzte' [Zitat aus Hossfeld, Metaphorisierung, 33]. Das Land bzw. der Tempel als Ort der Gottesgemeinschaft begegnet ebenfalls in den frühjüdischen Konzeptionen als zentrale Vorstellung. Von diesem Ansatz her läßt sich auch eine ntl. verantwortete Position beziehen. In verschiedenen ntl. Texten steht Jesus als *Inbegriff des Ortes der Gottesgemeinschaft*, wo im Judentum das Land oder der Tempel zu stehen kommen: z.b. Röm 3,25f.; Apk 21,22. Hier ist die Metaphorisierung des Landes im Sinne einer durch Christus neu gestifteten Gottesgemeinschaft konsequent zu Ende gedacht. (…) Es ist in Apk 21 nicht mehr das eine Gottesvolk Israel, sondern es sind ‚seine Völker'" (Apk 21,3).[47]

Sofern diese Beobachtungen stimmig seien – so Kraus – folgere daraus, dass das NT letztlich „gut jüdisch" sei[48], weil es damit zu dem frühjüdischen Traditionsstrang gehöre, der irdische Erwartungen zu transzendieren begonnen habe, die die Gabe des Landes im Kontext der Treue Gottes reflektierte. Allerdings einen jüdischen Traditionsstrang, der irdische Erfüllungen von Zusagen Gottes im Blick behielt, den gab es zeitgleich offensichtlich auch, wie die jüdische Gruppierung der Zeloten nahelegt oder Aussagen, wie Lk 24,21: „ἡμεῖς δὲ ἠλπίζομεν ὅτι αὐτός ἐστιν ὁ μέλλων λυτροῦσθαι τὸν Ἰσραήλ".[49]

Von diesen Überlegungen her könnte eine vorläufige Antwort auf die Frage nach dem Wie der ‚Erfüllung der alttestamentlichen Verheißungen' an den Erstempfänger Israel folgendermaßen lauten:

Ausgehend von 2Kor 1,20 – dem exemplarischen Summarium für ein verchristlichtes, entjudaisiertes Verheißungsverständnis – lässt sich beobachten: Vers 20 gehört in den Zusammenhang der Verse 15-22, in denen der Apostel sich herausgefordert sah, die Unterstellung der Korinther zu entkräften, in Wort und Tat nicht zuverlässig zu sein. Diese Unterstellung bezog sich wohl darauf, dass Paulus zunächst zugesagt hatte, Korinth aufzusuchen, es dann aber doch nicht getan hatte. Mit der Bezugnahme auf seinen apostolischen Auftrag (V. 17-22) will Paulus verdeutlichen, dass er – trotz veränderter Umstände – seinem Auftrag treu geblieben ist (Kap. 1,23-2,4). Die Zuverlässigkeit des Evangeliums, wie die von ihm selbst als Verkündiger, sind in der Treue Gottes verankert, in der Gott in Jesus Christus alle Verheißungen wahr macht.

F. Lang fasst die Situation mit folgenden Worten treffend zusammen: „Mit der zweiten Frage in V. 17 spricht er [Paulus, Anm. d. Verf.] sein grundsätzliches Verhalten an: Paulus ist nicht ein Mensch, der seine Beschlüsse auf „fleischliche Weise" faßt, d. h. ohne die Rücksicht auf seinen Auftrag und ohne die Leitung durch den Geist Gottes. Als „fleischlich" werden solche Beschlüsse charakterisiert, bei denen das Ja zugleich ein Nein ist; ihnen fehlt die Eindeutigkeit, so daß

---

47　W. Kraus, Eretz Jisrael, a.a.O., 40-41.
48　Ebd., 41.
49　Vgl. P. Pilhofer, a.a.O., 34-47; F. F. Bruce, a.a.O., 73-126.

man nicht weiß. woran man mit ihnen ist. Die Verdoppelung von Ja und Nein dient nach jüdischem Sprachgebrauch zur Verstärkung einer Zu- oder Absage (vgl. Mt 5,37). Nach V. 18 macht das gleichzeitige Vorhandensein von Ja und Nein das Verwerfliche solcher „fleischlichen" Beschlüsse aus. Paulus ruft Gott zum Zeugen dafür an. daß sein Wort eindeutig und zuverlässig ist. Die Treue-formel „treu ist Gott" (vgl. 1Kor 1.9; 10,13; 1Thess 5,24) hat hier die Funktion eines Schwurs (vgl. Gal 1,20). Das Wort des Apostels, das seine Verkündigung und seine Zusagen umfaßt, gewinnt seine Eindeutigkeit und Zuverlässigkeit aus dem Heilshandeln Gottes in Christus."[50]

Und dieses Heilshandeln in Jesus Christus, das das Zentrum des verkündigten Evangeliums verkörpert, ist zugleich das quasi personifizierte Ja der von Gott gegeben Zusagen und Verheißungen. In diesem Jesus Christus ist die Zuverläs-sigkeit Gottes greifbar, die zugleich den Dienst des Apostels prägt. Oder um es mit F. Lang auszudrücken: „In ihm ist alles zur Erfüllung gekommen und wird in Zukunft vollendet werden, was Gott im Alten Testament verheißen hat.[51] Der V. 20 ist von zentraler Bedeutung für die Stellung des Paulus zum Alten Testa-ment. In Christus sind die Verheißungen Gottes, so viele es gibt, Wirklichkeit geworden, die Verheißung des Segens an Abraham (1Mose 12,3), die Verhei-ßung des Messias und seiner Königsherrschaft (2Sam 7,13ff.; Jes 11,1-5; Sach 9,9), die Verheißung des Neuen Bundes (Jer 31,31-34; Ez 37,26 u.ö.), die Ver-heißung des Gottesknechts, der die Sünden der Vielen trägt (Jes 53,12) und die Verheißung des Menschensohns und seines endgültigen Siegs über die gottfeind-lichen Mächte (Dan 7,13ff.). Neben dem Gegensatz von Gesetzesgerechtigkeit und Glaubensgerechtigkeit. von altem und neuem Bund (2Kor 3), steht bei Pau-lus der positive Zusammenhang von Verheißung und Erfüllung durch das Chris-tusgeschehen, und *beides* sieht er bezeugt vom Gesetz und den Propheten (vgl. Röm 3,21). Zum „Ja" der Heilstat Gottes in Jesus Christus sprechen die Glau-benden das „Amen" zum Lobpreis Gottes."[52]

Die Auslegung Langs von V. 20 mit den Worten „… und wird in Zukunft vollendet werden, was Gott im Alten Testament verheißen hat" verdeutlicht, dass in V. 20 kein chronologisch terminierendes Urteil über die alttestamentli-chen Verheißungen gefällt wird, das einer Substitution Israels samt seiner an es gerichteten Verheißungen durch die Christus-Kirche gleichkäme. Vielmehr wird betont, dass die Verheißungen aufgrund der Treue und Zuverlässigkeit Gottes

---

[50] Friedrich Lang, Die Briefe an die Korinther, Göttingen/ Zürich 1993, 258.

[51] Diese zukünftige Erfüllung und Vollendung alttestamentlicher Verheißungen und Heilszu-sagen ‚in Jesus', auch im Sinne der Erstempfänger und Erstadressaten ist demnach nicht aufgehoben, vererbt oder ausgeschlossen (weil spiritualisierend zu deuten), sondern gut denk-möglich. Vgl. auch wegweisend Hubert Frankemölle, Die paulinische Theologie im Kontext der heiligen Schriften Israels: „So viele Verheißungen Gottes, in ihm das Ja" (2 Kor 1,20), NTS 48/3 (2002), 332-357, speziell zu 2Kor 1,20 auf den Seiten 333-335.

[52] F. Lang, ebd., 258-259.

durch Jesus Christus zusätzlich eine „Amen-Bestätigung" erfahren, die es umso gewisser machen, dass sie in Jesus Christus im Begriff sind, erfüllt zu sein bzw. noch *künftig* in Erfüllung zu gehen. Diese christologische Zuspitzung negiert aber nicht die noch weiterhin bestehende Offenheit, die alttestamentlichen Verheißungen im Treue-Amen des Jesus Christus auch für die Erstempfänger in Erfüllung gehen zu lassen. Einen Hinweis darauf, dass diese Offenheit für die Erstempfänger bestehen blieb, finden wir dann auch in der Anwendung bei Paulus selbst wieder, wenn er beispielsweise in Röm 11,25-29 ausstehende Verheißungen zur Sündenvergebung für Jakob und endzeitliche, auch für Paulus noch zukünftige Erlöser-Erwartungen vom Zion her für das nationale Israel (πᾶς Ἰσραὴλ[53]) in Christus in Erfüllung gehen sieht (Hinweis auf die Idee des „zweifachen Sitzes im Leben" im Blick auf Jes 59 und Jer 31,31-34 – unterschiedliche Deutungsstränge im Judentum zur Zeit Jesu?).[54]

An dieser Stelle, gerade im Umgang des Apostels mit alttestamentlichen Texten im christologischen Fokus, wird ein weiterer Problemkreis angedeutet, der bei israel-theologischen Gesichtspunkten stets eine Rolle spielt, auf den auch F. Lang hinwies („V. 20 ist von zentraler Bedeutung für die Stellung des Paulus zum Alten Testament", ebd. 258), nämlich die Bedeutung, die die christliche Dogmatik substantiell dem Alten Testaments für die Lehrbildung beimisst.

## 3. Die Bedeutung des Alten Testaments für die christliche Lehrbildung (Dogmatik)

Wer sich durch die theologischen Lehrbücher, insbesondere die der Dogmatik der letzten zwei Jahrhunderte, hindurcharbeitet, der wird unschwer feststellen, dass Theologen zunehmend Schwierigkeiten bekamen und diese teilweise noch haben, unmittelbar aus dem Alten Testament einen theologisch bzw. dogmatisch relevanten Gewinn für die christliche Lehre zu ziehen.[55] Das hat unterschiedliche Ursachen.

---

[53] Zur Auslegung von Röm 11,26 vgl. u.a. James M. Scott, ‚Und so wird ganz Israel gerettet werden' (Röm 11,26), in: Berthold Schwarz/ Helge Stadelmann (Hg.), Christen, Juden und die Zukunft Israels. Beiträge zur Israellehre aus geschichte und Theologie, EDIS 1, Frankfurt et al. 2009, 55-95, speziell zu πᾶς Ἰσραὴλ, ebd., 62-86.

[54] Vgl. auch Robert L. Saucy, Israel and the Church: A Case for Discontinuity, in: J. S. Feinberg: Continuity and Discontinuity, a.a.O., 239-259.

[55] Vgl. dazu wegweisend die Untersuchung von Klaus Beckmann, Die fremde Wurzel. Altes Testament und Judentum in der evangelischen Theologie des 19. Jahrhunderts, FKDG 85, Göttingen 2002. Vgl. zugleich den Pendelausschlag in die entgegengesetzte Richtung, einer Separierung des AT und des Bundes für Juden weitgehend ohne Christusbezug, z.B. im Vorwort bei Hans Hermann Henrix, Gottes Ja zu Israel. Ökumenische Studien christlicher Theologie, SKI 23, Aachen 2005, 1-4, in dem es u.a. aus katholischer Perspektive heißt: „Wenn der Titel der hier vorgelegte Sammlung von Studien das Leitwort vom Ja

Zum einen hat es seit Marcion immer wieder Stimmen gegeben, die den gordischen Knoten dieser Schwierigkeiten so lösten, indem sie das AT einfach aus dem Kanon hinauswiesen. Adolf von Harnack – stellvetretend für andere vor und nach ihm – schrieb in seinem Buch über Marcion (1921): „Die These, die im folgenden begründet werden soll, lautet: das Alte Testament im 2. Jahrhundert zu verwerfen, war ein Fehler, den die Kirche mit Recht abgelehnt hat; es [das AT, Anm. d. Verf.] im 16. Jahrhundert beizubehalten, war ein Schicksal, dem sich die Reformation noch nicht zu entziehen vermochte; es [das AT, Anm. d. Verf.] aber seit dem 19. Jahrhundert als kanonische Urkunde im Protestantismus noch zu konservieren, ist die Folge einer religiösen und kirchlichen Lähmung".[56] Dem AT gebührt deshalb in der Kirche keine kanonische Autorität.[57] Nicht wenige Dogmatiker ringen seitdem (unbewusst oder bewusst) mit Harnacks (Marcions? Schleiermachers?) These.

Zum anderen werden immer wieder auch Überzeugungen aus der Christologie und v.a. aus der Erkenntnislehre (Stichwort: Offenbarung Gottes) angeführt, die insgesamt gesehen die Qualität der Aussagen alttestamentlicher Schriften im christlichen Kanon relativieren oder sogar diskreditieren. Es ist dann durchaus noch von ‚Bezeugungen Gottes im Alten Testament' oder von ‚Manifestationen' (W. Pannenberg) die Rede, doch das Gemeinte hat letzlich nur minderwertigen Gehalt angesichts des alles in den Schatten stellenden Christusereignisses. Es wird postuliert, „dass das Alte Testament für sich, losgelöst vom Neuen Testament, wie nicht als Kanon, so auch nicht als Quelle einer Offenbarung Gottes im strengen Sinne behauptet werden kann."[58]

Auslegungen zu Röm 1,19 (Gottesbezeugung in der Schöpfung) in der Dialektik zu 1Kor 1,21 („τοῦ θεοῦ οὐκ ἔγνω" – nicht erkannte –, vielmehr kommt durch die Predigt rettender Glaube) oder Hebr 1,1f. (Gott hat „manchmal und auf mancherlei Weise" und „vorzeiten" geredet) im Verhältnis zu 2Kor 3,14 (die

---

Gottes zu Israel aufnimmt, dann ist dies schließlich und vor allem der Versuch, dem ewigen Bund (vgl. Gen 17,7) bzw. unwiderrufenen Bund Gottes mit dem Volk Israel und der göttlichen Bundestreue, von der Paulus so emphatisch im Römerbrief spricht (Röm 11,1f. 29), zu entsprechen." In diesem Sammelband wird teilweise – wie auch im ähnlich ausgerichteten protestantischen Lager – der Anschein erweckt, als gäbe es einen ‚Heilsweg' für Israel/ Juden aufgrund des ungekündigten Bundes Gottes mit Israel am Glauben an Jesus, dem Messias-Christus und Herrn, vorbei. Die Argumentation des Paulus in Röm 9-11 sagt da jedoch etwas anderes, dass nämlich die ‚Rettung Israels', in der Treue Gottes zu den Vätern verankert (Röm 11,25-29), in Jesus Christus, dem Erlöser vom Zion herkommend, geschehen wird, zu keiner Zeit ohne ihn.

[56] Adolf v. Harnack, Das Evangelium vom fremden Gott. Eine Monographie zur Geschichte der Grundlegung der katholischen Kirche, Texte und Untersuchungen zur Geschichte der altchristlichen Literatur, 2., verb. u. verm. Aufl., Leipzig 1924, 217.

[57] Ebd., 215-223.

[58] H.-G. Fritzsche, Lehrbuch der Dogmatik I, Teil 1: Prinzipienlehre. Grundlagen und Wesen des christlichen Glaubens, Berlin 1964, 299.

‚Verhüllung' und das Unverständnis des AT werden erst durch Christus aufgehoben) würden demnach verdeutlichen, dass alle Wahrheit zur Offenbarung Gottes bzw. zur Gotteserkenntnis nur in Jesus Christus im Evangelium zu finden und zu deuten sei, während Gottesbezeugungen in Natur, Geschichte und in Israel keinen Offenbarungsstatus haben können, da wahre Offenbarung Gottes nur von Jesus Christus her wahr und überhaupt erst zu erkennen sei. „Als unableitbares Faktum ist es das Alte Testament und die Geschichte Israels, was dazu ausersehen ist, der einen Offenbarung in Jesus Christus den theologischen Rahmen und das historische Fundament zu geben." Daraus ergibt sich, „dass die (…) Beurteilung des Alten Testamentes als sekundäre (adoptierte und kooptierte) Offenbarungsquelle" festzuhalten sei.[59]

Immerhin – das als Zusammenfassung der Diskussion – haben die meisten Theologen im deutschsprachigen Raum in den letzen 80-100 Jahren Argumente formuliert, die sie trotz dieser und anderer Bedenken am AT festhalten lässt. *Suma summarum* kann man sagen, dass die Lösung so aufällt:

- Das AT bleibt im Kanon, aber als abgeleitete, ‚adoptierte' Offenbarungsquelle, mit begrenzter oder keiner Normativität in christlich-theologisch-kirchlichen Fragen
- Es ist und bleibt nötig als Kontrast oder ggf. als Korrektiv zum NT
- Es liefert ein Grundgerüst theologischer Modellfälle göttlicher Heilsgeschichte (H. W. Wolff, Zur Hermeneutik des AT, 1956)
- Es liefert Einsichten in die Kosmologie und in das Verstehen von Gott als Schöpfer und Erhalter der Welt mit dem Menschen als Krone der Schöpfung und als gewolltes Ebenbild Gottes, auch als Mann und Frau.
- Im AT – und hier ist aufzumerken – wird als die soziologische Gestalt der christlichen Gemeinde das Volk dargestellt (Typos, Modellcharakter; vgl. auch L. Goppelt: Typos. Die typologische Deutung des Alten Testament im Neuen, 1939 usw.).
- Außerdem belegt das AT die Freude an der Diesseitigkeit als von Gott gewollt und beschreibt existentielle Lebenserfahrungen, wie Leid, Schmerz, Klage, Freude, Skepsis, Auflehnung, Erotik, Politik und Naturbetrachtung.
- Auch kann auf das AT nicht verzichtet werden, da das Christentum zentral mit der Erfüllung alttestamentlicher Messias- bzw. Christus- sowie Erlösungserwartungen zu tun hat. Texte des Neuen Testaments bestätigt wiederum das Alte Testament, oft unter dem Schema „Verheißung und Erfüllung".

Was aber in der christlichen Lehrbildung und Dogmatik selten reflektiert wird, das ist eine konstruktiv-kritische Auswertung des Alten Testaments hinsichtlich der Erstadressaten seiner Botschaften, Verheißungen und Aussagen,

---

[59] Ebd., 300. Vgl. auch beispielgebend die Gedanken von Karl Barth zu Psalm 36,10 „In deinem Licht sehen wir das Licht", in der er seinem theologische Grundansatz treu folgt (Wortoffenbarung, Christusmonismus), dass erst von der Christus-Offenbarung her Deutungen des Werkes Gottes möglich werden, in: KD II/1, 123-127 u.ö.

namentlich das Volk der Auserwählung, Israel. Könnte es daher sein, dass Harnacks Wunsch zumindest teilweise in Erfüllung ging, und sich eine zwar nicht unbedingt gewollte (und auch nicht in gedruckten Bibelausgaben verwirklichte), eine sich aber faktisch dann doch vollziehende Eliminierung des Alten Testaments im Zug christianisierter, metamorphisierender Auslegung und Anwendung breit machte?

Was bedeutet es christlich-dogmatisch, wenn Gott den ‚Vätern' und Vorfahren des Zwölfstämme-Israels ein bestimmtes irdisches Land verheißen hat? Was bedeutet es christlich-dogmatisch, wenn das Zwölfstämme-Israel aufhörte, als solches zu bestehen, dennoch die Erwählung der Stadt, eines Königs und seiner Nachkommen durch Gott verheißen wurde? Was bedeutet es christlich-dogmatisch, wenn diesem nicht mehr existierenden Zwölfstämme-Israel eine endzeitliche (?) Wiederherstellung verheißen wird? In welchem Verhältnis stehen solche Verheißungen zum Evangelium Jesu Christi und zum Treue-Amen als Garantie ihrer Erfüllung in Jesus Christus?

So sehr auch diese Gedanken, die um Jesus Christus und um die in ihm manifestierten Gerechtigkeit Gottes kreisen, die Jesus als die abschließende Offenbarung Gottes verstehen, ohne den niemand zum Vater kommt, das Wesen des Christentum wiedergeben, so sehr erscheint das Alte Testament als Offenbarungszeugnis oftmals in seinem Eigenwert völlig unnötig abgewertet zu sein, eine Wahrnehmung, die bei genauerem Hinschauen nicht dem Selbstverständnis der Bibel entspricht.

Gewiss ist grundsätzlich darüber nachzudenken, wie man begriffliche Differenzierungen sachgerecht ausdrückt, wenn von ‚Bezeugungen' oder ‚Manifestationen Gottes' im qualitativen Unterschied zur ‚Offenbarung Gottes' die Rede sein soll. Doch sollte diese Grenzziehung durch begriffliche Differenzierung die Durchlässigkeit Bedeutungsnuancen nicht blockieren, sondern hin und her offen halten. Außerdem sollte die synchrone Endgestalt der kanonischen Heiligen Schriften der Christen (als Credo) als Ganze die Erkenntnisgrundlage für das Reden von und über Gott und über seinen Heilsratschluss für die Menschen bleiben. Dabei ist dann hermeneutisch-theologisch noch lange nicht gesagt, dass das Alte Testament ‚nur' vom Neuen Testament her allein verständlich und deutbar sei und es in seinen Mitteilungen gar keinen Eigenwert für die – wohlgemerkt – christliche Lehrbildung habe, sprich für die Lehre des Verhältnisses von Israel zur Gemeinde Jesu bzw. zur denkbaren Dichotomie von Israel und Ekklesia unter dem Treue-Amen des Christus.[60]

---

[60] R. L. Saucy, a.a.O., 'Conclusion', 258-259. Vgl. – wenn auch insgesamt theologisch anders gemeint – W. Kraus, Eretz Jisrael, a.a.O., 39: „Die Landverheißungen des TaNaCh gelten Israel. (…) Christliche Theologie, die das AT zu ihrer Bibel rechnet, kann und darf daran nicht vorbei." Siehe auch Erich Zengers hilfreiche „Zielperspektiven für einen erneuerten christlichen Umgang mit den ‚Landtexten' der jüdischen Bibel/ des Ersten Testamens" in seinem Aufsatz: ‚Deinen Nachkommen gebe ich dieses Land …' (Gen 12,7)

In dem Aufsatzsammelband „Continuity and Discontinuity", herausgegeben von John. S. Feinberg, werden von konfessionell unterschiedlichen Vertretern wesentliche hermeneutische Fragen der Verhältnisbestimmung zwischen Altem und Neuem Testament, zwischen Israel und Gemeinde Jesu erörtert, deren Ergebnisse teilweise für den deutschsprachigen Kontext beachtenswert sein können.[61] Nicht, dass es nicht dazu bereits genügend Literatur auch auf Deutsch gäbe[62], doch insbesondere die „Israel-Frage" wird in Rahmen der hermeneutischen Überlegungen anders behandelt als es gewöhnlich in deutschsprachigen Publikationen üblich ist.

Besonders die Beiträge von John S. Feinberg (S. 63-86), von Paul D. Feinberg (S. 109-128), von Robert L. Saucy (S. 239-259) und von Walter C. Kaiser, Jr. (S. 289-307) demonstrieren hermeneutische Denkmöglichkeiten, die die genannte Einseitigkeiten im Blick auf die dogmatische Abwertung des Alten Testamentes sowie zu Ungunsten einer ausgewogenen christlichen Israeltheologie vermeiden helfen können.[63]

Insgesamt drehen sich viele Argumente und Thesen des Sammelbandes um (a) die zentrale Bedeutung und konkrete Anwendung des reformatorischen Literalsinns (sensus litteralis) unter Berücksichtigung der jeweiligen semantischen Gattungen, (b) um die Wahrnehmung, dass es im Neuen Testament keinen auf einen Punkt zu reduzierenden Gebrauch des Alten Testaments gibt, sondern mehrere untereinander divergierende Varianten, (c) um die Auslegung alttestamentlicher Prophetie, die an bestimmte Erstempfänger gerichtet wurde, angesichts der Botschaft des Neuen Testaments, (d) um die Bundesverheißungen an Israel (Volk, Land, König, Neuer Bund), (e) um Gottes Wirken in der biblischen Heilsgeschichte, (f) um das Theologumenon von der für Menschen geschenkten ‚fortschreitenden Offenbarung' des Wesens und der Ratschlüsse Gottes innerhalb der ‚Offenbarungsgeschichte' oder generell (g) um die Begründung von Einzelgesichtspunkten der Kontinuität bzw. der Diskontinuität in christlich-theologisch relevanten Bereichen sowie in der Zuordnung der beiden Testamente zueinander.

P. D. Feinberg resümiert beispielsweise sein Verständnis der beiden Testament zueinander folgendermaßen: „The sense of the OT text must be determined within its historical and cultural setting, and that sense is determinative for the

---

Überlegungen zum christlichen Umgang mit den Landverheißungstexten des Ersten Testaments, in: F. Hahn/ F.-L. Hossfeld/ H. Jorissen/ A. Neuwirth (Hg.), Zion – Ort der Begegnung. Festschrift für Laurentius Klein zur Vollendung des 65. Lebensjahres, BBB 90, Bodenheim 1993, 141-161 (hier: 158-161).

[61] John S. Feinberg (Hg.), Continuity and Discontinuity, s. Anm. 32.

[62] Vgl. die Literaturangaben in Anm. 2 und 7 u.ö.

[63] Kritische Rückfragen zu den Beiträgen und Thesen der genannten Autoren, die gründlich mitbedacht, abgewogen und reflektiert werden, finden sich im Sammelband unter den Beiträgen von Willem VanGemeren, Fred H. Klooster, Marten H. Woudstra oder Bruce K. Waltke u.a.

NT fulfillment. This means that the OT economy must not be forced upon the New. There must be the allowance for genuine progress in divine revelation and salvation history. On the other hand, it is equally as grievous an error to impose the NT on the Old, as though there was some need to ‚christianize' it. If both Testaments are granted their integrity, their message will harmonize, since there is the single divine mind behind both".[64]

Unter dieser Perspektive ergeben sich auch weitere Deutungsmöglichkeiten hinsichtlich der Fragen nach der Bedeutung Israels angesichts der Person und des Werkes von Jesus Christus, des Evangeliums und der Anhänger Christi (Kirche). Robert L. Saucy beispielsweise kommt zu dem Schluß: „On the basis of the biblical description of ‚Israel' as ‚people of God' involving a national identity and the church as similarly ‚people of God,' but formed from all nations, we have sought to show that these entities are not totally continuous. Rather, the Scripture indicate that both have a place in God´s program of salvation. The failure to recognize this discontinuity, especially in the assumption of Israel´s promises by the church, has had and continues to have significant implications both practically and theologically". Diese ‚bedeutungsvollen Implikationen' lauten bei Saucy: „An interpretation which views the church as entering into the first stage of the promised salvation, but at the same time proclaims to Israel the validity of their promises (cf. Rom 9:3-5) would appear to be more effective."[65] Außerdem will er die Erfüllung der Verheißungen des Alten Testaments zur Königsherrschaft (kingdom promises) an Israel gerichtet auslegen, in Diskontinuität zur Gemeinde Jesu, auch um irdisch-theokratische Tendenzen der Reich-Gottes-Verwirklichung innerhalb des kontingenten Christentums zurückzuweisen.[66]

Schließlich zieht er noch die theologische Schlußfolgerung, dass eine Nicht-Erfüllung der konkreten alttestamentlichen Verheißungen an Israel auch bedeuten würde, dass für die „Jewish-Gentile church" ebenfalls unklar und unsicher bliebe, ob „the promises will be fullfilled for them"[67], wenn denn die Kirche als Erbin der Verheißungen an Stelle Israels zu betrachten wäre. Diese Konsequenz wäre jedoch nicht biblisch.

Das Festhalten an einer von Gott inszenierten Diskontinuität zwischen Israel und Kirche, also die Anerkennung einer prinzipiellen Dichotomie zwischen Israel und Gemeinde Jesu, lässt Spielraum für die zukünftige Erfüllung von biblischen Verheißungen für Israel, auch und gerade im Treue-Amen der garantierten Zusage der Erfüllung durch Jesus Christus (2Kor 1,20).

---

[64] P. D. Feinberg, Hermeneutics and the Testaments. Hermeneutics of Discontinuity, in: J. S. Feinberg (Hg.): Continuity and Discontinuity, a.a.O., 127.

[65] R. L. Saucy, Israel and the Church, a.a.O., 258.

[66] Ebd., 259.

[67] Ebd.

Diese Beobachtungen der hermeneutischen Zuordnung der Testamente zueinander liefern Grundlagen für die Wahrnehmung des relativen „Schweigens" zur Erfüllung jüdischer Erwartungen im Neuen Testament.

## 4. Das scheinbare „Schweigen" des Neuen Testaments zu zentralen jüdischen Erwartungen

Die christlich-theologisch qualifizierten Aussagen im Neuen Testament zu traditionell jüdischen Erwartungen sind zugegebenermaßen rar. Doch – in Ergänzung zum bisher Gesagten – ein paar Hinweise lassen sich finden.[68]

Katherin E. Wolff kommentiert Apg 1,6 nachdenkenswert: „Wenn Lukas gleich zu Beginn der Apostelgeschichte die Jünger nach der Wiederherstellung des Reiches fragen läßt, so ist dies eine Bestätigung auch hinsichtlich des Landes, ohne das im Bewußtsein Israels kein Reich möglich ist. (...) Selbst wenn Lukas das Land nicht ausdrücklich thematisiert, schwingt es mit in dem, was er sagt. (...) Lukas hat keine eigene Theologie des Landes. (...) Aber er schließt die biblische Landverheißung [bzw. die Restitution und Wiederherstellung, Anm. d. Verf.] nicht aus, und vom Schriftverständnis des Lukas her heißt das, dass sie noch besteht."[69]

In den lukanischen Schriften (Lk, Apg) spielen Jerusalem, der Tempel und das Land Israel immer noch eine bedeutende Rolle. Darauf weist u.a. die Untersuchung von R. Bauckham hin: „Die Worte von Paulus in Rom im letzten Kapitel der Apostelgeschichte ‚denn wegen der Hoffnung Israels trage ich diese Kette' (28,20; vgl. 26,6-7) zeigen, wie sehr das Thema der Wiederherstellung Israels den Bericht von Lukas beherrscht. (...) In gewissem Sinn wird der ganze Bericht von Lukas 3 bis Apostelgeschichte 28 als die Erfüllung der Hoffnungen auf Wiederherstellung erzählt, die in Lukas 1-2 ausgedrückt werden."[70] Das Volk der Juden, das Land und der Tempel sind zunächst Ausgangspunkte für das Evangelium, das dann über Israel hinausgreift, bis es nach Rom gelangt (Apg 28).

Auch die Aussage über ‚Zwölf auf Thronen', die über ein noch eschatologisches Israel herrschen sollen (Lk 22,30; vgl. par Mt 19,18), verdeutlicht, dass diese zwölf Anführer des wiederhergestellten Israel-Zwölf-Stämme-Bundes sein

---

[68] Vgl. dazu K. Barth, KD II/2 224: „Die Kirche lebt von den Israel gegebenen ‚Verheißungen'." Siehe auch Friedrich-Wilhelm Marquardt, Die Entdeckung des Judentums für die christliche Theologie. Israel im Denken Karl Barths, München 1967.

[69] K. E. Wolff, a.a.O., 284f.

[70] R. Bauckham, Die Wiederherstellung Israels, a.a.O., 33-34.

werden (nicht spiritualisierend als Bild der Gemeinde misszuverstehen), wie es ursprünglich in der Wüste gewesen war (4Mose 1,4-16).[71]

Zusätzlich zu diesen Beobachtungen haben wir gesehen, dass ein Denkmodell bei neutestamentlichen Autoren in der Deutung des Alten Testaments das der Spiritualisierung, Metaphorisierung oder der Typologisierung von Aussagen über Land, Tempel oder den gottesdienstliche Kultus sein kann. Besonders prägend erscheint in diesem Zusammenhang die Schriftauslegung sowie die Theologie des Hebräerbriefes, die die geschichtlich gemeinten Zusagen Gottes am eindrücklichsten umdeuten und durch Vergeistlichung (typologisches Vorbild?) der Gemeinde zugänglich machen (Hebr 3,7-4,11; 11,9-16 u.ö.).[72] Im Hebräerbrief ist die neutestamentliche Gemeinde ähnlich ‚unterwegs', wie das Volk Israel im Alten Testament, quasi in einer typologischen Übertragung der vierzig Jahre Wüstenwanderung auf dem Weg ins gelobte Land, ‚geistlich' gedeutet als Auf-dem-Weg-Sein zur endgültigen Sabbatruhe (Hebr 4,9). Die Landnahme Israels war in der Deutung des Hebräerbriefschreibers somit keine (endgültige) Erfüllung der alttestamentlichen Verheißung, da sich diese ja – in seiner Deutung – letztlich nicht auf irdisches Land bezog, sondern auf die himmlische Ruhe (Hebr 4,11; 11,9-16; vgl. auch ähnlich 1Kor 10,1-13).[73]

Doch diese stark vergeistlichende Deutung im Früh-Christentum, wahrscheinlich auch inspiriert durch einen bestimmten Traditionzweig des zwischentestamentarischen Judentums (siehe oben), ist in dieser Gestalt und Intensität singulär bzw. sie verkörpert lediglich eine Seite der Medaille im Gesamtzusammenhang der neutestamentlichen Schriften. Sie darf daher nicht überbewertet

---

[71] Vgl. ebd., 36f. Siehe dazu John P. Meier, Jesus, the Twelve, and the Restoration of Israel, in: James M. Scott (Hg.): Restoration. Old Testament, Jewish, and Christian Perspectives, JSJSupp 72, Leiden/ Boston/ Köln 2001, 365-404.

[72] Vgl. J. C. de Vos, Heiliges Land, a.a.O., 185-196. Ob die Schlußfolgerungen von de Vos in allem stimmig sind (das ‚Reich Gottes' sei der neue „transzendete Raum" statt des Landes usw.), wäre zu prüfen bzw. ist bestreitbar (vgl. ebd., 196-199). Es gibt zumindest alternative Schlussfolgerungen in der Auslegung des gleichen neutestamentlichen Textbestands. Siehe B. Klappert: Israel, a.a.O., 74-76 mit Deutungsbeispielen von G. Harder, P von der Osten-Sacken, J. Moltmann, K. Barth. – Es muss außerdem darauf hingewiesen werden, dass eine absolute Spiritualisierung der Landbesitzaussagen, wie es gelegentlich christlichen Theologen vollziehen – bei aller partikular begründbaren Berechtigung auf eine spirituelle Auslegung alttestamentlicher Verheißungen – jüdischem Denken kaum entsprochen haben dürfte, da eine spirituelle Deutung des Landes, völlig getrennt von seiner geographisch-materiellen Seite, ausgeschlossen war. Vgl. dazu W. Kraus, Eretz Jisrael, 40: „Worauf das AT und das Judentum (…) unüberhörbar insistieren, ist, daß die Wege Gottes nicht im Geistigen, sondern im Leiblichen enden. Insofern weist uns die jüdische Dimension des Landes darauf hin, daß die Erlösung, auf die wir hoffen, eine leibliche Dimension hat. Sie ist ein Korrektiv für vorschnelle Spiritualisierungen."

[73] Vgl. z.B. Peter T. O′Brien, The Letter to the Hebrews, PNTC, Grand Rapids/ Cambridge 2010, 395-396 u.ö. Vgl. auch Otto Michel, Der Brief an die Hebräer, KEK 13, 8. Aufl., Göttingen 1984, 518, wo betont wird, dass die Dieseitigkeit im Hebr nicht ignoriert werde.

oder als ein allein normierender Leitfaden zur Deutung des Alten Testaments gewichtet werden. Als komplementäre Ergänzung zu diesem spezifischen Umgang mit alttestamentlichen Aussagen, neben den Erwähnungen und Bezugnahmen auf Israel in den vier kanonischen Evangelien (Gabe von Heilsgütern im Schema ‚Erfüllung und Verheißung', Bezugnahmen auf alttestamentliche Bundesschlüsse, Messiaserwartungen, Königreich-Erwartungen, Wiederherstellung Israels), muss deshalb die Israellehre in den Briefen des Paulus berücksichtigt werden.

## 5. Das „Nein" und das „Ja" paulinischer Israellehre: Für Israel stehen noch Verheißungen aus

Paulus bietet im Gesamtzusammenhang der neutestamentlichen Schriften eine Antwort zur christlichen Israellehre an, die zunächst einmal verblüfft. Beispielsweise trennt er begrifflich, sachlich wie institutionell, zwischen *Israel*, dem Volk Gottes bzw. seinen jüdischen Volksgenossen (Röm 9,3.4), und der *Ekklesia*, der Gemeinde Gottes, dem Leib Christi (1Kor 1,1f; 12,1ff usw.), zwischen Juden und Heiden sowieso (Röm 1 u.ö.), von denen dann noch als ‚neue' Größe die ‚Heiligen' (Phil 1,1; 1Kor 1,1ff.), also die Christen, unterschieden werden.[74] Dabei konnte er die Gemeinde Jesu mit dem Neuen Bund in Verbindung bringen (2Kor 3,6ff.; 1Kor 11,25), zugleich aber auch (!) die Erfüllungen dieses „Neuen Bundes" (Jer 31,13-34; Jes 59 u.a.) für Israel für die noch ausstehende Zukunft erwarten (Röm 11,25-29). Es sprach von „Israel nach dem Fleisch" (1Kor 10,18), erwähnte aber auch im Kontext der Ekklesia die Ehrenbezeichnung „Israel Gottes" (Gal 6,16).[75]

Wir haben bei Paulus sozusagen drei Körperschaften, die prinzipiell voneinander unterschieden betrachtet werden müssen: Juden, Heiden und Christen. Für die zuletzt genannte Gruppierung gilt dann sogar noch das Privileg als Erlöste in Christus, dass die üblichen Kategorisierungen, wie Volkszugehörigkeit, Nationalität, Rasse, Geschlecht, sozialer Stand usw., für diese als aufgehoben betrachtet werden und prinzipiell vor Gott nicht mehr gültig sind (Gal 3,28; 1Kor 12,13), so sehr diese weltlichen Ordnungen und Zuordnungen im praktischen Lebensvollzug dennoch um Christi Willen im Irdischen (quasi vorüber-

---

[74] Vgl. zur ‚ἐκκλησία' bei Wolfgang Kraus, Das Volk Gottes, WUNT 85, Tübingen 1996 (unveränd. Studienausgabe 2004), 122-127; Hans Küng, Kap. „Kirche als Gottesvolk", in: ders., Die Kirche, München 1977, 131-180 u.a.

[75] Wobei umstritten ist, wie dieses „Israel Gottes" im Kontext von Gal 6 gedeutet werden soll; vgl. die nützliche Studie von Peter Richardson, Israel in the Apostolic Church, CUP, Cambridge 1969, in der auch Argumente gegen eine Deutung von V. 16 auf die Gemeinde plausibel erörtert werden.

gehnd) ‚noch' in Funktion bleiben (vgl. Philemonbrief, Röm 13,1-7 u.a. – zu Gal 3,28 u.a. theologisch-komplementär zu verstehen!).

Otto Betz fasst weitere Gedanken der paulinischen Theologie, die das Thema Israellehre betreffen, zusammen, wenn er feststellt: „Die Heiden waren Erben der Verheißung des Alten Bundes geworden; sie hatten Abraham, den Mann des Glaubens, zum Vater erhalten (Röm 4).“ Und weiter: „Aber erstaunlicherweise bleibt für Paulus der Vorrang Israels erhalten: Es ist noch immer das Volk der Gotteskinder, der Väter und der Verheißungen. Aus ihm stammt Christus nach dem Fleisch (Röm 9,4f.), das Werk des Messias und das Evangelium gelten ihm in erster Linie (Röm 1,16; 3,9; 9,24). Auch mit seinem Unglauben bleibt Israel eine feste Größe in Gottes Plan, ja, es wird gerade dadurch zum Grund des Heils für den Heiden: Das Evangelium ist am ungläubigen Israel vorbeigelaufen und hat so die Heiden erreicht. Das ist das große Geheimnis der Heilsgeschichte, das Paulus ehrfürchtig bestaunt und preist (Röm 11,34-36). Andererseits wird der Glaube der Heiden zurückwirken auf Israel, das eifersüchtig werden und dann selbst den Weg zu Christus finden soll. So bleibt Israel das Volk der Zukunft, und die Kirche ist erst dann am Ziel der „Einigung“, wenn auch Israel den Messias erkennt.“[76]

Die Unbegreiflichkeit von *Gottes Nein* zu Israel (heilsgeschichtlich terminiert, nicht endgültig, keine Verwerfung; vgl. Röm 10,1f. u.ö.) und *Gottes Ja* der bleibenden Liebe zu Israel (Röm 11,25-29 u.ö.) lässt den Leser dieser Abschnitte staunend (und anbetend) zurück.

Wie bereits erwähnt, ist es daher insbesondere für den Apostel Paulus nicht so, dass das AT bzw. die dort gemachten „Verheißungen“ sowie die „Heils- (und die Gerichts-)worte“ ihre Bedeutung verloren hätten. Das Gegenteil ist der Fall. Die Verheißungen werden in Jesus Christus im Treue-Amen bekräftigt (2Kor 1,20; vgl. dazu 2Petr 1,19). „Insofern blickt er [d.h. der christliche Glaube – Anm. Verf.] nicht nur mit dem Alten Testament auf eine Geschichte der Verheißungen und des Segens, des Glaubens und der Glaubenserfahrungen zurück, sondern auch mit ihm gemeinsam als Hoffnung auf Gott in die Zukunft.“[77] Und diese Zusagen Gottes gemäß alttestamentlicher Überlieferungen spielen für Paulus eine zentrale Rolle.

Schauen wir uns das Alte Testament hinsichtlich seiner Verheißungen und Heilsworte an, stellen wir – u.a. in Anlehung an C. Westermanns Anaylse – Folgendes (*in nuce* referiert) fest: In der Auslegung alttestamentlicher Texte wird der Begriff, der so etwas wie eine Zusage oder ein Versprechen Gottes ausdrückt, der also eine Verheißung Gottes als Heilswort ist, verschiedenen prophe-

---

[76] O. Betz, Israel bei Jesus und im Neuen Testament, a.a.O., 286-287. Vgl. Leonhard Goppelt, Israel und Kirche heute und bei Paulus, in ders.: Christologie und Ethik. Aufsätze zum Neuen Testament, Göttingen 1968, 165-189.

[77] Werner H. Schmidt, Alttestamentlicher Glaube, 11., neubarb. u. erw. Aufl., Neukirchen-Vluyn 2011, 452.

tischen und nichtprophetischen Heilsworten unterschiedlicher Gruppierungen zugeordnet.[78] Westermann betont, dass eine differenzierte, systematische Klassifikation von Verheißungen und Heilsworten zwar möglich[79], jedoch aufgrund der „Fülle" an Texten nicht immer einfach sei.[80] Immerhin, die Inhalte der Väterverheißungen sind weitgehend gut erfassbar. Sie drehen sich thematisch um Landbesitz-, Nachkommens- und Segensverheißung (vgl. 1Mose 12,1-3 u.ö.).

Innerhalb der Vielfalt der sonstigen prophetischen und nichtprophestischen Heilsworte finden wir Versprechen Gottes, die an einzelne Personen gerichtet sind (z.B. an Baruch, Jer 45,1-5), oder die einen neuen Himmel und eine neue Erde ankündigen (Jes 65,17-25). Daneben gibt es auch die Verheißung hinsichtlich eines erneuten Exodus (z.B. Jes 43,16-20) oder eines neuen Bundes (Jer 31,31-34)[81] oder sie betreffen die Nachkommenschaft Davids auf dem Thron, den Berg Zion/ Jerusalem, die Wiederherstellung Israels, die Königsherrschaft Gottes usw.[82] Insbesondere die Verheißung an Abraham bzw. an die Väter ist v.a. bei Paulus von ‚theologischer' Bedeutung (Röm 4; Gal 3,15ff. u.ö.).[83] Doch so unterschiedlich die jeweiligen Adressaten und die Verheißungen auch sein mögen, sie alle haben und behalten im Kontext der alttestamentlichen Schriften Gott als Geber der Verheißungen und der zugesagten Heilsgüter im Mittelpunkt.

Die Hoffnung Israels, dass die Heilsworte und Gottes-Verheißungen auch in Erfüllung gehen, ist in der jüdischen Geschichte stets präsent, auch deshalb, weil die Zuverlässigkeit und Wirksamkeit des göttlichen Wortes dadurch erwiesen wird.[84] Der Israelit wird dadurch ermutigt, Gottes Verheißungen, und damit Gott selbst, auch in der jeweiligen ‚Gegenwart' zu vertrauen. [85]

Auf diese Verheißungen Gottes für Israel, die teilweise aus vor-staatlicher (Abraham, Väter), aus staatlicher und aus nach-exilischer Zeit stammen, nimmt Paulus gelegentlich Bezug, wenn er von deren Erfüllung in Christus handelt.

---

[78] Claus Westermann, Prophetische Heilsworte im Alten Testament, FRLANT 145, Göttingen 1987, 31.

[79] Vgl. z.B. die von Westermann vollzogene Aufteilung, Zuordnung und Gliederung (siehe Inhaltsverzeichnis), ebd.

[80] Ebd., 11.

[81] A.a.O., 105-121.

[82] A.a.O., 33ff.

[83] In der AT-Forschung und bei der jüdischen Interpretation alttestamentlicher Passagen ist teilweise nicht einvernehmlich geklärt, welches Gewicht den ‚messianischen Verheißungen' zukommt und welche Texte dafür mit welcher Deutung in Anspruch genommen werden können. Aus neutestamentlich-christlicher Perspektive sind sie in jedem Fall von besonderem Interesse, auch wenn sie alttestamentlich-theologisch im Vergleich zur (teilweise) „apostolisch-verchristlichten Deutung" nicht in jedem Fall im Zentrum stehen können.

[84] Um der Vollständigkeit Willen sei erwähnt, dass Gerichtsankündigungen Gottes ebenfalls wie eine ‚Verheißung' (Ankündigung) in Erfüllung gehen (2Chr 36,20-22).

[85] Vgl. Werner H. Schmidt, Einführung in das Alte Testament, 3., erw. Aufl., Berlin/ New York 1985, 174-181 u.ö.

## 6. Lösungsansatz: die Verheißungen an Israel haben in Christus das „Ja und Amen', erfüllt zu werden

In dem bereits für unsere Zwecke partikular besprochenen Textabschnitt aus 2Kor 1,20 verweist der Apostel auf Gottes Treue und Gnade. Gott ist treu, er steht zu seinem Wort, zu seinen Verheißungen, auch zu denen, die ursprünglich an Israel gegeben worden waren (Röm 9,1-5 u,ö.). Sein Wort (der Heilszusage usw.) an euch Korinther (und an andere Mit-Christen) ist Ja (2Kor 1,18). Und nun – wie es Paulus öfter tut – nutzt er diesen konkreten (gemeindlich provozierten) Einzelfall, bei dem es im Streit um die Zuverlässigkeit des Apostels und damit auch um die „seines" Evangeliums geht, um den Briefempfängern eine der großen Linien der Offenbarung Gottes vor Augen zu malen. In Jesus Christus kommen die alttestamentlichen Verheißungen zum gültigen Vollzug und zu ihrer Erfüllung. „Denn wie viele Verheißungen Gottes es auch gibt, in IHM ist das Ja dafür gegeben". Das bedeutet im paulinischen Denken gewissermaßen auch, dass sie von Gott von vorneherein auf Jesus bezogen waren. Das verpflichtet, die Verheißungen – unbeschadet ihrer historischen Vor- oder Teilerfüllungen (!) – auf das Werk und die Person Jesu hin zu lesen (vgl. auch die Traditionsstücke 2Kor 3 oder Lk 24,44f.). Jesus ist sozusagen der Garant bzw. das Amen ihrer Erfüllung.

Soweit diese Verheißungen nun aber noch nicht (!) erfüllt sind – und das ist nun m.E. der Zusammenhang, der oft übersehen wird – haben wir allein in Jesus ihre noch kommende und ausstehende Erfüllung zu erwarten. Das ist so gewiss wie das sprichwörtliche ‚Amen in der Kirche', das Ja und Amen Gottes zu den Heilszusagen und Versprechen, zu den Verheißungen, gültig und garantiert in Jesus. Denn es wird ja tatsächlich ein großer Teil der prophetischen Weissagungen erst durch den wiederkommenden HERRN endgültig erfüllt werden. Eine Vereinnahmung solcher Verheißungen und Heilsworte, beispielsweise exklusiv durch die Kirche, oder die Rede von einer Enterbung der Erstempfänger (= Israel) oder von einer Substitution Israels, müssen in der Nachfolge der Argumentation des Apostels zurückgewiesen werden.

Wie bereits erwähnt, partizipieren offensichtlich einige Verfasser des Neuen Testaments an hellenistisch-frühjüdischen Überlieferungen, in denen die irdisch-materiellen Erwartungen auch transzendiert oder symbolisch-vergeistlicht verstanden werden konnten. Dennoch ist zu bedenken, dass zu den prophetischen Heilsworten des Alten Testaments an Israel auch ein konkretes, ein irdisches Land gehört, das verheißen worden ist, das zwar stets alleiniges Eigentum Jahwes bleibt, das jedoch tatsächlich in die Obhut Israels zum Erbe gegeben wurde, gebunden an Israels Treue zum Bund (3Mose 26; 5Mose 28 u.ö.), so dass Israel zeitweise nicht im verheißenen Land sein durfte (Ungehorsam – Gericht), eine Wirklichkeit, die jedoch die Zusage Gottes der Landverheißung für Israel nicht prinzipiell oder endgültig aufhob (ein ‚ewiger Bund'). Zusammenfassend kann

man daher festhalten, dass die Landbesitzverheißung für Israel (und für das Judentum) stets auf die eine oder die andere Weise weiterhin wesentlich blieb.[86]
Der Apostel Paulus kennt auch die Methode der Schriftauslegung mittels Allegorisierung (Hagar in Gal 4,24.25) oder durch Anwendung der Spiritualisierung alttestamentlicher Überlieferungen als eine Auslegungsvariante (vgl. z.B. Jerusalem in Gal 4,26ff. oder der Tempel in 1Kor 3,16f.) oder durch Typologisierung (Durchzug durch das Meer in 1Kor 10,11). Das sind gewissermaßen Varianten von der von ihm sonst praktizierten Regel. Er hält beispielsweise mit nicht-spiritualisierenden Worten daran fest, dass das dem Evangelium feindlich und ungläubig gegüberstehende Israel von Gott geliebtes Volk bleibt (Röm 11,28), denn „Gottes Gnadenverheißungen und seine Berufung sind unaufhebbar" (Röm 9,4; 11,1.29). Diese Treue Gottes zu Israel basiert nach Paulus auf der Väterverheißung aus 1Mose 12,1-3 (par.), die Gott einst gab. Israels (oftmalige) Untreue (schließlich auch gegenüber dem Evangelium von Christus – Röm 10 und 11) hebt also Gottes Treue in diesem prophetischen Heilswort an die Väter nicht auf. Paulus erwartet deshalb (in Anlehnung an den Neuen Bund aus Jer 31,31ff. und Jes 59), dass aus Zion der Erlöser, nämlich – so muss man wohl den Erlöser deuten, von dem Paulus spricht – der κύριος Ἰησοῦς Χριστὸς bei seiner künftigen Parusie kommen und von Ganz-Israel die Sünde wegnehmen wird (Röm 11,26f.; vgl. Rettung/ Soteria in Röm 10,).[87]
P. Fiedler urteilt sachgerecht, wenn er schreibt: „Wenn Paulus aber das Heil für die Heiden nur mit dem Heil für sein ganzes jüdisches Volk zusammendenken kann, dann liefert die letzte Stellungnahme des Paulus in der Tat den Bewertungsmaßstab für seine vorangehenden und in früheren Briefen geäußerten entgegenstehenden Behauptungen." Und weiter: Römer „11,25ff. [stellt] ein unüberwindliches Bollwerk gegen neutestamentlichen und jeden sonstigen christlichen Antijudaismus dar. (…) Sind Gottes Heilsgaben an das jüdische Volk, die Röm 9,4f. aufzählt, ihm durch das Christusereignis trotz des verweigerten „Glaubensgehorsams" nicht weggenommen, dann müssen entgegenstehende Aussagen der nachpaulinischen Literatur, vor allem die Abwertung des „Alten"

---

[86] Nichts anderes sei so wichtig und wesentlich in den alttestamentlichen Texten, wie das von Jahwe verheißene und dann auch als Besitz geschenkte Land, betonte sinngemäß bereits Gerhard von Rad, Verheißenes Land und Jahwes Land im Hexateuch, in: ders., Gesammelte Studien zum Alten Testament, TB 8, München 1961, 87.

[87] Vgl. die Auslegung von Douglas Moo, The Epistle to the Romans, NICNT, Grand Rapids/ Cambridge 1996, 671-739. Alternativ dazu andere Kommentare zum Römerbrief. Interessant dabei bleibt die Beobachtung von Krister Stendahl, Der Jude Paulus und wir Heiden. Anfragen an das abendländische Christentum, München 1978, wenn er festhält (S. 14): „Es ist erstaunlich, daß Paulus diesen ganzen Teil des Römerbriefes schreibt, ohne den Namen Jesu Christi zu erwähnen (10,17-11,26)", inklusive der Schlußdoxologie (11,33-36).

durch den „Neuen Bund" im Hebräerbrief, von da her beurteilt werden (und nicht umgekehrt)."[88]

Die theologisch denkbare Komplementarität von Aussagen des Paulus in Röm 9-11 zu spiritualisierenden Aussagen alttestamentlicher Heilsgüter Israels im Hebräerbrief ist demnach als Mandat – nicht nur exegetisch, sondern auch dogmatisch – auszuformulieren, unterschiedliche Akzentuierungen sind dabei zu erläutern, jedoch nicht gegeneinander auszuspielen, sofern das nicht an den entsprechenden Stellen unaufgebbar geboten ist.[89] Die Spiritualisierung der Bedeutung des Landes sowie die Landverheißung als Heilswort und Heilsgabe Gottes an Israel werden im Licht des Treue-Amens der Erfüllung der Verheißungen in Christus vor möglichen antijudaisierenden oder substitutionalisierenden Deutungen bewahrt.

Gott-Jahwe bereut ganz offensichtlich die Zusagen an die Väter (und andere prophetische Heilsworte an Israel) nicht. Zu diesen Verheißungen gehört nun auch unübersehbar das Land. Paulus sagt zwar darüber nichts direkt aus. Doch aus dem Blickwinkel von Röm 11,28.29 kann man die Interpretation von U. Luz doch als eine Deutungsmöglichkeit ernstnehmen, wenn er schreibt: „Keine Verheißung Gottes wird aufgehoben. Die Verheißungen Gottes dürfen von uns weder auf ein anderes Volk Gottes, etwa die Kirche, übertragen noch spiritualisiert werden. Sie sind wörtlich und für das Volk Israel gemeint. Zugleich aber zeigt die paulinische Schau von der endzeitlichen Berufung von Ganz-Israel durch Christus, in welchen Dimensionen hier Paulus denkt: Nicht seine eigene Mission führt Ganz-Israel zum Heil, sondern Christus ganz allein. Nicht menschliches Handeln macht Gottes Verheißungen wahr, sondern Gott allein wird in seinem Reich ihre Wahrheit aufrichten, durch menschlichen Ungehorsam hindurch (vgl. Röm 11,31f.). Das heißt: Auch die Landverheißungen an Israel bleiben gültig und wahr. Aber aus der Sicht des christlichen Glaubens kann es keine Möglichkeit für Menschen geben, bei der Durchsetzung der göttlichen Verheißungen mit menschlich-politischen Mitteln nachzuhelfen."[90]

Welche Gestalt von christlicher Eschatologie diese Beobachtungen inspirieren, soll hier nicht weiter diskutiert werden. Überlegungen zu einer potentiellen

---

[88] Peter Fiedler, Israel und unsere Hoffnung. Bibeltheologische Überlegungen zum Israel-Abschnitt im Synodenbeschluß ‚Unsere Hoffnung', in: Edna Brocke/ Hans-Joachim Barkenings (Hg.), „Wer Tora vermehrt, mehrt Leben". Heinz Kremers zum 60. Geburtstag, Neukirchen-Vluyn 1996, 23.

[89] Dabei wäre zu untersuchen, inwiefern eine rein theologie- bzw. entwicklungsgeschichtliche Perspektive in der Deutung der Aussagen von Paulus über die Evangelien bis hin zum (späteren) Hebräerbrief angewendet werden sollte oder inwiefern nicht sinnvollerweise – zumindest zum Teil – eine komplementäre „Gleichzeitigkeit" für die christliche Lehrbildung in der Israelfrage bedacht werden könnte oder sogar müsste (vgl. analog ‚Glaube und Werke' bei Paulus und Jakobus).

[90] Ulrich Luz, Israel und sein Land – aus der Sicht des Neuen Testaments, in: L. Vischer (Hg.): Israel und Palästina, Basel 1983, 145-155 (hier: 147).

Dichotomie von Ekklesia und Israel in der jeweiligen Zuordnung zum Wesen der Königsherrschaft Christi (vgl. auch Apg. 1,6 u.ö.) bis hin zur „einheitlichen" Vollendung für das Ganz-Israel als Verheißungsempfänger und für die Gemeinde Jesu könnten ertragreich sein (ohne jedoch dabei zwei Heilswege zu installieren, sondern vielmehr an dem einen einzigen für beide in Christus festhaltend).[91]

Selbst Barth attestierte kurz nach der Staatsgründung Israels: Die Juden „konnten und können dann so wenig verschwinden, wie Gottes Treue aufhören (...) kann."[92] Der Zuspruch von Gottes Aktivität in der Welt und seines damit verknüpften ungekündigten Bundes mit seinem Volk (vgl. z.B. Röm 9,4.5; 11,1-2.15.29; Apg 3,25.26) sowie seines Handelns an seinem Volk in Jesus Christus (siehe z.B. Lk 1,31-33.54-55; 2,32; vgl. Mt 15,24: „Ich bin nur gesandt zu den Schafen des Hauses Israel") fordert heraus, auch das Weiterbestehen des Judentums in legitimer genealogische Nachfolge des biblischen Israel in der Weltgeschichte – trotz vielfältiger Anstrengungen, es auszumerzen, und trotz der unbestreitbaren Existenz der Gemeinde Jesu aus an Christus glaubenden Juden und Heiden – als eine überwältigende Demonstration der Treue Gottes zu glauben und anzuerkennen. Zu überlegen wäre darüber hinaus, wie die an Israel gerichteten, noch ausstehenden Erfüllungen von Verheißungen und Heilsworten, auch bezüglich der ‚Landverheißung' – sicherlich in eschatologische Parameter eingebetet zu verstehen – noch theologisch verantwortet zu erwarten sein können.

Die wenigen Andeutungen des Neuen Testaments zur Landverheißung an Israel liegen nicht auf der gleichen Ebene mit zentralen christlichen Lehrsätzen; sie sind zudem mehrstimmig. Dennoch bleibt die Verheißung des Landes für Israel eine gesamtbiblische Frage und Aufgabe für die christliche Dogmatik.

## 7. Ausblick

Angesichts des biblischen, insbesondere des neutestamentlichen Befundes, der in diesem Referat nur skizzenhaft dargelegt werden konnte, muss die Aufgabe christlicher Theologie und Dogmatik in Bezug auf das Reden von den alttestamentlichen Verheißungen Gottes für Israel, inklusive der dazugehörigen Landverheißung, noch weiter studiert und ausgewertet werden. Eine Haupterkenntnis bleibt, dass das Thema ‚Land' für Juden (in der genealogischen Nachkommenslinie des biblischen Israel) nach wie vor unlösbar zum Vierklang ‚Gott-Volk-

---

[91] Vgl. dazu weiterführend Michael G. Vanlaningham, Christ, the Savior of Israel. An Evaluation of the Dual Covenant and Sonderweg Interpretations of Paul's Letters, EDIS 5, Frankfurt et al. 2009.

[92] Karl Barth, Die Judenfrage und ihre christliche Beantwortung, in: ders.: „Der Götze wackelt". Zeitkritische Aufsätze, Reden und Briefe von 1930 bis 1960, hg. v. Karl Kupisch, Berlin 1961, 145.

Tora-Land' dazu gehört.[93] Christen haben diesen jüdischen Zugang zum ,Ersten Testament' zunächst einmal zu respektieren und für ihre Deutung der ,Schrift' als Christen zu bedenken.

E. Zenger beschreibt pointiert und darin herausfordernd diesen Sachverhalt des christlichen Umgangs mit alttestamentlichen Texten mit folgenden Worten: „Die Kirche muß diese Texte [= Landverheißungstexte, Anm. d. Verf.] als Gottesbotschaft an und über das jüdische Volk hören. Das ist so einfach, weil die Texte es ja selber so sagen. Wenn JHWH in Gen 12,7 dem Abraham sagt: ,Deinen Nachkommen gebe ich dieses Land ...', dann müssen auch Christen, wenn sie dies als ,Gotteswort' hören wollen, es so vernehmen, wie es gemeint ist: nämlich daß JHWH sich selbst dem Volk des Abraham (das sind die Juden und nicht die Christen!) in der Gabe des Landes mitteilt. In diesen Texten sollen wir Christen die *iudaica veritas*, die Wahrheit über das biblische *und* das nachbiblische Israel (d.h. das jüdische Volk!), hören, lernen und glaubend annehmen. In den ,Landtexten' lernen die Christen etwas über Israels originäre Beziehung zum Land. Es muß für Christen im Hören auf diese Texte selbstverständlich werden, daß für jüdische Existenz diese Beziehung konstitutiv ist. Wer sie leugnet, leugnet eine zentrale Wahrheit der christlichen Bibel."[94]

Die Landverheißung des Alten Testaments *per se* spielt – was dabei nicht übersehen werden sollte, wie bereits zuvor erwähnt – für eine christlich-theologische Hoffnung keine Rolle, und sie wird es auch nie spielen, zumindest nicht so, wie für Juden.[95] Dennoch kann (und sollte) eine u.a. an Paulus orientierte christliche Israellehre zum Ausdruck bringen, dass die ,Landverheißung' nach neutestamentlich-christlicher Überzeugung zu den bleibenden Heilsgütern Gottes für Israel gehört.[96] Dadurch behält das Volk Israel (zusammen mit der ihm zugesprochenen, nicht weggenommenen Landverheißung) aus christlichem Blickwinkel, an der Israellehre des Paulus orientiert, auch weiterhin eine dezidiert dogmatische bzw. systematisch-theologische Bedeutung.

Der gegenwärtige Staat Israel besitzt demgegenüber keine ausgewiesene christlich-theologische Bedeutung.[97] Trotzdem gilt, dass eine christliche Lehre,

---

[93] Vgl. J. C. de Vos, a.a.O., 13f.

[94] E. Zenger, ,Deinen Nachkommen gebe ich dieses Land ...', a.a.O., 160-161.

[95] „Grundsätzlich gilt: Landtheologie hat im NT nicht den Stellenwert wie im AT", so Wolfgang Kraus, Das ,Heilige Land' als Thema einer biblischen Theologie, in: W. Kraus/ K.-W. Niebuhr (Hg.), Frühjudentum und Neues Testament im Horizont Biblischer Theologie, WUNT 162, Tübingen 2003, 251-275 (hier: 257).

[96] Über Einzelfragen, wie hinsichtlich der genauen Grenzverläufe für das Land oder im Blick auf politisch veränderbare Strukturen und historische Entwicklungen im Lande muss weiter nachgedacht werden. Letztlich sind diese Fragen auf die Gegenwart bezogen. Eschatologische Perspektiven sind dabei nicht bedacht. Daher spielen diese Überlegungen theologisch weitgehend eine untergeordnete bis gar keine Rolle.

[97] Vgl. die Debatte um Hes 36-37 in Bezug zur Staatsgründung Israel im Jahre 1948. Auch das theolohgische Ringen um das, was ,Zionismus' genannt wird, wäre hier zu erörtern.

die die Israelfrage thematisiert und die Landfrage theologisch zu klären bemüht bleibt, auch Überlegungen zum gegenwärtigen Staat Israel treffen muss. Beispielsweise könnte man folgendermaßen – mit U. Luz, ähnlich K. Barth – argumentieren: „Da der Staat Israel (...) im Dienst der Bewahrung des Volkes Israel und seines Lebens im Lande steht und diese Bewahrung des Volkes der Verheißung Gottes entspricht, läßt er sich als Zeichen der Treue Gottes verstehen."[98]

Diese hier nur skizzenhaft angedeuteten israeltheologischen Überlegungen zu den alttestamentlichen Verheißungen für Israel, insbesondere im Blick auf die Landverheißung, können neben dem dogmatischen, auch einen bedeutsamen friedenspolitischen bzw. friedensethischen Beitrag leisten. Zur friedensethischen Besinnung in der gegenwärtigen Situation in Nahost wäre beispielsweise auch die Orientierung an tora-relevanten Gedanken zum Themenfeld ‚Fremde im Land' heranzuziehen, denen (zumindest) in alttestamentlicher Zeit von Gott her Auskommen zum Leben und Anteilgabe an Recht und Gerechtigkeit eingeräumt wurde (bzw. werden musste).[99] Doch wäre das nun noch ein ganz anderes Feld weiterer Überlegungen, das zwar hier nicht weiter bearbeitet, allerdings doch als Perspektive wenigstens erwähnt werden soll.

Schließen will ich mit einem Resumée von Robert Saucy, das einer Lösung nahe kommt: „The apostle suggests that God's dealings with Israel and all peoples are marvelously rich (cf. Rom 11:33-36). It is no doubt impossible to detail all of his purposes and plans. But the broad outline portayed in Scripture suggests that there is no basis for a reductionist interpretation which levels Israel and the church in a total continuity."[100]

---

[98]　U. Luz, Israel, a.a.O., 145. Vgl. W. Kraus, Eretz Jisrael, a.a.O., 39: „So wenig es eine einheitliche frühjüdische Position zum Thema Land gibt, so wenig einheitlich sind die heutigen jüdischen Stellungnahmen zum Land Israel. Was den Staat Israel betrifft, so besteht in der Judenheit Übereinstimmung darüber, dass dieser Staat nach der Geschichte des jüdischen Volkes als Zufluchtsstätte für alle Juden eine Notwendigkeit darstellt, die überhaupt nicht in Frage gestellt werden kann. Aber was das Land Israel theologisch bedeutet, ist eine Streitfrage (...) auch innerhalb der Juden in Israel."

[99]　Vgl. dazu Markus Zehnder, Umgang mit Fremden in Israel und Assyrien. Ein Beitrag zur Anthropologie des „Fremden" im Licht antiker Quellen, BZWANT 168, Stuttgart 2005. Vgl. außerdem einen Passus aus der Unabhängigkeitserklärung vom Mai 1948 zum israelischen Verständnis von Demokratie: „Der Staat Israel (...) wird auf Freiheit, Gerechtigkeit und Frieden im Sinne der Visionen der Propheten Israels gestützt. Er wird all seinen Bürgern ohne Unterschied von Religion, Rasse und Geschlecht, soziale und politische Gleichberechtigung verbürgen. Er wird Glaubens- und Gewissensfreiheit, Freiheit der Sprache, Erziehung und Kultur gewährleisten, die Heiligen Stätten unter seinen Schutz nehmen und den Grundsätzen der Charta der Vereinten Nationen treu bleiben."

[100]　R. L. Saucy, a.a.O., 259.

# Ein Zeichen von Gottes Treue:
# Erwägungen zur theologischen Einordnung des Landbesitzes für Israel anhand der Ansätze von Arnold A. van Ruler und Jürgen Moltmann

ANDREAS HAHN

Die biblischen Landbesitzverheißungen für Israel sind durch unterschiedliche eschatologische Ansätze jeweils sehr verschieden interpretiert worden. Betrachtet man die klassischen eschatologischen Entwürfe im evangelikalen Raum, so leugnen bekannterweise amillenaristische Ansätze im allgemeinen eine Erfüllung dieser Verheißungen für die Nation Israel innerhalb der Geschichte, aber nach dem Kommen Christi und der Entstehung der christlichen Kirche, während prämillenaristische und unter diesen besonders dispensationalistische eine solche bejahen.[1] Gegensätzlich wird dann auch die Frage beantwortet, ob die Wiederentstehung der Nation Israel zusammen mit ihrem Landbesitz eine theologische Bedeutung haben kann. Wer nun überzeugt ist, dass die Landverheißungen für Israel innerhalb der Geschichte und *post Christi adventum* eine Erfüllung finden werden (oder teilweise schon gefunden haben), ist deshalb herausgefordert, zu durchdenken, ob und wie diese Position sinnvoll in einen systematisch-theologischen Gesamtzusammenhang eingeordnet werden kann.

Ohne dies weiter zu begründen, möchte ich vorausschicken, dass nach meiner Überzeugung der systematische Grundansatz für eine solche Einordnung nur ein im Wesentlichen heilsgeschichtlicher sein kann, während ein existential-aktual bestimmter den geschichtlichen Aspekt dieser Frage wohl schwerlich theologisch in den Blick bekommt.[2] Der vorliegende Aufsatz ist allerdings nicht

---

[1]  Aus der Fülle der Literatur zu diesem Themenkomplex seien genannt: Millard J. Erickson, Contemporary Options in Eschatology: A Study of the Millennium, Grand Rapids 1977, 117-121; Stanley Grenz, The Millennial Maze, Downers Grove 1992, 91-125; Darrel L. Bock (Hrsg.), Three Views on the Millennium and Beyond. Grand Rapids 1999, 290-293; Roland Hardmeier, Zukunft. Hoffnung. Bibel. Evangelikale und das Ende,, Selbstverlag Mein Buch, 2005, 333-383.

[2]  Auch wenn er sich von einem klassischen heilsgeschichtlichen Ansatz distanziert, hat Jürgen Moltmann m.E. in dieser Frage den Kern der Sache getroffen in seiner Auseinandersetzung mit Rudolf Bultmanns existentialer Interpretation des AT und Israels: „Israel kann dann keine heilsgeschichtliche Sonderexistenz mehr zugeschrieben werden, weil der christliche Glaube an Weltgeschichte nicht interessiert ist, sondern nur an der ‚Individualgeschichte' des gerechtfertigten Sünders"; Moltmann, Kirche in der Kraft des Geistes: Ein Beitrag zur messianischen Ekklesiologie, München 1975, 162.

der Rahmen, um einen solchen heilsgeschichtlichen Ansatz durchgehend zu entfalten. Auch soll nicht einfach ein dispensationalistischer Entwurf referiert werden. Denn die Möglichkeit einer heilsgeschichtlichen Zukunft für Israel als Nation – wobei im Begriff Nation ein Landbesitz eingeschlossen ist – ist kein Proprium des Teils evangelikaler Theologie, der sich als dispensationalistisch versteht. Auch entsteht der Eindruck, dass vor allem der ältere Dispensationalismus seine heilsgeschichtlichen Abschnitte noch recht unvermittelt hintereinander stellte, ohne ihren jeweiligen Bezug zum Eschaton als dem Gesamtziel der Heilsgeschichte einleuchtend zu machen. Deshalb sollten, um zu einer überzeugenden systematischen Position zu gelangen, auch Beiträge von Modellen erwogen werden, die zeigen wollen, wie sich der Gesamtsinn der Heilsgeschichte aus der Abfolge und Verbindung ihrer einzelnen Abschnitte ergibt, und die darin Israel als Nation mit Land einen Platz zuweisen können. Dieser Aufgabe soll sich der vorliegende Aufsatz widmen. Dabei möchte ich zunächst zwei Entwürfe aus dem letzten Jahrhundert vorstellen, die entweder heilsgeschichtlich sind oder zumindest eine Affinität zu einem heilsgeschichtlichen Ansatz vorweisen, und die außerdem imstande sind bzw. wären, eine theologische Bedeutung des israelischen Landbesitzes auch nach dem Kommen Christi auszusagen, auch wenn dies keinen Schwerpunkt in ihrer theologischen Reflexion darstellt. Es handelt sich – und das ist möglicherweise überraschend – um den Entwurf eines reformierten holländischen Theologen, Arnold A. van Rulers, sowie um den prämillenaristisch zu nennenden Ansatz von Jürgen Moltmann. Man darf hoffen, dass diese beiden Ansätze den klassischen Dispensationalismus von unerwarteter Seite ergänzen können.[3] Als Ausblick möchte ich dann einen dritten, neueren Gedankengang vorstellen, der ebenfalls im Raum der holländischen reformierten Theologie entstand, und der diese beiden Ansätze noch zu erweitern imstande sein könnte.

---

[3]    Im vorliegenden Band stellt Prof. Notker Slenczka, ausgehend von einem existential geprägten Ansatz, die Möglichkeit einer systematisch-theologischen Einordnung des Landbesitzes für Israel in Frage. Dessenungeachtet bringt sein Aufsatz eine hohe Wertschätzung gegenüber Israel zum Ausdruck.
Überraschend ist in dieser Hinsicht z.B., wie viele Anklänge an das Denken von van Ruler und Moltmann sich im letzten Kapitel „The Future Purpose of Israel" im Werk „Progressive Dispensationalism" von Robert Saucy finden. Man beachte auch die Fußnotenverweise auf diese beiden Autoren dort. Vgl. Robert L. Saucy, Progressive Dispensationalism: The Interface Between Dispensational & Non-Dispensational Theology, Grand Rapids 1993, 297-323. Vielleicht darf man sogar auf eine zukünftige Konvergenz von Ansätzen reformierter und dispensationalistischer Herkunft hoffen?

# 1. Israel und sein Land im heilsgeschichtlichen Ansatz Arnold A. van Rulers

Der im deutschsprachigen Raum weniger bekannte Arnold A. van Ruler (1908-1970) soll zunächst kurz vorgestellt werden.[4] Van Ruler war zunächst Pfarrer in Utrecht. Nach seiner Promotion im Jahr 1947 wurde er dort Professor für Biblische Theologie, holländische Kirchengeschichte und Missiologie, sowie später für Dogmatik, Ethik und Geschichte der Nederlands Hervormde Kerk. Sein theologisches Profil gewann er zunächst unter dem Einfluss und dann in der Auseinandersetzung mit Karl Barth, dessen christologische Engführung im fundamentaltheologischen Ansatz er ablehnte.[5] Van Ruler wurde neuerdings als „der schillernste und originellste Theologe des holländischen Protestantismus nach dem 2. Weltkrieg" bezeichnet.[6]

Im Folgenden sollen Voraussetzungen und Aspekte seines Entwurfes dargestellt werden, die seiner Stellung gegenüber einer möglichen heilsgeschichtlichen Zukunft für die Nation Israel zugrunde liegen.[7] Sein Entwurf ist insoweit heilsgeschichtlich, als Van Ruler die Geschichte durch Offenbarungstaten und Verheißungen Gottes gekennzeichnet sieht.[8]

## 1.1. Voraussetzung: Trinitarisch statt christomonistisch Theologie treiben

Van Ruler lehnt eine unangemessene Überbetonung der Christologie in der Fundamentaltheologie ab, die er auch in seiner eigenen reformierten Tradition vorfindet. Theologie sollte auf einer trinitarischen statt auf einer rein christologischen Grundlage konzipiert werden. Dies bedeutet: Die dritte Person der Dreieinigkeit, der Heilige Geist, muss im Gesamtentwurf der Theologie angemessen berücksichtigt werden, und dabei muss seine Unterschiedenheit von Christus gewahrt bleiben. Van Ruler will trinitätstheologisch eine Balance bewahren zwischen der Einheit Gottes und der Unterschiedenheit der Hypostasen. Diese Ba-

---

[4]  Vgl. Allan J. Janssen, Kingdom, Office and the Church: A Study of A. A. van Ruler's Doctrine of Ecclesiastical Office, Grand Rapids 2006, 24ff.

[5]  Vgl. Dirk van Keulen, Van 'His Master's Voice' naar respectvolle kritiek – A. A. van Rulers verhouding tot de theologie van Karl Barth, in: Men moet telkens opnieuw de reuzenzwaai aan de rekstok maken: Verder met Van Ruler, hrsg. von Dirk van Keulen, George Harinck, Gijsbert van den Brink, Zoetermeer 2009, 94-111.

[6]  L. J. Van der Brom, A. A. van Ruler, Theoloog van de aardse werkelijkheid, in: Vier eeuwen theologie in Utrecht. Bijdragen tot de geschiedenis van de theologische faculteit aan de Universiteit Utrecht, hrsg. von A. de Groot und O.J. de Jong, Zoetermeer 2001, 277.

[7]  Die folgenden Ausführungen orientieren sich an meiner Darstellung von van Rulers Ansatz in: Andreas Hahn, Heilsgeschichte und alttestamentliche Kanongrenzung: Die Ansätze von Karl Rahner und Arnold A. van Ruler im Vergleich, in: JETh 25 (2011), 69-76.

[8]  Vgl. Arnold A. van Ruler, Die christliche Kirche und das Alte Testament, Beiträge zur evangelischen Theologie 23, München 1955, 22.

lance wird jedoch durch eine christologische Engführung verlassen. Der Heilige Geist darf deshalb nicht von der Christologie aufgesogen werden, sondern er und sein Handeln müssen in einer gewissen Unabhängigkeit von Christus gesehen werden.[9]

### 1.2. Das Reich Gottes als eschatologische Grundlage der Heilsgeschichte

Van Ruler will alle theologischen Gegebenheiten von dem Ziel her verstehen, dass Gott ihnen in seinem Plan zugeschrieben hat.[10] Demnach ist die Heilsgeschichte von ihrem Eschaton, dem kommenden Reich Gottes her, zu verstehen. Es ist nun der Geist Gottes, der aus dem Eschaton heraus auf unsere Wirklichkeit trifft und darin Heilsgeschichte schafft in ihren einzelnen Gestalten. Keine innerhalb der Geschichte gegebenen Qualitäten oder Tendenzen führen in sich schon auf das Reich Gottes hin – es bleibt das Werk des Geistes. Dieses eschatologische Reich ist dadurch charakterisiert, dass in ihm die geschaffene Wirklichkeit erlöst ist. Sie ist befreit von ihren negativen Elementen, und in ihrer Potentialität erfüllt, also zu dem geworden, was nach Gottes Absicht in ihr angelegt war.

Die Offenbarung dieses Reiches in der Geschichte, also die Heilsgeschichte, geschieht in verschiedenen Gestalten: „... im Messias und im Pneuma, im Evangelium und im Gesetz, im AT und im NT, in der Bibel und in der Kirche, im Sakrament und in der christianisierten Kultur."[11] Diese Gestalten (von denen noch weitere aufgezählt werden können) sind von historischer und relativer Natur. Sie erscheinen nicht um ihrer selbst willen, sondern sind alle Mittel, um das Ziel der Heilsgeschichte zu erreichen. Von daher ist keines dieser Mittel dem anderen heilsgeschichtlich überlegen. Christologisch ist hier nun von Bedeutung: Auch die Fleischwerdung des Logos ist ein Instrument in der Verwirklichung dieses Reiches. Van Ruler kann das Erscheinen Christi und sein Werk sogar als ein „messianisches Intermezzo" ansehen, als Notmaßnahme, mit der Gott so lange wie möglich gewartet hat.[12] Van Ruler konzipiert also Heilsgeschichte nicht von Christus her (der allerdings auch bei ihm im Zentrum der Heilsge-

---

[9]   Vgl. hierzu z.B. van Ruler, De noodzakelijkheid van een trinitarische theologie, in: Verwachting en voltooing: een bundel theologische opstellen en voordrachten, Nijkerk 1978, 9-15.

[10]  Vgl. Moltmann, Gestaltwerdung Christi in der Welt: Zur aktuellen Bedeutung der Theologie Arnold van Rulers, in: Men moet telkens opnieuw de reuzenzwaai aan de rekstok maken: Verder met Van Ruler, hrsg. von Dirk van Keulen, George Harinck und Gijsbert van den Brink, Zoetermeer 2009, 114.

[11]  Van Ruler, Het koninkrijk Gods en de geschiedenis, in: Verwachting en voltooing: een bundel theologische opstellen en voordrachten, Nijkerk 1978, 35.

[12]  Vgl. idem, Die christliche Kirche und das Alte Testament, 65.

schichte steht). Vielmehr entwirft er sie von ihrem Ziel, dem Reich, her, wobei der Agent der Geschichte der Heilige Geist ist.

## 1.3. Die Stellung der alttestamentlichen Heilsgeschichte und Israels

Die alttestamentliche Heilsgeschichte hat ein Plus gegenüber der neutestamentlichen dahingehend, dass in ihr bereits anhand von Israel exemplarisch, als pars pro toto, das Ziel dargestellt wird: das irdische Königtum des Messias, Gottes Herrschaft über die Welt. Diese Herrschaft erscheint im NT nur im geistlichen Sinn.[13] Damit entfaltet das AT eine Wirklichkeit, die das NT übersteigt und umfasst.[14] Als Teil dieser Darstellung des Reiches Gottes wird durch Israel und seine Geschichte mit Gott deutlich, was wahre Humanität und wahres Menschsein bedeutet.[15] Weiterhin hat Israel die Funktion, die Schuld und Rebellion des Menschen exemplarisch darzustellen.[16]

Diese Aspekte zielen auf das eschatologische Reich Gottes ab. Wenn also Barth davon redete, dass Christus das letzte Ziel der Wege Gottes mit Israel sei, so muss van Ruler dem widersprechen.[17] Das Umgekehrte ist nämlich der Fall: Es geht Gott in seinem Handeln mit Christus um Israel, in Israel aber geht es ihm um die Völker der Erde, und im Heil, welches durch Christus den Nationen gebracht wird, geht es um die ganze geschaffene Wirklichkeit und ihre Erlösung. „Wir sind nicht Menschen, damit wir Christen sein könnten, sondern wir sind Christen, damit wir Menschen sein könnten."[18] Die Fleischwerdung des Logos in Christus ist somit Instrument zur Aufrichtung des eschatologischen Reiches, aber nicht das Ziel der Heilsgeschichte.

Wenn es dann nach dem Kommen Christi um die Sendung zu den Nationen geht, so geschieht mit diesen eine Christianisierung im Sinne einer Durchdringung ihrer Gesellschaft mit der Herrschaft Gottes. Unter den Gestalten der Heilsgeschichte gibt es für van Ruler daher nicht nur die Kirche als corpus Christi, sondern auch die christianisierte Gesellschaft als corpus christianum. Die Nationen werden dabei in einem pneumatischen Sinn ebenfalls zu Israel, in welchem dies alttestamentlich schon vorausgestellt war.[19]

---

[13] Vgl. ebd., 31f.

[14] Von daher kann van Ruler an einer Stelle provozierend fragen: „Oder gibt es nur einen Kanon in dem Sinn, dass allein das Alte Testament Kanon ist, und dass das Neue Testament als erklärendes Wörterverzeichnis am Ende hinzugefügt ist?" Ebd., 88.

[15] Vgl. ebd., 83.

[16] Vgl. idem, Het koninkrijk Gods en de geschiedenis, 13. Vgl. zu beiden Themen A. H. Drost, Is God veranderd? Een onderzoek naar de relatie God-Israël in de theologie van K.H. Miskotte, A.A. van Ruler en H. Berkhof. Uitgeverej Boekencentrum, Zoetermeer, 2007, 116-118.

[17] Vgl. van Ruler, Die christliche Kirche und das Alte Testament, 63f.

[18] Ebd., 65.

[19] Vgl. ebd., 31.

Die alttestamentliche Heilsgeschichte ist also nicht christologisch und damit auch nicht ekklesiologisch zu vereinnahmen. Das alttestamentliche Israel erhält eine eigenständige Stellung in der Verwirklichung des Reiches Gottes, und seine Stellung ist insoweit besonders, als hier das eschatologische Reich schon exemplarisch dargestellt ist. Van Ruler kann aufgrund dieser Aufwertung Israels als reformierter Theologe sogar die Frage nach einer möglichen heilsgeschichtlichen Zukunft für das nationale Israel offen lassen. Es bleibt jederzeit möglich, dass Gott „aufs neue zurückkehrt zu seinem Volk Israel, wobei Er auf die eine oder andere Weise auch wieder nicht untreu werden wird gegenüber dem, was Er in seinem Messias Jesus getan hat."[20]

## 1.4. Die Stellung Christi und der neutestamentlichen Heilsgeschichte

Im NT finden wir dann – und hier liegt für van Ruler das Plus des NT gegenüber dem AT – in Christus die Lösung des entscheidenden Problems, welches der Aufrichtung des Reiches Gottes im Weg steht, nämlich der Schuldfrage. Christus behält bei van Ruler somit seinen zentralen Ort in der Heilsgeschichte in einem mehrfachen Sinn. Erstens gelingt Gott durch die Fleischwerdung (deren Funktion bei van Ruler rein soteriologisch verstanden wird[21]) die Lösung des zentralen Schuldproblems, sodass das Reich Gottes endlich Fuß fassen kann in der Welt. Zweitens geschieht in Christus eine unerwartete Intensivierung des Handelns Gottes, welches nicht einfach in glatter Kontinuität steht mit dem Handeln Gottes in Israel. Denn im Unterschied zur alttestamentlichen Heilsgeschichte „begegnet" Gott nicht bloß den Menschen, sondern wird selbst Mensch und bringt damit selbst seine Sache zur Vollendung.[22] Drittens kennt das AT den Sendungsgedanken (Gott sendet den Sohn und genauso auch die Apostel) noch nicht. In Christus und durch seine Sendung wird aber gerade das Heil und auch das Reich den nichtjüdischen Völkern überliefert und gewinnt damit weltweite Dimensionen.[23] Die neutestamentliche Heilsgeschichte ist daher mehr als nur ein Abschnitt im Handeln Gottes mit Israel.

Doch ist in Christus noch nicht das eschatologische Reich da, denn dann müsste das Ziel der Heilsgeschichte mit Christus bereits in voller Entfaltung gegenwärtig sein und die Probleme der sichtbaren Wirklichkeit gelöst sein. In

---

[20]  Ebd., 33, vgl. auch 90f.

[21]  Van Ruler teilt das "anselmianische" Verständnis der Inkarnation aus der calvinistischen Tradition, vgl. van Ruler, Reformatorische opmerkingen in de ontmoeting met Rome, Hilversum; Antwerpen: Paul Brand, 1965, 76; idem, Hoofdlinien van een pneumatologie, in: Theolo-gisch Werk 4, Nijkerk: Callenbach 1973, 11. Er meint damit ein Verständnis entlang des Entwurfs von Anselm von Canterburys „Cur Deus homo", der eine rein hamartiologisch-soteriologische Motivation für die Inkarnation entfaltete.

[22]  Vgl. ebd., Die christliche Kirche und das Alte Testament, 46f; 49.

[23]  Vgl. ebd., 40.

Christus ist „die Mitte der Zeit" erschienen, jedoch noch nicht das Ende.[24] Obwohl sich bei van Ruler die Heilsgeschichte um Christus dreht, geht es nicht in allem um Christus – es geht um das Ziel, das Reich Gottes. Van Ruler fasst das ekklesiologische Resultat seines Ansatzes mit folgender Frage zusammen: „Endet alles in der Kirche und besteht alles – nicht nur Israel, sondern auch die Geschichte und die Schöpfung, um der Kirche willen? Oder ist die Kirche nur eine von vielen anderen Gestalten des Reiches Gottes und besteht ihre Katholizität gerade darin, dass sie alle Gestalten des Reiches respektiert, anerkennt und lieb hat, z.B. auch das Volk Israel?"[25]

In diesem Ansatz ist die Kirche nicht, wie z.B. im heilsgeschichtlichen Entwurf des katholischen Theologen Karl Rahner, „eschatologische Größe",[26] die innerhalb der Geschichte nicht mehr überboten werden wird. Israel kann somit noch eine Zukunft haben. Van Ruler schreibt: „Ich denke, dass das Neue Testament nirgendwo sagt, dass das Volk Israel, auch als biologische Größe (wie soll es ohne Biologie in Gottes Handeln zugehen können?), definitiv verworfen sei. Es sagt nur, dass das Volk Israel blind und verstockt sei – und zwar mit der Aussicht auf eine neue Wendung. Diese Wendung hat eschatologische Tragweite: sie enthält die Auflösung des Welträtsels (Röm. 11,15)."[27] Damit ist die traditionelle Form einer „Substitutionstheorie"[28] zurückgewiesen.

Allerdings bleiben zwei Fragen offen: 1) Gibt es für van Ruler eine theologische Bedeutung Israels in der Zeit der Gemeinde? 2) Was kann er zur eschatologischen Funktion Israels genau sagen? Ersteres wäre wohl zu verneinen, denn nach der Ablehnung des Messias gehen die theologischen Funktionen, die Israel im AT hatte, auf die Kirche über. Van Ruler sieht zwischen Israel und der Kirche eine Antitypik: „Die Dinge erscheinen im Spiegel alle von der anderen Seite, in umgekehrter Ordnung."[29] Bedeutet dies nicht, dass wenn die missionierten Nationen in einem pneumatischen Sinn zu Israel werden, sie auch theologisch mehr und mehr die Funktionen des alttestamentlichen Israels übernehmen? Mit

---

[24] Vgl. ebd., 38.

[25] Ebd., 92.

[26] Vgl. Karl Rahner, Über die Schriftinspiration, Quaestiones disputatae Bd. 1, Freiburg 1958, 50.

[27] Van Ruler, Die christliche Kirche und das Alte Testament, 50 Anm. 66.

[28] Die sogenannte Substitutionstheorie besagt, dass Israel als Volk Gottes verworfen und heilsgeschichtlich durch die Kirche ersetzt worden ist. Einen theologiegeschichtlichen Überblick dieser These bietet z.B. Ronald E. Diprose, Israel in the Development of Christian Thought, Rom: Instituto biblico evangelico italiano, 2000, 73-103. Für die vorkonziliare katholische Theologie vgl. Christine Bertl-Anker, Das theologische Verständnis des Judentums in der deutschsprachigen katholischen Dogmatik des 20. Jahrhunderts, unveröff. Dissertation, Innsbruck: Leopold-Franz-Universität, 1991, 11-28.

[29] Vgl. Van Ruler, Die christliche Kirche und das Alte Testament, 32.

A. H. Drost wird man für die Zeit der Gemeinde eine historische Diskontinuität für Israel in van Rulers Ansatz feststellen müssen.[30]

Die Frage nach der Zukunft Israels bleibt bei van Ruler dann in der Schwebe. Er sieht die theologische Herausforderung, die sich besonders aus der Staatsgründung Israels ergibt.[31] Doch will er sich hier nicht aussprechen oder festlegen. „Hat Gott in seinem Weltplan noch etwas vor mit dem Volk Israel? Es dürfte geraten sein, hier vor allem anderen ein theologisches non liquet auszusprechen. Zu sagen, man wisse, was Gott mit seinem Volk Israel vorhabe, wäre doch wohl eine hybride Antizipation. Und die Aussage, man sähe, dass Gott nichts mehr mit Israel vorhabe, dürfte im Widerspruch zur Schrift stehen."[32]

## 1.5. Zur Landfrage und zur Staatsgründung Israels

In einer Predigt aus dem Jahr 1938 hatte van Ruler die alttestamentliche Landverheißung für Israel als exemplarisch für die eschatologisch angestrebte Herrschaft Gottes über die ganze Erde verstanden. In diesem Fall wäre eine gegenwärtige Landerwartung ein Missverständnis. Zur im Jahr 1948 erfolgten Staatsgründung Israels hat sich Van Ruler dann erst spät, im Jahr 1960, in einer Predigt geäußert. In keiner anderen Veröffentlichung geht er so ausführlich auf die Landfrage ein.[33] Er stellt die Frage, ob in der Gründung dieses Staates eine besondere Tat Gottes zu sehen ist, ob hier eine Heilsbedeutung und die Erfüllung von Verheißungen vorliegt, ob hiermit die Vollendung der Welt beginnt. Als Antwort spricht er sein „non liquet mihi" aus: Es ist ihm nicht gestattet, mit letzter Sicherheit ja oder nein zu sagen.[34] Mit den obenstehenden Fragen versucht man, Gott in die Karten zu schauen. Wir können aber einen besondern Platz für Israel in der Heilsgeschichte nicht ausschließen, denn es kann keine Rede davon sein, dass Israel als Volk verworfen sei. Es könnte weiterhin eine besondere Rolle spielen, auch in das Eschaton hinein. Dem steht auch nicht entgegen, dass es beim Enstehen des Staates Israel mit menschlichen, irdischen Tätigkeiten zuging. Denn Gottes Handeln ist irdisch und betrifft auch die wirtschaftliche und soziale Wirklichkeit, es ist nicht nur geistlich, innerlich, kirchlich. „Man kann meines Erachtens nicht einmal sagen: Es sind Panzer zum Einsatz gekommen,

---

[30]   Vgl. ebd., 31-32, vgl. auch A. H. Drost, Is God veranderd? Een onderzoek naar de relatie God-Israël in de theologie van K.H. Miskotte, A.A. van Ruler en H. Berkhof, Zoetermeer: Boekencentrum, 2007, 130ff.

[31]   Vgl. van Ruler, Die christliche Kirche und das Alte Testament, 90

[32]   Ebd., 91.

[33]   Vgl. Drost, 113 und 202. Van Rulers Predigt mit dem Titel: „De bijbelse boodschap en de staat Israël" wurde am 25.09.1960 in Rotterdam gehalten, sie ist im Monatsblatt „Gemeente-Opbouw" der Hervormde Kerk in Rotterdam von Oktober 1960 veröffentlicht.

[34]   Vgl. das Zitat aus der Predigt „De bijbelse boodschap en de staat Israël" bei Drost, 202f.

und deshalb kann dies kein Heilswerk Gottes sein."³⁵ Zwar erreicht Israel seine Bestimmung nicht, ohne sich zum Messias Jesus zu bekennen. Doch Gott erreicht sein Ziel manchmal auf unerwartete Weise. „Könnte der Staat Israel ohne das Bekenntnis von Jesus nicht vielleicht so eine unerwartete Weise sein?"³⁶

Van Ruler bleibt insgesamt bei seinem „non liquet mihi", obwohl er eine Reihe Gründe anführt zugunsten einer theologischen Bedeutung des Landbesitzes Israels. Allerdings bezieht er sich dabei nirgends direkt auf alttestamentliche prophetische Aussagen. Das „non liquet mihi" im Zusammenhang mit dem Landbesitz Israels steht in einer Linie mit seiner sonst geäußerten eschatologischen Selbstbeschränkung bezüglich Israel.

## 1.6. Würdigung

Van Rulers theologisches Denken kann, ausgehend von seinem trinitarisch-eschatologischen Ansatz, Israel einen der Kirche ebenbürtigen Platz in der Heilsgeschichte einräumen. Israel ist eine Vorausdarstellung als „pars pro toto" dieses Reiches, es stellt dessen grundlegende Werte dar. Christus ist zwar die Mitte, aber nicht das Ziel der Heilsgeschichte. Die Inkarnation ist Gottes entscheidendes Mittel, um das Reich Gottes auf der Erde definitiv aufzurichten. Die Kirche ist ebenfalls nicht das Ziel der Heilsgeschichte, Ziel ist vielmehr das eschatologische Reich Gottes, die erlöste und in ihrer Potentialität erfüllte Wirklichkeit. Aufgrund dieser heilsgeschichtlichen Wertung der Inkarnation und der Kirche kann van Ruler offen sein für eine heilsgeschichtliche Zukunft Israels, ebenso für eine theologische Bedeutung des Landbesitzes Israels, auch wenn er sich hier nicht festlegen will (non liquet mihi).

Jedoch können auch Anfragen an van Rulers Ansatz gestellt werden. Zunächst betreffen diese seine fundamentaltheologischen Entscheidungen.³⁷ Ist seine Einordnung der Inkarnation als Notmaßnahme Gottes nicht eine Unterbewertung Christi und seines Werkes, sowie seiner Stellung als Herr? Wird dem Umstand Rechnung getragen, dass der Heilige Geist der Geist Christi ist und auch von Christus ausgeht? Und kennen wir das eschatologische Reich gut genug, um es als fundamentaltheologische Größe und Norm zu verwenden?

Weitere Anfragen betreffen speziell seine Israeltheologie.³⁸ So ist zu fragen, ob die Ausrichtung der Erwählung Israels auf die ganze Welt und auf das eschatologische Reich das Spezifische des Verhältnisses Gott-Israel ausreichend in

---

³⁵ „Men kan mijns inziens zelfs niet zeggen: er zijn tanks aan te pas gekomen en daarom kan het geen heilswerk van God zijn." Zitat aus der Predigt „De bijbelse boodschap en de staat Israël" bei Drost, 203.

³⁶ „Zou de staat Israël zonder de belijdenis van Jezus niet zo'n onverwachte weg kunnen zijn?" Zitat aus der Predigt „De bijbelse boodschap en de staat Israël" bei Drost, 204.

³⁷ Vgl. hierzu Hahn, Heilsgeschichte und alttestamentliche Kanonumgrenzung, 76.

³⁸ Vgl. hierzu Drost, 216-218.

den Blick kommen lässt. Van Ruler denkt die Möglichkeit nicht konsequent durch, dass Gottes Treue einen besonderen Platz für Israel ermöglichen kann. Gewiss schließt van Ruler diese Möglichkeit nicht aus, aber sie bleibt sozusagen als Geheimnis stehen. Weiterhin wird die durch Christus erreichte Versöhnung und Lösung der Schuldfrage nicht auf das Verhältnis Gott-Israel bezogen – Israel erhält hier keinen eigenen Ort. Israel hat in der Zeit der Gemeinde keine historische Kontinuität, und somit kann van Ruler die Kontinuität der biblischen Verheißungen für Israel nicht in sein Modell integrieren und folglich auch keine Aussage zur theologischen Bedeutung des Landbesitzes machen. Er lässt an dieser Stelle eine Spannung in seinem Entwurf stehen, die er selbst sich nicht aufzulösen berechtigt fühlt.

## 2. Israel und sein Land im prämillenaristischen Entwurf Jürgen Moltmanns

Jürgen Moltmann hat von van Ruler einiges gelernt, wie er selbst schreibt. Es handelt sich zunächst um zwei grundlegende theologische Perspektiven: „1. Es geht in der Kirche um mehr als Kirche, es geht um das Reich Gottes in der Welt, und 2. die erste Gestalt des Reiches Gottes in der Welt ist nicht die Kirche, sondern Israel."[39] Kritisch hat sich Moltmann später gegenüber van Rulers Einordnung der Inkarnation geäußert – in Christus handelt es sich für Moltmann entschieden um mehr als um eine Notmaßnahme Gottes wegen der Sünde, denn es geht im Eschaton um eine Überbietung des Urstandes, nicht nur um eine Wiederherstellung der geschaffenen Wirklichkeit.[40] Wie sieht der eschatologische Entwurf Moltmanns hinsichtlich der Stellung Israels aus?

### 2.1. Moltmann und die Heilsgeschichte

Moltmann entwirft seine Eschatologie in Auseinandersetzung mit den transzendentalen und existentialen Ansätzen vor ihm (Karl Barth, Rudolf Bultmann, Paul Althaus).[41] Er will das Moment der *Geschichte* wieder neu integrieren, allerdings nicht einfach im Sinn einer futuristischen Eschatologie der früheren heilsgeschichtlichen Entwürfe des 17. – 19. Jh.s. Diese Entwürfe wollen nach Moltmann das eschatologische Voranschreiten aus anderen „Zeichen der Zeit" als

---

[39]    Moltmann, Gestaltwerdung Christi in der Welt, 113.

[40]    Vgl. ebd., 122ff; vgl. auch Moltmann, Der gekreuzigte Gott: Das Kreuz Christi als Grund und Kritik christlicher Theologie, 3. Auflage, München 1976, 247-250.

[41]    Deren Ansätze sieht er als geschichtslose „Verewigung" der Eschatologie, vgl. Moltmann, Das Kommen Gottes: Christliche Eschatologie, München 1995, 30-39. Ich folge diesem letzten eschatologischen Werk Moltmanns in der Darstellung.

aus Kreuz und Auferstehung Christi in Erfahrung bringen. Offenbarung wird so zu einem Prädikat der Geschichte. Für Moltmann las man in der heilsgeschichtlichen Theologie des 17. Jh.s „... die Bibel nicht mehr als Urkunde göttlicher Selbstoffenbarung, sondern als göttliche Prophetie zukünftiger Weltgeschichte."[42] Eschatologie ist in den klassischen heilsgeschichtlichen Ansätzen „vorausgesagte Zukunft" und liegt damit auf ein und der selben Zeitlinie wie die Geschichte, die Vergangenheit, und ist in gleicher Weise determiniert. Moltmann sieht den Ansatz Albert Schweizers, für den aufgrund der geschichtlichen Enttäuschungen der neutestamentlichen Eschatologie (Parusieverzögerung) christliche Eschatologie unmöglich wird, in der gleichen Denktradition wie die klassischen heilsgeschichtlichen Entwürfe.[43] Nach Moltmann muss im eschatologischen Entwurf Raum bleiben für überraschende Entwicklungen und für Neues, denn daraus ergibt sich Hoffnung. Die möglichen Realisierungen der Zukunft (unser Erwartungshorizont, Zukunft als Projekt) sind immer umfassender als die tatsächlich in der Geschichte erlebte Realisation (Zukunft als Erfahrung). Es gibt immer einen Überschuß des Erwartungshorizontes vor dem Erfahrungsraum der Geschichte. Dementsprechend will Moltmann nicht von Futur reden, sondern von Advent. Gott kommt uns aus dem Eschaton entgegen, nicht wir fahren auf der linearen Zeitlinie dem Eschaton entgegen, welches bereits vollständig festgeschrieben wäre. Moltmann ist daher reserviert gegenüber den klassischen heilsgeschichtlichen Konzeptionen, obwohl er sich positiv auf sie bezieht, wo es um die Diskussion der Stellung Israels geht (vgl. unten 1.2.2). Eschatologie ist bei Moltmann streng christologisch konzipiert.[44] Christus in seiner messianischen Mission (Kreuz und Auferstehung) ist Kriterium für die Eschatologie. Es gibt keine Eschatologie ohne Christologie und umgekehrt. Im Unterschied zu den klassischen heilsgeschichtlichen Ansätzen ist die Eschatologie nicht außerhalb der Christologie (etwa durch die Auswertung von biblischer Prophetie) in Erfahrung zu bringen. Denn christliche Eschatologie kann nicht über Zukunft *an sich* reden, sie kann nur mit einer definitiven Wirklichkeit in der Geschichte beginnen und die Zukunft dieser Wirklichkeit ansagen. Zugrunde liegt dem eine „Christologie des Weges": Christus ist auf dem Weg zu seinem eschatologischen Ziel. Christologie beschreibt den Anfang, Eschatologie die Vollendung dieses Weges.[45] Christus nimmt die ganze Schöpfung in seinen eigenen Lebensprozess (Sterben und Auferstehen) mit hinein und erschafft sie damit neu.

Moltmann vertritt nun mit diesen Voraussetzungen überraschenderweise eine

---

[42] Ebd., 23.
[43] Vgl. ebd., 24ff.
[44] Vgl. Richard Bauckham, Eschatology in The Coming of God, in: God Will Be All in All: The Eschatology of Jürgen Moltmann, Edinburgh 1999, 1-10.
[45] Vgl. z.B. Moltmann, Der Weg Jesu Christi: Christologie in messianischen Dimensionen, München 1989, 11; 89-90.

millenaristische Position, die viel mit dem Prämillenarismus und sogar mit dem Dispensationalismus gemeinsam hat, und zwar aus folgenden Gründen:

1) Nur das zukünftige Millennium, welches noch in der Geschichte stattfindet, kennzeichnet alle bestehenden Formen von Kirche, Staat und Zivilisation als vorläufig, als das Vorletzte. Nur in diesem Modell tritt das *kommende* Friedensreich dem jetzigen Corpus Christianum (oder auch säkularen Machtpositionen) und seinem millennaristischen Anspruch *gegenüber*.[46]

2) Das säkulare Projekt der Dominanz der westlichen Welt und der Unterwerfung der Natur ist durch den Prämillenarismus als eschatologische Hybris gekennzeichnet.[47]

3) Millenniumstheologie ist Märtyrertheologie, sie wird von denen erarbeitet, die sich gegen die jetzt herrschenden Kräfte stellten und deshalb zu Märtyrern werden. Ein prämillenaristischer Ansatz eröffnet eine Alternative zur Gegenwart und ermöglicht deshalb christlichen Widerstand gegen die Mächte dieser Welt. An dieser Stelle liegt für Moltmann die Bedeutung eines apokalyptischen eschatologischen Ansatzes,[48] gemäß dem die jetzt herrschenden Kräfte noch in eine Krise geführt werden müssen. Es gibt keine direkte Überleitung von diesen Kräften zum Millennium, denn dieses gehört den bisher Unterdrückten an.[49]

4) Richard Bauckham hat angemerkt, dass keiner dieser Punkte im eschatologischen Entwurf Moltmanns schon notwendig ein endzeitliches Millennium erfordert. Die jenseits der Zeit liegende Neuschöpfung könnte die Funktion des Millenniums bei Moltmann übernehmen.[50] Doch Unterdrückung und Märtyrertum geschahen in dieser Zeit, nicht erst in der Neuschöpfung. Daher ist es, so Moltmann, angemessen, dass auch die Umkehrung der Verhältnisse in dieser Zeit stattfindet.[51] Eine solche „Erlösung der Zukunft aus der Gewalt der Geschichte"[52] ist nötig, und zwar nicht erst in der Ewigkeit, sondern innerhalb der Geschichte.

5) Des weiteren ist der innergeschichtliche Millenniumsgedanke auch christologisch getragen, und zwar in folgender Hinsicht:[53] Christi Nachfolger werden in Christi Leiden und Sterben mit hineingenommen, damit sie auch mit ihm auferstehen. Diese Auferstehung ist die messianische Auferstehung aus den Toten, nicht die allgemeine Totenauferstehung am Ende der Zeit. Denn die

---

[46]  Vgl. Bauckham, The Millennium, in: God Will Be All in All: The Eschatology of Jürgen Moltmann, 136.
[47]  Vgl. ebd., 136f.
[48]  Vgl. Moltmann, Das Kommen Gottes, 253ff.
[49]  Vgl. ebd., 174.
[50]  Vgl. Bauckham, The Millennium, 135f, 138, 139.
[51]  Vgl. Moltmann, Das Kommen Gottes, 174.
[52]  Ebd., 64.
[53]  Vgl. ebd., 219ff.

erste Auferstehung stellt die besondere Hoffnung der an Christus Glaubenden dar. Für die allgemeine Auferstehung bedarf es keines christlichen Glaubens. 6) Exegetisch wird dies getragen durch folgende Beobachtungen:[54] a) Die mit Christus gelitten haben, werden einst die Welt richten (1Kor 6,2; 2Tim 2,12). b) Offb 20,4-5 und 1Kor 15,20-26 reden von zwei Auferstehungen. c) Deren erste muss als eine selektive Auferstehung *aus* den Toten gesehen werden (Phil 3,10.11; 1Thess 4,16ff). Die Zeit zwischen diesen Auferstehungen begründet den Millenniumsgedanken für die Märtyrer.

## 2.2. Die Stellung Israels in Moltmanns Denken

Bereits in seinem ersten eschatologischen Hauptwerk „Theologie der Hoffnung" hatte Moltmann die provozierende These formuliert, dass das Nein Israels zu Jesus als Messias ein Wahrheitsmoment darin hat, dass die Welt ihrem faktischen Zustand nach noch nicht erlöst ist, ihre Probleme bestehen nach wie vor, das Reich Gottes ist noch nicht da.[55] Die historische Ablehnung der Hoffnung für Israel in der Kirche hat einen tiefen Grund möglicherweise in einem ständigen Ringen der Kirche mit ihrem eigenen Anspruch, bereits das messianische Reich darzustellen, welcher mit der Wirklichkeit ihrer selbst und dieser Welt jedoch im Konflikt liegt.[56]

Nach Moltmann gewährt nur der Prämillenarismus Raum für eine Zukunftshoffnung Israels im Rahmen der Hoffnung für die Unterdrückten der Geschichte. Hinsichtlich der Eschatologie für Israel unterscheidet sich sein Denken hier nicht vom Dispensationalismus.[57]

Was ist dann diese Zukunftshoffnung Israels? In „Kirche in der Kraft des Geistes" erinnert Moltmann an die klassische heilsgeschichtliche Theologie (von Johannes Coccejus über den Pietismus und die Erlanger lutherische Schule) und kommt zu folgenden Aussagen:[58] 1) Zunächst hat Israel einen bleibenden Heilsberuf, denn Gott bleibt seiner Erwählung treu. Die messianischen Verheißungen im AT sind in Jesus und durch den Geist erst „prinzipiell ... vorläufig und par-

---

[54] Vgl. ebd., 172f.

[55] Vgl. Moltmann, Theology of Hope: On the Ground and the Implications of a Christian Eschatology, London 1967, 229 (das deutsche Original "Theologie der Hoffnung" lag mir leider nicht vor). Vgl. auch idem, Der gekreuzigte Gott: Das Kreuz Christi als Grund und Kritik christlicher Theologie, 3. Auflage, München 1976, 97f, 103f.

[56] Vgl. idem, Kirche in der Kraft des Geistes, 157.

[57] Vgl. Moltmann, The Hope of Israel and the Anabaptist Alternative: Response to Richard Bauckham, in: God Will Be All in All: The Eschatology of Jürgen Moltmann, Edinburgh 1999, 151. Moltmann redet hier von "Christian millenarianism"; was er damit beschreibt, würde sich als Prämillenarismus mit dispensationalistischem Einschlag (das Millennium ist für Israel gedacht) einordnen lassen. Vgl. auch idem, Das Kommen Gottes, 222.

[58] Vgl. idem, Kirche in der Kraft des Geistes, 158ff.

tiell" erfüllt. Deshalb wartet die Kirche zusammen mit Israel auf ihre Erfüllung.[59] 2) Die klassische heilsgeschichtliche Erwartung einer endzeitlichen Bekehrung Israels und des messianischen Reiches (wie immer man sich im Detail dazu stellen mag) überwindet mit dem kirchlichen Absolutismus auch den Antijudaismus. 3) Israel und die Kirche haben eine Aufgabe aneinander: Israel erinnert die Kirche an ihr „Noch nicht" und reizt sie damit zur Hoffnung, die Kirche bezeugt Israel die Gegenwart der Versöhnung in der Welt und reizt es damit zum Glauben.[60]

Der gemeinsame Brennpunkt der Hoffnung von Israel und Kirche ist die Ankunft des Messias, der mit dem Auferstandenen identisch ist, in seinem messianischen Reich. Dieses Reich verwirklicht sich in Jerusalem und dem Land Israel. Moltmann schließt sich Johann Tobias Beck an mit der Aussage „Dieses israelozentrische Christusreich bildet das organische Übergangsglied zwischen dem jetzigen Weltzustand und der einstigen Weltvollendung."[61]

## 2.3. Zum Landbesitz Israels

Den Landbesitz Israels nennt Moltmann in seiner Ekklesiologie „Kirche in der Kraft des Geistes" (1975) das theologisch schwierigste Problem.[62] Dennoch muss die Kirche gegenüber diesem Landbesitz theologisch Stellung beziehen, dies auch im Konflikt zwischen Israel und den Palästinensern.[63]

Für Israel gehören Gott, Volk und Land zusammen, und man kann nicht „Gott und sein Volk anerkennen, aber das Land und den Staat verachten."[64] Der jüdische Staat ist „ein Zeichen für das Ende der Zerstreuung und den Anfang der Heimkehr". Jüdische Existenz kann heute ganz gelebt werden, in der Heimat statt in der Fremde. Die Staatswerdung mit Landbesitz beinhaltet aber auch die Gefahr, zu einem Volk wie alle anderen Völker zu werden und damit das Potential zu haben, zum Fluch für andere zu werden.

Die Staatsgründung ist ein zweideutiges Vorzeichen. Die besondere Berufung Israels wird bestätigt, aber die Zeit der Heiden ist noch nicht zu Ende. Das Millennium ist noch nicht da. Weiterhin ist auf Gottes erlösendes eschatologisches Handeln zu warten – das gilt für Juden und Christen. Zwanzig Jahre später in seinem letzten eschatologischen Werk „Das Kommen Gottes" ist Moltmann je-

---

[59]   Vgl. dazu auch idem, Das Kommen Gottes, 223.
[60]   Vgl. idem, Kirche in der Kraft des Geistes, 170.
[61]   Johann Tobias Beck, Die Vollendung des Reiches Gottes. Separatabdruck aus der Christlichen Glaubenslehre, Gütersloh: 1887, 63f, zit. bei Moltmann, Das Kommen Gottes, 224.
[62]   Moltmann widmet der Frage einen kurzen, gut einseitigen Abschnitt, vgl. idem, Kirche in der Kraft des Geistes, 170f.
[63]   Vgl. ebd., 157.
[64]   Ebd., 170.

doch nicht mehr direkt auf den locus des bereits jetzt bestehenden Landbesitzes eingegangen.

## 2.4. Würdigung

Moltmann kann in seinem kreativen theologischen Ansatz zu eschatologischen Positionen kommen, die für evangelikale Theologen zunächst überraschend sind. Im Unterschied zu den vorher dominierenden transzendentalen und existentialen Ansätzen gelingt ihm eine Integration der Geschichte und im besonderen der Zukunft in seinen eschatologischen Entwurf. Außerdem kann er Israel eine heilsgeschichtliche Zukunft explizit zuerkennen und geht damit über van Ruler hinaus.

Was jedoch ebenfalls überrascht, ist seine Reserve gegenüber klassischen heilsgeschichtlichen Ansätzen. Wenn er eschatologische Aussagen nur aus der Christologie gewinnen will, so scheint sich hier ein barthianisches Offenbarungsverständnis zu äußern. Für Barth war allein Christus in einem unmittelbaren Sinn Wort Gottes, die Schrift nur in einem abgeleiteten Sinn. Ein evangelikales Offenbarungs- und Schriftverständnis wird sich dem nicht voll anschließen können. Es wird Offenbarung nicht rein aktualistisch-personal, sondern auch propositional auffassen und die Dichotomie zwischen diesen beiden Fassungen des Offenbarungsbegriffes zu überwinden suchen.[65] Damit kann es mit einer Verschriftlichung des Redens Gottes rechen und daher auch in der Schrift mit echter zukunftsbezogener Prophetie. Dann kann jedoch mehr gesagt werden, als dass sich die Eschatologie allein aus der Christologie ergeben muss – dann sind Prophetien in ihrer ganzen Aussagekraft ernst zu nehmen, was dann auch die Landverheißungen des AT mit einschließt.

Eine so verstandene biblische Prophetie muss nicht zu einem pessimistischen Determinismus bezüglich der Zukunft führen. Moltmanns Kritik an einem solchen Determinismus ist gerechtfertigt, obwohl zu fragen ist, ob ein heilsgeschichtlicher Entwurf ihn notwendig beinhalten muss. Auch z.B. in einem dispensationalistischen Entwurf ist Raum für Hoffnung auch vor der eschatologischen Krise, gemäß der Bonhoefferschen Unterscheidung vom Letzen und Vorletzten:[66] Das „Vorletzte" dieser Welt wird durch Christus gehalten und hat seinen berechtigten Ort, nicht nur das „Letzte"; gleichzeitig ist das Kommen Christi aber auch das Gericht über das Vorletzte. Doch solange es Gott gefällt, im „Vorletzten" dieser Welt ein relatives Maß von Frieden und Gerechtigkeit zu erhalten, muss uns das auch gefallen, daher setzen wir uns hoffnungsvoll dafür ein.

---

[65] Vgl. hierzu z.B. Kevin J. Vanhoozer, First Theology: God, Scripture & Hermeneutics, Downers Grove: InterVarsity Press, Leicester 2002, 127ff.

[66] Vgl. hierzu Dietrich Bonhoeffer, Ethik, München 1988, 128-152.

Moltmann geht israeltheologisch weiter als van Ruler, indem er Israel eine heilsgeschichtliche Zukunft explizit zuerkennt. Doch bezüglich des Landbesitzes legt er sich Zurückhaltung auf (er ist ein zweideutiges Vorzeichen), auch dadurch, dass er in seinem letzten eschatologischen Werk zwar Israel behandelt, doch ohne dabei den Landbesitz zu thematisieren.

## 3. Ausblick

Von Interesse ist an dieser Stelle ein weiterer Vorschlag aus dem holländischen reformierten Lager,[67] der nach einer gründlichen Analyse der Israeltheologie dreier holländischer Theologen (Miskotte, van Ruler und Berkhof) versucht, bezüglich einer Integration Israels in den heilsgeschichtlichen Entwurf weiter zu denken. Die interessanten Überlegungen von A. H. Drost sollen als Anregung zum eigenen Weiterdenken hier mitgeteilt werden, wobei ich auf eine kritische Bewertung hier verzichte.

Ausgangspunkt ist die *Erwählungstreue* Gottes (ein Grundaxiom reformatorischer Theologie), die auch gegenüber Israel als Volk durchgehalten werden muss. Aufgrund dieser Erwählungstreue sendet Gott Christus, darin liegt allerdings keine Diskontinuität zu seinem bisherigen Handeln mit dem Volk. Richtig an van Rulers Entwurf ist, dass Gott mit diesem Handeln die ganze Welt im Blick hat. Allerdings kommt es im Fortschreiten des Handelns Gottes mit der Welt nicht zum Abbruch der Kontinuität mit Israel als Volk. Würde Gott Seine Barmherzigkeit gegenüber Israel aufgeben, so wäre dies ein Bruch in Seinem Wesen, der auch Auswirkungen hätte für die anderen Völker. Von Bedeutung ist deshalb eine Kontinuität der Geschichte Gottes mit Seinem Volk, die auch hinsichtlich der Geografie durchgehalten wird als sichtbares Zeichen.[68] Eine Verlagerung dieser Kontinuität ins Geistliche oder ins Existentielle, mit Verzicht auf das sichtbare Zeichen, wäre eine unzulässige Reduktion der irdischen Konkretheit der Verheißung. Die Behauptung, die Verheißung sei bereits erfüllt, wirft Fragen auf angesichts der Realität der Welt, z.B. bezüglich des fehlenden Friedens zwischen Israel und den Völkern sowie anderer Formen menschlicher Gebrochenheit.

Die im AT beginnende *Diaspora* Israels hat heilsgeschichtlich-eschatologischen Sinn:[69] Gott will auch die Glieder Seines Volkes in der Diaspora erreichen mit der durch den Messias angebotenen Versöhnung. Somit wirkt sich die Ver-

---

[67]  Vgl. A. H. Drost, Is God veranderd? Een onderzoek naar de relatie God-Israël in de theologie van K.H. Miskotte, A.A. van Ruler en H. Berkhof. Uitgeverej Boekencentrum, Zoetermeer, 2007, 370ff.

[68]  Das Verständnis des Landbesitzes als sichtbares Zeichen stammt von H. Berkhof, vgl. Drost, 353.

[69]  Vgl. ebd., 373f.

werfung des Messias durch einen Teil Israels (nicht durch die Diaspora) nicht auf das Volk als Ganzes aus. Sie weitet allerdings die Verkündigung des Evangeliums auf die ganze Welt aus. Hier liegt die heilsgeschichtliche Begründung für den weltweiten Missionsauftrag, er ergibt sich folgerichtig aus der bleibenden Beziehung Gottes mit Israel. In der Ausführung dieses Missionsauftrages werden auch die Nationen erreicht, auch wenn sich dieser, wiederum in Kontinuität mit dem bisherigen Heilshandeln Gottes, zuerst an die Juden richtet (vgl. Röm 1,16). In dem Willen, den Schatz (Israel) zu bekommen, erwirbt der Messias den ganzen Acker (die Welt, vgl. das Gleichnis Mt 13,44). Indem Gott sein Ziel mit Israel erreicht, gibt es Hoffnung für die ganze Welt. Mit einer solchen theologischen Berücksichtigung der Diaspora ist das historische Kontinuum Israels gewahrt.

Israel versteht sich heute nicht als Staat auf einer religiösen Grundlage. Sein Landbesitz ist noch nicht die Erfüllung der alttestamentlichen Verheißungen, die mehr beinhalten als nur den Landbesitz (Frieden mit den anderen Völkern, Sammlung des ganzen Israels unter der Herrschaft eines Davidsnachkommens und anderes mehr). Auch ist zu bedenken, dass alttestamentlich das Land immer Erbteil Gottes ist, und dass das Wohnen im Land eine Gnadengabe darstellt.[70] Der gegenwärtige Landbesitz Israels könnte in diesem Vorschlag jedoch interpretiert werden – und das wäre wohl die Maximalposition – als ein Wiedererscheinen des Zeichens zunächst dafür, dass Gottes Heil eine zutiefst irdische, geschichtliche und auch gesellschaftliche Dimension hat. Dann aber und vor allem als ein Wiedererscheinen des Zeichens von Gottes Treue zu seiner Berufung, in aller Gebrochenheit, aber auch in aller Würde des Vorletzten, und mit eschatologischem Vorbehalt. Denn die volle Verwirklichung der Landverheißung (einschließlich der Heilung der Beziehungen zu den Nachbarvölkern und damit auch der Lösung der palästinensischen Frage) wartet noch auf das sichtbare Eingreifen des wiederkehrenden Messias in die Geschichte.

---

[70] Vgl. ebd., 376f.

# Nachwort

Das Symposion „Wem gehört das ‚Land'?" (2010) und die von dort aus angestoßenen, nun hier veröffentlichten Beiträge wollen zeigen, wie man an exemplarisch ausgewählten Themenkreisen exegetisch, historisch, zeitgeschichtlich, theologiegeschichtlich und dogmatisch darum ringen kann, sich verantwortbaren Antworten auf die Frage nach der biblischen „Landbesitzverheißung" christlichtheologisch zu nähern. Seit dem Abrahamsbund (Gen 12) und der göttlichen Verheißung eines „ewigen Landbesitzes für Israel" hat der Streit um „Palästina" bzw. um das „Heilige Land" immer auch eine theologische Dimension, nicht zuletzt für Christen und für die christliche Dogmatik (Lehrbildung, Credo).[1]

Die Beschäftigung mit der Frage nach dem ‚Landbesitz für Israel' ist noch immer brisant und nicht vom Tisch. Es ist eben nicht so, als wäre nun bereits alles gesagt, was dazu – v.a. aus christlich-theologischer Perspektive – gesagt werden müsste oder könnte. Wir stehen immer noch am Anfang der christlich-israeltheologischen Forschung, oder wieder am Anfang.[2] Denn spätestens mit den Veröffentlichungen des sog. Kairos-Papiers „Die Stunde der Wahrheit: Ein Wort des Glaubens und der Hoffnung aus der Mitte des Leidens der Palästinenser" (2009)[3] und v.a. der EKD-Orientierungshilfe „Gelobtes Land? Land und Staat Israel in der Diskussion" (2012) haben die innerkirchlichen und die zwischenkirchlichen Auseinandersetzungen um die Haltung zum Staat Israel und seiner Politik gegenüber an Heftigkeit zugenommen.

---

[1] Vgl. dazu das primäre Anliegen in der Dissertation von Arnold G. Fruchtenbaum, Israelology. The Missing Link in Systematic Theology, unv. Nachdruck, Tustin (CA) 1996 (EA 1989), der bereits vor über 20 Jahren betonte, dass eine reflektierte Israellehre (Israelology) Bestandteil der christlichen Dogmatik sein müsse. Dazu auch mein Beitrag „Israelogie als Bindeglied innerhalb der Loci Theologici. Ein dogmatischer Entwurf", in: B. Schwarz/ H. Stadelmann (Hg.), Christen, Juden und die Zukunft Israels, EDIS 1, Frankfurt a.M. 2009, 235-333. Vgl. außerdem meinen Beitrag „Israeltheologien unter der Lupe", in: C. Herrmann (Hg.), Wahrheit und Erfahrung – Themenbuch Systematische Theologie, Bd. 3: Heiliger Geist, Kirche, Sakrament, Neuschöpfung, STM 18, Wuppertal 2006, 440-460.

[2] Pannenberg skizziert summarisch und kurz im Kontext der Ekklesiologie das „Gottesvolk"-Verständnis bzw. das Verhältnis von „Kirche und Israel", in: W. Pannenberg, Systematische Theologie, Bd. III, Göttingen 1993, 509-517. Siehe dazu auch die Auswertung von Dokumenten zur Verhältnisbestimmung von „Juden-Christen" bei Detlef Görrig, Die Wurzel trägt. Israels „bleibende Erwählung" und die „Mission" der Kirche, Frankfurt 2004. Vgl. als nützlichen Einstieg Bertold Klappert, Israel und die Kirche. Erwägungen zur Israellehre Karl Barths, Theologische Existenz heute 207, München 1980.

[3] Rainer Zimmer-Winkel (Hg.), Kairos Palästina – Die Stunde der Wahrheit: Ein Wort des Glaubens und der Hoffnung aus der Mitte des Leidens der Palästinenser, 2. überarb. u. erw. Aufl., Berlin 2010.

Insbesondere das neuere EKD-Dokument hätte im Rahmen des hier behandelten Themas auch einer konstruktiv-kritischen Reflexion unterzogen werden
können oder vielleicht sogar unterzogen werden müssen. Eine adäquate Auswertung konnte aber aus verschiedenen Gründen nicht mehr vor Drucklegung vor-
genommen werden. Kritische Reaktionen auf das EKD-Orientierungsapier gab
es und gibt es allerdings bis heute zur Genüge, so dass Interessierte zur persönlichen Meinungsbildung sachdienliche Kommentare nachlesen und sich entsprechend informieren können. Hier seien exemplarisch Ulrich W. Sahm, Pfarrer
Ricklef Münnich (Israelnetz) und Dr. Birgit Schintlholzer-Barrows[4] genannt,
deren notwendige (!) Kritik mit dem weitgehend zutreffenden Urteil „Selig sind
die Unwissenden" (Sahm) zusammengefasst werden kann. Diese Einschätzung
erscheint angesichts der gravierenden theologischen und sachlichen Unzuläng-
lichkeiten in diesem Papier berechtigt zu sein.

   Ergänzend dazu kommentierte Pastor Tobias Krämer, der Geschäftsführer
von „Christen an der Seite Israels e.V.", das EKD-Dokument folgendermaßen:
„Die Orientierungshilfe ‚Gelobtes Land?' ist eine umfassende Einführung in das
komplexe Thema Israel (Volk, Land, Staat), die schon allein aufgrund der Fülle
an gut aufbereiteten Informationen lesenswert ist (das schließt Diskussionsbe-
darf im Detail nicht aus). Dem Leser wird dabei nicht vorenthalten, wo die EKD
Stellung bezieht und wo sie um Positionen ringt. Wünschenswert wäre es, dass
in dieses Ringen alle relevanten Aussagenkreise und Traditionslinien des AT
gleichermaßen mit einbezogen und in ihrem Literalsinn ernst genommen würden
– auch die „unbequemen". Sie in die Prozesse der theologischen Positionsfin-
dung mit einzubeziehen, könnte zu neuen Resultaten führen. Fragwürdig bleibt
das Projekt, die biblischen Landverheißungen neu zu interpretieren. Nach der
Lektüre dieser Studie fragt man sich, ob man sie nicht schlicht als das nehmen
sollte, was sie nun einmal sind: Landverheißungen."[5]

   Im Grunde geht es gar nicht einfach nur um unterschiedliche Bewertungen
und Einschätzungen der gegenwärtigen politisch-militärisch-kultursoziolo-
gischen Situation in Nahost. Auf dem Prüfstand stehen vielmehr theologische
Grundsatzentscheidungen, die Politikern, Journalisten sowie Kulturwissen-
schaftlern nicht ohne weiteres evident sind. Es geht im Blick auf den Staat Israel
darum, ob dieser (noch immer oder erneut) als „Zeichen der Treue Gottes" für
Israel/ Juden gedeutet und verstanden werden darf. Einige halten diese Position
auch heute noch für theologisch bindend, wenn auch diskutiert wird (und werden muss), wie diese „Treue Gottes" heute gedeutet werden kann. Anderen er-

---

[4]  Gelobtes Land? Land und Staat Israel in der Diskussion. Eine Orientierungshilfe, hrsg. im
     Auftrag der Evangelischen Kirche in Deutschland, Gütersloh 2012.
[5]  Tobias Krämer, EKD-Schrift: ‚Gelobtes Land? Land und Staat israel in der Diskussion?'.
     Eine Rezension der evangelischen Orientierungshilfe, in: Israelaktuell – Dossier, Christen
     an der Seite Israels, April 2013, 4: http://israelaktuell.de/images/stories/csi/land.pdf (zu-
     letzt aufgerufen am 06.07.2013).

scheint diese Perspektive als verhängnisvoller Irrtum, weil sie die vom Staat Israel ausgehende soziale und politische Ungerechtigkeit theologisch verkläre und damit einer Ideologisierung des Politischen Vorschub leiste. Der Streit geht quer durch christliche Konfessionen, Kirchen, Gemeinden und Institutionen. Er wird oftmals hoch emotional geführt, aufgeladen mit gegenseitigen Unterstellungen und Verdächtigungen; theologische und kirchliche Weggefährten stehen sich vereinzelt mitunter sogar unversöhnlich gegenüber.[6]

Wir, die Herausgeber der Reihe „Edition Israelogie", sehen auch deshalb noch weiterhin Bedarf, hermeneutisch, biblisch-exegetisch und christlich-dogmatisch Rechenschaft darüber abzulegen, wie Christen die Erfüllung von biblischen Verheißungen an Juden bzw. an und für Israel verstehen sollten und wie nicht. Diese Klärung scheint gerechtfertigt, insofern eine genuine, sukzessiv-geneaologische Kontinuität zwischen dem biblischen 12-Stämmevolk Israel als dem mehrheitlichen Empfänger und Adressaten der Verheißungen Gottes im Alten Testament – auch hinsichtlich des nachexilischen Judentums und der Zweiten Tempelperiode bis in neutestamentliche Zeit hinein – *und* dem gegenwärtig existierenden Judentum besteht oder zumindest plausibel begründet werden kann.[7] Fragen der christlichen Lehrbildung und Lehrverantwortung werden dadurch unmittelbar tangiert oder sogar direkt angesprochen.

Bei diesen Überlegungen im Blick auf die alttestamentlichen Verheißungen im Allgemeinen, wie auf die Landverheißung im Besonderen gilt es aus guten biblisch-theologischen Gründen zunächst einmal zu betonen, dass Christen selbst keinerlei Anspruch auf speziell „irdisch-materielle" Segensgaben Gottes haben (können)[8], die einst von Gott anderen Adressaten im Rahmen der biblischen Heilsgeschichte versprochen worden sind. Christen und die Gemeinde Jesu benötigen weder ein konkretes Land, noch einen irdischen König, noch einen Tempel als Gotteshaus aus Steinen erbaut, noch fruchtbares Ackerland oder sich biologisch-genealogisch vermehrende Nachkommenschaft bei Menschen und Tieren, um ihrem gekreuzigten, auferstandenen und erhöhten HERRN gottesdienstliche Ehre entgegenzubringen, um die Gottesbeziehung zum liebenden *Abba* zu leben (Röm 8,14-18) oder um den Versöhnungs- oder Rechtfertigungssegen (vgl. Röm 4,21-25; 5,1-11 usw.) in Fülle genießen zu können.[9]

---

[6] Vgl. z.B. Notger Slenczka, Der Protestantismus und das Judentum, in: ders., Der Tod Gottes und das Leben des Menschen. Glaubensbekenntnis und Lebensvollzug, Göttingen 2003, 148-162.

[7] Siehe Aspekte der geführten Debatte z.B. bei Peter Hirschberger, Die bleibende Provokation. Christliche Theologie im Angesicht Israels, Neukirchen-Vluyn 2008.

[8] Abgesehen von Segensauswirkungen im Alltag usw., die Christen auch durchaus „irdisch-materiell" erhoffen und erbitten (Bewahrung, Führung, Hilfe, Schutz, Trost, Heilung, Versorgung usw.) im Sinne von beispielsweise Paul Gerhards Konkretionen des Eingreifens Gottes, wie sie im Lied „Befiehl du deine Wege" (EG 361) zum Ausdruck kommen.

[9] So beispielsweise bei Jacobus Cornelis de Vos, Heiliges Land und Nähe Gottes. Wandlungen alttestamentlicher Landvorstellungen in frühjüdischen und neutestamentlichen

Das bedeutet aber offensichtlich nicht, dass Israel, das *weiterhin von Gott geliebt* bleibt (Röm 11,25-29), die alttestamentlichen Segnungen im Literalsinn nicht empfangen kann oder nicht mehr empfangen soll – trotz der heilsgeschichtlich parallel-zeitgleichen Existenz der Gemeinde Jesu, die Israel eben nicht (!) substituiert als „neues Gottesvolk" (vgl. Röm 10,1f.)! Vielmehr wird es wieder einmal – diesmal endzeitlich-futurisch – heißen: „Als aber die Zeit erfüllt war" (siehe Röm 11,26). Denn das Gegenteil ist der Fall, dass nämlich ‚Israel' Verheißungsempfänger materiell-irdischer Segnungen bleibt – inkl. der Erfüllung der Landverheißung, trotz der Existenz der aus Juden- und Heiden-Christen bestehenden *ecclesia* und ohne Widerspruch zum *euangelion* (Röm. 10). Diese materiell-irdischen Segnungen und Verheißungen werden allerdings – wie der Apsotels es betonte – exklusiv in und durch Jesus Christus, dem vom Zion herkommenden Erlöser, erfüllt werden. So ist zumindest ein Aspekt in der Argumentation des Apostel Paulus in Röm 9-11 (v.a. dann in Kap. 11) zu verstehen, der dort sehr bewusst Erfüllungen alttestamentlicher Verheißungen (Jer 31, Jes 59 usw.) für Israel (!), also nicht für Christen oder die Gemeinde Jesu, futurisch-eschatologisch erwartet hat.[10] Diese paulinische Perspektive sollte in der dogmatischen Lehrbildung hinsichtlich der Israelogie bzw. der Lehre von Israel dauerhaft berücksichtigt werden und gerade nicht, wie häufig bisher, ignoriert, existentialisiert, spiritualisiert oder sonst wie umgedeutet werden (im Anschluss an gewisse Substitutions- und Enterbungstheorien usw.).

In seiner Habilitationsschrift „Heiliges Land und Nähe Gottes" schreibt J. C. de Vos zutreffend: „Kennzeichnend für das Alte Testament ist eine Verbindung von Gott, Volk und Land: Gott ist der Gott des Volkes Israel sowie des Landes Israel; Israel ist das Volk Gottes, das Land ist das Land Gottes; das Volk Israel gehört zum Land, und das Land ist der Besitz (nicht Eigentum!) des Volkes. Es gibt eine Fülle von Texten, die das Land betreffen; ihre Themen sind: Landverheißungen, Landgabe, Landverteilung und auch Verlust des Landes. In der Mitte dieses Landes und dieses Volkes kann sich die Präsenz Gottes im Tempel ereignen. Die Heiligkeit, die durch diese Einwohnung Gottes dem Land zuteil wird, erstreckt sich bis zu den Grenzen des Landes. Im Alten Testament scheint es diese Klarheit in der Beziehung Gott-Volk-Land zu geben. Das Volk Israel z.B. kann das Land Israel durch Sünden verunreinigen, eben weil es Land Gottes ist

---

Schriften, FRLANT 244, Göttingen 2012. Oder klassisch: Gerhard von Rad, Theologie des Alten Testamens, Bd. 1: Die Theologie der geschichtlichen Überlieferungen Israels, 6. Aufl., München 1969, 309-317 oder Walther Zimmerli, Grundriß der alttestamentlichen Theologie, 5. Aufl., Stuttgart/ Berlin/ Köln/ Mainz 1985, 53-58 u.v.a.

[10] Vgl. die Untersuchung von Ulrich Luz, Das Geschichtsverständnis des Paulus, BEvTh 49, München 1968 (= primär eine Deutung von Röm. 9-11). Siehe allerdings auch Douglas Moo, The Epistle to the Romans; NICNT, Grand Rapids/ Cambridge 1996, 547-747, der die „existentiale" Auslegung von Röm 9-11 bei U. Luz und bei anderen Exegeten nicht teilt, sondern eine andere, eine heilsgeschichtlich relevante Interpretation präferiert.

und Gott heilig (Lev 25f.). (… ) Eindeutig war das Beziehungsgefüge Gott-Volk-Land aber nie. (…) Es hat (…) den Anschein, dass das Verhältnis Gott-Volk-Land in seiner Eindeutigkeit mehr Programm und Ziel als Wirklichkeit war."[11]

Weiter spricht de Vos dann von den ‚Wandlungen' hinsichtlich des Landbe-sitzverständnisses, das bereits in hellenistisch-jüdischer Zeit Verbreitung gefunden habe, in einer Phase, „in der das Materielle gegenüber dem Geistigen als minderwertig betrachtet wurde", in einer Zeit, in der die Diaspora-Juden „oft wenig mit dem konkreten Land Israel anfangen" konnten.[12]

In neutestamentlicher Zeit, mit dem Beginn der Gemeinde, die mehrheitlich aus Christen nichtjüdischer Herkunft bestand, waren dann – nach de Vos – weitere ‚(Um-)Wandlungen' im Blick auf das Landbesitzverständnis verbunden, die zwei Möglichkeiten der Deutung zuließen: zum einen das vollständige Weglassen der Landverheißungen oder zum anderen die Umwandlung der Verheißungen durch Neudefinition, Universalisierung oder Transzendierung.[13] Er knüpft dabei u.a. an W. Kraus These an, der zur Landverheißung sagt: „Grundsätzlich gilt: Landtheologie hat im NT nicht den Stellenwert wie im AT. Sie kann es schon deswegen nicht, weil die Einheit von Volk und Land in dem Augenblick, in dem das endzeitliche Gottesvolk aus Juden und Heiden besteht, einer Auflösung ausgesetzt ist. Aufgrund dieser konsequenten Entwicklung muss das Land notwendigerweise einen anderen Stellenwert bekommen."[14]

Welcher Stellenwert dies nun aber ist, der dann auch die israeltheologischen Glaubensüberzeugungen von Christen und der Kirche Jesu Christi mitprägen soll(te), das erfordert weitere Untersuchungen, da die bisherigen Antworten noch nicht wirklich befriedigend erscheinen.

Aus diesen und anderen Gründen wird für die Reihe „Edition Israelogie" (EDIS) ein weiterer Band zur Landverheißung an Israel geplant, der von Prof. Dr. Hendrik KOOREVAAR, ETF Leuven, herausgegeben werden wird. Die dann in diesem Band behandelnden Beiträge sollen insbesondere im Bereich der exegetischen Grundlagenarbeit die theologischen Weichen bezüglich eines besseren Verständnisses der Landverheißungen an Israel stellen und dadurch dazu beitragen, christlich-israeltheologische Antworten zu präzisieren.

Der hier nun vorliegende Sammelband ist kein Schlussstein in der Beschäftigung mit den Landverheißungen und dem Landbesitz für Israel. Er versteht sich vielmehr als ein weiterer Baustein in der notwendigen israel-theologischen Debatte, die nach Jahrhunderten der christlichen Enterbungs- und Substitutiontheo-

---

[11] J. C. de Vos, Heiliges Land und Nähe Gottes (2012), 13-14.

[12] Ebd., 15.

[13] A.a.O., 29-36. 101-200.

[14] Wolfgang Kraus, Das „Heilige Land" als Thema der biblischen Theologie, in W. Kraus/ K.-W. Niebuhr (Hg.), Frühjudentum und Neues Testament im Horizont Biblischer Theologie, WUNT 162, Tübingen 2003, 251-275, hier 257; vgl. J. C. de Vos, a.a.O., 16.

rien mit ihren (oft katastrophalen) Folgen im Blick auf Israel und Judentum geführt werden muss.

Berthold Schwarz

# AUTOREN

EIßLER, Pfr. Dr. Friedmann, geb. 1964; Studium der vgl. Sprachwissenschaft, ev. Theologie und Islamkunde; Vikariat in Württemberg 1999-2001; Promotion zum Dr. theol. 2001; Erhalt des Dr. Leopold-Lucas-Nachwuchswissenschaftlerpreises der Universität Tübingen 2001; Ordination 2001; Pfarramt in Reutlingen 2001-2002; Gastkollegiat des Graduiertenkollegs „Die Bibel – ihre Entstehung und ihre Wirkung" der Universität Tübingen 2001-2002; Wissenschaftlicher Assistent am Institutum-Judaicum-Seminar für Religionswissenschaft und Judaistik in Tübingen 2002-2007; seit 2008 wissenschaftlicher Referent der Evangelischen Zentralstelle für Weltanschauungsfragen, Berlin.

GERLOFF, Johannes, MCS, geb. 1963; Studium der Theologie in Tübingen, Vancouver und Prag; seit 1999 Nahostkorrespondent des Christlichen Medienverbundes KEP in Jerusalem.

GERSTER, Dr. h.c. Johannes, geb. 1941, Jurist, 25 Jahre Parlamentarier in Bund und Land, u. a. stellv. Vorsitzender der CDU/CSU-Bundestagsfraktion und CDU-Landesvorsitzender von Rheinland-Pfalz. Er ist u. a. Träger des Großen Bundesverdienstkreuzes mit Stern, Ehrendoktor der Ben-Gurion-Universität des Negev, Preisträger des President's Award der Universität Tel Aviv 2004; Verleihung der Ehrenplakette der Europäisch-Palästinensischen Handelskammer und des Award of Distinction durch die geisteswissenschaftliche Fakultät der Universität Tel Aviv 2005; „Freund von Jerusalem"; Verleihung des Teddy-Kollek-Award 2006; Von 1997 bis 2006 arbeitete er als Leiter der Konrad Adenauer Stiftung in Jerusalem. Präsident der Deutsch-Israelischen-Gesellschaft 2006-2010; seit 2007 Vorsitzender des Kuratoriums der Israelstiftung in Deutschland; Ehrenringträger der Stadt Mainz.

GRONAUER, Pfr. Dr. Gerhard, geb. 1972; Studium der ev. Theologie in Gießen, Marburg, Tübingen und Heidelberg; Vikariat und Pfarrer „zur Anstellung" in Aschaffenburg; Promotionsstipendiat der Stiftung der deutschen Wirtschaft, Berlin; Preisträger des Franz-Delitzsch-Förderpreises 2006; Inauguraldissertation zum Thema „Die Wahrnehmung des Staates Israel im westdeutschen Protestantismus von 1948-1972" an der Universität Erlangen-Nürnberg (Göttingen: Vandenhoeck & Ruprecht, 2013); derzeit Gemeindepfarrer in Dinkelsbühl/Mittelfranken und Lehrbeauftragter für Kirchengeschichte des 19. und 20. Jh. an der CVJM-Hochschule und am CVJM-Kolleg in Kassel.

HAHN, Dr. Andreas, geb. 1964; Theologiestudium in Basel; pastoraler Dienst in der Schweiz; seit 2001 Dozent für Systematische Theologie an der Evangelikalna Wyższa Szkoła Teologiczna in Wrocław/Polen; Promotion an der Evangelische Theologische Fakulteit Leuven/Belgien 2005; Preisträger des Johann-Tobias-Beck-Preises 2010 des AfeT für seine Dissertation „Canon Hebraeorum – Canon Ecclesiae: Zur deuterokanonischen Frage im Rahmen der Begründung alttestamentlicher Schriftkanonizität in neuerer römisch-katholischer Dogmatik" (Berlin-Zürich: LIT-Verlag, 2009). Seit 2013 erneut Gemeindepastorat in Hochdorf (Schweiz).

HARVEY, Dr. Richard, geb. 1956; Studium der Theologie, Religionswissenschaft und Judaistik („Hebrew and Jewish Studies") in Bristol und London; Gründungsmitglied der London Messianic Congregation; Mitarbeit bei Church's Ministry Among the Jewish People 1982-1991; Präsident der International Messianic Jewish Alliance; Direktor von „Juden für Jesus" in Großbritannien; seit 1997 Dozent am All Nations Christian College in London, dort auch Academic Dean und Director of Postgraduate Studies; Promotion 2008 über messianische Theologie („Mapping Messianic Jewish Theology: A Constructive Approach", Authentic Media/Paternoster, 2009; deutsche Ausgabe erscheint 2013 in der Reihe EDIS/ Peter Lang); gegenwärtig Senior Researcher mit „Jews for Jesus" in Israel und Großbritannien.

MAIER, Landesbischof a.D. Dr. Gerhard, geb. 1937; Studium der Rechtswissenschaft, Kunstgeschichte und Theologie; wissenschaftlicher Assistent an der Evangelisch-Theologischen Fakultät Tübingen 1966-1968; Promotion 1969 in Tübingen; Vikariat und Pfarrstelle in Baiersbronn 1968-1973; Studienleiter, ab 1980 Rektor des Albrecht-Bengel-Hauses in Tübingen; Mitglied der württembergischen evangelischen Landessynode 1971-1977 und 1983-1995; Prälat und Mitglied des Oberkirchenrates in Ulm ab 1995; Landesbischof der Evangelischen Landeskirche in Württemberg 2001-2005; Gastprofessor an der Staatsunabhängigen Theologischen Hochschule Basel und an der Evangelische Theologischen Faculteit Leuven/ Belgien; Vorstandsmitglied im Evangelischen Presseverband für Württemberg und im Arbeitskreis für evangelikale Theologie.

MUNAYER, Dr. Salim J., geb. 1955; Studium der Geschichte und Geographie in Tel Aviv; Studium der Theologie an der Pepperdine University, Malibu und der Interkulturellen Studien am Fuller Theological Seminary, Pasadena; seit 1990 Gründer und Direktor von Musalaha Reconciliation Ministries in Jerusalem; seit 1998 Dozent am Bethlehem Bible College; Promotion 2000 über „The Ethnic Identity of Palestinian Arab Christian adolescents in Israel" am Oxford Center for Mission Study im Zusammenhang mit der University of Cardiff, Wales; Mitglied der Middle East Association for Theological Education und der Bible Society in Israel.

RIECKER, Dr. Siegbert, geb. 1973; Promotion 2006 an der Evang. Theol. Fakulteit Leuven/Belgien zum Dr. Thol. zum Thema *Ein Priestervolk für alle Völker.*
*Der Segensauftrag Israels für alle Nationen in der Tora und den Vorderen Propheten* (SBB 59; Stuttgart, 2007); seit 2008 Dozent für Dogmatik, Ethik und Apologetik an der Bibelschule Kirchberg; Gastdozent für Altes Testament an der Evangelische Theologischen Faculteit Leuven/ Belgien; weitere Veröffentlichungen: *Mission im Alten Testament?* (Frankfurt, 2008); Hrsg., *Das Heilige Herz der Tora* (Aachen, 2011).

SCHNURR, Dr. Jan Carsten, geb. 1975; Studium der Geschichte, Philosophie, Anglistik und ev. Theologie in Tübingen und Oxford; Promotionsstipendiat der Konrad-Adenauer-Stiftung 2005-2008; Promotion 2009 im Fachbereich Geschichtswissenschaft der Universität Tübingen; Wissenschaftlicher Mitarbeiter für Historische Theologie an der Freien Theologischen Hochschule Gießen 2008-2011, seit 2011 Hochschuldozent; Preisträger des Johannes-Brenz-Preises 2013 für seine Dissertation „Weltreiche und Wahrheitszeugen: Geschichtsbilder der protestantischen Erweckungsbewegung in Deutschland 1815–1848" (Göttingen: Vandenhoeck & Ruprecht, 2011); Mitglied im Verband der Historiker und Historikerinnen Deutschlands und in mehreren kirchengeschichtlichen Verbänden.

SCHULTZ, Prof. Dr. Richard L., geb. 1952; Englisch- und Deutschstudium in Michigan, Studium der Theologie und Religionswissenschaft an der Trinity Evangelical Divinity School und der Yale University; Promotion 1989 an der Yale University über „Prophecy and Quotation: A Methodological Study"; seit 1995 Professor für Altes Testament am Wheaton College/Illinois; Mitglied der Evangelical Theological Society (ETS), des Institute for Biblical Research und der Society of Biblical Literature (SBL).

SCHWARZ, Pfr. Dr. Berthold, geb. 1963; 1984-1990 Studium der ev. Theologie in Marburg, Erlangen und Tübingen, 1991-1993 Vikariat, Ordination zum Pfarrer 1993; Gemeindedienste; Missionsdienst 1995-2003, davon in Japan 1997-2000; Promotion an der Theologischen Fakultät der Universität Erlangen-Nürnberg am Lehrstuhl für Reformierte Theologie 2007 zu „Gesetz und Gnade bei J. N. Darby" (Gießen 2008); seit 2003 Dozent an der FTA in Gießen; seit 2008 Hochschuldozent für Systematische Theologie an der Freien Theologischen Hochschule (FTH) Gießen und seit 2004 Leiter des „Instituts für Israelogie"; Herausgeber (zus. m. H. Stadelmann) von „Edition Israelogie" (EDIS), Peter Lang, Frankfurt et. al.

SLENCZKA, Prof. Dr. Notger, geb. 1960; 1980-1986 Studium der Theologie und Philosophie in Tübingen, München und Göttingen; Wissenschaftlicher Mitarbeiter an der Universität Göttingen von 1991 bis 1997; Ordination 1996; Promotion 1990, Habilitation 1997, beides in Göttingen; 1997-2000 Lehrstuhlvertretungen in Mainz, Gießen und Tübingen; von 2000 bis 2006 Professor für Systematische Theologie am Fachbereich Evangelische Theologie der Johannes Gutenberg-Universität Mainz; seit 2006 Professor für Systematische Theologie an der Humboldt-Universität zu Berlin. Wichtige Veröffentlichungen: Realpräsenz und Ontologie 1993; Der Glaube und sein Grund – Studien zur Erlanger Theologie I, 1998; Selbstkonstitution und Gotteserfahrung – Studien zur Erlanger Theologie II, 1999; Der Tod Gottes und das Leben des Menschen, 2003.

STADELMANN, Prof. Dr. Helge, geb. 1952; Theologiestudium in Basel, Dallas und Cambridge; Preisträger des Henry-Thiessen-Preises für Neues Testament 1976; Promotion 1980 an der Universität Basel über die Frühgeschichte jüdischer Schriftgelehrter (Ben Sira als Schriftgelehrter, WUNT, Tübingen 1980); Dozent an den Bibelschulen Brake und Wiedenest 1979-1986; Pastor im Bund Evang. Freik. Gemeinden (EFG) 1986-1995; seit 1986 Dozent FTA in Gießen, seit 1994 Rektor; seit 1997 Gastprofessor an der Evang. Theol. Faculteit Leuven/Belgien; seit 2008 Hochschuldozent/ Professor für Praktische Theologie an der Freien Theologischen Hochschule (FTH) Gießen; Mitglied in der Gesellschaft für evangelische Theologie und in der Arbeitsgemeinschaft für Homiletik, Vorstandsmitglied im Arbeitskreis für evangelikale Theologie.

**Edition Israelogie**

Herausgegeben von Helge Stadelmann und Berthold Schwarz

Band 1 Berthold Schwarz/Helge Stadelmann (Hrsg.): Christen, Juden und die Zukunft Israels. Beiträge zur Israellehre aus Geschichte und Theologie. 2009.

Band 2 Michael J. Vlach: The Church as a Replacement of Israel: An Analysis of Supersessionism. 2009.

Band 3 Jacob Thiessen: Gott hat Israel nicht verstoßen. Biblisch-exegetische und theologische Perspektiven in der Verhältnisbestimmung von Israel, Judentum und Gemeinde Jesu. 2010.

Band 4 Paul Schmidgall: American Holiness Churches in the Holy Land 1890-2010. Mission to the Jews, Arabs and Armenians. 2011.

Band 5 Michael G. Vanlaningham: Christ, the Savior of Israel. An Evaluation of the Dual Covenant and Sonderweg Interpretations of Paul's Letters. 2012.

Band 6 Berthold Schwarz (Hrsg.): Wem gehört das 'Heilige Land'? Christlich-theologische Überlegungen zur biblischen Landverheißung an Israel. 2014.

www.peterlang.com